朱子の自然学

朱子の自然学

山田慶兒著

岩波書店

目　次

目　次

序章　忘れられた自然学者

宋学の大成者であり、中国最大の思想家である南宋の朱子(朱熹、字は仲晦または元晦、号は晦庵、一一三〇―一二〇〇)は、卓越した自然学者でもあった。とりわけ晩年の十年、かれは多くの時間を自然にかんする思索と研究にささげた。そのころ書かれたいくつもの書簡のなかに、死の二年まえに執筆されたといわれる『楚辞集註』や完成を弟子に託した『書集伝』のなかに、とりわけ、弟子たちによって記録され編集されたかれの語録『朱子語類』のなかに、その豊かな実りをしめすことばのきらめくような断片が、数多く残されている。(1)

いったいたれに、わたしたちはつぎのような思想の表明を期待するだろうか。物質が一定の形式をもって存在するならば、われわれはそれを量的に認識することができる。どんな手続きによって、それは可能か。一般に、自然現象はすべて始めと終りを、いいかえれば、ひとつのサイクルをもつ。ある自然現象を正確に認識するには、その現象がひとつのサイクルをおえることが必要である。そうしてはじめて、その存在形式をパターンとして把握できるからである。現象のパターンを把握したら、観測器械をつかって、現在の時点から測定をはじめ、現象の経過をたどり、測定値をもちいて計算し、そのパターンを量的に認識する。そうすれば、自然現象は可知的となり、過去と未来の予測が可能になる。自然を正確に認識するとは、現象のパターンを量的に認識することにほかならぬ。むろんそのためには、個々の自然現象のもつパターンを人工的に構成した、精密な観測器械を制作することが先決である。

弟子たちをまえにして、わたしのことばで表現すればそう語る朱子を、『朱子語類』の断片的なことばのなかに、わたしたちは発見する。自然現象の認識のむずかしさは観測器械の制作のむずかしさにひとしい、といった意味のことばを十二世紀の思想家の口から聞くのは、やはり大きな驚きである。朱子が残した数多くの断片的なことばは、ひとりの独創的な自然学者がまぎれもなくそこに存在していたことを、わたしたちに証す。同時に、もしわたしたちが囚われない心で朱子の思索のあとを、さらには同時代の科学者や思想家のそれをたどるならば、十一、二世紀の宋代の中国において、すでに量的実験的方法への自覚が成立していたのを、確認できるであろう。しかもそれは、要素論的自然観とはまるで無縁な土壌に、全体論的な思想の風土に成立していたのである。朱子の自然哲学は、あるいは一般に、中国の自然哲学は機械論でなく、有機体論であった。全体論的な有機体論の立場に立って、自然の研究に量的実験的方法を適用するには、なんらかの思想的前提が必要であろう。北宋の沈括(沈存中、一〇三一—一〇九三)は、認識対象と認識主体とのあいだに認識のための人工言語体系をそなえた器械を介在させることによって、認識を存在から切断する、という認識論的立場を宣明する。朱子はその思想的系譜に、自覚的に立っていた。わたしはそれを認識論的切断とよんでいるのだが、要素論的ないし機械論的な科学のありかたが問われている今日、この切断は科学認識論にとって示唆にとむ問題をなげかけているはずである。朱子の自然学にたいするわたしの関心は、そのように現実的なものとしてもある。

朱子の自然学は、一方では、戦国時代の『荘子』に発し、『易』と『淮南子』をへて、宋代にいたって張横渠(張載、一〇二〇―一〇七七)の『正蒙』に結晶した気の哲学を、他方では、古代からゆるやかながらも持続的な上昇曲線を描きつつ、全般的にみれば宋元時代にその発展の高みをきわめた科学と技術を、その土壌として生まれた。かれは自然のさまざまな領域にわたる現象に気の概念を適用し、一貫した理論的説明をあたえてゆくのだが、そのさいつねに、同時代の科学の成果をいちはやく理解し、適確に評価し、おのれの体系のなかに吸収することによって、しばしば独創的な見解に到達するのである。たとえば、かれの進化論的な宇宙論は、沈括が化石と地層の発見にもとづいて提唱した、地質学における進化論をそのひとつの基礎としているが、それは現代の宇宙論のあるものに、いちじるしい親近性をもっているといっていい。のみならず、朱子自身、科学の発展する流れのなかに立つ、ひとりの科学者でもあった。たとえば、はじめて雹の形を正確に観察し、また雪の結晶の成因に科学的な説明を試みたのは、かれである。しかし、気象学の先駆者としての朱子は、今日までついに知られないままであった。観測技術にたいするかれの関心にも、なみなみならぬものがあった。当時、世界でもっとも精密な科学器械は時計仕掛けの天文観測装置、水運渾儀であったが、北宋の末期につくられたそれは、ほかの観測器械とともに北方の金に奪われ、南宋にはふたたびそれを制作できる技術者はいなかった。精密な観測器械の必要性を痛感したかれは、みずから記録を手がかりに、その復元制作を企図したのである。

自然学を体系的に叙述した文章は、朱子にはない。しかし、それはかれの自然学が体系的でないのを決して意味しない。それどころか、ある種の方法論的な前提をおけば、かれのことばの諸断片から、自然学体系を再構成することができる。自然のさまざまな領域にわたる理論が、少数の基本的な概念と命題のうえに構築されているからである。その体系がわたしたちの眼にもっともあらわに構造を映しだすのは、存在論の視点から射影するときであろう。そのときかれの自然学は、現代のわたしたちにもきわめてなじみやすい形をとるのである。

形而下の存在、もっと厳密にいえば、自然的世界を構成する物質的基体を、朱子は気とよぶ。気は形而上の存在である理とならぶ、かれの存在論の基礎概念であり、一気・陰陽・五行の三つのカテゴリーによって把握される包括的な存在概念である。気とはなにか、気の三つのカテゴリーはどのようにかかわるのか。そこには、認識論的観点を導入しなければ捉えられない、かなりやっかいな問題がふくまれているのだが、詳しくは宇宙論の章および終章で論ずることにしよう。いまそれを捨象して、存在論的観点からいえば、気は物質=エネルギー、あるいは、エネルギーを内在する物質であり、一気・陰陽・五行は生成論的な連関に立つ。すなわち、原初的な一気から陰陽が、陰陽から五行が生成し、陰陽と五行の、朱子のことばをつかえば「衮合《こんごう》」によって万物、すなわち、生物でいえば種が形成されるのである。一気から万物へという、この存在概念の生成論的な展開過程は、そのまま宇宙から生物へという、自然学の対象領域の進化論的な形成過程であり、したがって、自然学を体系化するための原理として採用することができる。

いったい、朱子の自然学の諸分野を再構成できるかどうかは、体系的な著作がないだけに、もっぱら残されたことばの断片の量にかかっている、といっていい。あまりにもわずかな資料しかないばあいには、『朱子語類』という学生たちの尨大なノートがあるにもかかわらずそうなのだから、その分野にほとんど関心がなかった、あるいは、知識も理論も十分でなかった、とみることができよう。しかし、化学のような分野もある。『朱子語類』のなかには、それにかんすることばはきわめて少ないにもかかわらず、かれは古代の錬金術書『周易参同契』の注釈を書いている。むろんかれは実験化学者ではなかったから、錬金術的操作の具体的な手続きにはなにもふれていない。しかし、すくなくとも物質の化学的変化や操作の技術にかんするかれの考えかたをうかがうことはできる。地図学のばあいは政治的実践に結びついている。経済政策を実施するために、かれは管轄下の行政地区の地図を作ったのである。こうして、再構成できる分野は、宇宙論・天文学・気象学・化学・地理学および地図学・生物学となる。そのばあい、注目すべきは、気の諸概念とこれらの分野との論理的な対応関係である。宇宙論と天文学は一気の理論としてとりあつかうことができる。たしかに、陰陽・五行の概念をそこに導入することはできるし、それをつかえば表現が簡潔になったり明晰になったりすることはある。しかし、気の理論の構造からみて、それは決して不可欠の概念ではない。陰陽概念は、気象学においてはじめて、不可欠の概念となる。化学の分野においても、かれは陰陽のカテゴリーを立てる。さらに五行概念は、地の科学にいたってはじめて、理論的に要請されてくる。そして万物、とりわけ生物を論ずるとき、陰陽・五行の概念がともに不可欠のものとして導入されてくるのである。単純なものから複雑なものへ、単一のものから多様なものへという生成論的な原理のもとで、朱子の自然学はこのように体系性をあらわにしてくるのだ。

新儒教ともよばれる宋学は、孟子以来一千余年、絶学であった儒教を復興するという強烈な正統意識に燃えて、道教と仏教のふたつの異端思想に戦いをいどみ、ついに儒教の革新的再生をなしとげた一大思想運動である。社会史的にみれば、それは唐代に科挙制の確立にともなって出現し、宋代にいたって唯一の支配階級としておのれを位置づけた士大夫＝読書人の勝利の思想的宣言であった。かれらの高揚する精神の息吹きは、張横渠のことば、「天地ノ為ニ心ヲ立テ、生民ノ為ニ命ヲ立テ、往聖ノ為ニ絶学ヲ継ギ、万世ノ為ニ太平ヲ開ク」のうちに、生きいきと刻みつけられている。この宋学の集大成者が、いうまでもなく朱子であった。かれの手で儒教古典の解釈は一新され、宋学は存在論や人間学から天下経倫の政策論までを包括する思想体系となり、中国のみならずヴェトナム・朝鮮・日本にまで、儒教的世界を現出させる。朱子学の成立は、島田虔次が指摘するように、まさしく「東アジア世界における世界史的事件であった」のだ。(2) それだけに、しばしば中世ヨーロッパのスコラ哲学、とりわけトマス・アクイナスの哲学に比せられる思弁哲学としての朱子学、あるいは、大義名分論によってわが国の封建的イデオロギーの理論的支柱となった朱子学の像になじんだひとには、自然学者としてのもうひとつの朱子の像は、おそらく奇異の感を抱かせずにはおかないだろう。だが、たとえば、朱子の家に渾儀があり、かれが水運の機構の復元を試みたことは、宋代の正史である『宋史』に歴然と記載されているのである。その事実さえ、近代の歴史家たちは無視してきたのではなかったか。

朱子は後世から忘れられた自然学者であった。その理由はいくつも考えられる。第一に、朱子が自然学の領域において独自の観察と見解を披瀝し、自然研究になみなみならぬ関心をしめしはじめるのは、紹熙元年、一一九〇年、かれの六一歳のころからである。それから死にいたるまでの十年、かれはまさにその名に値する独創的な自然学者であった。しかし、それ以前にすでにかれの主要な著作は書かれており、『書集伝』や『儀礼経伝集解』のような完成を弟子に託した書物をのぞけば、わずかに『楚辞集註』およびその『弁証後語』を執筆したにすぎない。もちろん、『四書集注』のように死の直前まで改訂の手をやすめなかった書物もあり、そこに晩年の思想が投影されているけれども、かれ自身の著作から自然学思想をうかがうことは、かなり困難だったのである。第二に、自然学にかんするかれの見解は主として『朱子語類』のなかに、弟子たちの記録したことばとして収録されている。それがかれ自身の著作でない点は別としても、口語体のなかに文語体がまじるその文章はきわめて難解であり、それほど簡単に読めるような書物ではなかった。とりわけ日本では、それが理解の大きな障害として立ちはだかったはずである。もっとも、和刻本(一六六八年刊)はしばしばひどい読みちがえをおかしているものの、全体としてみればかなりのできばえであり、江戸時代における朱子学研究の水準をしめすとともに、ことばの問題が絶対的な障害ではなかったことをもしめしている。第三に、かれの自然学の後世にあたえた影響は、それぞれの分野においては、あるいは、個々の問題については、決して小さくなかったにもかかわらず、その直接的かつ全面的な継承者を弟子たちのなかにもたず、また、すぐれた自然学者をついに門下から生みださなかった。それはしかし、かならずしも後世の朱子学派のなかから優秀な自然学者がでなかったことを意味しない。たとえば、中国天文学の最後の、最高の成果である「授時暦」は、元代朱子学派の俊秀たちが指導し、天文学の専門家たちと協力してつくりあげた暦法であった(3)。朱子学が自然学となじまないものではなかったのを、この事実は端的にしめしていよう。とはいえ、第四に、もっとも重大な要因は、やはりかれの学問のありかたそのもののなかにあるだろう。かれの学問ないし思想の体系の骨幹は、なんといっても人間学あるいは倫理学である。その後世にもった圧倒的な重みは、朱子学体系のなかでの自然学、ないし、気の理論の比重をきわめて小さくし、いわゆる理気論、すなわち哲学としての存在論の影にそのすがたを見失わせてしまった。のみならず、朱子自身、学問の根本が確立するまでは、自然学のような枝葉の学問の研究にたずさわるべきではないと主張し、弟子たちをそう指導していたのである。以上はすべて、朱子の学問そのものに内在的な要因だが、近代科学の成立以後、とくに産業革命以後に生じた外在的要因にも、ぜひふれておきたい。いうまでもなく、中国の科学と技術にたいする根強い偏見である。伝統的中国に科学といえるものはなかった、あるいは、火薬・印刷術・羅針盤のいわゆる三大発明のような技術的達成が例外としてはあるにしろ、全般的にみれば、中国の科学と技術はごく低い水準にとどまっていたという、今日にいたってしも払拭されたとはいいがたい偏見である。比較的捉えやすい科学と技術の成果についてさえそうだったのだから、その土壌に育ったひとりの思想家の自然学が忘れられ、あるいは、無視されてきたのも当然であったといえよう。しかしながら、J・ニーダムの画期的な著作『中国の科学と文明』(4)に代表される最近の中国科学史の研究は、そうした偏見がまったくいわれなきものであったのを、明らかにしてきている。科学と技術の分野における創造的活動が頂点に達した宋・元の時代に、中国人はいかなる民族の中世文明をとっても比肩するもののない発展の高みをきわめていた。それはやがてルネッサンス・ヨーロッパが到達するであろう成果の数々を先取りしており、陸路を通り海路を経て西方へ伝えられたその知識は、ルネッサンスの科学と技術の発展に大きな影響や刺激をあたえたのである。だが、同時に、中国の伝統的な科学と技術は、近代科学技術の大河に流れこんだ一支流という角度だけから捉えきれるものでないことは、現代中国における伝統医学の例をもちだすまでもなく、たとえば科学認識論の問題としてすでに指摘したとおりである。朱子の自然学は、そうした宋代の科学と技術という背景のなかに置くことによって、はじめて理解できるだろう。

　わたしはここで、朱子の自然学体系のうち、宇宙論・天文学・気象学の三つの分野について、その理論の再構成を試みる。自然学は気の自然学である。理の概念は、自然学の領域にあらわれないわけではないけれども、さしあたって積極的な役割を担っていない。そこでは理は、自然の秩序ないし組織の原理、より適切には、自然現象のパターンを意味する。しかし、それは決して能動的な原理ではないのだ。朱子によれば、理は気に乗っている、ちょうど人が馬に乗るみたいに。けれども、この騎手は手綱をとって駒を進めるわけではない。気はおのずからなるままに動き、しかも、その動きが理をはずれないだけのことなのである。したがって、自然学の理論は理の概念なしに記述することができるし、わたしもまたそう試みるだろう。ただ、科学認識論の立場からは、それを排除するわけにはゆかない。理は自然的存在のパターンであり、それこそ自然的存在を人間にとって意味あらしめるものにほかならないのだから。人間学の領域に入ると、理はたんなる「意味」を超えて、「価値」そのものをあらわす概念となる。この価値概念としての理を核に、朱子の人間学は構成される。そのとき、自然的存在のパターンは、人間的存在のあるべきパターンの、いいかえれば道徳的規範の普遍妥当性の根拠、その自然主義的基礎を提供することになる。気の自然学が自然主義的倫理学の基礎としての意味を担ってくるのである。終章においては、理気概念に照準をあわせ、朱子学の理論構造を『朱子語類』をとおして素描する。

（1）以下、序章で述べることがらは、いずれも詳しく後続の章で論ずるが、あわせて山田「パターン・認識・制作」（『混沌の海へ』所収、筑摩書房、一九七五年）をも参照されたい。

（2）島田虔次『朱子学と陽明学』（岩波新書、一九六七年）、七七ページ。宋学ないし朱子学の歴史的な意義と理論の概要については、この書をみられたい。さらにつっこんで朱子学の立場を理解しようとするには、同じ著者の『大学・中庸』（中国古典選、朝日新聞社、一九六七年）がすぐれた手掛りになる。朱子学にたいするわたしの理解は、島田虔次氏と安田二郎『中国近世思想研究』（弘文堂、一九四八年。筑摩書房、一九七六年再版）とから大きな影響をうけている。そのほか楠本正継『宋明時代儒学思想の研究』（広池学園出版部、一九六二年）、友枝竜太郎『朱子の思想形成』（春秋社、一九六九年）をあげておく。

（3）山田「授時暦への道——元朝治下の天文台と天文学者」（山田編『中国の科学と科学者』所収、京都大学人文科学研究所、一九七八年。のち『授時暦の道――中国中世の科学と国家』と改題、みすず書房、一九八〇年)。

(4)　J. Needham, *Science and Civilization in China*, Cambridge University Press. これは一九五四年に第一巻が出版され、現在までに五巻八冊が刊行されており、なお続刊中である。邦訳『中国の科学と文明』は現在、思索社から刊行されつつある。このなかにも、朱子の科学思想および科学的業績が分野ごとに当該箇所で述べられている。といっても、当然のことだが、網羅的ではない。

I　宇宙論前史

1　伝統的観念の歴史

近代科学によってその基礎をあたえられるまで、宇宙の生成と構造にかんする理論はつねに、原型的な科学理論であると同時に、形而上学そのものでもあった。いいかえれば、少数の科学的な観察とかぎられた日常経験的な認識とにもとづき、伝統的観念と類推とによって一般化された、そして、体系的であろうとする思想が窮極的にはそこに存在根拠をもとめる、基礎理論であった。宇宙論のこの二重性は、その内容をなす生成論と構造論の異質性に、端的に示される。宇宙構造論は科学、とりわけ天文学の発展に、決定的に依存する。宇宙生成論は、いくらかの科学的な観察素材が存在するばあいにおいてさえも、思弁にとどまる。しかも、構造論ぬきの生成論はたんなる神話であり、生成論ぬきの構造論は科学にほかならぬ。宇宙論は、生成論と構造論の統一によってのみ、科学と形而上学の境界領域にのみ、成立する。したがって、思想家にとって、それは断ちがたい魅力であるとともに、体系の内部矛盾がそこで露呈するであろう危険な冒険でもあったはずだ。

朱子は、こうした意味での宇宙論体系を構想した、中国における稀有の思想家である。

朱子の宇宙論は、残されたことばの断片性にもかかわらず、二重の意味で体系性につらぬかれている。第一に、宇宙論をその一部門としてふくむ朱子の自然学の体系性がある。それは、存在概念の生成論的な展開過程が自然学の対象領域の進化論的な形成過程に一致する、という構造をもつ。のみならず、宇宙論の諸命題がしばしば他の領域の基本命題としてはたらく、という理論的一貫性がそこに存在しているのである。第二に、宇宙論そのものの体系性がある。理論に論理的矛盾がなかった、という意味ではない。それどころか、ことばの断片性や諸断片の時代的なへだたりだけではすまされない多くの矛盾がそこにある。それにもかかわらず、むしろ、それをとおして、かれのいだいていた体系的な構想が、わたしたちの視覚に再現される。朱子の宇宙論は、生き生きとした具体的な視覚的イメージの鮮明さによって、際立っているのだ。具体的な視覚的イメージをもつということは、宇宙論を統一ある理論とするための、生成論を構造論にすきまなく結びつけて、科学がとらえた宇宙の構造を生成論的自然史的に説明するための、不可欠の条件なのである。

わたしの意図は、朱子の思想を内部から、かつ、歴史のなかで理解し、その自然学の体系を再構成することにある。そのさい、科学の発展が限定されているために、外部からの衝撃が比較的にすくない宇宙論のような領域では、宇宙論そのものの歴史が、異常な重み、独自な問題性をもってたちあらわれるであろう。わたしはまず、伝統的な観念ないし理論と、朱子の直接の出発点となった北宋の思想家、とくに張横渠の理論とを検討し、朱子が継承する諸観念、対決を迫られる諸問題を、あらかじめえぐりだしておきたい。

宇宙の生成過程にかんして、中国にはひとつの普遍的な理論があった。この理論はおそらく、神話的な起源をもつであろうが、くわしいことはわからない。それによれば、世界が形成されるまえに、原初的な物質、気が混沌の状態において存在する。それは清んだ軽い気と濁った重い気とにわかれ、清軽の気は浮上して天となり、重濁の気は沈下して地となる。天地は気をふくみ、天地二気の作用によって万物を生ずる。表現において、あるいは、過程の細部について、おおくの異説を生んだが、その骨格は微動だにしなかった。とりわけ、「清軽者上為天、濁重者下為地。[1]」の二句においてしかり、ある意味で、中国の宇宙生成論の歴史はこの句の解釈史、あるいは、肉付けの歴史であった、といっていい。

この理論を最初に、明確なかたちで提出したのは、『淮南子』天文訓である。おそらく、中国人の伝統的な観念にふかく根ざしていたのであろう、漢代において、それはすでに中国思想の共有財産であった。もっとも、思想家たちのあいだに、表現や細部の差異に還元できない重要な差異が、なかったわけではない。儒家と道家というふたつの学派の流れについていえば、両者に理論的対決の意図がどれだけあったか、したがって、自覚的でどれだけあったかは別として、後者が無から有すなわち気を生ずると考えるのにたいし、前者は有から出発するのを原則とした。この問題を、宇宙論の基本的な前提として、あえて提起したのが、張横渠と朱子である。

『淮南子』に定式化されたこの伝統的な生成論を、天文学者の宇宙構造論に接合する、という観点に立ってみるとき、注目すべき点がふたつある。ひとつは、天地を上下の座標軸によって固定し、天地＝上下と把握すること。ひとつは、天地形成ののち、万物が生成する、とみなすこと。天地＝上下の位置的固定は、天の回転運動の認識といかに調和するか。天地形成ののち、日月諸星が生成するとすれば、古代世界に常識的であった固体としての天の観念といかに両立するか。ここでわたしは、天文学者の宇宙構造論に一瞥をあたえておかなければならない。

『晋書』天文志は、構造論として六つの説を記録にとどめた。蓋天説・渾天説・宣夜説・安天論・穹天論・昕天論。[2] 周知のように、安天以下の三論は、渾天説批判を契機として生まれた蓋天・宣夜両説の系であり、宣夜説はみずからの主張において科学的理論としての資格を放棄している。したがって、科学的批判にたえうる、あるいは、科学理論としての宇宙構造論は、蓋天・渾天両説だけとみていい。両説の論争は、魏晋以後、より高度の天文学にささえられた渾天説の勝利におわった。宋代の天文学および構造論が、渾天説を主軸としたことは、いうまでもない。しかし、宣夜以下の諸説、とくに宣夜説も見逃せない。それぞれ蓋天・渾天両説の欠陥をするどくつくことによって、渾天説そのものの発展に大きな影響をおよぼしただけではなく、宋学の宇宙論にも直接その痕跡をきざみつけたと思われるからである。

中国のもっとも古い天文観測法、周髀（八尺表すなわちノーモン）の法と結びついて発展した蓋天説は、前漢のはじめまで、ただひとつの科学的な宇宙構造論であった。[3]『周髀算経』上巻にみえる、より古い蓋天説がそれである。史書の伝えるところによれば、武帝年間、太初暦制定にあたって、周髀の法の欠陥を正すために、落下閎（生没年不詳）が新しい観測器械渾天儀をつくった。[4] その歴史がどこまでさかのぼれるにしろ、渾天の法はたしかにこのときには始まっていたにちがいない。前漢末の揚雄(揚子雲、前五三—一八)・桓譚(桓君山、前二四—五六)のごとき論客の弁護論にささえられて、それは蓋天家を圧倒しつつ、水運渾天儀の制作者、後漢の張衡(張平子、七八—一三九)の手で完成される。かれの『渾天儀』にみえる、天文学理論としてのそれは、球面天文学的にみてきわめてすぐれたものであった。渾天の法の出現は、中国天文学の飛躍的な進歩を意味したのである。渾天説に刺激されて、蓋天家は旧説の部分的な修正をおこない、新しい蓋天説を提出する。それは『周髀算経』下巻として伝えられている。新しい蓋天説の代表的な支持者に、後漢の王充(王仲任、二七—一〇四)があった。かれは新しい蓋天説の立場から、古い蓋天説と渾天説とを、ともに論難した。

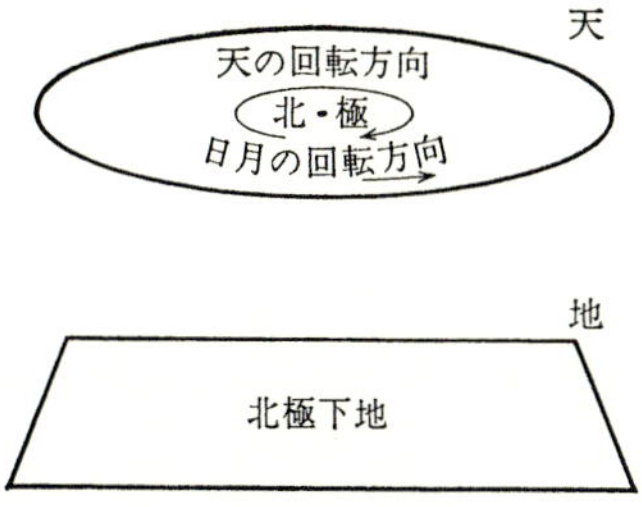

図1　古い蓋天説

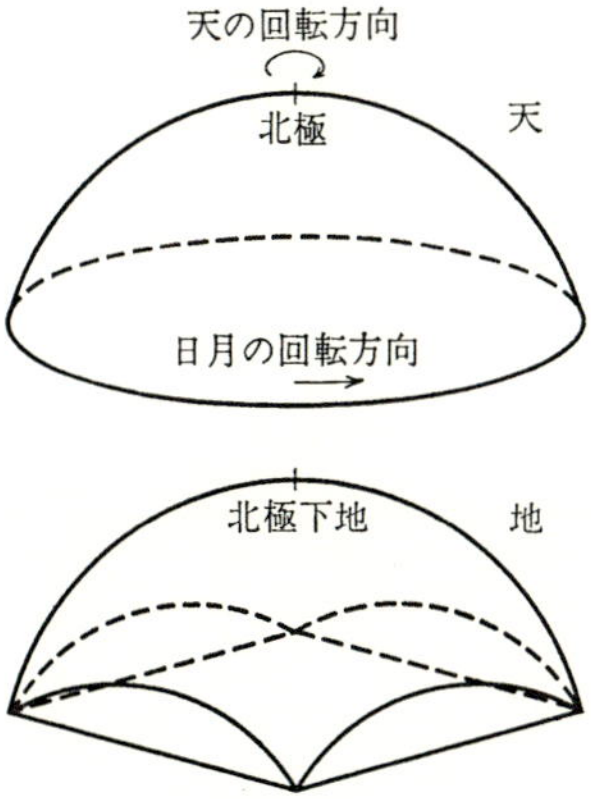

図2　新しい蓋天説

構造論としての両蓋天説のもっとも大きなちがいは、旧説が天と地をふたつの平行な平面とみなすのにたいし、新説はふたつの平行な切断面をもつ球面とするところにある(図1、

2)。しかし、その他の部分的な修正をふくめても、新説は渾天家が旧説にあびせた批難をよく補うものではなかった。両説を通じていえば、蓋天の構造論はこうである。天は円、地は方、上下に位置し、北極にその中心をもつ。固体としての天は北極を中心に左旋、すなわち、東から西へ回転し、日月は右行、すなわち、西から東へ回転する。両者の関係は石臼と蟻の比喩で説明される。石臼は左旋し、その表面を蟻が右行する。石臼の回転は蟻の歩みより速いから、蟻も左旋するようにみえる。日月は実際には東へ進むが、天に牽かれて西に没するのだ、と。(5)

これによれば、天は地の上で回転するから、天地＝上下の観念といささかも矛盾しない。そのかわり、日月諸星は地と平行するために、揚雄の「難蓋天八事」が指摘するように、さまざまな自然現象を説明できなくなる。(6) さらに、屈原(屈平、前三四三—前二七七)の「天問」や『大戴礼記』にみえる、(7) 天はなににささえられて回転するか、円なる天と方なる地はいかに接合するか、といった構造論の本質にかかわる疑問にたいして、致命的な弱さを露呈する。

しかしながら、石臼と蟻の比喩の巧妙さを疑うひとはないだろう。この比喩は、おそらく、蓋天説と渾天説がともに発展しつつ、日月五星の、恒星とはちがった独自の運動が明らかにされていったとき、つくられたものであろう。したがって、蓋天説に固有の比喩ではない。ただ、文献的には、王充の『論衡』や『晋書』天文志の蓋天の条など、蓋天に結びついてあらわれる。いずれにしろ、天左旋、日月右行は、以来すべての天文学者に承認される「古今之通論」(8)(阮元)となった。張横渠と朱子は、やがてこの通論に真向から挑戦するであろう。

蓋天説よりもはるかに説得的な構造論を、渾天説は示しえた。渾天儀がそのモデルだが、もっと卑近な比喩として鶏卵がつかわれる。張衡の『渾天儀』にいう。渾天は鶏の卵に似ている。卵殻は天にあたり、卵黄は地に相当する。天の形体は弾丸のようにまるく、地を包む。天の外部と内部に水がある。天地に上下の相対的な位置を定立させるのは気であり、いずれも水の上に浮んでいる。地は静止し、天は南北極を軸として、たえず車輪のこしきのように回転する。[9]

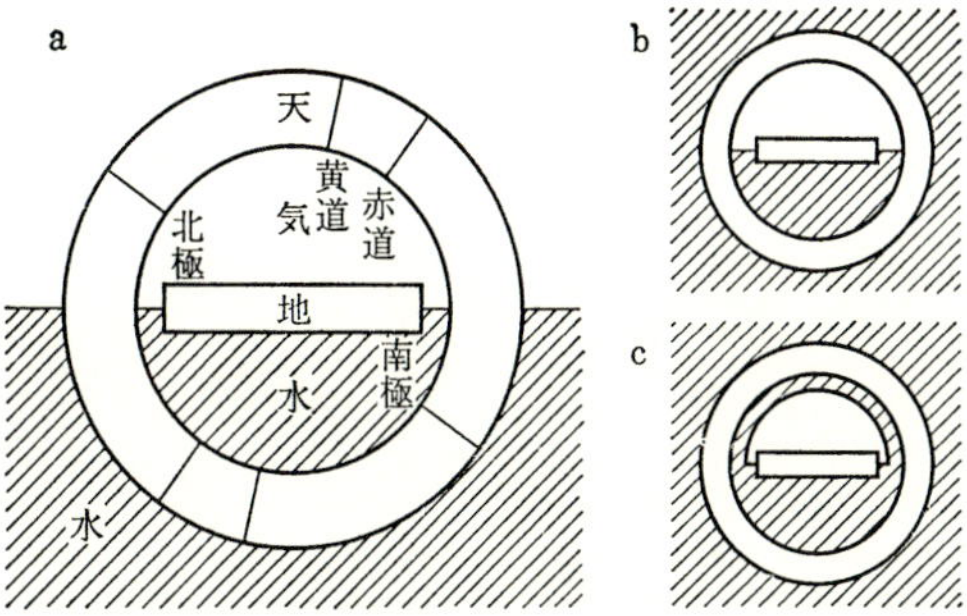

図3　渾天説　「天表裏有水，(中略)天地各乗気而立，載水而浮」という表現は，aのように図示しうるだろう．しかし，前半の一句を重視すれば，bあるいはcも不可能ではない．

渾天説は卵黄の比喩によって、一見、地球説をおもわせる。しかし、地「球」の観念は存在せず、依然として天円地方の伝統的観念に支配されていたのである。[10]それは比喩を全体として裏切るものではない(図3)。いったい、周髀すなわちノーモンとは、地上に垂直にたてた棒である。太陽によるその影を利用して、方向・時間・季節などを決定する。影の長さ一寸は千里にあたるという仮定にたって、そこから天の大きさをも推定できる。この方法ははじめから、地が平面であることを前提している。また、太陽の運動を観測して天の大きさを決めるのだから、太陽は固体としての天の球面上に存在することを前提している。このふたつの前提は、蓋天説と渾天説の接点としての意味をもつ。蓋天家はこの球面を地の上にしかないと考えるが、これを完全な球体とみなせば、渾天説への移行が可能だからである。事実、渾天説では天の大きさを決定できないために、呉の陸績や王蕃は、周髀の法をつかってそれを推定したのだった。このことは、渾天家もやはり地を平面と考えていたこと、渾天説そのものも、ある意味で蓋天説の発展とみなしうることを示す。後世、蓋天と渾天とを同一視する説が根強くおこなわれたのも、とうぜんだった。

とはいえ、そのことは天文学理論としての渾天説の圧倒的な優位を、いささかもゆるがすものではない。渾天説の強みは、天を回転する固体の球とみなし、黄赤道を設定し、天文現象の球面天文学的な説明に成功したところにある。天の内部に気を充実させて天地の相対的位置を定立したのも、蓋天論が天地の間に気は存在するとしても充実しているとはかならずしもみなさなかったのにたいして、すぐれて日常経験的な観察を導入したものといえよう。しかし、そうした日常経験的な立場そのものが、逆に、固体としての天地をささえるために、どうしても水という物質の存在を必要としたのである。地下に水があるという観念は、大海の存在や地下水の現象の認識、などから生まれたのであろう。それは普遍的観念として受入れられる。[11] しかし、回転する天のばあいは、そうはゆかぬ。渾天説にしたがえば、天は夜間水中を運行すると考えるほかはない。蓋天家王充の論難は、そこに集中した。[12] 竜の比喩などを使って、晋の渾天家葛洪(葛稚川、二八三―三四三)は、神秘的な回答に逃れ去る。[13] 水にささえられずに、天はいかにして定立できるか。渾天家に解決を迫る難問であった。そこに、宣夜説の大胆な説がきわだって浮びあがるのだ。

後漢末にすでに忘れ去られた宣夜説の理論の全容は、もはや知るべくもない。わずかに郗萌(生没年不詳)が、先師相伝として、構造論を記録したにとどまる。天は固体ではない。気の無限の空間にほかならない。日月衆星は虚空のなかにおのずから生成浮游し、行くも止まるも気のままである。日月五星の運動は一定せず、天に根繫されていないからそれぞれ違った運動をおこなう。いずれも東へ進み、速さはその情に左右される。天に繫着していないのがそこからわかる。固体としての天に綴付していれば、そうはゆかぬ。(14)

固体としての天を否定した宣夜説は、同時代の常識の激しい抵抗にぶつからずにはいなかったであろう。当時の観念からいえば、天の固体性の否定は、天の存在そのものの否定を意味したであろうからだ。固体としての天をしりぞけることによって、宣夜説は天を水にささえさせる必要からまぬがれた。しかし、天を気の充実する空間とみなす理論が説得的であるためには、なおいくつかの問題を解決しなければならない。星はいかにして気中に浮游しうるか。恒星はどうして相対的位置をかえないのか。日月五星も複雑な運動をするとはいえ、かれら自身が認識していたように、一定の規則性をもつのはなぜか。とくに、最後の問題に関連して、かれらは初歩的な誤りをおかした。かれらによれば、日月五星はみな東へ進み(右行)、日は一日に一度、月は一三度行く。そこをついて王充は、日月が天に繫がらず、みずから東行するとすれば、東へ回転するはずなのに、西へ回転するのはなぜか、(15)と批判したのだった。天の固体性を否定すれば、とうぜん、日月五星の右行ではなく左旋をみとめる必要がある。宣夜説は、日月右行の伝統的観念にひきずられた。宣夜説が失われたのは、固体としての天の否定にたいする常識的批難に加えて、天文学理論としての根本的な欠陥をさらけだしたためであったにちがいない。のちに、張横渠と朱子が、ここで提起される諸問題への回答を、模索するであろう。

王充は激しく宣夜説を批難して述べた。もし天が気なら雲煙のようなものだ、どうして周天の度数や高度の里数を測定できるか、(16)と。ここで、王充は数学的認識の意味を理解せず、空間の固体性の否定と空間の否定とを混同している。一般に、この問題をするどく意識しつつ、天の固体性の否定はかならずしも天の存在そのものの否定を意味しない、と主張したのが晋の虞喜(虞仲寧、二八一―三五六)の安天論であった。天地は上下の位置に固定して動かず、天はかぎりなく高く、地はかぎりなく深い。そして、諸星はそれぞれみずから運行する、(17)と。安天説に接した渾天家葛洪は、恒星が天に繋がれていないなら天はいらない、無いというがよい、天は存在して不動だとどうしていう必要があるか、(18)と一蹴した。葛洪の言は、天にかんする固定観念の強固さと、それを打破するには示さなければならない根拠とを、簡潔に表現している。

わたしたちにとって見過しえないもうひとつの説は、虞喜の祖、虞聳(生没年不詳)の穹天論である。すでに述べたように、渾天説は気によって天地＝上下の位置を定立させたが、この点をいっそう意識的にとりだして、蓋天説の補強を試みたのである。すなわち、天は穹隆形で鶏卵の膜に似ている。その端は四海の表面に接し、元気のうえに浮んでいる。譬えていえば、裏返した箱みたいなもの、それを水中に抑えつけても沈まないのは、なかに気が充満しているからだ[19]、と。虞聳は明確に、天地の間に気がすきまなく充実しているとみなし、固体としての天の定立を気圧によって説明したのである(図4)。この時期にあって蓋天説の補強は無意味に近かったとしても、空間に気が充満し、気もまた物体をささえうる、という認識はやはり貴重であった。なお、呉の姚信(姚元直、生没年不詳)の昕天論も蓋天説の部分的修正だが、ここでとりあげる必要はない。

構造論として重要な弱点をもつとはいえ、渾天説の優越は、以上の簡単な概観によっても明らかであろう。『晋書』天文志が渾天説を公認して以来、構造論論争はほとんど終焉する。梁の武帝(在位五〇三—五四九)が蓋天説を採用したり、後世、西洋天文学の影響下に蓋天説が見直されたりしたが、大勢をゆるがすものではとうていなかった。構造論への関心は、こうして天文学者の手を離れ、生成論と構造論の統一をめざす思想家たちに引き継がれていったのである。

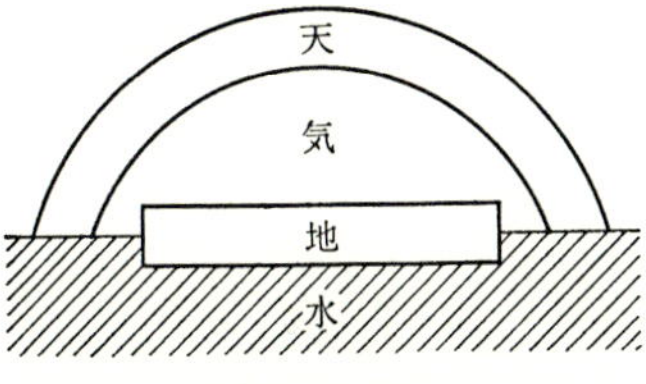

図4　穹天論

すでに予想されるように、原初的な物質の存在の仮定から出発して、天地日月五星の生成過程に説きおよび、天文学の成果と矛盾することなくそれらの構造や運動を説明しつくすのは、決して容易ではない。宇宙の生成論と構造論はいかに統一されていったか。伝統的な生成論が最初に結びついたのは、蓋天説であった。『淮南子』天文訓がすでにそうである。原型だから、その生成過程をやや詳しくみてみよう。

まず無から気が生じ、清濁二気にわかれ、それぞれ結合ないし凝固して天地を形成する。天は気を吐き、地は気を含み、天地の気が結合して陰陽の気となる。陽気が集積して熱の性質をおびた気となり、火を生じ、陰気が集積して寒の性質をおびた気となり、水を生ずる。火の純粋なものは太陽、水の純粋なものは月となる。最後に、太陽と月の気の作用によって星辰が生ずる[20]。この過程を図示すれば、つぎのようになる。

無→気＜清気―(合専)→天(吐気)／濁気―(凝滞)→地(含気)＞―(襲精)―＜陽―(積)→熱気→火(気之精)→日／陰―(積)→寒気→水(気之精)→月＞―(淫為精)→星辰

(現在の時点で同時的に存在し、さまざまな現象を生みだすもの)　天　地　陽気　陰気　熱気　寒気　火　水　日　月　星辰

すなわち、結合・凝固・集積などの諸過程を経る間に、左側にとりだした諸物体や諸気が形成される。これらは、現在の時点で同時的に存在する、宇宙の構成要素である。原初的な気は全体として二分され、固体としての天地となり、一気もしくは清濁二気としては現存しない、と考えられる。天地の気から水火の気にいたる諸気は、上段の気に一定の限定を加えることによって下段の気が生ずる、という関係に立つ。地上のさまざまな自然現象は、これらの気の作用によっておこる。なお、日月星辰の回転運動がどうして始まったかの神話的説明も、天が北に傾く事実の説明と結びつけて、それなりに卓抜である。むかし、共工と顓頊が帝位をあらそい、怒って不周山にぶつかった。そのため天をささえる柱がおれ、地をつなぐものが切れ、天が西北に傾いた。だから、日月星辰の運動

がおこったのだ、と。[21] 原初的な気が静止状態にあると仮定すれば、どこかでかならず運動の起動因を導入しなければならない、という点に留意しておきたい。

生成過程のこの記述はかなり具体的であり、むしろ精緻でさえある。蓋天の構造論をこれほど精緻に裏付けたものは、以後みあたらない、にもかかわらず、生成論と構造論の統一に成功したとはいえない。たとえば、恒星は天とともに回転するのだから、固体である天の内部にあるか、表面にくくりつけられているかの、いずれかであろう。前者であれば、固体としての天と同時に生成すると考えなければならない。後者なら、天よりあとに生成してもいい。しかし、表面をはう日月との付着状態の相違が生まれるゆえんを説明する必要があろう。星辰は日月の気の作用によって生ずるとしかいわぬ『淮南子』天文訓の限界が、ここで明らかになる。そして、『淮南子』以後、蓋天の宇宙論に、それを超えるものはついにでなかったのである。

蓋天説から渾天説への過渡期の産物として、張衡の宇宙論『霊憲』は注目に値する。渾天の立場にたちながら、一見、『淮南子』天文訓の直系をおもわせるからである。張衡は天地を上下でなく、内外と把握する。原初的な気がわかれ、剛いものと柔かいものに初めて分離し、清んだものと濁ったものが別々に位置した。天は外に成立し、地は内に定位した、[22] と。渾天説をまってはじめて可能なこの画期的な内外の概念も、まだ予感にとどまっている。すでにのべたように、観測法としての周髀の法は、構造論として蓋天・渾天のいずれをとるかに関係なく使用できる。[23] 張衡がそれにもとづいて天地の大きさを述べ、しかも、天が球であることを強調せずに天文現象を記すとき、『淮南子』天文訓との差異は消滅してしまうのである。ただ、天文学や哲学の発展がもたらした新しい知識や概念は、かなり生かされている。たとえば、太陽を火ないし火性の物体、月を水ないし水性の物体、とする点は『淮南子』天文訓とおなじだが、月は太陽の光を反射して輝くとされる[24]。五星は地上の五つの基本的な物質たる五行の純粋なものである[25]。一般に、星は地に生じた物質の純粋なものが、天において形を成したものだ[26]。これは、「日月ノ淫精ヲ為ス者ハ星辰ト為ル」(『淮南子』天文訓)から、『淮南子』の生成論にみちていた生物の作用への安易な類推を払拭して、無生物をそれに固有な物理的過程においてとらえようとしたものといえよう。また、かれは主張する。天にあって動く、つまり相対的な位置をかえる日月五星の遅速は、天からの距離の遠近によって決まる[27]。周髀の法によって測定される天の大きさはその内径を示すにすぎず、宇宙の涯ては無限である[28]。こうした新しい概念、新しい立場にもかかわらず、『霊憲』は生成過程の論理的展開において『淮南子』天文訓にはるかにおとる。のみならず、渾天独自の宇宙論を構築することもできなかった。しかも、かれの『渾天儀』には、生成論はみあたらない。宇宙論の歴史的発展の帰結を先取りしていえば、このことは逆に、渾天説の原型にあくまで忠実に密着するかぎり、『淮南子』天文訓の生成論をそれは超えることができなかったし、その必要もなかったことを示すのではないか。たしかに、その部分的な修正によって、渾天の一応の生成論となりえた。だが、渾天独自の生成論は、天の固体性および天地をささえる物質としての水を問題の中心にすえ、したがって、渾天説そのものの原型を修正しながら、形成されてゆくであろう。

この動きの萌芽は、張衡に先立つ、前漢末の讖緯説にみとめられる。一般に、緯書の宇宙論や天文学は雑多な要素からなり、一概に論じえない。生成論はむろん伝統にそうものの、精粗多様であり、構造論にいたっては、蓋天に依るものあり、渾天を採るものあり、宣夜を思わせるものもある。同一書に、しばしば異なった説の記載をみる。暦法は多く四分暦にしたがったようだ。こうした雑多な要素の混成であるにもかかわらず、とくに朱子が『晋書』天文志とともに必読書と指定した『礼記』月令疏[29]などに多く引用されて、宋の思想家にすくなからぬ影響を及ぼすであろう。ここでは、その影響において重要なふたつの問題にふれておきたい。

伝統的な生成論は、『易』の影響を顕著に示しながら、『雒書霊准聴』をはじめ多くの緯書にみえる。とくに詳細なのは『易緯乾鑿度』である。これはのちに『列子』天瑞篇にとり入れられて、ひろく知られるにいたる。しかし、いずれも『淮南子』天文訓の限界を超えるものではない。新しい萌芽は、『尚書考霊曜』・『春秋説題辞』と『春秋元命苞』にみとめられる。『考霊曜』は、「天ハ弾丸ノ如シ」の語からわかるように、構造論として渾天説を採った。後漢の鄭玄（鄭康成、一二七―二〇〇）は注して、天は純粋な陽気であり、清んで明るく形体がない[30]、と述べている。おそらくこれを示唆する、『考霊曜』の失われた原文があったのだろう。『春秋説題辞』はもっと明確に、「元気以テ天ト為リ、混沌トシテ形無シ[31]」と主張する。『説題辞』の構造論も渾天系であった。とすれば、天を気とする立場と渾天説との融合の動きが、ここにはじまったといってよい。

渾天説そのものの立場から生成論を模索したものとして注目されるのは、『春秋元命苞』である。

『渾天儀』の「天ハ鶏子ノ如シ」云々の文章を引用したのち、『元命苞』はいう。水は天地を包む膜であり、五行の始源である。万物を生ずる所以のものであり、原初的な気を生みだす体液である、[32]と。渾天説にとって、水は気以上に、天地を空間中に定立させるために必要な物質だった。この立場から生成論をうちたてるとすれば、水を原初的な物質と仮定するのが、論理的にもっとも妥当であり、説明も容易であろう。この仮定が、およそ生物の生育には水が不可欠であるという認識によっても支持されたであろうことは、魏の宋均(生没年不詳)の注、「物ハ水気ヲ得テ発萌ス」からうかがわれる。さらに『元命苞』によれば、水から生じた原初的な気の陽なるものが天となり、その純粋なものが集積して太陽となり、散布して恒星となった。[33]注目されるのは、ここでかえって天の固体性が否定されているようにみえることである。すくなくとも新しい方向がそこにある。そして、天と恒星と太陽のこのような生成論的関連づけが、蓋天系の宇宙論の限界をうちやぶるものであることは、あらためて指摘するまでもない。なお、五星を五行の純粋なものとする観念は、五星の名称そのものがすでに両者の結びつきを予想させるが、『元命苞』で明確に定式化されている。

緯書の第二の問題は、『春秋元命苞』・『尚書考霊曜』その他にみえる一種の地動説ないし運動の相対論である。地は常に動いてやまぬ、譬えていえば、人が舟に坐っているようなもの、舟が進んでも人はそれを自覚しない、[34]と『考霊曜』はいう。このような妥当な比喩によって地の運動が述べられているのは驚くべきことだが、いったいなにを意味するのか。天は左旋し、地は右動して天の運行を佐ける、[35]と『元命苞』はいう。一見、これは自転説を思わせる。しかし、『考霊曜』の文は地の四遊説、いいかえれば一種の公転説をさす。『河図括地象』の「天ノ左動ハ牽牛ニ起リ、地ノ右動ハ畢《ヒツ》ニ起ル(36)」も、同様である。したがって、『元命苞』の文も地の四遊説を意味すると理解しなければならない。

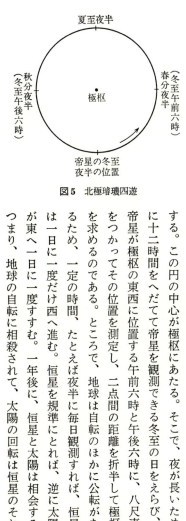

すでに指摘されているように、地の四遊説は、蓋天説の北極璿璣《せんき》四遊に由来するのであろう(37)。北極璿璣四遊とは、一般には周極星の現象をさすと解していいだろうが、『周髀算経』においてはもっと具体的に、天の北極を求める観測法を意味する。当時、といっても『周髀算経』にみえる観測値は先秦のものであるが、北極星たる帝星の位置は、正確には極枢、つまり天の北極と一致しない。

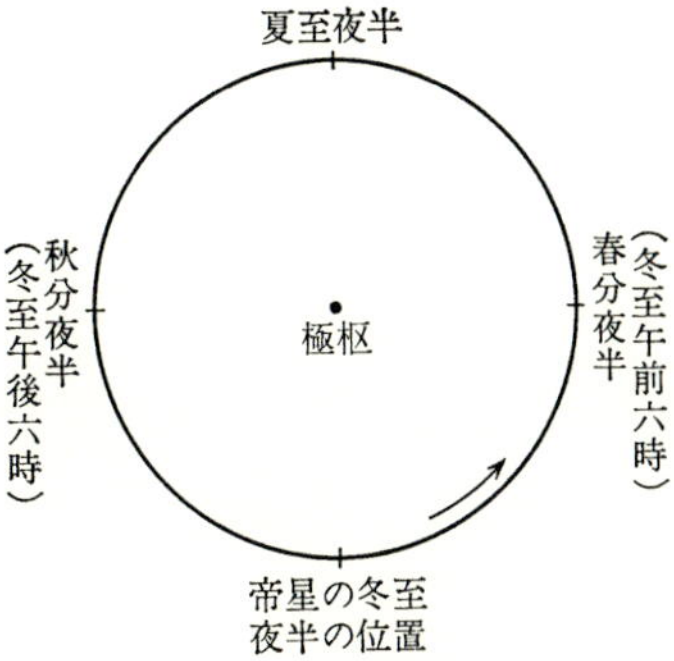

図5　北極璿璣四遊

したがって、帝星はある小さな円周を描いて一昼夜に一回転する。この円の中心が極枢にあたる。そこで、夜が長いために十二時間をへだてて帝星を観測できる冬至の日をえらび、帝星が極枢の東西に位置する午前六時と午後六時に、八尺表をつかってその位置を測定し、二点間の距離を折半して極枢を求めるのである。ところで、地球は自転のほかに公転があるため、一定の時間、たとえば夜半に毎日観測すれば、恒星は一日に一度だけ西へ進む。恒星を規準にとれば、逆に太陽が東へ一日に一度すすむ。一年後に、恒星と太陽は相会する。つまり、地球の自転に相殺されて、太陽の回転は恒星のそれより一回すくなくなる。しばしば言及した左旋右行とは、この現象をさす。石臼の回転が自転にあたり、蟻の歩みが公転に相当する。石臼と蟻の比喩の巧妙さは、自転と公転とをひとつのモデルで表現したところにあるわけだ。北極星たる帝星もおなじく、一年に一回転し、夏至には極枢の上(南)に、秋分には西に、冬至には下(北)に、春分には東に位置する(図5)。北極星のこの運動を、『考霊曜』その他では、地の運動によって起る現象だと考えたのである。結果的にみれば、地球の公転によって起る現象を、地の上下東西の回転運動で説明したことになる。『考霊曜』にいう。地に四遊の現象がある。冬至には地は北へ上りつめ、それから西へ進んで三万里ゆき、夏至には南へ下りつめ、それから東へ進んで三万里ゆく、春秋二分はその中間にある[38]、と。なににもとづく数値かはっきりとはわからないが、三万里の直径をもつ円軌道を回転するわけだ。ところで、新しい蓋天説によれば、天地間の距離は八万里である。その三分の一以上の距離を昇降するはずなのに、恒星間の距離に変化はみとめられない。しかも、太陽は季節によって大きく昇降する。そのためであろう、恒星、つまり、天もまた地とともに四遊すると考えた。『考霊曜』に、地と星辰は四遊し、三万里の空間を昇降する[39]、というのがそれである。天が四遊するとすれば、それだけの空間が必要になる。「二十八宿ノ外、上下東西各万五千里有リ、是レヲ四遊ノ極ト為《イ》イ、之ヲ四表ト謂ウ[40]」。地が宇宙の中心に静止するとみるばあいにくらべて、各方向へさらに一万五千里だけ空間が広がり、その内部が天地の運動の領域である。天がこの空間の限界点にある状態を、鄭玄は、「四表ニ薄《セマ》リテ止マル[41]」、と表現している(図6)。ここで注意しなければならないのは、第一に、帝星の四遊と地の四遊

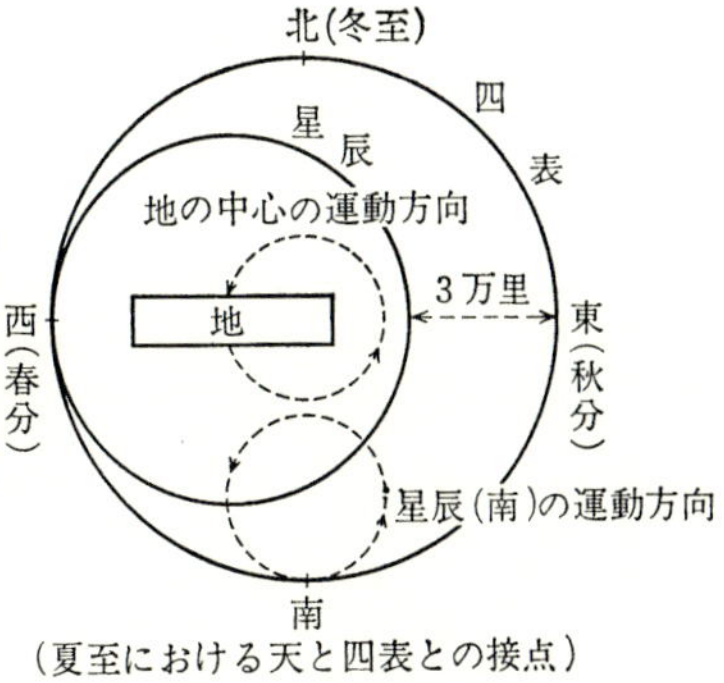

図6　地と星辰の四遊

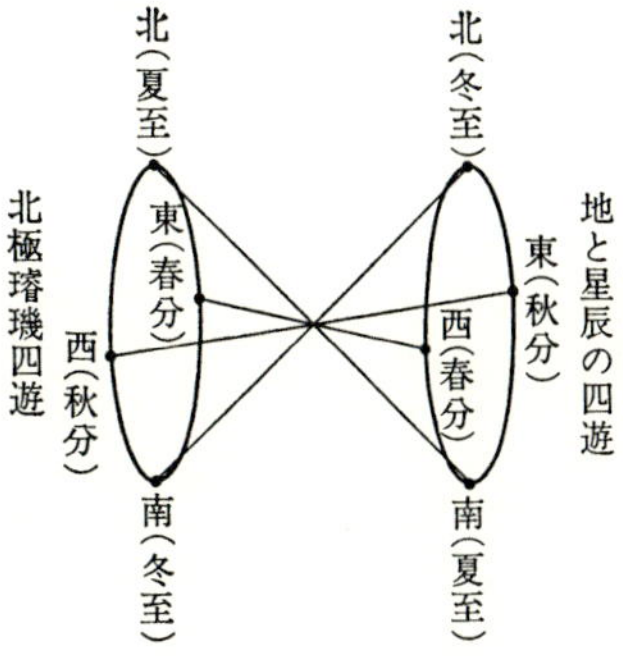

図7　両四遊の関係

とでは、回転方向はおなじだが、上下（二至）、東西（二分）の位置が逆になることである。すなわち、冬至に地がもっとも高く北へ上昇したとき、帝星はもっとも低く北へ下降している。この関係は、一本の棒の中点を支点としてそれを回転させたばあいの、棒の両端の円運動を想起すればよい（図7）。第二に、渾天の構造論を前提しなければ、この四遊説は成立しないことである。蓋天説に由来する説が、ここでは完全に渾天説に吸収されている。しかも、かならずしも天が固体である必要はない。恒星がほぼ同一球面上にあると考えればよいからである。北宋の程伊川（程頤、一〇三三—一一〇七）はこの説を誤解し、「日月ハ三万里中ヲ昇降ス」と主張するにいたるが、それにたいする批判をもふくめ、地の四遊説にたいして、朱子が自己の見解を表明するのを、のちにわたしたちはみるだろう。一般に、ある種の地動説の問題は、張横渠と朱子の宇宙論の重要な一要素となる。

　ふたたび生成論にたちかえるなら、『春秋元命苞』に萌芽した、渾天論の立場から生成論を展開しようとする方向、水を原初的物質と仮定する理論をいっそうおしすすめたのは、晋の楊泉(楊徳淵、生没年不詳)であった。かれは『渾天儀』にいう「天地ハ気ニ乗リテ立チ、水ニ載リテ浮ク」を生成論の基礎にすえる。『物理論』の、わずかに残された断片からうかがわれる、かれの理論はこうである。天地を定立する根拠となるものは水であり、天地を成立させるものは気である。そもそも水は地の根源であって、原初的な気・日月・星辰すべて水から生成する。水土の気が上昇(おそらく蒸発であろう)して天となる。いったい地には形体があるが天にはない。譬えていえば火のようなもの、煙は上にあり、灰が下にある。天は原初的な気以外のなにものでもない。[42] 太陽は陽気の純粋なもの、月は水の純粋なもの、星は原初的な気の純粋なもの、水の純粋なものである。[43] 京房によれば、月と星はもっとも陰なるもので、形体はあるが光無く、太陽の光をうけて輝く、鏡が日の光を反射するようなものだ。[44] 陰の性質をおびた物質の、底部に定着したものが地である。[45] 遊濁なるものが土となり、土気の作用により、地上のあらゆる物がおのずから生成してくる。[46]

『元命苞』の生成論の発展でこれがあるのは、明らかであろう。水を原初的な物質とし、その上昇、すなわち蒸発ないし稀薄化によって原初的な気すなわち天が形成され、その気から諸星がうまれ、残された濃厚な物質が地となり、そこから地上の万物が生成してくる。ここには進化論の萌芽さえみとめられる。さしあたって重要なのは、天をはっきり気と断定していることだ。楊泉の理論の論理的構造を再構成するには、残された断片はあまりにも少ない。しかし、水を原初的物質とすることによって、かえって、天をささえる物質としての水の存在根拠が否定される、という構造は注目に値する。渾天説の内部からの理論的要請であるだけに、渾天説と宣夜説のたんなる折衷以上の意味を、それはもっている。

天の固体性を否定する、あるいは、その契機をふくむ思想は、しかし、構造論とからんでのみ存在したのではない。後世にすくなからぬ影響をあたえたと考えられるものに、前漢の董仲舒（董広川、前一七六―前一〇四）の『春秋繁露』がある。董仲舒は、おそらく、天の固体性を否定しなかった。しかし、天地間に気が充実するとみなした。『春秋繁露』にいう。天地の間に陰陽の気があり、つねに人をひたしている、水がつねに魚をひたすように。気と水の違いは、見えるか見えないかにすぎない。天地の間は空虚みたいだが、充実しているのだ、と。[47] 董仲舒の主張する天と人との相互作用、いわゆる天人相関は、陰陽の気を媒体とするのであって、天地間における気の充満が前提となる。天を気とみなす思想の発展にとって、この意義は小さくないはずである。事実、王充が論難したように、かれの時代にすでに、そこから天を気とする思想が発生していたのだった。[48]

すべての形体あるものが落ちるのに、星や地はなぜ落ちないのか、なににささえられているのか。この素朴な、しかし、構造論のかなめともなる疑問は、天文学者や宇宙論を構想する思想家以外の人びとからも、たえず提出されたにちがいない。なかでも、『列子』天瑞篇にみえる、杞憂ということばの起源となった有名なエピソード[49]や、『黄帝内経素問』の唐代の竄入にかかるとされる運気七篇中の一篇、「五運行大論」にみえる黄帝と岐伯の対話[50]は忘れられない。天は気の集積、日月星宿は集積した気のなかの光耀あるものにすぎぬ、と『列子』は答える。地は太虚の中にあり、大気が地をささえるのだ、と『素問』は断言する。

『素問』の断定は、唐代においては、すでにそれほど異常な回答でもなかったであろう。天を気あるいは太虚とする思想の拡がりを示すいくつもの痕跡が、同時代の思想家の書にみとめられる。楊倞(生没年不詳)の『荀子』注は、「天ハ実形ナシ、地ノ上ノ空虚ハ尽ク皆天ナリ」、と喝破した先人の言を引用する。(51) 孔穎達(孔仲達、五七四―六四八)は『礼記』月令疏において、先に挙げた『考霊曜』の鄭玄注にふれ、鄭玄の言のごとくであれば、天は太虚であって、もともと形体がなく、ただ諸星の運転をさして天とするにすぎない、と解釈する。(52) こうした思想が、いまや堂々と、古典の注釈にあらわれたのである。さらに、「天対」を書いて屈原の「天問」にこたえた柳宗元(柳子厚、七七三―八一九)も、日月五星いずれも太虚中に存在する、とみなす。(53)

天の固体性の否定は、渾天説の欠陥克服への第一歩である。だが、あくまで第一歩にすぎない。それだけなら、すでに宣夜説・安天論がある。地や日月諸星が気中に存在しうる根拠を示さなければならない。それが示されたとき、はじめて宇宙論の歴史は新しい段階を画するだろう。そのための手掛りをあたえたものとして、どうしても忘れてならないのは、六朝から唐にかけて発展した道教の宇宙論である。おそらく、渾天説の熱烈な弁護論者葛洪をその最初の体系的な思想家としてもつことによって、道教は渾天説を公然と承認した。葛洪みずからは、生成論と構造論の統一を試みなかったけれども、(54) ひとつの重要な示唆を残した。いわゆる万里剛風説である。(55) それによれば、四十里上昇したところを太清という。太清のなかの気はきわめて剛《かた》く、人をのせることができる。先生のいわれるに、鳶が飛んで高みにゆけば、両翼を拡げるだけで羽ばたかなくてもおのずから進むのは、次第に剛気に乗るためだ(56)、と。ここにいう剛気とは、つねに上空を吹く強い風である。剛風説は、朱子の宇宙論に、決定的なひとつの烙印をおしつけるだろう。

葛洪以後、道教の宇宙論は、かれとおなじく天の固体性を否定こそしないが、天地いずれも気中に浮游するとみなす方向へ進んだ。そして、おそらく葛洪に示唆されて、気の不断の回転という思想を導入していった。葛洪に仮託した『枕中書』は、天地の生成を三段階にわける。天地が形を成さない段階、天地が一体として形を成した段階、両者が分離した段階。第二の段階についていう。天地は上もつながれず下ももたれかからず、浩浩たる状態によって水をおもわせる原初的な気のなかに浮んで、右に左に展転反側している。天は竜のごとく雲中を旋回する(57)。宋初の集大成、『雲笈七籤』によれば、気の清んだものが天となり、滓《おり》が凝固して地となる。原初的な気が運行して、天地が定立する。葛稚川がいうには、渾天の状態は鶏の卵ににている。卵のなかの黄味にあたる地は天に乗って内部に位置し、天は気に乗って外部を運行する(58)、と。こうして、天をささえる物質としての水は、類似した性質をもつ気におきかえられ、道教の渾天説から追放されたのである。

なお、星辰つまり五惑星と恒星について、一言つけ加えておくなら、それらが太陽とおなじ火ないし火性の物体でみずから輝く、とみるか、月とおなじ水ないし水性の物体で太陽の光をうけて輝く、とみるか、議論がわかれた(59)。いずれにしろ経験的立証は不可能だったから、議論の分岐はさけられなかった。

宋の思想家たちが宇宙論に思索の歩みをすすめたとき、そのまえに横たわっていた諸観念の歴史と、解決すべき諸問題とは、以上のごとくであった。

2 宋学の革命

六朝以後、天文学の発展は、主として暦法にかんするものであり、宇宙論に直接関係する部分はほとんどない。ただ、一時期を画したといえるのは、数々の科学的な発見をなしとげた、張横渠や程伊川と同時代の科学者沈括である。かれの発見は、朱子の宇宙論に深い影響をあたえた。沈括が月の満ち欠けと日食にはじめて加えた正確な光学的説明(60)は、朱子が宇宙の構造を具体的視覚的にイメージするための大きな助けとなった。かれはそれをとおして、宇宙の立体的構造をありありと思い描いたのだ。また、地質学の領域に属するが、沈括は、河北の山崖で古生物の化石と地層とを発見し、河川の浸食作用を明らかにし、海陸の変遷を指摘した(61)。地の生成過程は、これまでつねに空想にとどまっていた。沈括のこの発見は、朱子の生成論にひとつの決定的な根拠を提供するだろう。一般に、科学の成果にたいして朱子が示した理解力と受容力には、同時代の他の思想家の追従をゆるさぬものがあった。

宋学の宇宙論の基礎をすえたのは、張横渠の『正蒙』である。ふつうそれを確立したとされる周濂渓の『大極図説』は、存在論そのものであって、わたしがここでとりあげる宇宙論には属しない。だが横渠を論ずるまえに、朱子がしばしば言及した邵康節(邵雍、一〇一一―一〇七七)の一句にふれておこう。

邵康節は、天地をひとつの全体として把握することにより、天地の位置的関係を認識の立場に相対的な、概念上の問題に帰着させた。かれはいう。天は地を覆い、地は天を載せる。天地は箱のようにぴったりかぶさっているから、天のうえに地がある(ともいえ)、地のうえに天がある(ともいえる)[62]。また、いう。天は地に依存し、地は天に付着する。天地は相互に依付しあう。天は形(地)に依存し、地は気(天)に付着する[63]、と。南宋の張行成(張文饒、生没年不詳)は注して、「天地相函シ、以テ太虚ノ中ニ立ツ」、と解する[64]。おそらく康節の真意ではあるまい。かれは「天地相函」というが、天が地を包むとはいっていない。構造論的裏付けはない。むしろ、天地＝上下、あるいは、地が天をささえる、といった固定観念を顚倒して、常識を嘲笑しさったのである。

張横渠の宇宙論は、伝統的諸観念の発展の総決算であると同時に、王船山(王夫之、一六一九―一六九二)のことばをかりれば、「尽ク暦家ノ説ヲ破ル[65]」画期的な理論であった。それなしには、わたしたちは朱子の宇宙論を想定することもできないだろう。

横渠は、先人にならって、無形の宇宙空間を太虚とよぶ[66]。太虚には気が充満しており、太虚は気にほかならぬ。別のことばでいえば、形体ある物の存在しないあらゆる空間は気にほかならぬ。無、すなわち、気の存在しない空間は存在しない。気は太虚に本質的なものとしてそこにあり、気の存在しない太虚はありえない。太虚に充満する気は激しく動き、上昇下降し、瞬時も停止しない。浮上するものは清んだ陽気、下降するものは濁った陰気。その作用、その集散によって、あらゆるものが、変化の一過程として、形体をとって現象する。気の集散は気の本質にもとづく。集散しない気はありえない。かくて、気は万物となり、万物はふたたび太虚にかえる。気の本質にもとづいて、不可避的にそうなるのだ。太虚中にあって気が集散する状態は、水中で氷が凝り、また釈ける状態に似ている。

横渠にとって、空間とは連続的な物質、気の拡がりにほかならぬ[67]。気は運動をその本質として内在している。運動形態は集散、つまり、濃密化と稀薄化である。気が連続的等質的な物質である以上、それ以外の運動形態はありえないだろう。不断の集散によって、万物は生成し消滅する。したがって気は、もはやたんなる生成論的に原初的な物質ではない。形体ある万物と同時的に存在し、たえず万物を形成しつつあるとともに、万物がたえずそこへ還元されてゆく物質的基体である。宇宙の原初的状態と現在のそれとの相違は、そこに形体ある万物が存在するかどうかにかかる。これが、天の固体性を否定することによって伝統的生成論の欠陥を克服する方向へ、その論理的帰結を徹底的におしすすめたものであることは疑いをいれない。このことは、構造論との接点においていっそう明らかになる。

横渠は、地を純粋な陰気が中心に凝集したもの、天を浮上した陽気が地の外側を運行し旋回するものとみなす[68]。天が気の不断の回転にほかならないとすれば、天の固体性は、とうぜん否定される。

しかるにかれは、恒星は不動で天に純繫されるといい、一見、固体としての天を肯定するかにみえる。繫の概念は、いままで構造論のなかで、「繫着」あるいは「根繫」という、固体としての天への付着を意味する概念としてあらわれてきた。別の一例をあげれば、屈原の「斡維焉《カンイイズク》ニカ繫《カカ》ル」、天の回転を車轂《しゃこく》にたとえたばあい、それはどこに繫がれているのか、という問いにたいし、柳宗元は、「烏《イズク》ンゾ繫維ヲ傒《マ》チテ乃チ身位ヲ縻《ツナ》ガン」と答えている。いずれも綱でくくりつけられる意味である。恒星が気中に存在するというばあいには、浮游といった表現がつかわれた。横渠がこうした伝統に従っていないのは、同時に、日月五星は地に繫がれる、としていることからわかる。このばあい「繫」はあきらかに、固体としての天を前提する概念ではなく、なんらかの密接な連関の存在を示す概念でなければならない。この点を別の面から考えてみよう。

いったい、横渠のいう気の清濁とはなにか。純不純の意か、稀薄濃密の意か。前者であれば、自然に分離する不純な要素を、一気がはじめから含んでいることになる。伝統的生成論、たとえば、『淮南子』天文訓においては、運動は原初的な気の本質でなく、あとから与えられるにもかかわらず、それに先立って清濁の気の自然な分離がおこる。そのばあいの原初的な気は、やがて分離するはずの清濁二気の等質的な混合体、というイメージに近い。しかし、横渠にあっては、運動は気の本質である。清濁二気もまた、ほかの万物とおなじく、一気から集散という運動形態をとおして形成される、気の一時的な存在状態と考えなければ、基本的前提にそむく。つまり、清濁二気とは、稀薄な軽い気と濃密な重い気である。明るく流動するものを清といい、堅く凝固したものを濁という、[69]と注した王船山は、よく横渠の真意を捉えたといえよう。事実、横渠は気の集散にともなう昇降飛揚を、「虚実動静ノ機、陰陽剛柔ノ始メ」とよぶ。かくて、天が流動する稀薄な気だとすれば、[70]恒星の純繫はもはや固体としての天への付着という意味をもちえない。まして、天を運行する日月五星が固体としての地に付着しているという解釈は、意味をなさない。しかし、それを浮游といわず、純繫ないし繫と表現する以上、そこに何か積極的な根拠がなければならない。その根拠を、繫の概念のもつ作用的な意味、とかりに呼んでおこう。

横渠の構造論は、すでに述べたように、気の不断の回転運動を前提する。気の各部分において働き、多様にあらわれる集散とはちがい、それは一気全体の一様な運動として、気の存在形態そのものとして、仮定されている。こうして、運動の原因を外部に設定する必要からまぬがれる。この前提のうえに立って、かれは『正蒙』参両篇の頭初に、つぎのような構造論を展開する。恒星は相互に位置をかえず、天に純繫され、浮上した陽気とともに不断に運行し旋回する。日月五星は天に逆行し、地をひとしく包む。地は気中にあり、天に随って左旋する。地に繫がれる辰象、つまり、日月五星は、地に随って左旋するが、やや遅れるためにかえって右行するにすぎない。日月五星の速さに遅速があるのは、それぞれの性質がことなっているからだ。[71]さらに横渠はそれを個別的に説明するが、それについてはあとでふれよう。

一気の一様な回転が前提されているから、気中の凝集した気にほかならぬ恒星も、とうぜんおなじ速さの回転運動をもつ。そのばあい、恒星の相対的位置は不動となる。だから、恒星が天に純繫されるとは、気によって動かされる意味ではなく、気とおなじ速さで回転する意味でなければならない。つまり、繫の作用とは、ここでは気の存在形態としての回転運動をさす。地が天に随って左旋するというのも、純繫であれば天は相対的に静止するのだから純繫ではないが、気とともに回転すなわち自転する、というおなじ作用的な意味に理解できる。日月五星のばあいには、作用の意味がややことなる。気中を回転するにもかかわらず、地に繫がり、地に随うとされるからである。日月五星は、気の回転より地の自転といっそう密接に連関する。地の繫の作用はわたしたちに、あえて力学的表現をつかえば、地の自転にともなう牽引力を想起させる。

たしかに、地の繫にこのような強い意味をもたせるのは、横渠の構造論がこれにとどまるならば疑義がある。天つまり恒星、地、日月五星という回転の速さの順序からして、恒星は天により密接に連関し、日月五星は地により密接に連関する、という相対的な関係の表現が繫の概念であり、天の繫と地の繫の意味に区別はない、という反論も可能だ。しかるにかれは、この構造論と明白に矛盾する、しかもたがいにまったくことなる、ふたつの構造論を提出する。それらは、この構造論において、天の繫に重点をおくか、地の繫に重点をおくかによって生まれた、ふたつの分極とみなすことができる。そのことは逆に、ここではかろうじて統一されているものの、天地の繫の意味が決して同一でなかったのを示すであろう。

そのふたつの構造論をとりあげるまえに、自転説および左旋説に簡単にふれておきたい。地の自転すなわち左旋、および日月五星の左旋は、一気の存在形態たる回転運動すなわち左旋の仮定からの論理必然的な帰結であった。いずれも天文学者の定説と真向から対立する、破天荒の学説である。自転説は文字どおり、「張子ノ創説」(72)(王船山)であった。しかし、左旋説には先駆者があったとされる。夏術ないし夏暦と称するものが日月左旋を主張した、と伝えられるからである。(73)清の阮元(阮伯元、一七六四―一八四八)は、横渠が夏術にもとづいたとみる。(74)はたして直接の継承関係があるかどうか。かりにあったとしても、一気の回転を前提として、日月五星の左旋から地の自転までを導きだした横渠の独創性を、いささかもそこなうものではない。

さて、地の繫に重点をおいてかれが提出した第二の構造論は、既成のあらゆる概念、あらゆる理論を一挙に粉砕する、革命的な理論であった。それは、一種の完全な地動説なのである。およそ回転運動するものは、かならず動く仕掛けをもつ。すでに仕掛けという以上、運動は外部から与えられるのではない。昔も今も天左旋をいうが、これはまことに粗雑きわまる理論であって、日月の出没、恒星の朝夕の変化を考えていない。わたしの考えでは、天にあって運行するものは、ただ日月五星だけである。恒星が昼夜をなすゆえんは、ただ地の気が仕掛けによって中央で左旋(右旋でなければならない。横渠の感ちがいであろう)するから、恒星や銀河は北から南へめぐり、日月は天に見え隠れするのだ。太虚は物体ではないのだから、それが地の外側を動く証拠はない。(75)

ここにいう太虚は天にほかならず、天の固体性ははっきり否定されている。太虚は物体ではないから、第一の構造論の基本的前提であった気の回転運動は証拠がない、としてしりぞけられる。これはもちろん、気の部分的な集散という本質的な運動形態を否定するのではない。全体的な一様な回転運動をもたぬという意味で、天したがって恒星は静止するのだ。回転運動の原動力は地に内在し、その自転により星の日周運動、昼夜の変化がおこる。原動力はおなじく、日月五星にも内在し、それらの諸星は公転運動をおこなう。気が回転しないから、地と日月五星の運動は、密接な連関に、おそらくは作用的な連関に立つ。これをあえて回転にともなう牽引力と表現しても、強引な解釈とはいえないだろう。このような繋の用法が横渠にたしかにあったことは、潮汐の大小を月の朔望と結びつけ、それを繋と表現し、「其ノ精相感ズ」とのべていることから明らかである。[76] つまり、繋は気の感応と結びついた概念なのである。地の繋は、それに重点をおいて構造論を構想すれば、自転する地を中心に、地の牽引力のもとで、日月五星が地のまわりを公転するという、一種の地動説に落着かざるをえないほど、強烈な意味をおびていたのである。横渠のこの驚嘆すべき新説は、しかし、ついにひとりの後継者をも見出せなかった。かれのすぐれた理解者王船山さえも、「理ニ於イテ未ダ安カラズ」、「此ノ義未ダ安カラズ」[77]、とつぶやくほかはなかったほど、それは一切の伝統を超えていた。

天の繋に重点をおく第三の構造論は、まったくちがった運命をたどった。この構造論は簡単である。天は左旋し、その内部に位置するものは天にやや遅れてそれにしたがうから、かえって右行する。[78] 横渠は、また別に、「日月五星亦タ天ニ随イテ転ズルコト、二十八宿ノ天ニ随イテ定マルガ如シ」[79]、とのべたとも伝えられる。ここでは、日月五星も一気の回転に繋がれる、とみなされているわけだ。地は不動だと考えられているのだろう。でなければ、横渠の立場からいって、地に繋がれるとするのがとうぜんである。阮元がいうように、日月五星もまた天に順うとする説は、儒家の心に訴えるものがあったにちがいない(80)。日月左旋をのぞけば、伝統的諸観念ともよりよく調和できた。朱子の高い評価をえて(81)、張横渠の左旋説といえば、後世、この第三の構造論を意味することになる。

横渠の宇宙論のもっとも大きな欠陥は、繫の概念に付与された二重の作用的な意味にある。生成論において、かれは一気の存在とその部分的な集散と全体的な回転とを仮定し、伝統的諸理論の根本的欠陥を克服しえた。右行説の否定が、生成論と構造論の統一を可能にしたのである。もしかれが、第三の構造論の方向に宇宙論を体系化しえたとすれば、つまり、繫の作用的な意味を気の存在形態たる回転運動と規定し、それを貫ぬきえたとすれば、それは伝統的理論の一種の完成を意味したであろう。そして、朱子に残された仕事は、はるかに小さくなっていたにちがいない。だが、横渠の直観は、あまりに鋭く地と日月五星との密接な連関を把握しすぎた。しかも、力の遠隔作用を知らぬかれは、地の繫の概念を感応の概念以上に具体化できない。日月五星の遅速の説明において、その弱さが一挙に露呈する。たとえば、月は陰気の純粋なもので陽に反するから、その右行はいちばん速い(82)、とかれはいう。しかし、ここに陰陽の背反性の原理をもちこむなら、はじめから地の繫の概念はいらない。

こうして、横渠の誇るべき独創性が、この時点においては、いまやたんなる弱点、理論の整合性を奪う矛盾に堕し去る。解決は、一気の回転、天の繫の作用のみを前提して、宇宙論を構築するところに見出されるだろう。まさにその方向に、朱子の宇宙論は展開される。そして、張横渠と朱子の左旋説は儒家公認の説として、ながく天文学者の右行説と対立するにいたる。清の王錫闡(王寅旭、一六二八―一六八二)によれば、天文学者の暦にたいして、儒家の暦さえ生みだすにいたったという。[83] なお、詳しい検討ははぶくが、横渠が「地ニ昇降有リ」として、地の上下運動を主張したことを、つけ加えておきたい。[84] これは緯書の四遊説とはことなり、一気の昇降運動によって起る直線的な上下の往復運動である。そして、たんに一年間に一往復する大昇降のみならず、一昼夜の小昇降をもおこなう。一年の寒暑は前者から生まれ、海水の潮汐が後者の証明だという。横渠の構想の雄大さと一貫性とをうかがうにたる。同時に、横渠にとっては、地は一気の昇降にともなって昇降するほど軽い物体である。したがって、地がいかにして気中に存在しうるかという問題意識は、もちろんなかった。この問題にまともにぶつかり、それを軸に宇宙論を展開する朱子との違いが、そこにある。

横渠の理論の出現によって、天を気とする立場ははじめて確立されたといえよう。わずか三つの仮定から、かれは、宇宙の構造を生成論的に、一応説明できたのである。生成論と構造論のこのような統一が前人未踏の業績であったことは、あらためてことわるまでもない。宋の思想家たちのなかで天を気とする立場をとったのは、横渠だけではない。たとえば、程子は、「凡ソ気有リテ天ニ非ザルハ莫シ。凡ソ形有リテ地ニ非ザルハ莫シ」[85]、といい、「地ノ下豈ニ天無ケンヤ。今ノ所謂地ハ、特《タ》ダ天中ノ一物タルノミ。雲気ノ聚ルガ如シ、其ノ久シクシテ散ゼザルヲ以テナリ」[86]、とのべている。「夫レ天ハ地ノ形有ルガ如キニハ非ザルナリ。地ヨリシテ上、天ニ非ザル者ハ無シ」[87]、と胡寅(胡致堂、一〇九八―一一五六）はいう。朱子の友人蔡季通（蔡元定、一一三五―一一九八）は、簡潔に断言する、「地上ハ便チ是レ天」[88]、と。しかし、程伊川以下、かれらの宇宙論は体系的ではなく、横渠をこえるものではもちろんなかった。だからここでは、朱子の思想に強い影響をあたえるであろう程子のふたつの説にふれるにとどめたい。いずれも、天地の造化作用にかんするものである。

横渠は、物の気が散ずればまた太虚にかえる、したがって、その気が再び集って物となる可能性をみとめた。氷の凝釈の比喩がそれを示す。程伊川は、この点で横渠をしりぞける。およそ物の気が散じてなくなれば、原初の状態に復帰するわけはない。宇宙は熔鉱炉みたいに物をつくりだすが、原料を消費してしまう。まして一度散じた気は存在するべくもなく、天地の造化の働きがどうしてそれを使用できようか[89]、と。この批判のもつ意味は、朱子の思想のなかで、いっそう明らかになるだろう。また、程子は天地造化の働きを石臼にたとえた。天地造化の働きは石臼に似ている。ふたつの石臼の歯はおなじだが、動けば整合しない。整合しないからこそ、多様な万物を生みだすのだ[90]、と。石臼はやがて、朱子のつねに愛用してやまぬ比喩となる。そして、かれの生成論にとってのいわばモデル的役割を果してゆくだろう。

朱子の宇宙論を理解するための素材は、これで歴史的にでそろった。つづいてわたしは、朱子のことばの諸断片にわけいり、かれの宇宙論の体系的再構成を試みたい。

（1）易緯乾鑿度。列子、天瑞篇。
（2）これらの諸説については、すでに藪内清教授の要をえた研究がある（藪内清編『中国中世科学技術史の研究』角川書店、一九六三年)。ここでは、かなり局限された特殊な観点から、とりあげる。

(3) 蓋天説・渾天説および両説の論争については、能田忠亮「漢代論天攷」(東方学報、京都第四冊、一九三三年)にくわしい。なお、山田「梁武の蓋天説」(東方学報、京都第四八冊、一九七五年)を参照。

(4) 最近出土した秦から漢初にかけての五星の観測記録は渾天儀なしには不可能であり、したがって、渾天儀はすでにその時代には存在していたであろう、といわれている。徐振韜「従帛書《五星占》看〝先秦渾儀〟創制」(考古、一九七六年、第二期)参照。

(5) 天員如張蓋、地方如棊局。天旁轉如推磨而左行、日月右行、隨天左轉。故日月實東行、而天牽之以西沒。譬之於蟻行磨石之上、磨左旋而蟻右去、磨疾而蟻遲、故不得不隨磨以左廻焉。(晋書、天文志上)

(6) 隋書、天文志上にみえる。なお、能田、前掲論文参照。

(7) 斡維焉繫、天極焉加。八柱何當、東南何虧。(楚辞、天問)

單居離問於曾子曰、天員而地方者、誠有之乎。(中略)曾子曰、天之所生上首、地之所生下首、上首之謂員、下首之謂方。如誠天圓而地方、則是四角之不揜也。(大戴礼記、巻五、曾子天円)

(8) 疇人伝、巻二、劉向。注(74)をみよ。

(9) 渾天如雞子、天體圓如彈丸、地如雞中黃、孤居於內。天大而地小、天表裏有水。天之包地、猶殼之裹黃。天地各乘氣而立、載水而浮。(中略)其兩端謂之南北極。(中略)天轉、如車轂之運也、周旋無端。其形渾渾、故曰渾天也。(渾天儀)

(10) 詳しくは、藪内、前掲論文、および、唐如川「張衡等渾天家的天円地平説」(科学史集刊、第四冊、一九六二年)をみよ。

(11) 藪内、前掲論文参照。

(12) 晋書、天文志上。論衡、説日篇。

(13) 晋書、天文志上。

(14) 天了無質、仰而瞻之、高遠無極、眼瞀精絕、故蒼蒼然也。(中略)日月衆星、自然浮生虛空之中、其行其止皆須氣焉。是以七曜或逝或住、或順或逆、伏見無常、進退不同、由乎無所根繫、故各異也。故辰極常居其所、而北斗不與衆星西沒也。攝提填星皆東行、日行一度、月行十三度、遲疾任情、其無所繫著可知矣。若綴附天體、不得爾也。(晉書、天文志上)

(15) 儒者論曰、天左旋、日月之行、不繫於天、各有旋轉。難之曰、使日月自行不繫於天、日行一度、月行十三度、當日月出時當進而東旋、何還始西轉。(論衡、説日篇)

(16) 儒者曰、天、氣也、故其去人不遠。人有是非、陰爲德害、天輒知之、又輒應之、近人之效也。如實論之、天體、非氣也。人生於天、何嫌天無氣。猶有體在上、與人相遠。祕傳或言天之離天下六萬餘里。數家計之、三百六十五度一周天。下有周度、高有里數。如天審氣、氣如雲煙、安得里度。(論衡、談天篇)

(17) 天高窮於無窮、地深測於不測。天確乎在上、有常安之形、地魄焉在下、有居靜之體。當相覆冒、方則俱方、員則俱員、無方員不同之義也。其光曜布列、各自運行、猶江海之有潮汐、萬品之有行藏也。(晉書、天文志上)

(18) 葛洪聞而譏之曰、苟辰宿不麗於天、天爲無用、便可言無、何必復云有之而不動乎。(晉書、天文志上)

(19) 天形穹隆如雞子、幕其際、周接四海之表、浮於元氣之上。譬如覆奩抑水、而不沒者、氣充其中故也。(晉書、天文志上)

(20) 天墜未形、馮馮翼翼、洞洞灟灟、故曰大昭。道始于虛霩、虛霩生宇宙、宇宙生氣、氣有涯垠。清陽者薄靡而爲天、重濁者滯凝而爲地。清妙之合專易、重濁之凝結難、故天先成而地後定。天地之襲精爲陰陽、陰陽之專精爲四時、四時之散精爲萬物。積陽之熱氣生火、火氣之精者爲日、積陰之寒氣爲水、水氣之精者爲月、日月之淫爲精者爲星辰。(淮南子、天文訓)

(21) 昔者共工與顓頊爭爲帝、怒而觸不周之山、天柱折、地維絕、天傾西北、故日月星辰移焉。(淮南子、天文訓)

(22)　於是元氣剖判、剛柔始分、清濁異位、天成於外、地定於內。(霊憲)
(23)　天體於陽、故圓以動。地體於陰、故平以靜。(霊憲)
(24)　夫日譬猶火、月譬猶水。火則外光、水則含景、(中略)月光生於日之所照、魄生於日之所蔽。當日則光盈、就日則光盡也。(霊憲)
なお、張衡は衆星も月とおなじだとみなしたことに、注意しておこう。つづいていう。

衆星被耀、因水轉光。當日之衝、光常不合者、蔽於地也、是謂闇虛。在星則星微、遇月則月食。(中略)月之於夜、與日同而差微、星則不然、强弱之差也。(同)
(25)　五星五行之精。(霊憲)
(26)　地有山嶽、以宣其氣、精種爲星。星也者、體生於地、精成於天。(霊憲)
(27)　凡文曜麗乎天、其動者七、日月五星是也、周旋右廻。天道者貴順也、近天則遲、遠天則速。(霊憲)
(28)　懸天之景、薄地之儀、皆移千里而差一寸、得之。過此而往者、未之或知也。未之或知者、宇宙之謂也。宇之表無極、宙之端無窮。(霊憲)
(29)　然曆家之說亦須考之、方見其細密處。如禮記月令疏及晉天文志、皆不可不讀也。(朱文公文集、巻六十二。答季敬子書。以下、文集と略記)
なお、緯書の説は、周礼、地官大司徒疏や爾雅、釈天疏にも詳しい。
(30)　天者純陽、清明無形。(礼記、月令疏引)
(31)　文選、巻十五、張平子思玄賦、李善注引。
なお、天之爲體、中包乎地、日月星辰屬焉。(爾雅、釈天疏引)は、渾天の立場を示す。
(32)　天如雞子、天大地小、表裏有水、天地各承氣而立、載水而浮、天尊如車轂之過。水者天地之包幕、五行之始焉、萬物之所由生、元氣之津液也。(繹史、巻一百五十一、天官書引)
(33)　元開陽爲天、積精爲日、散而分布爲大辰。(大唐開元占経、巻五、日占一、日名体引)

(34) 地恒動不止。譬如人在舟而坐、舟行而人不覺。(博物志、巻一引)
(35) 天左旋、地右動。(初学記、巻五、地理上、総載地引) 地所以右轉者、氣濁精少、含陰而起遲、故轉右迎天、佐其道。(藝文類聚、巻六、地部、地引)
(36) 周礼、地官大司徒疏引。
(37) 能田忠亮『周髀算経の研究』(東方文化学院京都研究所研究報告、第三冊、一九三三年)六五―九九ページ参照。
(38) 地有四遊、冬至地上北而西三萬里、夏至地下南而東三萬里、春秋二分其中矣。(博物志、巻一引)
(39) 地與星辰四游、升降於三萬里之中。(周礼、地官大司徒疏引)
(40) 礼記、月令疏引。
(41) 天旁行四表之中、冬南夏北春西秋東、皆薄四表而止。(礼記、月令疏引)
(42) 所以立天地者水也。夫水、地之本也、吐元氣、發日月、經星辰、皆由水而興。(太平御覧、巻五十九、地部二十四、水下引) 所以立天地者水也、成天地者氣也、水土之氣升而爲天。(中略)夫地有形而天無體。譬如火焉、煙在上、灰在下也。(中略)夫天元氣也、皓然而已、無他物焉。(同、巻二、天部二、天部下引)
(43) 日者太陽之精也。(太平御覧、巻四、天部四、日下引) 月水之精。(北堂書鈔、巻一百五十、天部二、月引) 星者元氣之英、水之精也。(同、巻一百五十、天部二、星引)
(44) 物理論曰、京房說、月與星至陰也、有形無光、日照之乃光。如以鏡照日、而有影見。(藝文類聚、巻一、天部上、月引)
(45) 地、底也、著也、陰體下著。(経典釈文、巻二十九、爾雅音義上、釈地引)
(46) 游濁爲土、土氣合和、而庶類自生。(太平御覧、巻三十七、地部二、土引)
(47) 天地之間、有陰陽之氣、常漸人者、若水常漸魚也。所以異於水者、可見與不可見耳。其澹澹也。然則人之居天地之間、其猶魚之離水、一也。其無間若氣而淖於水。水之比於氣也、若泥之比於水也。是天地之

問、若虛而實、人常漸是澹澹之中、而以治亂之氣與之流通相殽也。（春秋繁露、巻十七、如天之為）
（48）論衡、説日篇。
（49）杞國有人、憂天地崩墜、身亡所寄、廢寢食者。又有憂彼之所憂者。因往曉之、曰、天積氣耳、亡處亡氣、若屈伸呼吸、終日在天中行止、奈何憂崩墜乎。其人曰、天果積氣、日月星宿不當墜邪。曉之者曰、日月星宿、亦積氣中之有光耀者、只使墜亦不能有所中傷。（列子、天瑞篇）
（50）帝曰、地之爲下否乎。岐伯曰、地爲人之下、太虛之中者也。帝曰、馮乎。岐伯曰、大氣擧之也。（素問、巻十九、五運行大論）
（51）荀子、不苟篇、天地比注。
（52）如鄭此言、則天是太虛、本無形體。但指諸星運轉、以爲天耳。（礼記、月令疏）
（53）問、日月安屬、列星安陳。對、規燬魄淵、太虛是屬、棋布萬熒、咸是焉託。（柳河東集、巻十四。天対）
（54）渾茫剖判、清濁以陳、或昇而動、或降而靜。（抱朴子、内篇、塞難）清玄剖而上浮、濁黄判而下沈、尊卑等威、於是乎著。（同、外篇、君道）
（55）道家有高處有萬里剛風之說。（朱子語類、巻二。沈僩録。以下、語類と略記）
（56）上昇四十里、名爲太清。太清之中、其氣甚剛、能勝人也。師言鳶飛轉高、則但直舒兩翅、了不復扇搖之而自進者、漸乘剛氣故也。（抱朴子、内篇、雑応）
（57）天形如巨蓋、上無所係、下無所依。天地之外、遼屬無端。元元太空、無聲無響。元氣浩浩、如水之形、（中略）積氣堅剛、（中略）天地浮其中、展轉無方。若無此氣、天地不生。天者如龍旋廻雲中。（枕中書）
（58）氣清成天、滓凝成地。（雲笈七籤、巻二、空洞）
　元氣運行、而天地立焉。（中略）葛稚川言、渾天之狀、如雞子卵中之黄、地乘天而中居、天乘氣而外運。（同、混元）
（59）たとえば、注（24）および（44）からわかるように、張衡と京房は、月と星をおなじ物質とみた。他方、春秋説題辞は、星陽精之榮也、陽精爲日、日分爲星、故其字日下生也。（爾雅、釈天疏引）とのべている。

(60) 日月之形如丸。何以知之。以月盈虧可驗也。月本無光、猶銀丸、日耀之乃光耳。光之初生、日在其傍、故光側而所見纔如鉤。日漸遠、則斜照、而光稍滿。如一彈丸以粉塗其半、側視之、則粉處如鉤、對視之、則正圓。此有以知其如丸也。日月、氣也、有形而無質、故相値而無礙。（夢渓筆談、巻七、象数一）

(61) 予奉使河北、遵太行而北、山崖之間、往往銜螺蚌殼及石子如鳥卵者、横亙石壁如帶。此乃昔之海濱、今東距海已近千里。所謂大陸者、皆濁泥所湮耳。堯殛鯀于羽山、舊說在東海中、今乃在平陸。凡大河漳水滹沲涿水桑乾之類、悉是濁流。今關陝以西、水行地中、不減百餘尺、其泥歲東流、皆爲大陸之土。此理必然。（夢渓筆談、巻二十四、雜誌一）

(62) 天覆地、地載天、天地相函、故天上有地、地上有天。（皇極経世、観物外篇上）

(63) 樵者問漁者曰、天何依。曰、依乎地。地何附。曰、附乎天。曰、然則天地何依何附。曰、自相依附。天依形、地附氣。（漁樵問対）

(64) 皇極経世観物外篇衍義、巻五。

(65) 張子正蒙注、巻一、参両篇。

(66) 以下は正蒙、太和篇のことばから自由に再構成した意訳である、直接に依拠した文章を列挙する。

太虚無形、氣之本體。其聚其散、變化之客形爾。

天地之氣、雖聚散、攻取百塗、然其爲理也順而不妄。氣之爲物、散入無形、適得吾體。聚爲有象、不失吾常。太虚不能無氣、氣不能不聚而爲萬物、萬物不能不散而爲太虚。循是出入、是皆不得已而然也。

氣块然太虚、升降飛揚、未嘗止息、易所謂絪縕、莊生所謂生物以息相吹野馬者與。此虚實動靜之機、陰陽剛柔之始。浮而上者陽之清、降而下者陰之濁。其感遇聚散、爲風雨、爲雪霜、萬品之流形、山川之融結、糟粕煨燼、無非教也、

氣之聚散於太虚、猶冰凝釋於水。知太虚卽氣、則無無。

(67)　気が連続的な物質、いわゆるガス状空気状の物質であって、微粒子でない点については、安田二郎のみごとな証明をみよ。「朱子の「気」について」(『中国近世思想研究』所収)
(68)　地純陰凝聚於中、天浮陽運旋於外、此天地之常體也。(正蒙、参両篇)
(69)　就其照明流動者謂之清、就其凝滞堅强者謂之濁。(張子正蒙注、巻一、太和篇)
(70)　太虚爲清、清則無礙、無礙故神。反清爲濁、濁則礙、礙則形。(正蒙、太和篇)
(71)　恒星不動、純繫乎天、與浮陽運旋而不窮者也。日月五星、逆天而行、并包乎地者也、地在氣中、雖順天左旋、其所繫辰象隨之、稍遲則反移徙而右爾。間有緩速不齊者、七政之性殊也。(正蒙、参両篇)
(72)　張子正蒙注、巻一、参両篇。
(73)　劉向五紀說、夏曆以爲列宿日月皆西移、列宿疾而日次之、月最遲。故日與列宿昏俱入西方、後九十一日、是宿在北方、又九十一日、是宿在東方、九十一日、在南方。此明日行遲於列宿也。月生三日、日入而月見西方、至十五日、日入而月見東方、將晦、日未出、乃見東方。以此明月行之遲於日、而皆西行也。(宋書、天文志一)
(74)　論曰、夏術以列宿日月皆西移。宋張子本之、因有天左旋、處其中者順之之說。當時儒者皆主張子、蓋謂七政當順天、不當逆天也、(中略)元謂三統至今爲術者數十家、皆云右旋、無云左旋者、則右旋固古今之通論也。(疇人伝、巻二、劉向)
(75)　凡圓轉之物、動必有機。既謂之機、則動非自外也。古今謂天左旋、此直至粗之論爾、不攷日月出沒恒星昏曉之變。愚謂在天而運者、唯七曜而已。恒星所以爲晝夜者、直以地氣乘機左旋於中、故使恒星河漢回北爲南、日月因天隱見。太虚無體、則無以驗其遷動於外也。(正蒙、参両篇)
(76)　注(84)をみよ。
(77)　張子正蒙注、巻一、参両篇。
(78)　天左旋、處其中者、順之少遲、則反右矣。(正蒙、参両篇)

(79) 張子全書、巻十四、拾遺。
(80) 注(74)をみよ。
(81) 横渠云、天左旋、處其中者、順之少遲、則反右矣。此説好。(語類、巻九十九。李閎祖録)
(82) 月陰精、反乎陽者也、故其右行最速。(正蒙、参両篇)
(83) 至宋而歴分兩途、有儒家之歴、有歴家之歴。儒者不知歴數、而援虚理以立説、術士不知歴理、而爲定法以驗天。(暁菴新法、自序)
だが、これはすくなくとも朱子の望むところではなかったはずである。注(29)をみよ。
(84) 地有升降、日有修短。地雖凝聚不散之物、然一氣升降其間、相從而不已也。陽日上、地日降而下者、虚也。陽日降、地日進而上者、盈也。此一歳寒暑之候也。至於一晝夜之盈虚升降、則以海水潮汐驗之爲信。然其間有小大之差、則繫日月朔望、其精相感。(正蒙、参両篇)
(85) 河南程氏遺書、第六、二先生語六。
(86) 河南程氏遺書、第二下、二先生語二下。
(87) 性理大全、巻二十六、理気一、天地引。
(88) 語類、巻一。程端蒙録。
(89) 凡物之散、其氣遂盡、無復歸本原之理。天地之間如洪鑪、雖生物銷鑠亦盡。況既散之氣、豈有復在、天地造化、又焉用此既散之氣。(河南程氏遺書、第十五、伊川先生語一)
(90) 天地之化、既是二物、必動已不齊。譬之兩扇磨、行便其齒齊不得、齒齊既動、則物之出者、何可得齊。轉則齒更不復得齊。從此參差萬變、巧歴不能窮也。(河南程氏遺書、第二上、二先生語二上) また別に、
天地陰陽之變、便如二扇磨。升降盈虧剛柔、初未嘗停息、陽常盈、陰常虧、故便不齊。譬如磨、既行齒都不齊、既不齊、便生出萬變。故物之不齊、物之情也、而莊周强要齊物、然而物終不齊也。(河南程氏遺書、第二上、二先生語二上)

Ⅱ　宇宙論

1　方法の根拠について

宇宙論を体系的に叙述した文章を、朱子は残さなかった。わずかに、晩年の著作、『楚辞集註』において、ややまとまった文章を書いているが、体系的というにはあまりに短く、体系的に展開するには、屈原の設問かならずしも妥当ではなかったであろう。朱子が弟子たちの質問に答えたという形式を、その多くはとっている『朱子語類』のなかの断片的なことばが、若干の書簡や注釈類をのぞくなら、宇宙論を細部にまでわたって考察するための、ほとんど唯一の手掛りである。にもかかわらず、断片しか残されていないものにたいして、わたしがあえて体系的再構成ということばをつかうのは、それらの諸断片が背後に体系的構想を予想し、その一部分として、いわば氷山の一角として、表現されている、したがってまた逆に、諸断片を手掛りにまとまっては表現されなかった体系的構想を、氷山の全貌を、再現できる、と考えているからにほかならない。

しかし、そこからただちに、さまざまの方法論的な困難が生ずる。第一に、朱子の思想を表現するものとして、『語類』にどれだけの価値を認めうるだろうか。朱子が書いた多くの注釈・雑著・書簡の類いとおなじ重要性を与えうるだろうか。朱子のことばを弟子が記録したものの集成だから、編集者の関与した部分については問わぬとしても、問題は朱子と記録者の両方にある。朱子の側かららいえば、とうぜん表現は練られておらず、厳密さを欠くであろう。たんなる思いつきや、一時的な思いちがいもあるだろう。弟子の質問やそれとの討論の方向に誘導されて、本来なら否定さるべきことばが発せられているかも知れない。質問者の学力や理解力や性格などによって、特殊な強調がなされていることもあろう。『語類』のような性質の書物にとって、それは避けられない欠陥である。そこから、『語類』の資料的価値をあくまで補助的なものに止めようとする立場が生まれるのも、ゆえなしとしない[1]。しかし、わたしはその立場をとらない。すくなくともここに列挙したような欠陥にかんするかぎり、宇宙論なら宇宙論にかんすることばを克明に検出し、相互に比較検討し、できれば注釈や書簡などの文章とてらしあわせることによって、克服できるとわたしは考える。弟子の側からみれば、聞きちがいや誤解や記録のまちがいがあるだろう。だが、それも同様の操作によって、欠陥をのりこえうるだろう。わたしが『語類』の資料的価値を重視するのは、それらの、とくに朱子の側の欠陥が、逆に裏返しの長所でもある、という点に存在する。たしかに、みずから手を下した文章ならば、表現は洗練され、論理も厳密であろう。思想を、すくなくともその時点においての、完成された形で示すであろう。同時に、そこには強い抑制が働いているだろう。多くの夾雑物がふるい落されているだろう。親しい弟子たちをまえに語られたことばなら、逆に文章には決して表現されなかったであろうものに、接しうる可能性が大きい。思いがけない本音がきけるかもしれないのである。一時的な思いつきなら、思想の展開の屈折をしめしうるだろうし、思いちがいなら、それはそれで評価や理解や継承のしかたをうかがわせるだろう。弟子に問いつめられて、普段は意識しないものについて表現することを余儀なくされているだろうし、ときにはその思想の弱点を露呈してくるだろう。学力や理解力に限界をもつ弟子たちに理解させようとして、あるいは丁寧な説明を加え、あるいは具体的な比喩を使う、そのことが、わたしたちにとっても、大きな助けになるだろう。また、朱子のことばが弟子の質問に誘発され、したがって、弟子の視野によって限定される性格を大きな比重でもつという事実にも、積極的な意味はある。かれのことばが同時代の知識人の一般的な関心領域の場における発言だという性格を、おそらく個人の密室で書かれた文章よりも強くもち、したがって、時代の思想としての性格をより明確に担うだろうからである。『語類』の文学的価値、たとえば、それが朱子の人間像をまざまざと浮びあがらせる、といった点について、ここで説く必要はあるまい。とすれば、問題は一転して、『語類』の資料的価値よりも資料の操作にかかってくるだろう。宇宙論、一般的には自然学にかんする朱子の観察や思索が主として『語類』に見出されるという外的事情は別としても(そのこと自体、朱子学体系における自然学の位置を考えるばあいには、もはや外的事情などではありえないのだけれども)、わたしは『語類』の価値を重視したい。そこに、わたしが『語類』にもとづいて自然学体系を再構成しようとする積極的な根拠がある。

方法論的な困難は、むしろまったく別のところにある。それはことばの断片性から生まれるさまざまな問題である。ことばの断片性ということになれば、それはもはや『朱子語類』を資料とするかどうかといった枠をはみだして、中国思想の特質そのものにふかくかかわってくる。その核心に斬りこまなければ、もはやどうすることもできない問題なのである。中国の思想家たちは、わたしたちが理解するような意味での体系的著作を、例外的にしかのこさなかった。かれらのことばは、つねにあまりにも断片的である。かれらはおなじ対象について、自然なら自然について、その思索を演繹的論理的にすすめてゆこうとしない。道徳から政治へ、政治から自然へ、自然から人間へと、ほとんど恣意的なまでに、とりとめないと感じられるまでに、その思考の対象を飛躍させてゆく。そこからかれらの、たとえば自然像を読みとろうとすれば、体系的著作をとおしてのそれとは、異質の困難にぶつかる。

ことばの諸断片のあいだには、とうぜん多くの矛盾が予想される。いま『語類』にしぼっていえば、時間的なそれに、朱子の思想の展開からくるそれに帰着させうるばあいには、解決は比較的に簡単だ。『語類』には各条に記録者の名がしるされており、かつ、かれらがいつ朱子のことばを聞いたかが巻頭に記載されている。したがって、それを手掛りに、ある時間の幅をもってその年代を推定できる。事実、わたしはあとで、『語類』にみえる朱子の宇宙論が、二つの段階をへて展開されているのを明らかにするであろう。

矛盾が時間的なそれに帰着できないばあいには、それはただちに思考法そのものにかかわってくるとみなければならない。中国人の伝統的思考法の特質は直観的であって分析的でないところにある。そこから、いくつものきわだった特色が生まれてくる。たとえば、概念の流動性もそのひとつであろう。陰陽という概念をとりあげてみよう。あとで詳しく分析するけれども、固定的に陰なるもの・陽なるものが存在するのではない。つねにあるものにたいして陰であり陽であるのであって、だから、同一物が陽であったり陰であったりする。陽なるもののなかに、さらに陰なるものと陽なるものがある。陰陽を実体概念と考えて読めば、迷路にさまようほかはない。それはあくまで比較概念なのである。たとえばまた、パターン認識もそのひとつであろう。それについては、つぎにもっと立入って考察してゆくが、同一の対象にたいしても異なったパターンを適用できるし、そうなれば、結論はとうぜん矛盾してくる。しかし、その矛盾は中国の思想家にとっての和解しがたい矛盾ではかならずしもなく、わたしたちにそうみえるにすぎない。もし矛盾というなら、ことなった状況にあってことなったパターンを適用する、引き裂かれた人間存在のなかにこそ、それを発見すべきであろう。ことばの断片性からくる矛盾とは、中国人の思考法にたいする無理解に由来するばあいが、きわめて多いのである。

断片的なことばから、あるテーマにかんするその思想を体系的に再構成しようとするばあいの、最大の方法論的な困難は、空白の部分の存在にある。かれの思索の対象ないし内容をなしながら、ついに言語に表現されずにおわった部分が、たしかに存在したにちがいないからである。とりわけ、『朱子語類』が主として弟子の問いに答える形式をとる以上、弟子の問いがなければ朱子の答えもなかったであろう、という性格を多分にもつ。とすれば、再構成された体系においても、そこは空白のままに残るであろう。ときには、表現されなかった部分の大きさが、思想を体系としていちじるしく不完全なものにし、あるいは、体系の名を冠するにふさわしくない程度にまで達するかもしれない。

一般に、中国人はその思想を、必要性がなければ、あるいは、必要性を超えては、表現しなかった。言語表現がないということは、かれらがそれについて思索せず、なんの知識ももたなかった、ということを、かならずしも意味しない。そのばあい、必要性とは広い意味での社会的実践におけるそれであり、その有用性である。実践において十分に役立てながら、ついに言語に表現しようとはしなかった知的領域さえもが、たしかに存在する。その代表的なものに、幾何学がある。中国にユークリッド幾何学が存在しなかったということは、幾何学の知識をもたなかったということを、まったく意味しないのである。(2) 材料の不足といってはすませない方法論上の問題が、そこにある。

わたしは体系的再構成を目指す。そのばあい、朱子における体系的構想の存在、および、言語表現をとらなかった部分の存在、を仮定して、表現されなかった部分をもあえて表現し、体系の空白を埋める方法をとる。いくつもの可能性があればそのすべてを、ただひとつの論理的帰結を導きうるばあいにはその帰結を、推論として呈示する。その方法論的な根拠はどこにあるか。それは中国人の、限定していえば朱子の、思考法そのもののなかにある。以下、その根拠を、朱子というよりもすこしひろく、宋学の理論のなかにさぐってみたい。

くりかえしていえば、中国人はその思想を、必要性がなければ、あるいは、必要性を超えては、表現しなかった。したがって、体系的著作を例外的にしか書かなかった。体系的著作は、著者の意図がどうであれ、社会的実践における直接的有用性を超えるところにしか成立しないだろう。たんなる実践的有用性を超えて、原理にまで分析をおしすすめようとしないところに、原理から世界を構成する思想体系は成立しないだろう。そのような思索の産物を、独立の価値的存在とみなす思想的風土においてしか、体系的著作は書かれないであろう。ところが、中国の思想家には、社会的実践における必要性ないし有用性の限界をたえずふみ越えてすすもうとする分析的理性にたいする不信と嫌悪が、思考を基本的に規制する態度として、あった。中国思想のなかでまれにみるほど主知主義的であった学派は、周知のように、程伊川―朱子の流れだが、その伊川さえもこう述べている。

智はひとに本来そなわる性に根ざしている。ひとが智を働かせれば、ややもすると作為的な虚偽にはまりこんでしまうが、老荘の学徒はそのために智を放棄してしまおうとする。それがどうして性の罪といえようか。孟子がたいへんいいことをいっている、「智がこまるのは、穿鑿しすぎるためだ」と。(3)

智、つまり、分析的理性にたいする批判を、限界をこえる分析すなわち穿鑿に求めるのである。孟子の言は、その限界をよく示すであろう。

智がこまるのは、穿鑿しすぎるためだ。もし智者が、禹の治水法にならえば、智を悪《にく》む必要はない。禹の治水法は、水をいちばん摩擦のすくないところへ流すことだった。もし智者が、いちばん摩擦のすくないところへ思考をすすめるなら、智の働きも偉大である。高い天も、遠い星辰も、いやしくも智の働きによってその現象を追求すれば、千年の日至(冬夏至)もいながらにして知ることができる。(4)

あるいは、荀子の一節を引用してもいい。

だから、すぐれた職人たるゆえんは手を加えない部分を残しておくところにあるし、すぐれた智者たるゆえんは考察しない部分を残しておくところにある。天にかんする知識は、暦の作成に役立つ天文現象だけにとどめるがよい。地にかんする知識は、生産活動に役立つ現象だけにとどめるがよい。四時にかんする知識は、農業生産に役立つ現象だけにとどめるがよい。陰陽にかんする知識は、政治に役立つ現象だけにとどめるがよい。(5)

いいかえれば、分析的理性の働きは、社会的実践にもっとも有効なものを発見するところで、止むべきであった。その限界を超えるとき、程子のいう「巧偽」に、朱子のいう「小智」(6)におちいる。しかし、道家のように、分析的理性そのものの否定に走ってもならなかった。(7)実践的有用性という限界内における分析的理性の働きは、偉大である。事実、実践的智の領域における中国人の達成には、驚嘆すべきものがあった。とはいえ、かれらのみずからに課した限界が、思想「体系」の成立を困難にしたことは、疑うべくもない。中国に思想「体系」が成立しえたとすれば、分析的理性を拒否せず、しかも、実践的有用性の限界をこえない、そのきわどい地点においてであった。しかも、いくつかの例外を除くなら、わたしたちがそれに「体系」の名をあたえうるのは、そこに体系的構想の存在を仮定して、それを再構成したときにかぎられるであろう。

ひるがえって、体系的構想の存在をゆるしながら、体系的著作の成立をゆるさなかった思想的風土を支配する思考法はなんであったか。その有効性に明確な限定をあたえられている分析的方法ではありえない。分析的方法の価値を規定しうるような、積極的ななにものかでなければならない。ふたたび、程伊川のことばを引用しよう。

働きかけ(感)があればかならず反応(応)がある。一般に、物が動けばみな他物に働きかける。働きかければかならず反応がある。反応するところにはまた働きかけがあり、働きかけるところにはまた反応がある。とどまるところをしらないゆえんである。道を認識するものは、この働きかけをとおして天下のことに精通するという道理を、無言のうちに把握するがよい。(8)

さらに簡潔にいえば、

世界には、ただひとつの働きかけと反応(感応)があるにすぎない。それ以外になにがあるか。(9)

物が動くということは、かならず他物にたいして働きかける、なんらかの作用をおよぼすことを意味する。そのばあい、物が動くというのは、なにも物体の位置の移動にかぎらない。熱の移動であっても、化学反応であっても、また人間の精神的活動であってもかまわない。動きがあればすべて、他物の反応をひきおこす。反応はそれ自体動きであり、したがって、働きかけとして作用する。かくて、無限の連鎖反応をひきおこす。宇宙に存在する事物は、全体としてひとつの複雑きわまりない無限連鎖反応系を成す。もし宇宙がこうした無限連鎖反応系であるとすれば、分析的方法はごくかぎられた有効性しかもちえないだろう。それに代る積極的なものとして提示されるのが、非分析的・直観的方法、伊川のいう「黙シテ観ル」方法、「内ニ感ズル」方法である。

働きかけをとおして天下のことに精通する。働きかけとはまさしく内面における働きかけであり、外部にひとつの物をもってきて、それに働きかけるのではない[10]。

把握されるのは、とうぜん、因果関係ではありえない。感応、つまり、働きかけとそれにたいする反応という作用がある、いたるところに作用の同一のパターンが繰返されている、という認識である。いま引用した伊川のふたつのことばから明らかなように、この方法と認識される作用の存在とは、不可分の関係にたつ。逆にいえば、非分析的・直観的方法の有効性を保証するのが、働きかけと反応の作用によって有機的に統一された連鎖反応系としての世界の存在、その世界の内部に位置する人間の存在にほかならない。

感応を働きかけと反応と訳し、それを作用とよぶとき、おそらくは生ずるであろう誤解を、あらかじめ解いておきたい。感応は因果とはまったく異質の概念である。その基本的な型は、つぎのように表現できるであろう。いまここにａという現象がおこるとする。それにたいして、Ｓという観察者がいる。Ｓはたんなる傍観者ではなく、なんらかの行動の必要性を担った実践者である。その実践ないし行動は、ある個人がそうした状況におかれたならばそうするのが当然だと期待されるもの、つまり慣習的に正しいと考えられている行動様式にそうものでなければならぬ。また別にｂという現象がおこる。その現象はaにたいして継時的であっても、同時的であってもよい。aはSに一定の情報をおくる。Sがaの情報からなにを読みとるかは、ひとによってことなる。いま、Sがaの情報にbを読みとり、しかも、そのときbが起ったとする。そのばあいのaとbとの関係を、感応という。具体的な例をあげよう。たとえば、空が曇ってきたとする。ある男にとっては、ただそれだけのことにすぎない。しかし、ある農夫は収穫物がだめになるのを怖れて畑へいそぐかもしれない。病床にある男なら、病気の悪化を案じて心を痛めるだろう。そのように、情報からなにを読みとるかはひとによってまるでちがってくる。広い意味での行動の必要性を担っているかどうか、いかなる必要性か、によって決定的にちがってくる。天候と病気の関係は、董仲舒が感応の代表的な例としてあげているから[11]、都合がいい。空が曇る、あるいは、雨がふる。すると病人が苦しむ。精神的な不快さが病気に影響するのか、それとも、精神的機能をとおさずに影響するのか、そんなことはどうでもいい。ともかくそういう経験を直接間接に多くのひとがもつ。天候の悪いときに病人が苦しむのは当然の行為だと、社会的に認められている。そうしたばあいの、天候と病気の関係が感応である。このばあいには、しかし、一定の因果系列が存在するかもしれないから、それが全然ない例を、もひとつあげておこう。感応概念にもとづくもので、中国人の普遍的な観念となったものに、天人相関論がある。中国の革命論の根拠とされるものである。ある為政者が悪虐なる政治をしいている。他方には、苦しみからか、個人的な野心からか、社会的な正義感からか、その政治の終焉をねがう多数の人間がいる。そのとき旱魃や洪水のような天災が起ったとする。ひとは天災に悪政にたいする天の怒りを読みとる。かくて反乱が正当化される。悪政と天災のあいだの関係が感応である。このように、感応の関係には因果関係が存在するばあいもあるが、たんなる同時性・共在性の関係にすぎないばあいも多い。因果関係が存在しても、あまりにも条件が複雑であるために、それを確定できないばあいが多い。ふたつの現象を結びつけるのは、あくまで人間の実践、人間の行動である。ある実践の必要性という観点にたってはじめて、Sはaの情報のなかにbを読みとり、行動のさまざまな可能性のなかからもっとも適当なそれを選択するための指示とする。感応現象とは、ある社会において慣習的に正しいと考えられる人間の行動様式の総体を前提したばあいの人間の行動における、いわば「最適値」の指示のシンボルにほかならない。感応とは、本来そのような内容をもつ概念であった[12]。宋の哲学者たちが、それを作用の概念へと一般化したばあいにも、本来の内容はそこに核として保持されている、と考えられる。

この作用のパターンの認識は、つぎのような存在のパターンの認識にふかくかかわっている。すなわち、程明道(程顥、一〇三二―一〇八五)はいう。

天地や万物の理は、絶対的なものはなくてかならず対立物をもつ、というところにある。すべておのずとそうなのであって、たれかがそう配置したのではない。深夜に目覚めてそれを思うたびに、手の舞い足の踏むところを知らぬほどの喜びにひたされる[13]。

この告白ほど、非分析的・直観的思考方法の真骨頂を躍如たらしめる表現はすくないだろう。伊川の語は、はるかに冷静である。

世界にはすべて対立物が存在する。陰があれば陽があり、善があれば悪がある。(14)世界に存在する事物はすべてその対立物をもつ。それらは、対立するふたつの概念の系列にわけられる。気としての陰と陽とによって代表され、また、その名によって呼ばれるふたつの概念群である。このことは、すでに指摘した概念の流動性といささかも矛盾するものではない。

事物の作用、つまり感応は、同じ概念群に属する事物間のそれであるか、異なった概念群に属する事物間のそれであるかによって、ふたつのパターンにわかれる。前者が董仲舒のいう同類相動、陰には陰が応じ、陽には陽が応ずる現象である。つまり、同じ概念群に属する事物が引きつけあい、呼応しあい、あるいは、一緒に集まってくる現象である。いわゆる天人相関論の基礎がこの同類相動にある。

しかし、宋の哲学者たちが重視したのは、異なった概念群に属する事物間の関係であった。『易』の「繫辞伝」にいう「屈信相感」(15)、すなわち、陰と陽との縮退と伸長、後退と前進、その循環的交代である。張横渠の『正蒙』にいう。

気には陰陽がある。屈伸相感が窮まるところをしらぬ、だからその霊妙な働きも窮まるところをしらぬ。(16)

伸は信と同義、のびる意である。さらに、朱子の適切な一句を引用しよう。

世界には、事物の両立する理は存在しない。陰が陽に勝つのでなければ、陽が陰に勝つ。そうならない事物は存在せず、そうならない時間は存在しない。(17)

陰陽の支配の循環的交代にいささかの間隙もない。朱子は気としての陰陽について、つぎのようにいう。

陰陽はただ一気にすぎない。陽の後退はそのまま陰の生長である。陽が退いてしまってから、またそれとは別にこの陰が生じてくるのではない。[18]

程伊川の表現は、さらに簡潔である。

動と静に端緒はなく、陰と陽に始源はない。[19]

それは、ひとつの連続的な波動である。無限の時空のなかで繰返される波動、ふたたび作用の同一のパターンである。具体的には、たとえば気象学のイメージをかりて、春と秋にはりだしてくる温暖前線と寒冷前線の動きを想起すれば、適切であろう。

存在のふたつの概念群と作用のふたつのパターン、それらが織りなす複雑な全体こそ、世界にほかならぬ。もっとも、ここでは感応という作用のパターンにのみふれたが、さらに、存在・作用・認識にかんするさまざまなパターンがあることはいうまでもない。それらのあるものはやがて具体的に論じてゆくであろう。

それでは、この世界はいかにして体系的に認識できるか。いうまでもなく、パターンの認識によってである。程伊川は、「近思」とはなにかと問われて、「類ヲ以テシテ推ス」、と答えた。[20] 朱子は、そのことばをこう解説する。

この表現はなかなかうまい。飛躍したり遠いところをみたりするにはおよばない。また、あっちへうろうろこっちへうろうろするのでもない。ただただ現在のこの立場から、あちらの理解できたところへと近づき迫ってゆくのだ。たとえばこのひとつの事がらをすっかり理解できたら、またその事がらから推しはかって別の事がらをやり、やはりそうだと分かる。たとえばこの燈火にまばゆい光があるのを知りえたら、そこでこの燈火から推しはかっていって、あの燭にもまたそうした光があるのを知りうる。たとえば階段をのぼるのに、第一段をのぼりおえたら、そこでこの一段から第二段へと進んでゆき、また第二段から第三段へと進んでゆき、ひたすらそういうふうにして迫ってゆくのだ。ただもう易しくて、難しくなんかないし、前方の遠いところは、いくらでも接近できる。もし第一段からただちに第三段に跳びあがろうとすれば、歩幅をうんと広げるので、やっかいで、やたらに難しいし、やたらに遠い(21)。

このあとに、長安にいたる道程の例がつづくのだが、階段の譬えがとりわけ適切である。すなわち、第一段も第二段もすべて同一のパターンが繰返されることによって、類推が確実な方法として働きうるのである。しかし、だからといって、つねに同一の事態が繰返されると考えてはならない。パターンの繰返しのなかに発展がある。ちょうど、階段のどの段も同一のパターンの繰返しであるにもかかわらず、それを構成する物質も空間的な位置づけもことなるように。また、それをのぼるひとにとって、最初の一段と最後の一段の意味がまるでことなるように。

それは同時に、朱子の学問の方法論でもあった。かれは、周濂渓・程明道・程伊川・張横渠ら先人のことばを集め、十四類に分類して『近思録』を編み、初学者への入門書とした。その一つひとつのことばは、人間の社会的実践のさまざまなケースにおける、なんらかの一般性をもつ、有効な行動のパターンを示す。そうした有効で適切なパターン(当為としてのそれをも含む)が、行動様式の類型にしたがって分類され、それぞれの枠内で一般性をもつものとして与えられるなら、そこから類推して、具体的実践において、さまざまな可能性のなかの「最適値」を選択できるだろう。実践のために有効なのは、決して演繹的体系ではなく、もろもろのパターンの分類原理にもとづく表示なのである。

これが、体系的構想の存在をゆるしながら、体系的著作の成立をゆるさなかった、あるいは、必要としなかった思想的風土の根底によこたわる思考法であった[22]。いいかえれば、基本的な存在の諸概念、および、作用その他のパターンが決定できるなら、さまざまな存在の領域における事物の行動様式の典型的パターンを例示すれば、実践のためには十分であって、演繹的体系を必要としないであろう。にもかかわらず、「体系」の構想は可能である。すくなくとも自然学にかんするかぎり、存在の諸概念の自然史的展開過程として、体系を構想できる。しかし、それが言語表現をとるばあいには、演繹的体系としてではなく、もろもろのパターンの表示としてとどまるだろう。かくて、不可避的に空白の部分をふくむであろう。しかし、逆にいえば、それぞれの事物や現象にたいして適用されるパターンを認識することによって、いわば類推することによって、空白の部分を埋め、体系的に再構成することが可能になる。パターン認識とそれによる類推の方法は、宋の哲学者たちもまた望むところであったはずである。しかも、こうして再構成された体系は、おそらくこれまでの叙述から予想されるよりも遙かに、わたしたちに近しい構造をもつであろう。それは、現代科学が追求しつつある自然史の過程の統一的な像と相覆うものをもつからである。

体系的再構成をおこなうにあたって、わたしはつぎの順序で作業をすすめる。まず、朱子そのひとのことばの主要なものを、宇宙の歴史の展開にもとづいて構成しながら、記述する。そのさい、説明は必要最小限にとどめる。要するに、朱子そのひとのことばによる宇宙論の輪郭が、そこで示される。つぎに、大まかな輪郭をみるのには不適当・不必要という理由で省略した諸断片もふくめて、それを自然史的かつ体系的に分析し、再構成に必要な多面的な考察を試みる。これだけの準備作業をへて、最後に、朱子の宇宙論をわたしたちのことばで体系的に、しかし、簡潔に叙述する。

2 諸断片の構成的記述

宇宙生成論において、朱子は他のすべての思想家とおなじく、伝統的な観念を承認する。「清剛ナル者ハ天ト為リ、重濁ナル者ハ地ト為ル」[23]、と。朱子の宇宙論は、その天地生成の物理的過程の具体的な考察にはじまる。

天地は、初めはただ陰陽の気にすぎない。この一つの気が運行し、回転をくりかえす。回転が速くなると、たくさんの渣滓《さし》をおしだすが、内側からは出ようがないので、凝結して中央に地ができあがる。清なる気が天となり、日月となり、星辰となって、もっぱら外側をいつも円環運動している。地はじっと中央にあって動かない。下にあるのではない[24]。

気の存在については、ひとつの仮定がある。

二気は決して増えたり減ったりしない[25]。

この地を凝結させた気の回転そのものによって、朱子は、いかにして地が気中に存在しうるか、を説明しようとする。

気としての天は外側を運行する。だから地は中央にかかり、でんとして動かない。もしも天の運行が一瞬でも停止すれば、地はかならず落下する[26]。

両者の関係を統一的に表現すれば、こうなる。

天の運行はやすむことなく、昼も夜も回転している。だから、地は中央にもちあげられている。もしも天が一瞬でも停止すれば、地はかならず落下する。天の回転が急速だからこそ、たくさんの渣滓が中央に凝結する。地は気の渣滓なのだ。だから、「軽清ナル者ハ天ト為リ、重濁ナル者ハ地ト為ル」、といわれるのだ[27]。

それでは、気の回転がどうして地を気中に存在させるのか。朱子は、比喩をかりて、こう説明する。

天地の形は、ひとがふたつの椀を合わせて、なかに水をいれたみたいなものだ。手でたえずふりまわせば、水はなかにあって出てこない。すこし手を止めると、水は漏れる[28]。

おなじ原理を、別の比喩をつかって、またつぎのようにも説明する。

かくて（先生は）いわれた、「天の気はやすむことなく回転している。だから、地を中央においておける。」

董銖は理解できなかった。

先生はいわれた、「弄椀珠のようなものだ。ただこういうふうに回転させつづけるから、空中にあって墜ちない。すこしでも止めれば墜ちる。(29)」

回転によって、気にある物理的状態がつくりだされるのであろう、これらの比喩の適用をゆるすある状態が。はたして、『語類』はつぎの問答を記録する。

(沈僩が)たずねた、「天には形質があるのですか。」

(先生は)いわれた、「ない。ただ気が回転して引き緊り、疾風みたいになっているだけだ。上のほうのきわめて高い場所へゆくと、ますます回転して引き緊る。もし回転がちょっとのろくなれば、地はとたんに墜落する。(30)」

急速に回転すれば、気は「緊」の状態になる。しかも高いところほど緊だという。とすれば、それは天に特異な構造をもたらすであろう。陳淳の質問にたいして、朱子はこの点をもっと詳しく説明している。

陳淳がたずねた、「天には質があるのですか、それとも、そもそも気にすぎないのですか。」

(先生は)いわれた、「ただ旋風みたいなもの、下のほうは軟かで、上のほうは硬い。道家はこれを剛風とよぶ。世上に天は九重だとの説があるが、九つの場所にわけてそう呼ぶというのは、まちがいだ。まさしく回転が九層になっているのだ。上は回転がやや速く、下のほうは気が濁でやや暗い。上のほうの高い場所までゆくと、清で明るく、天に接触している。[31]」

九天とは『楚辞』にみえる説である。[32] 九天の構造については、さらにこう論ずる。

高いところに万里の剛風がある、という説が道家にあるのは、そこでは気が清で引き緊っているのだ。低いところなら気が濁だから、ゆるんでいる。かりに高山をどんどん登ってゆくとすると、人は立っておれなくなるだろう。そこでは気がもっと引き緊っているからだ。「離騒」に九天の説がみえる。注釈家は勝手に解釈して、九つの天がある、という。わたしの考えるところでは、ただ九重にすぎない。というのは、天の運行は何重にもなっており〔手で円を内から外へぐるぐる描く。その数は九〕、内のほうの何重かは比較的軟かだが、外のほうになるとしだいに硬くなる。かりに第九重になれば、まさしく硬い殻みたいになっていよう。そこは回転してますます引き緊っているのだ。[33]

この天には、太陽・月・五惑星および恒星が存在する。それらの諸天体を、朱子はいかなるものと考えていたのだろうか。太陽についてかれが直接に論じた文章はひとつしかない。

日月の説は、沈括の『夢渓筆談』にうまく説明している。日食のときも光がなくなるのではなく、ただ物にさえぎられるにすぎない。もしその実質がなんであるかを論ずるとすれば、きっと終古不易なものを本質としているにちがいない。ただ、その光の気がいつも新しいだけである。しかも、たんに一日に一つ（の光の気を出すの）でなく、おそらくしばしもやすまないのであろう。[34]

太陽が発光体であるのにたいし、月は被光体であり、反射体である。月にはいつも半分光がある。月は水みたいなもの、太陽が水を照らせば、水面の光が壁にさかさまにさす。それが月の光だ(35)。

惑星と恒星とについては、こう論じている。

惑星は陰中の陽であり、恒星は陽中の陰である。五星はすべて、地上の木・火・土・金・水の気が上昇し凝結してできたのであり、このほうは太陽の光をうけている。恒星のほうは余分な陽気が凝結したもので、やはり太陽の光をうけていると思われる。ただ、恒星はちらちらまたたいて、その光が一定しないが、惑星はそうでない。たとえ光芒があっても、それ自体の光はやはり動揺しない。子細に見ればわかる(36)。

これらの諸天体は、天を回転している。天左旋・日月右行というのが天文学者の定説である。しかし、朱子は張横渠の日月左旋説を継承する。

(沈僩が)たずねた、「恒星は左旋し、惑星と太陽と月とは右旋する、そうですか。」(先生は)いわれた、「いま専門家たちはそう説明している。張横渠は、天は左旋し、太陽と月も左旋する、という。考えてみるのに、横渠の説がきわめてよい。ただ、人に理解されないのではないかと思ったから、『詩集伝』には旧説だけを書いておいた。」

あるひとがいった、「それは簡単なことです。たとえば大きな輪がひとつ外側にあり、太陽と月を載せた小さな輪がひとつ内側にあって、大きな輪ははやく回転し、小さな輪はのろのろ回転するようなもので、どちらも左転であるといっても、はやいのもあり、のろいのもあるために、太陽と月は右転しているように思えるのです。」

（先生は）いわれた、「そのとおりだ。ただそうであれば、天文学者のいう逆の字はすべて順の字に改め、退の字はすべて進の字に改めてもらうのだな。(37)」

天とは回転する気にほかならず、諸天体は左旋する気のなかに存在する。とすれば、天の左旋と諸天体の左旋とは、どんな関係におかれているのだろうか。

周天は三百六十五度と四分の一度であり、二十八宿をはりめぐらし、それを天の形体に付着させて、四方の方位を定めている。天が地のまわりをまわると、一昼夜でちょうどひとめぐりして、さらに一度行き過ぎる。(38)

ただし、ここで天の形体とは気の回転をさしていうのである。

日月五星も天に随って地のまわりをまわっているが、ただ太陽の運行だけが一日一周で余分もなければ不足もない。そのほかのはそれぞれ速さのちがいがある。とすれば、それが天に懸っているのは、もとより繋がれているのでなく、その運行も、推されたり挽かれたりして行くのではない。(39)

天すなわち気のなかに存在するものにもうひとつ、地がある。天と地との関係を、その対照をとおして朱子はこう把握する。

地はむしろ空隙のところがある。天はむしろ上下四方ことごとくゆきわたっていて、空隙がない。ぴっしりつまっているのがぜんぶ天であり、地の四方や下のほうはかの天に依りかかっている。天は地を包み、天の気はどこでも通過する。こういうふうに考えると、まるごと天だということになる。気は地のなかから迸りでるくらいだから、また地の広いのがわかる。(40)

気の渣滓とされるその地は、具体的にいえば、つぎのような過程をへて形成される。

「天地の初め、混沌未分のときは、水と火の二つだけしかなく、水のおりが地に成ったのであろう。いま、高いところに登ってみわたす群山がみな波の形をなしているのは、水がそのようにただよっていたのだ。ただ、どういうときに凝固したのだろうか。はじめはごく軟かだったのが、後になって凝結して硬くなったのだろう。」

(沈僴が)たずねた、「潮が砂を湧き上らせるみたいだと思われますが。」

(先生は)いわれた、「そのとおりだ。きわめて濁なる水が地に成り、きわめて清なる火が風・霆・雷・電・日・星の類に成る。(41)」

伝統的観念によれば、地は水に浮んでいる。朱子もまた、それを継承する。そして、天と地と水の関係について、いう。

地の下と地の周辺とは、みな海水が周流している。地は水に浮んで天に接し、天は水と地を包んでいる。(42)

天とは気の回転にたいしてあたえられた名にすぎず、地は気のなかに存在する。しかも、地が気のなかに存在しうるのは、気が急速に回転するからであった。とすれば、気の回転は地になんらかの影響をおよぼさずにはおかぬだろう。

「大司徒は土圭で地の中心を求めた。いまのひとは土圭のなんたるかを知らぬ。鄭康成の解釈もまちがっている。圭はただ表の影の長さを測定する物指しにすぎない。長さ一尺五寸、玉で作られている。夏至になると表を立て、表の影の長さをみて、玉圭で測定する。もし表の影の長さがちょうど一尺五寸であれば、そこが地の中心だ〔注略〕。今日の地の中心は、昔とすでにおなじでない。漢の時代には、陽城が地の中心だった。本朝では岳台〔岳台は浚儀にあり、開封府に属する〕が地の中心だ。すでにずいぶんくいちがっている。」

（沈僩が）たずねた、「地はどうしてくいちがうのですか。」

（先生は）いわれた、「天の運行にくいちがいがあり、地は天の回転にしたがってくいちがうのだろうと思う。いまここに坐っていて、地は動かないとわかるにすぎぬ。どうして天が外側を運行していて、地はそれにしたがって回転しないなどとわかるだろうか。天の運行のくいちがいというのは、たとえば昔と今の明けがた暮れがたに南中する星がちがうのが、それだ。(43)」

（沈僩が）たずねた、「四遊とはどんなことですか。」

（先生は）いわれた、「地が四遊昇降するのはただ三万里ということで、天地のあいだの距離がただ三万里だということではない。春には東方三万里を通過し、夏には南方三万里を通過し、秋には西方三万里を通過し、冬には北方三万里を通過する。いま天文学者の計算した数値はそ

地は別にこれとは異なるもうひとつの運動をもおこなっている可能性がある、と朱子は主張する。

うであって、土圭で測定してみればみな数値が合う。」

沈僩がいった、「譬えていえば、大きな盆に水をいれ、空っぽの器をそのなかに浮べ、周辺を四方と決めます。かりに器が浮んで東へ三寸行くとします。一寸を一万里にあてれば、西から三寸へだたったのも、ちょうど地が水に浮んで東方へ三万里へだたってゆけば、西方から三万里遠ざかるみたいなものです。南北も同様です。とすれば、冬夏の昼夜の長短は、日光の出没によっておこるのでなくて、地が四方に遊転して、そうなるにすぎません。」

（先生は）いわれた、「そのとおりだ。」

周用之がいった、「人間にどうしてそんなことが測定できましょう。たぶんそんな理はありますまい。」

（先生は）いわれた、「知りえないけれども、しかし、天文学者が計算すると、その数値がみんな合う。たぶんそんな理があるのだろう。」(44)

天地は一気から生成した。ひとたび生成したものはいつかはかならず消滅するであろう。天地はどのようにして消滅するのか。消滅したあとはどうなるのか。生成するまえはどうだったのか。朱子は答える。

（包揚が）たずねた、「開闢よりこのかた、今日にいたるまで、一万年もたっていません。それ以前はどうなっていたのですか。」

（先生は）いわれた、「それ以前もたしかに、一度こういう状態だったのは、はっきりしている。」

またたずねた、「天地はきっと崩壊するのですか。」

(先生は) いわれた、「崩壊するはずはない。ただ、人びとが無道その極に達すると、みんなごたまぜになって、一度混沌になり、人や物はことごとく消滅してしまい、ふたたび新たに起ってくる。」(45)

これが朱子そのひとのことばによる、宇宙論の概略である。

3 自然史的・体系的分析

(1) 一気の存在

朱子の宇宙論の基本的な前提は、一気の存在である。

天地は、初めはただ陰陽の気にすぎない。この一つの気が……。

この「陰陽之気」という表現が実は一気という表現とまったくその意味をおなじくすることは、つづけて「這一箇気」といいかえられているところからもうかがえるが、朱子はさらにはっきりと断定する。

陰陽は一気にほかならない。(46)

陰陽二気がそのまま一気でもありうるのは、気の連続性と生成論的根拠にもとづくのだが、その点にはあとでふれよう。その一気が全体としてはじめからそこにある。たれかによって創造されたのでもなく、無から生成したのでもない。また、気そのものが新たに気を生みだすのでもない。そのようなものとして、はじめからそこにある。いいかえれば、基本的な前提としてある。そのことを、つぎのことばが示す。

二気は決して増えたり減ったりしない。

このことばは、あとで述べるかれの陰陽の概念からみて、二気の量的な比がはじめから同一だという意味には、決して解釈できない。二気は一気と読みかえうるし、そのほうがより的確に朱子の真意を把握できよう。それを二気と表現したのは、全体の文脈にひきずられたものとみていい。横渠のいう「游気紛擾シ、合シテ質ヲ成ス者ハ、人物ノ万殊ヲ生ズ」の説明を求められたのにたいし、游気とは不断に運動して物を生成する気だと答える。そのあとにつづくことばである。[47] 物の生成には陰陽二気の作用を予想するのが、朱子のみならず、中国思想の常識であろう。二気を一気と読みかえるならば、その解釈に疑問の余地はない。一気の量が全体として、全自然史的過程をとおして、不変だということを、それは意味する。つまり、物質保存則にほかならぬ。それは、一気の存在の、したがってまた、宇宙論のいわば公理として、あたえられている。

物質保存則、とわたしは表現した。気はエネルギーではないか、という予想される疑問に、あらかじめ答えておきたい。気は物質かエネルギーか、という議論がたしかにある。しかし、そもそも物質とは区別されてエネルギーという概念がとりだされてくるのは、近代科学においても、ようやく十九世紀になってからにすぎない。それまで人類は、物質とエネルギーを決して区別しなかったのである。中国人もその例外ではない。要するに気とは、わたしたちが物質およびエネルギーとよぶものを包括した、未分化な概念であり、自然的存在をかたちづくる基体にほかならぬ。もっとも、気という表現において、その比重が物質的側面にあるか、エネルギー的側面にあるか、そうした差異はある。そのことをもふくめて、わたしは気を物質＝エネルギーとして理解し、とくに必要がないかぎり、それを物質と表現しておく。したがって、物質という表現によって具体的にイメージしにくいときは、それをエネルギーということばに置きかえて、読んでいただきたい。

朱子が物質保存則を直観的に把握し、それを宇宙論の公理にすえた事実は、科学史上において画期的な意義をもつであろう。だが、先駆者がなかったわけではない。朱子の保存則は、張横渠の宇宙論からの帰結であり、その前提の明確化であった。横渠のことばの解釈にふれて表明されたという事実が、すでにそれを示唆する。そのことばは、こうである。

游気が入り乱れ、あつまって形質をもつ存在になって、さまざまに異った人や物を生成する。その陰陽の両極がたえず循環して、天地の大義を確立する。(47)

横渠によれば、気の運動形態は集散、つまり、濃密化と稀薄化である。

気が宇宙空間にあって濃密化し(て形質ある物となっ)たり、稀薄化し(てもとの気にもどっ)たりするのは、氷が水にあって凍結したり融解したりするみたいなものだ。宇宙空間はそのまま気であることを理解すれば、無（つまり、物質がまったく存在しない空虚な空間）は存在しないのがわかる。[48]

気は無から生成しないこと、気は連続的物質であって空虚は存在しないこと、気の運動形態は濃密化と稀薄化であること、その運動形態をとおして物の生成消滅がおこること。この四つの条件から導かれる論理的帰結は、ただひとつしかありえないだろう。気がはじめから全体としてそこにある、つまり、物質保存則である。横渠にとって、おそらく、それは思索の暗黙の前提だったにちがいない。のちに、横渠学の復興者といわれる明の王廷相も、やはり物質保存則に到達した。[49] おなじく、清の王船山もまた、それに近い理解をしめした。[50] 朱子をふくめて、横渠の三人の継承者がいずれも物質保存則、ないし、それに近い理解に到達した事実が、なによりも有力にそれを証拠だてるであろう。

とはいえ、朱子の物質保存則には、ある限定が必要である。物の生滅を氷の凝釈にたとえる横渠と、その比喩を拒ける朱子とのあいだには、決して些細とはいえない違いが存在するからである。一般に、宋学は「生生」の立場、天地が不断に物を生みだす働きを重視する立場をとる。しかも、生みだされる物がつねに新しいことを要請する。そこに力点を置いて自然的世界を把握すれば、横渠の把握のしかたとはおのずと異ってくる。その端的な表現を、わたしは程伊川にみる。伊川は、気が不断に生成する、とみなす。

いったい物が散じれば、その気はそのままなくなって、ふたたび本源にかえる理はない。宇宙空間は熔鉱炉みたいなものだ。物を生成するけれども、熔解もしてしまう。まして散じてしまった気が、どうしてまたありえよう。天地の造化もこの散じてしまった気を、どうして用いよう。その造化はひとりでに気を生みだすのである。海水の潮は、太陽が出れば水は涸れるというのも、潮が退くのであって、涸れた水はすでに無い。月が出れば潮が生じるのも、すでに涸れてしまった水が潮となるのではない[51]。

伊川が横渠や朱子ほどすぐれた自然観察者でも自然哲学者でもなく、科学にたいする理解力にずっと劣っていたのは、たしかである。だが、重要なのはその点ではない。また、万物をかたちづくる気と天地の生生の働きとを思考の基軸にする、というかぎりにおいて、横渠と伊川のあいだになんのちがいもない。問題は、重点のかけかたの相違からくる自然認識のへだたり、あるいは、へだたりの大きさである。

横渠は「形潰エテ原ニ反ル[52]」といい、伊川は「復タ本原ニ帰スルノ理無シ」という。横渠は、ひとたび散じた気もまた造化の作用に参与する、とみる。伊川は、それを否定する。たしかに、伊川が「既散ノ気」は「豈ニ復タ在ルコト有ランヤ」といったとしても、かならずしもそれは非存在を意味しない。一般に、気が散じて無くなるというばあい、その「無」は、知覚できる存在としてはなくなることを意味する。いいかえれば、知覚することはできなくても、存在はしているのである。伊川のことばも、むしろこの方向に理解すべきであろう。にもかかわらず、その気が知覚できず、造化の作用にも参与せず、生ずる物や現象はすべて新たなる気の作用によるとすれば、実際に存在しないのとおなじことになる。すくなくとも、自然学の立場からいえば、そうなる。そのことが、伊川の潮汐論に直截に現われている。

それでは、新たなる気、たとえば新たなる潮はいかにして、どこから生じてくるのか。伊川はそれに直接には答えていないが、考える手掛りはある。

もしもとに返ってしまった気が、ふたたびまさに伸長しようとする気になろうとし、かならずこちらに役立つというなら、とりわけ天地の造化作用と似てもつかない。天地の造化作用はおのずと生生してやむことがないのであり、そのうえどうしてまた滅びてしまった形、もとに返ってしまった気を役立てて、それで造化作用をおこなうだろうか。身近な譬えをこの身体にとってみれば、気の作用たるその開閉往来は、呼吸作用にみられる。しかし、ひとたび吸入した気を呼気とする必要はなくて、呼気はおのずと生ずるのである。ひとの気が生ずるばあい、真元より生ずる。天の気もおのずと生生してやむことがない。海水は陽が盛んになると涸れ、陰が盛んになってくると生ずるというのも、涸れてしまった気で水を生ずるのではなく、おのずと生ずることができるのである。(中略)天地の内部は熔鉱炉みたいなものだ。なにひとつとして熔解してしまわないものはない。[53]

真元の気と外気との関係について、伊川はいう。

真元の気は気を生ずる根源である。それは外気とまじりあったりせず、ただ外気で涵養するだけである。[54]

真元の気とは人間の生命力の根元としての気であり、道教の養生思想に由来する概念であるのは、ほとんど疑いをいれぬ。それによれば、生命力の根元としての気は、体内の気海とよばれるところにある。そこから生ずる気はたえず呼気として体外に出てゆき、それとともに根元的な気もしだいに消耗してゆく。根元的な気がなくなったとき、ひとは死ぬ。そこに、根元的な気を消費せず、あるいは、消費した分だけ補充しようという、不老長寿の術としての気法が生まれたのである。(55) この道教のばあいから推してもわかるように、人の気は真元より生ずると伊川がいうとき、それは決して無からの創造を意味していない。人体を養う外気が真元をも養っているからである。重要なのは、体内に入った吸気がそこに熔けこんでしまい、呼気はまったく新たに生じてくる、という点にある。呼吸作用に限定していえば、それは鋭い直観をふくんでいるといえなくもない。しかし、そこから類推して潮汐におよび、さらには造化の作用一般におよぶとき、奇妙な事態が生じてくる。たとえば、干き潮はいわば海の体内で消費されつくしてなくなってしまい、満ち潮が海の真元とでもいうべきところから新たに生じるのである。これが物質保存則と抵触するかどうかはともかく、氷の凝釈の比喩にうかがえる横渠の思想とのへだたりは、おのずから明らかであろう。

両者の説を一般化して図示すれば、図8のように表現できよう。横渠の説では、太虚すなわち宇宙空間に充満する気の一部分が濃密化して物となり、物はやがて稀薄化してもとの気に返る。そして、ふたたび造化の作用に参与する。気の量は全体として一定である。伊川の説では、宇宙空間に充満する気を現在の時点で捉えてみると、全体として二つの成分から成っている。ひとつはこれか

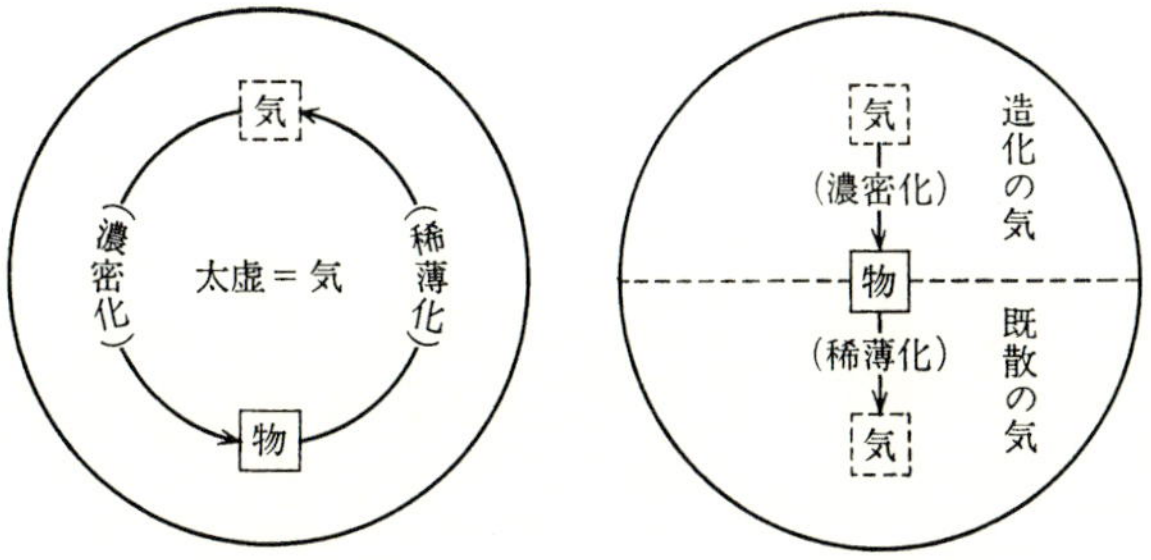

a 張横渠の説　　b 程伊川の説

図8　気と物

ら造化の作用に参与する造化の気であり、もひとつはすでに造化の作用に参与した、ふたたびそれに参与することのない既散の気である。もちろん、それらはあくまで二つの成分であり、宇宙空間を二分してまったく別のところに存在していると考える必要は、かならずしもない。その造化の気は濃密化して物となり、物は稀薄化して既散の気に変化する。

　伊川は横渠や朱子のように精密には自然について考察しなかったし、体系的な自然哲学も残さなかった。だから、物質保存則がかれの思索の暗黙の前提としてあったかどうか、あるいは、それを受け入れたかどうかはわからない。しかし、もし伊川の説に物質保存則を想定するとすれば、宇宙空間のなかで、時間がたつにつれ、造化の気は量的にたえず減少してゆき、逆に既散の気はたえず増大してゆく、とみなさなければならないだろう。やがては宇宙空間の大部分が既散の気の尨大な集積によって占められ、造化の作用さえおぼつかなくなるであろう。それははたして生生の立場と両立するか。生生の立場を狭く厳密に貫ぬこうとすることによって、かえって生生の立場を否定する結果におわるのではないか。このアポリアは、朱子もまた担わなければならぬアポリアであった。

朱子は横渠の思想をうけつぎ、そこから物質保存則をとりだして明確に定式化する。朱子の気の自然学が、その基本的な前提からして横渠を継承している点に、注意しておきたい。事実、自然学の領域において、かれは伊川の説にたいして決して同情的ではなかった。にもかかわらず、朱子の立場はあまりにも微妙というほかはない。人間の死にかんして、かれはこう書いている。

すでに散じた気は、もはや変化して存在しない。その理に根ざして日々生ずる気は、もともと浩然として窮まるところがないのである。[56]

ひとたび人間の領域にはいるや、朱子は横渠の立場から遠ざかり、伊川のそれに傾斜してゆく。横渠は、「形潰エテ原ニ反ル」、と説いている。こう考えたのだ。人が生まれてこの物を得る。死んでしまうと、この物はふたたび大いなる本源に帰ってゆき、別にその内部から抽出されて人が生まれる。たとえば、一塊の黄泥をつかんで団子にしたのに、まえどおり一塊の中へ帰ってゆき、また団子になってでてくるようなものだ。伊川はそこでこう説いている。かならずしもすでに収縮した気がまさに伸長しようとする気になるとしなくてもよい、と。聖人の「精気ハ物ヲ為シ、游魂ハ変ヲ為ス」[57]ということばから考えれば、伊川の説がいい。人が死ねば気は散じ、生まれるときにも、大いなる根源の内部から発生してくるからだ。[58]それは実は、異端である仏教への批判にかかわっているのだ。

しかしながら、すでに散じた気は二度と集らない。ところが仏教徒は、人が死ねば鬼となり、鬼はふたたび人間になる、という。そうであれば、世界には常にただおびただしい人間が行ったり来たりするにすぎず、まったく生生たる造化作用に依存しないことになる。きっとそんな道理はない。(59)

横渠のいう氷の凝釈は、朱子の眼には仏教の輪廻説のことばをかえた表現と映ったのである。それはかれの決して受け入れられないところだった。かれは物質保存則を立てながらも、伊川のいう生生の理を拒むことができない。輪廻説の否定と生生の理と、宇宙論の公理にはすでに、朱子の思想にまつわる微妙な陰影がさしこんでいる、といわなければならぬ。その陰影は、自然学が存在の高次のレベルへと展開するにつれてますますその色を濃くしてゆき、ついには自然学と人間学とのあいだを亀裂にまで導くであろう。この問題には、ふたたび立ち帰るときがあるだろう。(60) いまは、さしあたって宇宙論の領域に、わたしたちの足を止めなければならぬ。

ともあれ、横渠の宇宙論を継承し、発展させ、一気の存在を物質保存則によって基礎づけたところに、朱子の宇宙論のもつ画期的な意義のひとつが認められるのである。

(2) 一気・陰陽・五行

序章において、宇宙論は一気の理論である、とわたしは書いた。天地という存在の領域をとりあつかうには、気の諸概念のうち一気のみで足りる、というのがわたしの解釈なのである。しかし、ひるがえって、一気とはなにかと問うならば、それを明らかにするためには陰陽・五行の諸概念を明らかにし、それとの連関のうちに把握しなければならぬ、という構造を、朱子の気の概念はもつ。したがって、宇宙論の体系的再構成という当面の目的に必要なかぎり、気の諸概念について、予備的な考察を加えておきたい。安田二郎のすぐれた研究「朱子の「気」について」[61]が、さしあたって、その手掛りをわたしたちに提供してくれるであろう。

安田の主張は、二つの点に帰着する。第一に、一気・陰陽・五行の諸概念は異なった物質をさすのではなく、同一の物質にたいし、たんに認識者の観点の相違によって、あたえられた名にすぎぬ。一気のほかに陰陽二気があるのではなく、一気を動静の観点からみるとき、動なる限定をもった気が陽気、静なる限定をもった気が陰気である。陰陽と五行との関係は、それとやや異なる。陰陽は五行の時間的・生成論的な前存在であるとともに同時的な存在でもあり、両者の共働によって万物が構成される、という関係に立つ。にもかかわらず、陰陽のほかに別に五行の気があるのではなく、同じものの異なった名にすぎない。いいかえれば、安田は一気・陰陽・五行の気の諸概念を時間的・生成論的観点からもっぱら理解しようとする立場を否定し、その同質性を強調したのであった。さらに、第二に、そのような同質性の基礎にあるものとして、気の連続性、つまり、気はいわゆるガス状空気状の連続的物質であって、原子もしくは粒子のような非連続的物質ではないのを指摘した。この安田の主張は、後藤俊瑞の説にたいする批判として提出されたものだった[62]。後藤によれば、気は原子もしくは粒子、いわゆる微物質であって、気の諸概念間には生成論的な展開がある、つまり、一気から陰陽が、陰陽から五行が生ずる。その解釈の基礎には、気をアリストテレスの質料と同一視する、気の質料観が横たわっていた。

後藤説の批判としてみるかぎり、安田説はまことに正当であり、朱子の気の概念に鋭く肉迫したものといわなければならぬ。原子論の欠除と西洋哲学の存在論にいう「実体」の不在とは、朱子の思想の、したがっておそらくは仏教をのぞく中国思想の、きわだった特質であり、微物質・質料といった概念を導入する根拠はどこにも存在しなかったからである。そのかぎり、わたしもまた安田の立場を継承する。にもかかわらず、そこにとどまることはできない。わたしは後藤が主張したように、一気・陰陽・五行の気の諸概念に時間的・生成論的連関が存在する、と考える。ことばをかえていえば、同質的存在でありながら、しかも、時間的・生成論的連関に立ちうるところに、わたしは朱子の気の概念の特質を発見する。気の概念のもつきわめて具体的・直観的な表象と、それに適用される特異な思考法とをあきらかにすることによって、わたしの課題は果されるであろう。以下、安田の説の批判的検討をとおして、わたしの解釈を示してゆきたい。

だがそのまえに、わたしの立場と安田のそれとの相違から生まれる結果のへだたりを、具体的な例をあげて、説明しておこう。万物の生成について、朱子はこう論じている。

陰陽は気であり、この五行の質を生ずる。天地が物を生ずるばあい、五行のみが物に先行する。地はつまり土であり、土にはたくさんの金・木の類いが包含されている。天地の間にあって五行でないものはない。陰陽・五行の七者が衮合する、それが物を生ずる材料なのだ。(63)

「天地が物を生ずるばあい、五行のみが物に先行する」と訳したもとの表現は、「天地生物、五行独先」である。安田はそれをこう訳する。「万物を生ずるのは天地であるが、五行のみは天地に先立つのである」[64]。わたしが「物」と補って読んだところを、安田は「天地」と補っている。明敏かつ緻密な思索家であった安田が、ゆるがせにそう読んだとは考えられない。事実、安田の論理からは、そうならざるをえないのである。ひるがえって、五行が天地に先立って生ずるとすれば、さまざまな存在の領域における気の諸概念の生成論的展開として朱子の自然学体系を再構成する意図は、はじめから否定すべきものとなる。むしろ、その否定の立場に安田はあった、といっていい。朱子のこの一句の解釈には、たしかに、二つの方向がありうるだろう。だが、わたしは決して安田の方向をうけいれることができない。五行は天地に先行してではなく、物に先行して、あるいは、天地と同時に、生ずるのでなければならない。わたしの安田にたいする批判は、かかる解釈を導きださせた理論構造そのものにむけられる。

まず一気と陰陽二気の関係についてみよう。安田によれば、「本来動静の限定を具えるところのただ一つの存在を、単にその基体的な面に即してはこれを一気と名づけ、限定された面に即しては陰陽と名づける」[65]。したがって、「陰陽なる存在は決して固定的に陰であり、或いは陽である如きものではない。それは認識の立場を異にするに伴ってその陰陽の限定を変ずるのである」[66]。いま一気の三つの部分を選んでA・B・Cとしよう。それらはそれぞれ異なった動静の限定をうけている、たとえば、BはAにたいして相対的に静、Cにたいして相対的に動である、とする。そのとき、B

はAにたいしては陰、Cにたいしては陽とよばれる。安田の言をこのように理解しうるとすれば、わたしにもまったく異論はない。陰陽・動静といった対立概念は、つねに「あるものにたいしてみるとき、それはより……である」という性格をもつ。陰陽の概念は比較的なものであって、決して固定的に物と対応するものではない。そして、こうした比較概念は物質の連続観を前提している。その点を明らかにしたところに、安田の功績があるといっていい。わたしの疑問は、むしろ、認識の立場から気にあたえられる限定性が、たんに動静という観点からのみなされるものであるかどうか、にかかる。動静という観点は、それに対応する物理的な存在状態を予想し、前提していたとわたしは考える。それは、「有形なる諸存在の生成と消滅とは、かかるものとしての気の濃厚化と稀薄化とにほかなら(67)」ぬと安田が指摘する、その濃密・稀薄という物理的な存在状態である。つまり、静なる気は同時に濃密なる気であり、動なる気は同時に稀薄なる気であった、とわたしは考える。

たしかに、朱子が陰陽を主として動静の観点から捉えていたのは、疑いをいれぬ。しかし、そこに止まりえないものを、たとえば、つぎのことばは含んでいる。

陰陽は一つとみなしてもよいし、二つとみなしてもよい。二つとみなせば、「陰ニ分カレ陽ニ分カレ、両儀立ツ(68)」である。一つとみなせば、ただ一つの消長にすぎない(69)。

つまり、陰陽とは一気の消長、縮退と伸長という運動にたいして与えられた名であり、陰は縮退に陽は伸長に対応する。とすれば、問題は、一気の二つの運動形態にすぎないものにたいして、なぜあえて陰陽二気の名があたえられなければならないのか、というところにある。たんに一気の縮退と伸長であっては、なぜいけないのか。それに答えるには、運動とは異なった観点の導入が必要であろう。朱子のことばをみてみよう。

陰陽・乾坤でない物はひとつもない。至微至細、草木禽獣にいたるまで、やはり牡牝・陰陽がある。(70)

ここで物とは知覚できる有形の存在を意味する。存在する物はすべて陰陽に属する。

ことごとくが陰陽である。陰陽でない物は存在しない。(71)

この言明はわたしたちにとって重要である。知覚される有形の存在があるということと、それを認識者が陰陽として把握するということと、この両者は不可分の関係にたつ。それは、物が存在してはじめて陰陽の存在をひとが認識する、ということを意味しよう。とすれば、陰陽の概念は、もはや動静の観点のみによって把握しきれるものではないのがわかるだろう。動静とともに物の観点が導入されなければならぬ。問題は、二つの観点を統合する視点がどこにあるか、動静としての陰陽と物における陰陽とを結びつける論理はなにか、にある。

「游気紛擾シ、合シテ質ヲ成ス者ハ、人物ノ万殊ヲ生ズ。其ノ陰陽両端ノ循環シテ已マザル者ハ、天地ノ大義ヲ立ツ」。横渠のこのことばにあたえた解釈のなかに、わたしはその手掛りをみいだす。游気とは物を生成しつつある状態において存在する気である。

游気とは気の発散であり、物を生ずる気のことだ。游も「流行」するという意味だ。入り乱れると錯綜して不斉一になり、物を生じてしまうと、それが游気なのだ。(72)

それでは、游気と陰陽との関係はどうか。

（程端蒙が）たずねた、「游気はそのまま陰陽なのではない、横渠はそう説いているみたいでしたが。」

（先生は）いわれた、「それはもともと同じものだ。ただ、かれのいう「游気紛擾シ、合シテ質ヲ成ス」は、ちょうど陰と陽の混合を指して述べたのだし、「陰陽ノ両端ノ循環シテ已マズ」のほうは、かの分離を指して説いたのだ。(73)」

気は、一つに混合した状態にあるとき、それを游気といい、二つに分離した状態にあるとき、陰陽とよぶ。物が生ずるのは、分離した状態においてでなく、混合した状態においてである。そのばあい、物がたんにそこにある、たんに空間的に場所をしめる存在にすぎないとすれば、それを二つとして対立面において捉える必要はない。認識者に対立しても、他物に対立する必要はない。物を対立面において捉えることは、すでに対立する物のあいだの相互作用を予想していよう。とすればそこに、認識者の側からのなんらかの要請があるはずだ。

ここでわたしは、事物を主体と作用の二つの側面から捉える、いわゆる体用の論理を想起する。横渠は、「游気紛擾」という。蔡季通によれば、それは混沌未分を述べたのでなくて、陰陽が錯綜し混合しあい働きかけあって物を生ずることをいったのだ。「天地絪縕(74)」というみたいなものだ。その下に「陰陽両端」といっているほうは、分離したところをいったのだ。上句（游気紛擾）は体であり、下句（陰陽両端）は用である。(75)

物を生成しつつある状態において存在する気は体であるが、その働きそのものは用として認識される。用というかぎり対立するものを予想するが、それが対立するものとして認識されるのは、すでに述べたように、有形の存在となるにおよんでのことである。陰陽が二気でありながら、そのまま一気とよばれるゆえんである。体用の論理を気と物に適用すれば、こうなる。

体は天地の後に存在し、用は天地に先立って発生する。対立するものは体であり、流行するものは用である。体は静で、用は動である。(76)

これは一見、解きがたい矛盾にみえる。すぐまえの引用においては、体は一つであり、作用は二つであった。ところが、ここでは体は対立するもの、つまり、二つであり、用は運動するもの、つまり、一つとされるからである。しかし、前者が游気と陰陽二気との関係に適用されたものであったのにたいし、後者は気と万物との関係に適用されていることに想到しなければならぬ。体としての万物は天地生成ののちにはじめて存在するが、気の万物を生成する働き、つまり用は、天地生成に先立って発生する。気は物を生成する流行の状態にあるかぎり一つであって、物が形成されるにおよんで二つとして認識される。生成した物は、たんにそこに位置する存在としては一つであるが、作用の結果形成されたものとして認識され、同時に、それ自体、事物を生成・現象する働きをもつものとしては、二つである。物は二重の意味で対立物として把握される。かくて、こういわれなければならぬ。

天地はただ一気にすぎず、それがおのずと陰陽にわかれる。陰陽二気が働きかけあって万物を生成するから、対立物をもたぬ事物は決して存在しないのだ。天には地が対立し、生には死が対立する。語ると黙すると、動と静と、みなそうだ。この種がそうなっているからだ[77]。

いいかえれば、事物の生成という働きにかかわる概念としてはじめて、陰陽二気の概念が認識者に不可欠なものとして要請されるのである。たしかに、動静と物とを陰陽において結びつける観点は、生成をおいてないだろう。とすれば、気の運動形態についても、たんなる動静ではなく、物の生成という観点からみた気の運動形態こそ、もっと具体的に問われなければならないだろう。

気が物を生成する運動形態をあきらかにしたのは、張横渠であった。朱子はいう。

横渠が「陰は集め、陽はかならず散らす」と述べている一節で、陰陽の情がよくわかる[78]。

情とは存在の能動的なありかたである。集散という運動形態に陰陽の能動的なありかたがある。横渠そのひとのことばは、こうであった。

陰の性は凝集、陽の性は発散である。陰は集め、陽はかならず散らす。その勢は(陰をも)ひとしく散らす[79]。

この最後の一句は、興味ふかい。凝集の勢つまりエネルギーをマイナス、発散の勢をプラスとすれば、プラスのエネルギーはマイナスのエネルギーよりもつねに大きいというのだ。とすれば、宇宙は全体として発散の方向にむかうことになる。これはわたしたちにエントロピーの法則を想起させる。それはともあれ、横渠にとって集散とは濃密化・稀薄化を意味した。有形の存在の生成消滅はその運動形態をとおしておこった。朱子がその観念を継承したことは疑いをいれない。「夫レ聚散スル者ハ気ナリ[80]」。また、いう。「気ハ則チ能ク醞釀凝聚シテ、物ヲ生ズ[81]」。

朱子自身は凝集よりも凝結という用語を好んだように思われる。後者のほうが有形の存在をより彷彿させるためだろうか。ともあれ、気が凝結したものを、つまり、濃密化して知覚できる有形の存在となったものを、かれは渣滓(おり、かす)とよぶ。例の「游気紛擾」の一段にふれて、いう。

これは、気がこの段階にいたれば、すでに粗く濁った渣滓であり、人や物を生みだすのをいったのだ。つまり、気の作用なのだ[82]。

気がこの段階にいたれば、と訳した「気到此」という表現は、いわゆる一気のなかにもさまざまな存在形態の相違があり、また、凝結する以前において気の濃密さと稀薄さにさまざまな度合いのあることを、推察させる。

一般に、朱子は気の存在形態について、こう述べている。

陰陽にそれぞれ清濁・偏正がある[83]。

ここに二組みの概念があたえられている。気の存在形態を示すものとして、この二組みの概念は厳密に区別しなければならない。清濁は、それと等記号で結びうるような、物理的状態および運動形態をあらわす一連の概念を代表する。いいかえれば、類を同じくする二系列の概念群を代表する。それにたいして偏正は、異なる類に属する物質のさまざまな結合や分離の状態をしめす二系列の概念群を代表する。

まず、清濁とはいかなる存在状態であり、それはいかなる概念群と結びつくかを検討しよう。横渠におけるとおなじく、清濁が稀薄な気と濃密な気を意味するであろうことは、容易に察せられる。

一般に、陽は軽・清なる物であり、事柄の軽・清なるものは陽に属する。陰は重・濁なる物であり、事柄の重・濁なるものは陰に属する。(84)

ここで事柄とは、物であってもかまわない。雨と雲の成因を説明して、「陽気ハ軽ク、陰気ハ重シ」、とかれは断定する。

横渠はいう、「陽、陰ニ累セラルレバ、則チ相持シテ雨ト為リテ降ル」、と。陽気がいまや上昇しているとき、いきなり陰気にぶつかると、それに対抗して、下りてきて雨となる。陽気は軽く、陰気は重いから、陽気は陰気に圧されて落ちてくるのだ。「陰、陽ニ得ラルレバ、則チ飄揚シテ雲ト為リテ升ル」。陰気がいまや上昇しているとき、いきなり陽気にぶつかると、それに助けられて飛騰し、上っていって雲になるのだ。(85)

つまり、気についても陽＝軽＝清、および、陰＝重＝濁という等式が成り立つのである。

ここで、軽・重がかならずしも昇降に結びつかず、重い気もまた上昇することに注意しておきたい。重・軽を特定の元素に固定的に対応させ、そこから自然運動と強制運動の区別を導きだすアリストテレスのような物質観とは、それは決定的にちがっている。重・軽はあくまで陰陽とおなじく、比較概念であって、あるものにたいしてより重い・より軽いことを示しているにすぎない。そして、のちに詳しく論ずるように、気が非連続的物質ではなく、連続的物質であるとすれば、重・軽はそのまま、濃密・稀薄を意味することになる。もっとも、空虚な空間中に存在する非連続的物質でなければ、どうして密度の差が生ずるか、と反論されるならば、気をエネルギーの流れと考え、エネルギー密度の差をイメージしていただきたい、とでも答えておくほかはない。

陰・陽が静・動に対応する点については、安田の説明に屋上屋を架する必要はない。ただ、強調しておきたいのは、動静もまた比較概念であり、たんに運動が速いか遅いかを指すにすぎないことである。そこから、稀薄な気は運動が速い、あるいは激しい、濃密な気は遅い、あるいは緩やかだ、という等式が推論される。その妥当性は、やがて明らかになってゆくだろう。さらにまた、動静が波動としてイメージされていることも、指摘しておこう。朱子はいう。「静モ亦タ動ナリ。動静ハ船ノ水ニ在ルガ如シ。潮至レバ則チ動キ、潮退ケバ則チ止マル。事有レバ則チ動キ、事無ケレバ則チ静マル」[86]、と。

わたしにとっていちばん理解に困難な問題は、陰陽が集散という運動形態に対応させられている点である。集散もまた、陰陽・清濁・軽重などの諸概念とおなじように、比較概念でありうるだろうか。集散にはエネルギーのプラス・マイナスが対応する、とさきにのべた。横渠のその観念を朱子もまた承認したであろう。直接にそれを証明できることばはみあたらないが、横渠のそのことばに「陰陽ノ情ヲ見ル」との批評を加えているし、それがなければ、「動静無端」の立場はでてこないからである。とすれば、集散が比較概念であったとは、いっそう考えにくい。にもかかわらず、やはりそう考えるほかはない。でなければ、陰陽のような概念に対応するはずがない。それを理解する努力を試みてみよう。

いま空間の三つの連続的な部分A・B・Cに、それぞれ濃密さの異なる気が存在し、BはAにたいして陰、Cにたいして陽、という関係が成立しているとする。ところで、動静が比較概念である以上、絶対的静止状態はありえないのだから、気はかならず稀薄化しつつあるか、濃密化しつつあるかの、いずれかでなければならない。A・B・CからAとBだけをとりだしてくれば、Aの気は散＝稀薄化しつつあり、エネルギーはプラス、Bの気は集＝濃密化しつつあり、エネルギーはマイナス、とみなされる。ところが、BとCだけをとりだしてくれば、Bの気は散でプラス、Cの気は集でマイナス、とみなされる。BをAにたいして認識するか、Cにたいして認識するかによって、それはまったく異なった概念群に属することになる。A・B・Cを一挙に位置づける絶対的な座標系はありえない。対立物がかわれば座標系もかわる。別の面から接近してみよう。

陰陽は一気にほかならない。陽の退はそのまま陰の生である。陽が退いてしまってから、またそれとは別にこの陰が生じてくるのではない(87)。

ここで、退・生は、そのまま集・散に置きかえて読んでいい。気がある部分において稀薄化するということは、かならずその隣接部分がそれにたいして濃密化しつつあるのを意味する。そのイメージは、波動の伝播を想起するのが、もっとも適切であろう。そのばあい、固定的な基準をとれば濃密化しつつある部分が、それに隣接する、いっそうすみやかに濃密化しつつある部分にたいしては、稀薄化しつつあると表現されることもありうる。要するに、AからBへ、BからCへと、加速度的に高まる波をイメージすればいいのだ。

集散がこのように比較概念にすぎないとすれば、さらに困難な問題がおこってくる。つまり、物の生成・消滅と集散とは、いかにして結びつくか。凝集のなかには、今日的な意味で固定的な基準をおけばむしろ発散というべきものがある。とすれば、物の生成はいかにして可能か。実はここにこそ、朱子が張横渠から大きく一歩をすすめたところがあるのだ。横渠にあっては、物の生成・消滅は一気の部分的な集散という運動形態をとおして起る。別に一気の全体的な回転という運動形態を仮定するが、それと物の生成消滅とは無関係である。しかるに、朱子は物の生成・消滅を一気の回転にともなう摩擦の凝集力に帰着させる。たんなる一気の部分的な集散のみによっては、物は生じない。そこに、かれが一気のなかに、とくに物を生成しつつある状態において存在する気たる游気を、ひとつの生成論的段階ないし状態として設定する積極的な理由がある。だが、それについては、のちに詳しく論じよう。

ここで一応のしめくくりをつけておけば、気のカテゴリーと物理的状態および運動形態とのあいだに、陰＝濁＝重＝静＝集、陽＝清＝軽＝動＝散、という等式が成り立つ。さらに偏正という存在状態を明らかにすべきであるが、そこへ移るまえに、これまでの結論から導かれる簡単な考察を試みておきたい。すなわち、朱子が「陰陽之気」を「這一箇気」といいかえたその表現についてである。すでに論じたところから明らかなように、不断に運動する一気は、決していたるところ等質ではない。だからこそ、一気でありながら陰陽の気ともよばれうるのである。同様に、物がなければ陰陽ではないといわれる理由も、明白であろう。きわめて流動的であって、持続的に陰陽とよべるものがないからである。全空間に一気が充満しており、空間は気にほかならぬ。いま、空間の二つの部分A・Bをとれば、AはBよりも陽である、あるいはその逆である、という関係が一般的に成り立つ。しかし、持続的に一方の関係が成り立つのではなく、ある瞬間にはAが陽、Bが陰であっても、つぎの瞬間にはその関係が逆転しているかもしれない。それほど流動的で、不断に運動し変化しているとすれば、一気を全体として陰陽の気とよぶことには意味があっても、知覚できない気を部分的にいずれが陽、いずれが陰とよぶことは、無意味であろう。知覚できる持続的な有形の存在となるにおよんで、はじめてそれを陰陽と名づけることができよう。

事実、気の流動性について、朱子はいう。さきに引用した、例の「游気紛擾」にかんする程端蒙との問答の末尾に、すぐつづくことばである。

陰陽はひたすら混合しては分離し、分離しては混合する。だから周子が、「混ジ、闢シテ、其レ窮マル無シ」、といっているのだ。(88)

ここで混合というのを、密度の異なる同一の物質が、たとえば密度の異なる食塩水が、混合してある密度の均質な物質になることだ、といったイメージで解釈してはならない。混合といい分離というのは、陰陽の気が比較的小さな体積の諸部分にわかれて混在したり、また比較的大きな体積の二つの部分にまとまったりするのを指す。それも、たとえば陽気の小さな塊がいくつも陰気のなかに侵入してゆくというよりも、隣接部分の運動と連関して、陰気の部分のなかに、波の山と谷のように、より濃密な部分とより稀薄な部分とが生ずる、といったイメージを描くべきであろう。とすれば、陰陽の混在・分離の状態は、きわめて多様でありうるだろう。偏正に代表される概念群は、かかる多様な存在状態をしめすものにほかならない。

朱子は気の存在状態を、清濁・偏正のみならず、偏全・純駁・昏明・厚薄・浅深・精粗・塞通・醇不醇などの概念[89]によって、区別した。これらの諸概念は、実は、人間と草木禽獣ないし物との差異、および、賢愚・善悪など人間の資質や性格の差異、を説明するために導入された概念であった。たとえば、人と禽獣とのちがいは、稟《う》けた気の清濁・偏正に帰着させられた[90]。また、たとえば、

一気の観点からいえば、人と物はいずれもこの気を受けて生ずる。精粗の観点からいえば、人はその気の正かつ通なるものを得ており、物はその気の偏かつ塞なるものを得ている[91]。

人の資質・性格の差異についても、事情はかわらない。

太陽や月が清んでいて明るく、気候が温和で正常なとき、人がその気を稟けて生まれてくると、清明渾厚の気質となり、きっと立派な人になるだろう。もし、太陽と月が昏くて、寒暑が正常でなければ、それはみんな天地の乱れた気だ。ひとがもしその気を稟けると、まちがいなく好くない人となる[92]。

気そのものは可視的でないから、知覚できる現象をとおして、気の存在状態をのべたのである。その状態を区別するのに、なぜ多くの異なった概念が必要であったかといえば、物や、とりわけ人間の資質・性格さらには行動の多様性を、清濁のごとき単純な概念では、とうてい取り扱えなかったからである。事実、朱子は稟けた気の差異が清濁にとどまらず、たとえば醇不醇のような概念を導

入しなければならぬゆえんを強調した[93]。あきらかに、人間の多様性のゆえに気の存在状態の多様性が想定されなければならなかったのである。とすれば、それらがいかなる存在状態であるかは、人間のほうから類推するほかはない。たとえば、朱子によれば、

稟けた気に拘束されて、ただ一つの方向にだけ通じうるが、それもきわめて多様だ。こちらに厚くて、あちらに薄かったり、あちらに通じて、こちらに塞がっていたりする。天下の利害にことごとく通じていても、義理をわきまえぬひとがいるし、あるいは、あらゆる工芸技術に巧みでも、書を読めぬひとがある[94]。

通塞・厚薄がいかなる概念か、推して知るべしである。しかし、いまは個々の概念についてその物理的内容を究明してゆく必要はない。ここでは人や物を論じるのでないから、さしあたってそうした概念の精密な区別は必要でない。気の存在状態にさまざまな差異があるのを確認すればたりる。のみならず、これらの人間の資質・性格を表現する価値的な概念が、同時に気の存在状態を記述する価値をふくまぬ概念でどこまでありえたか、したがって、その物理的内容をどこまで厳密に規定しうるか、疑問であろう。つきつめれば、人間の資質・性格あるいは行動を、気の存在状態に帰着させるのに朱子がどれだけ成功したか、大いに疑問とされていい。たとえば、気の存在状態としての厚薄は、ただちに、濃厚・稀薄を思わせる。清濁よりもはるかに適切に、濃密な気と稀薄な気をさすかにみえる。ところが、人間の性格についていえば、プラス価値はあきらかに重厚にあって、浅薄にはない。清濁を価値づければ、むろん清がプラス、濁がマイナスである。だから朱子は清と

厚、濁と薄をそれぞれ結びつける。しかし、清なる気は稀薄、濁なる気は濃厚なはずだから、それは自然学からの接近に真向から矛盾するであろう。朱子学における自然学と人間学の裂け目が、さしあたっては小さく、ここにも露呈してくるのである。

いま重要なのは、朱子が、人間の資質・性格を気に帰着させ、しかも、気の存在状態の差異を生成論的に裏付けたことである。

廖子晦がたずねた、「人と物における清明・昏濁のちがいは。」

ついでに汪徳輔がたずねた、「堯や舜の気はいつも清明・冲和なのに、どうして丹朱や商均のような子を生んだのですか。」

（先生は）いわれた、「気が偶然にそうだったのだ。たとえば、瞽瞍が舜を生んだのがそれだ。」

わたしはいった、「瞽瞍の気はときとして清明でしょうが、堯舜の気はいつだって昏濁したりしないのではありませんか。」

先生の答えは、はっきりしなかった。

あくる日、廖子晦がふたたびたずねた、「たぶん天地の気が一時的にそうなのでしょう。」

（先生は）いわれた、「天地の気は物と通じており、ただ人の体軀のなかをかりて通りすぎてゆくのだ。」(95)

この問答は、弟子の鋭い切り込みに答を失なった朱子の姿を描きだして、人間的な興味をかきたててくれるのだが、ここでそれにふれる余裕はない。

朱子は、気の存在状態のさまざまな差異を、あくまで生成論的に裏付けようとした。

人の稟ける気はみな天地の正気なのだけれども、ただくりかえし袞じていると、そこに昏明・厚薄のちがいができる。(96)

「袞」とは、沸騰する・旋回する、という意味である。密閉した用器中での水の沸騰と蒸気の対流とを、あわせてイメージすべきであろう。事実、人や物の生成過程のモデルとして、朱子はたしかにそのイメージをいだいていたのだ。そして、袞はかれが愛用してやまなかった用語のひとつであった。

天地は物を生ずるのを心とする。譬えていえば、せいろうで御飯を蒸すみたいなものだ。気が下から上にふき(袞)あがり、またふきくだる。ひたすら内側にあって袞ずれば、そこで御飯が蒸れる。天地はまさしくたくさんの気を包んでおり、内側にあっては出ようがなく、袞ずるごとにいちど物を生みだす。ほかには別にすることがない。(97)

ここにいう気は、物を生成しつつある状態において存在する気であって、横渠のいわゆる游気である。天地の存在が前提されているが、のちに述べるように游気に天地の先後はないから、一般に物を生成しつつある状態において存在する気とみなしていい。その物には天地もふくめていい。この袞という現象によって、さきの引用によれば、存在状態のさまざまな差異が生じてくる。そして、清濁二気のさまざまな分離・混在状態をしめすのが、偏正・偏全・純駁以下の諸概念であった。たとえば、偏正ないし偏全は、その分離・混在の状態からして、気の物理的属性が一方に偏しているか、それとも、さまざまな属性をあわせもって均衡のとれた状態にあるかを、示すであろう。純駁は、気の濃密さにおける均質と不均質、つまり、均一な濃密さの気であるか、それとも、さまざまな濃密さのまだらな混在状態にある気であるかを、指すであろう。

一気とは、さまざまな拡がりと度合いとにおける陰陽二気の混在状態にほかならぬことが、明らかになった。その意味では、安田が主張したように、一気と陰陽とはあくまで同時的な存在であるといわなければならぬ。しかし他方、物がなければ陰陽ではないとされるように、有形の物の生成と存在が一気を陰陽と認識させるための不可欠の条件なのだから、一気と陰陽とは時間的・生成論的な連関のうちにおいてもまた把握されなければならぬ。潜在的なものが顕在化したとき、顕在化したものをとおして潜在的なものの存在を認識する。気としての陰陽は潜在的なものであり、物としての陰陽は顕在的なものである。とすれば、そこに明確な存在の段階の相違があり、それを時間的・生成論的連関のうちにおいて把握することが、可能となる。

ついでながら、一気は全体として陰陽二気に二分されるのではない、ということが、これまでの議論からの帰結として導かれるであろう。一気の部分的な集散によって濃密な部分と稀薄な部分とが生じ、それを陰陽とよぶのだから。しかし、それにもかかわらず、一気が全体として陰陽二気に二分されるとみなすことも、同様に妥当である。のちに詳論するように、天地生成の段階において、一気は全体として稀薄な領域と濃密な領域とに分かれ、前者が天となり、後者が地となるからである。そのばあいでも、それぞれの領域をとってみれば、やはり濃密な部分と稀薄な部分とがあるのだから、決して矛盾ではない。要するに、どれとどれとを比べて陰陽というかのちがいにすぎない。つぎに、五行について必要な検討を加えておかなければならぬ。一気と陰陽との同一性をあくまで主張し、「時間的生成論的な意味における次元の相違」(98)をあくまで否定した安田も、陰陽の五行にたいする関係については、「生成論的前存在であると共に、五行と共働する如き同時的存在である」(99)と主張する。わたしもまた、それを一応承認しよう。しかし、どこまでも一応のことにすぎない。まず、具体的に朱子のことばの分析からはじめよう。

陰陽は気であり、五行は質である。この質があるから、物を作りだせるのだ。五行は質であるが、それにはさらに五行の気があって、物を作ることがはじめて可能なのだ。しかし、陰陽二気がわかれてこの五つになるのであって、陰陽とは別個に五行があるのではない(100)。

質とは、「気積ミテ質ト成ル」(101)といわれるように、気の集積したものであり、このことばは質が知覚できる有形の存在にかかわる概念であるのを示唆する。もっと詳しくいえば、

気の清なるものは気となり、濁なるものは質となる。

つまり、気は稀薄な気、質は濃密な気を意味する。しかも、つづいて人間について、朱子はいう。

知覚運動は陽の働きであり、形体〔または骨肉皮毛〕は陰の働きである(102)。

したがって、質が有形の存在にかかわる概念であることは、疑いをいれぬ。わたしはさしあたって、「可視的な有形の存在」という定義を、質にあてておこう。「可視的」という限定は、原子論の欠除からくるのだが、それについてはあとでふれる。とすれば、気は「無形の存在」であり、それには

「可視的なもの」と「不可視的なもの」とがありうる。さらに「不可視的なもの」のなかには、「知覚できるもの」と「知覚できないもの」とが考えられる。つまり、気には三つの存在形態があるが、統一していえば、「無形の存在」と定義できよう。

さて、質は有形の存在であり、気は無形の存在である。有形の存在であって、はじめて物となることができる。しかし、物が有形の存在として顕在化するためには、それに先行して、潜在的な無形の存在がなければならぬ。五行が質としてあらわれるためには、五行の気がなければならぬ。と同時に、五行の気は、気のままで五行の質と共働して、万物を作りだす。しかも、五行の気は陰陽の気がわかれてできたものであって、認識の立場によってはそれを陰陽と把握することもできる。陰陽のほかに、別に五行があるわけではない。さきに引用した朱子の主張は、こう解釈できるであろう。ちょうど、一気が陰陽の気とよばれるためには物の陰陽の存在が必要であったように、五行の質の存在が五行の気の存在を確かなものにするのである。『太極図説解』にいう、「然レドモ、五行ナルモノハ、質、地ニ具ワリ、而シテ気、地ヲ行《メグ》ルモノナリ」。とすれば、気と質とは、あきらかに存在の段階を異にする、といわなければならぬ。

陰陽は気であり、五行は質である、といわれる意味を、もうすこし考えてみよう。すでに述べたように、陰陽は物の生成にかかわる概念であった。他方、五行の質は物の存在にかかわる概念である。さらにいえば、存在のもつ属性にかかわる概念であるのを思わせる。とすれば、陰陽の気と五行の質とは、つぎのような仮定的な対比によって、その差異を浮彫りにすることができよう。いま、生成の働きをまったくもたぬ物があるとする。そのばあい、その物は決して陰でも陽でもありえないだろう。しかしそれは、五行としてならば把握できるだろう。五行のひとつ、ないし、そのいくつかをそなえた存在として認識されるであろう。物に生成の働きはなくても、属性ならありうるのだから。

わたしは五行を、存在の物理的属性にかかわる概念だ、と考える。朱子は火についてこう述べている。

(先生は)いわれた、「火はもともと、虚空にある物だ。」
(胡泳が)たずねた、「熱い〔もしくは煖かい〕気が火なのですか。」
(先生は)いわれた、「そうだ。」(103)

火とは、気の熱いという物理的属性にあたえられた名にすぎぬ。熱い気は知覚できるが、かならずしも可視的な存在とはかぎらぬ。その可視的となったものが、いわゆる火であろう。もっとも、朱子は五行の一つひとつにたいして、それがいかなる物理的属性をさすか、かならずしも規定しなかった。水・火については、

たとえば、水はつまり湿った物だし、火はつまり熱い物なのだ。(104)

といい、さらに木・金については、

水を生ずるばあいは、まさしくはじめから湿の意味あいがそなわっているのだし、木は本来軟かなもの、金は本来硬いものだ。五行の説は『正蒙』のなかにうまく説明されている。(105)

と述べている。土の属性についての明確な言及はない。ここに引用したことばをそのまま定義とみなしていいかどうかわからないが、ただ木・火・土・金・水それぞれについて、感覚的なその属性が想定されていたのは確かであろう。朱子の見解とまったくおなじではないかも知れないが、のちに高弟のひとり陳淳(陳北渓、一一五三―一二二七)が、それを明確に定式化している。すなわち、かれは『北渓字義』のなかで、「陽ノ性ハ剛、陰ノ性ハ柔、火ノ性ハ燥、水ノ性ハ潤、金ノ性ハ寒、木ノ性ハ温、土ノ性ハ重厚」、と定義づけたのであった。

五行が物理的属性にかかわる概念であるとすれば、陰陽が分かれて五行になるのであって、陰陽のほかに別に五行があるのではない、とされる意味は、もはや説明を要せぬまでに明白であろう。陰陽の気のなかに、五つの物理的属性のひとつをそなえた諸部分が存在する、あるいは、生成してくるのである。それらの諸部分は、清濁の面からとらえれば陰陽であるが、物理的属性の面からとらえれば五行の気にほかならぬ。

それでは、陰陽二気が分かれて五行の気が生ずる、その生成論的過程は、いかなるものであろうか。天地の生成にふれて、朱子はいう。

天地の初め、混沌未分のときは、水火の二つだけしかなく、水のおりが地に成ったのであろう。ここにいう水・火は、五行の気としての水・火にほかならぬ。水と火の二つだけしかないという表現を、一気あるいは陰陽二気が全体として、水・火に分かれる、と解してはならぬ。それは、安田が「陰陽から五行が生ずるというのは、陰陽なる一全体が五行なる一全体に変化することを意味するのではなく、単に前者の一部分が後者に変化することを意味するに過ぎぬ(106)」というとおりである。しかも、五行は生成論的連関にたつ。

水・火を陰陽・清濁の観点から捉えるならば、火＝清＝陽、水＝濁＝陰、という等式が成り立つ。水がさらに濁となれば、地を生ずる。

きわめて濁なる水が地に成る。

しかも、地は五行の土とまったく同一視されている。

地はつまり土である。

この一句につづくことばを、もう一度引用しよう。

土にはたくさんの金・木の類いが包含されている。天地の間にあって五行でないものはない。陰陽・五行の七者が衮合する、それが物を生ずる材料なのだ。

土には金・木の類いが包含されているという表現は、金・木が土と同時的に形成されるか、もしくは、土から生成するか、そのいずれかを思わせる。

『正蒙』にうまい説明がある。「金と木の形質は土に属するが、水と火とは土に属しない」、というところだ(107)。

水・火の形質が土に属しないのは、それらが土よりまえに生成するからにほかならぬ。同様に、金と木は土から生成するとみるのが妥当であろう。

また（先生は）いわれた、「木は土の精華である。またある文献に、「水・火は土から生じない」

とある[108]。」

これらのことばを総合すると、五行は疑いもなく、一定の順序で、陰陽から生成したのである。その過程は、天地の生成過程に並行する。生成の順序を図式化すれば、つぎのようになる。

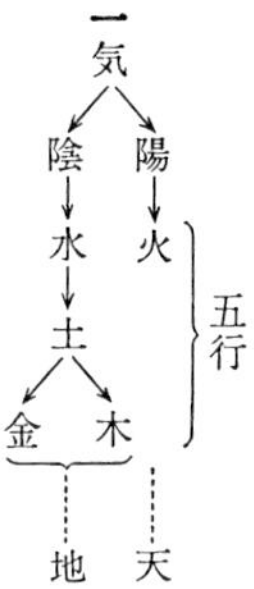

すでに引用したことばからうかがえるように、朱子の自然学的な五行説は、横渠の『正蒙』参両篇にみえる五行説にもとづいている。ここで横渠の説を詳しく分析する余裕はない。ただ、朱子がそれをかなり単純化したかたちで捉えていること、横渠のそれにある思弁的色彩が完全に払拭されている点、に注意するに止めておきたい。そのことは、右に図式化した五行の生成論的構造に、ふかくかかわっている。

五行がこのような順序で生成し、水・火が陰陽の認識を可能にする最初の具体的形態であるとすれば、「陰陽・五行の七者が衮合する、それが物を生ずる材料なのだ」といわれる意味を、確認しておく必要がある。安田は、陰陽・五行の「共働」をとく。そして、「気の清なるものは気となり、濁なるものは質となる。知覚・運動は陽の働きであり、身体は陰の働きである」ということばをとらえて、いう。「それは要するに気を以て人間の精神的作用的なものの、質を以て肉体的なものの原理となせるものといってさしつかえない。思うに、かくのごとく精神と肉体との両者の結合として考えられる人間が、存在一般の範型とされたのであろう。そこに気質両原理の同一次元における存在と共働とが説かれざるをえなかった理由がある[109]」と。さらに安田は、ここからその立場を一歩すめて、五行と万物との関係について、「そこには要素論的な考えかたが観取される」といい、「万物は五行の気と質とを要素とするところの結合として把握されるのである。しかもかかる結合によって、気質のいずれにも何らかの変化が生ずるとはされていない。それは全然機械的な結合として理解されていたもののごとくみえる[110]」と主張するにいたる。ここで安田は、西洋哲学的な、より限定していえばデカルト的な身心二元論を念頭におきつつ、こうした表現をあえてしたように、わたしには思える。もしそうだとすれば、誤解といわなければならぬ。そもそも気と質とは、精神と肉体の二元論に対応するような概念ではない。気も質も物質であって、後者は前者の濃密化して可視的な有形の存在となったものであった。朱子は知覚・運動を物質の作用に帰着させたにすぎない。この問題は人間の生物学の領域に属するものであり、より詳しい検討は終章にゆずるが、陰陽・五行の七者が物を生ずる材料だといわれるその意味を確かめるために、一応の検討を試みておきたい。

朱子によれば、「気ヲ魂ト曰イ、体ヲ魄ト曰ウ[111]」。さらに、魄は精であり、魂は気である[112]、とされる。人が生まれるゆえんは、精気が集まるからである[113]。その過程を、もっと具体的にいえば、こうなる。

人が生まれるばあい、はじめにまず気があり、身体ができてしまう以上、魄が先に存在するのだ。「形、既ニ生ジ、神、発シテ知ル[114]」、身体ができてしまうと、そこではじめて精神・知覚がうまれる。子産がいう、「人、生ジテ始メテ化スルヲ魄ト曰イ、既ニ魄ヲ生ズレバ、陽ヲ魂ト曰ウ[115]」。この数句はいいかたがうまい[116]。

すでに述べたように、気の清なるものは気となり、気の濁なるものは質となる。そして、知覚・運動は陽の働きであり、身体は陰の働きであった。これらのことばを考えあわせるならば、まず気が集まり、それが濃密化して身体となる。その身体から陽気が生じ、知覚・運動ないし精神・知覚の作用をおこなう、と考えられたのである。作用の面からいえば、それはつぎのように説明される。

(潘植が)たずねた、「魂魄とは。」

(先生は)いわれた、「魄はひとつの精気だ。気が交わるばあい、この神がうまれる。魂は発揚して出てくるもので、気息が出入するみたいなものだ。魄は水のようなものであり、人間の目が見わけ、耳が聴きわけ、心がしっかりと記憶する能力だ。この魄があれば、この神がある。外から入りこんだのではない。魄は精であり、魂は気であって、魄は静を主とし、魂は動を主とする[117]。」

また別に、「魂ハ火ノ如ク、魄ハ水ノ如シ[118]」ともいう。要するに、魂とはいっそう稀薄な、より流動的な気であり、魄はいっそう濃密な、より固定的な気にほかならぬ。しかも、この気=魂と精=魄とについて、

精気は周流して、全身に満ちみちている。呼吸や視聴覚の作用は、外にあらわれてよくわかる

ものにすぎない。(119)

精気が全身に周流するというのを、身体のなかに体軀とは別に精気なるものがあって、それが周流する、と理解すべきでないことは、明らかである。それは身体を働き、あるいは、作用の面から捉えた表現にほかならない。働きはつねに流動的な気に結びついているからである。そのばあい、能動的な作用は魂の働きに、受動的な作用は魄の働きに帰せられる。生理学的現象についていえば、呼吸作用は魂に、視聴覚作用は魄による。(120)血気のうち、気は魂であり、血は魄である。(121)精神現象についていえば、思慮・計画は魂に、記憶・弁別は魄による。すなわち、

人間が思慮したり計画したりできるのは、魂の働きだし、記憶したり弁別したりできるのは、魄の働きだ。(122)

さらに、生まれてこのかた履歴したできごとを記憶できる働きは、『易』の「繋辞伝」にいう「智以ッテ往ヲ蔵ス」ですか、と問われて、

これは魄が強いので、だからたくさん記憶できるのだ。(123)

とも答えている。魂と魄、あるいは、気と体、あるいは、気と精、あるいは、気と質を、単純に精神的なものと肉体的なものとの原理とみなし、したがって、気質両原理の同一次元における存在と共働とを説くことの不当さを、あらためて強調するまでもあるまい。ここに適用されている論理は、事物を主体と作用、いいかえれば静と動との両面から把握する体用の論理に、ほかならぬ。

動なる者は魂であり、静なる者は魄である。動静の二字は魂魄を規定しつくしている。一般に、

運用・作為することができるのはみな魂であり、魄にはできない[124]。

体用の論理がそこにある。その論理は、知覚・運動は陽の働きであり、身体は陰の働きである、というかたちで適用されているのみならず、受動的な作用は体、能動的な作用は用、としても適用されている。二重の意味で、体用の論理がそこにある。

疑問を残さないために、もうひとつだけ検討しておかなければならないのは、呼吸作用についてである。呼吸作用は気の出入である。しかも、それは魂の現象形態のひとつである。他方、精神・知覚は魂の働きであり、しかも、その神は魄あっての神であって、外部から入ってくるのでなく、内部の気の働きとされる。とすれば、呼吸作用において、吸気はいかなる働きをもつのか。

人が気を吐くと腹はふくらみ、気を吸うと腹はへこむ。理屈からいえば、吐くと腹がへこみ、吸うと腹がふくらんでこそいいのに、いまこういうふうになるのは、気を吐くとき、この一息の気は出てゆくけれども、二息目の気がまた生じ、だからその腹がふくらむし、気を吸うときには、その生じた気がまた中から追い出されて、だから腹がへこむのだろう。だいたい、人が生まれてから死ぬまで、その気はひたすら出てゆくばかりで、出つくすと死ぬ。気を吸うときは、外気を吸いこむのではなく、ほんのつかの間をおいて二息目の気が出るのだ。もしもそれが出せなくなると、死ぬ[125]。

つまり、人の体魄の内部に(おそらくは質の稀薄化によって)不断に魂気が発生し、それが呼気として排出される。思慮・計画も、同時にその気の、すくなくともそのエッセンスの働きによるであろう。「気と質の機械的な結合」の片鱗をも、そこに認めることはできない。朱子の自然観は、要素論的な自然観とは無縁であった。

これまでもっぱら人間について述べてきたが、それを一般的に物について要約すれば、つぎのようにいえるだろう。すでに述べたように、陰陽の気は物の生成作用にかかわる概念であり、物理的な存在形態としては濃密さ・稀薄さを意味した。他方、五行の気は熱・湿などの物理的属性、あるいは、感覚的性質にかかわる概念であり、そうした属性をもつ気が可視的な存在となるとき、それは五行の質とよばれた。対立する物の存在によって、一気が陰陽の気と認識されるように、五行の質の存在によって、陰陽の気が五行の気と認識される。物が存在しなければ、ただ一気にすぎない。しかし、一気の諸部分には、濃密・稀薄、均質・不均質などの存在状態の差異がある。一気の部分的な集散によって、さらには、水の沸騰と蒸気の対流というイメージをもつ「衮」の現象によって、それは生ずる。そして、気のある特異な存在状態に対応して、その部分が熱・湿などの物理的属性をそなえるにいたるものと考えられる。一気＝陰陽二気は知覚できない無形の存在である。一定の物理的属性をそなえた五行の気にいたってはじめて、不可視的だけれども知覚できる無形の存在となる。それがさらに濃密化して水・火となったとき、はじめて可視的な無形の存在となる。ここでことわっておかなければならないのは、質にたいしてあたえた「可視的な有形の存在」という定義についてである。水・火が可視的な無形の存在であれば、それはどうして五行の質とよばれるのか、という疑問が、とうぜん提出されるであろう。事実としては、朱子は質を「可視的な有形の存在」

と「可視的な存在」という広狭両義につかっている。当時の一般的な用法は狭義の前者であったと思われ、朱子も多くはそれに従った。だから、のちに述べるように、水・火は気であると強調し、また、星は質でないと主張したりした。しかし、陰陽の気ないし五行の気にたいする五行の質という表現においては、それを「可視的な存在」に拡張した。この広義の定義は、やはり重要な意味をもつ。物質の連続観という立場にたてば、有形か無形かよりも可視的か不可視的かのほうが、物質の認識にとってはある意味で決定的な意味をもつからである。そして、徹頭徹尾巨視的な観点に終始し、微視的な観点をまったく欠除していた朱子の思想には、そのほうがはるかにふさわしかったともいえる。にもかかわらず、立場をかえて、物質を一瞬も静止しない流動的なものとする観点からいえば、物質の持続的な認識を可能にするのはそれが形をもつことによってであるから、有形か無形かの区別も、また決定的である。だから、質は狭広両義に使用されざるをえなかったし、逆に、そこに朱子の物質観の特質が存在するといっていい。

さて、陰陽の気がある特異な存在状態にあって一定の物理的属性をそなえたとき、それが五行の気であり、その可視的な存在となったものが五行の質であった。存在する物はすべて五行の質である、と考えられる。それは地の生成過程すなわち五行の生成過程であるところからもうかがわれるし、存在はすべて五行だともいわれている。陰陽の生成作用の結果として生ずるものは、すべて五行であり質である。たとえば、気象現象をとってみよう。それはすべて陰陽の気の働きによっておこるが、現象は五行として認識される。雷電は火であり、雨露は水である。また逆に、五行の質としての物の生成作用はすべて陰陽の気として(属性の点からいえば五行の気でもある)おこなわれる。人体の働きについて繰返すまでもなかろう。人間が存在一般の範型とされる、という安田の表現に近づけていえば、生物の生命過程を一般的なパターンとして、それからの類推によって、万物の作用が把握されているのである。とすれば、それは気と質の「機械的な結合」とはまったく異なる有機的な過程といわなければならぬ。「陰陽・五行の七者が衮合する、それが物を生ずる材料なのだ」ということばにおいて、陰陽と五行とを並列的な「材料」と理解すべきでないのは、もはや明らかであろう。体用の論理を適用すれば、陰陽は用にかかわり、五行は体にかかわる「材料」にほかならぬ。のみならず、「衮合」には例の水の沸騰と蒸気の対流というモデルが、その背後に横たわっているであろう。

朱子の自然哲学は、西洋哲学の概念をつかえば、デカルト的な物心(身心)二元論ではなく、バークレー的な唯心論でももちろんない。どちらかといえば、むしろ唯物論に近い。感情や意志から思慮・計画・記憶・弁別にいたる精神現象がすべて、物質的基体である気の働きに帰せられているからである。にもかかわらず、それを唯物論とよぶわけにはゆかない。それはかならずしも、朱子が形而下の存在である気のほかに形而上の存在である理を立て、終章で論ずるように、心を気と理の統合体と考えているためばかりではない。そもそも「実体」概念を欠除する朱子の思想に、「実体」は心か物か、という問題に端を発した唯物論・唯心論の名称を冠することは、それに接近するための、また、そこに可能性を発見してゆくための、有効な手段であるとはとうてい考えられないからである。わたしはとりあえず、朱子の自然哲学を気の有機体論とよんでおくことにしよう。

最後に、朱子学理解の常識からかならずや予想される反論に、あらかじめ答えておきたい。それは朱子の『太極図説解』にみえる陰陽五行論をめぐってである。かれは周濂渓の『太極図説』の、「陽変ジ陰合シテ、水火木金土ヲ生ズ」、という文章を解説していう。

太極があれば、動いたり静まったりして両儀が分かれる。陰陽があれば、変化したり結合したりして五行が具わる。しかし五行は、その質が地に具わり、気が天を運行する。質という点からその生成の順序をいうときは、水火木金土といい、水と木は陽であり、火と金は陰である。気という点からその運行の順序をいうときは、木火土金水といい、木と火は陽であり、金と水は陰である。また、ひっくるめていえば、気は陽であり、質は陰である。また、まじえていえば、動は陽であり、静は陰である。(126)

ここで、運行の順序といわれるものは、当面の考察の対象から除外していいだろう。問題は生成の順序とその陰陽の配当である。順序についていえば、自然学の立場では、まず水火が同時に、つぎには土が、最後に木金が生成するはずであった。しかるに、水火木金土が生成の順序といわれるのはどうしてか。そこにあきらかに矛盾が存在するではないか。

「陽変ジ、陰合シ」て、初めに水と火が生ずる。水と火は気である。流動しきらめいて、その体はなお空虚であり、その形もいまだ定かではない。ついで木と金が生ずると、はっきりとした定形をもつのだ。水と火ははじめおのずと生ずるのだが、木と金は土に依拠する。五つの金属の類いは、みな土のなかからぐるぐる生じてくる。[127]

問題は土の位置にある。ここでは、木金に先立って土が生ずるようにもみえるが、土にほかのものとはちがった働きがあたえられているのもたしかであろう。しかし、別のことばではもっと明確に、土の最後の位置づけを自然学的に正当化しようと試みている。

だいたい、天地が物を生ずるばあい、軽・清なるものを先にして、重・濁なるものにおよんでゆく。「天一、水ヲ生ジ、地二、火ヲ生ズ」。[128]二つの物は五行のなかでもいちばん軽・清である。金と木はまた水と火より重く、土はさらに金と木より重い。[129]

ここには覆うべくもない矛盾が露呈しているといわなければならぬ。水木は陽、火金は陰という配当にしても、ここで朱子の陰陽概念そのものが変化しているとみなしてはならない。軽・清、重・濁の概念の適用がそれを示している。

水と火は清、金と木は濁、土はさらに濁である。[130]

とも、かれはいう。『太極図説解』にみえる生成の順序と陰陽の配当とを論ずるには、異なった陰陽・五行の概念でなく、気とは別の原理が必要なのである。土に水火木金とは異なった特別な位置づけと働きとをあたえようとする志向が、存在論からの要請が、そこにある。ちなみに、周知のことながら、太極が濂渓その人にとってなにを意味したにしろ、朱子にとっては理であり、断じて気ではありえなかったことにも、注意したい。わたしはこれまで、『太極図説解』からの引用を五行の気と質の説明にとどめた。それは自然学と存在論との矛盾を予想し、両者を一応峻別する立場をとっているからにほかならない。わたしがさきに示した気の生成論的図式における陰陽五行の配置が、太極図のそれを左右逆にしただけにすぎないのに、読者は気づかれたであろう。いま太極図の配置にしたがって書きなおせばaになる。太極図を簡略化したのがbである。

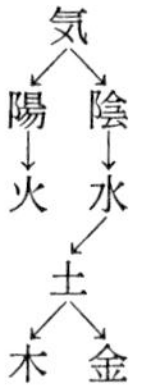

a

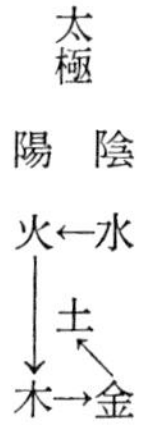

b

矢印は生成の順序を示す。両図における陰陽五行の配置の同一は、自然学的宇宙論と存在論との連続性を、順序の不同および一気と太極との置換は、両者の断絶性を、それぞれ端的に表明するであろう。そこにわたしは、朱子が張横渠から継承した自然学的宇宙論と周濂渓から継承した存在論とのあいだによこたわる亀裂をみるのである。

(3) 一気の回転

はじめには一気のみが存在する。一気は全空間に充満し、全体としてそこにあり、生成消滅しない。一気は空間そのものにほかならない。物はまだ存在しない。

一気は、しかし、はじめに静止しているのではない。はじめから激しく運動している。

(沈僴が)またたずねた、「「気ハ坱然タル太虚ニシテ、昇降飛揚シ、未ダ嘗テ止息セズ」。これは一気が混沌としている当初の、天地がまだ分かれていないときをいったのですか、それとも古今を通じてこういうふうなのですか。」

（先生は）いわれた、「ひっくるめて説いたのだ。現在がこういうふうなのだ。[131]」

気がはげしく運動している、昇降飛揚しているとすれば、そこにさまざまな存在状態の差異が生ずる。一気が陰陽二気ともよばれうる根拠がそこにある。濃密な部分と稀薄な部分、均質な部分と不均質な部分、透明な部分と不透明な部分、なんであろうとそうした部分が、全空間にわたって混在している。存在状態のこまかな区別は、いまは必要でない。濃密・稀薄というありかたがいちばん基本的だから、そうよんでおこう。濃密な部分と稀薄な部分とは、しかし、決して固定的ではない。あるいは伸長しあるいは縮退し、あるいは上昇しあるいは下降し、あるいは濃密化しあるいは稀薄化し、瞬時として停止しない。それらを陽といい陰と名づけるには、あまりにも流動的で変転きわまりない。混沌未分というほかはなかろう。

はじめに混沌未分があった。気の濃密な部分と稀薄な部分とは、どこまでもとりとめなく乱雑に混在していたのだろうか。わたしは、そこにひとつのパターンがあった、と考える。それは濃密な部分と稀薄な部分との、濃淡が交互に存在することによって織りなす、斉一的なパターンである。こまかにみれば拡がりに大小の差はあろう。部分的にみれば気の激しい運動がそのパターンをかき乱していよう。にもかかわらず、そこには斉一的なパターンといえるものがあった。ちょうど、律動的に明滅する電光掲示板の光点群のように、あるいは、陽光をうけてきらめく海面のように。濃淡が交互に織りなす斉一的パターンが一気全体にわたって存在した、とわたしは仮定する。朱子自身がどれだけ明確にそうしたイメージを思い描いたかは別として、それがかれの思考法からの理論的な帰結である。朱子も、たとえ漠然としてではあれ、それに近いイメージをもっていたのではないか、とわたしは考える。それが、なぜ理論的な帰結であるのかは、やがて明らかにしよう。

だが、斉一的なパターンが一気全体にわたって実現するのは、ほんのしばらくにすぎない。最初の短い期間にすぎない。濃淡の斉一的なパターンをつくりだす部分的な運動のほかに、一気にははじめから全体的な回転運動があたえられている。一気の全体的な回転ははじめはごくゆるやかであり、ほとんど静止に近い状態だが、やがて次第にその速さをましてゆく。それにともなって、その斉一的なパターンが外から内へとこわれはじめるのである。

天地は、初めはただ陰陽の気にすぎない。この一つの気が運行し、回転をくりかえす。回転が速くなると(磨得急了)、……。

おそらく一気の回転は、外側からゆっくりと速さをましてゆくにちがいない。それとともに、濃密な気が回転の中心へむかって内へ内へと移行してゆく。いや、それとも、濃密な気が宇宙の中心へと動きだすことによって、一気の全体的な回転が速さをましてゆくのだろうか。ともあれ、濃密な気が中心へと移行してゆくその運動形態は、気の部分的な集散におなじく、波動の伝播をおもわせるであろう。濃密さが波動のように内部へと伝わってゆくのである。濃密な気が内部へと移行し、外部には比較的稀薄な気が存在するようになるにつれて、回転はますますその速さをましますにつれて、濃密な気の移行は速くなってゆく。

ここで告白しておかなければならない。一気にははじめから全体的な回転があたえられており、きわめてゆるやかな回転からはじまって、しだいに急速になってゆく、そう解釈する直接の根拠は、「磨得急了」、という『語類』にみえる表現しかないのである。それは語られたことばであり、記録されたことばである。そこからわたしのような結論をひきだすのは、無謀のいたりと批難されるかもしれぬ。それにたいして、みずからを弁護したいとは思わぬ。しかし、間接的とはいえ、わたしの想定を支持する根拠なら、積極的なものとして、ある。それらはいずれも、宇宙論の全体的構造のかなめともなる論点である。

第一は游気の説。すでに述べたように、游気とは物を生成しつつある状態において存在する気であった。それは、一気のひとつの存在状態であるとともに、生成論的な一段階であると考えられる。いいかえれば、まだ物を生成していない状態において存在する気が、游気のまえに、生成論的前段階としてある。いったい張横渠は、気の部分的な集散と全体的な回転の二つの運動形態を仮定した。物の生成消滅は前者によっておこり、後者は無関係である。しかも、両者ともはじめから原初的な気に内在するものとして仮定されている。とすれば、一気ははじめから游気にほかならぬ。一気を生成論的な二つの段階にわけることはできない。あえて游気という用語がつかわれたのは、おそらく、物を生成する働きを強調するためであったろう。ところが朱子においては異なる。游気とは物を生成する気だと、わざわざ規定する。そして、蔡季通のことばをいれて、游気とは混沌未分の状態を説いたのではなく、陰陽の気が錯綜し、混合し、働きかけあって物を生成しつつある状態をさしたのだ、と解釈する。混沌未分と游気とを区別するのはなにか。一気の回転にともなう物の生成である。そのモデルは、水車であり、扇であり、とりわけ、石臼であった。あるいは、すでに述べたように、気が異なった存在状態になり、そこから物が生ずる状態を、せいろうで蒸すイメージをつかって考えた。かれがつねに具体的・直観的なイメージ、視覚的なモデルによって思索している点に、あらためて注意を喚起しておきたい。

（楊道夫が）たずねた、「游気・陰陽とは。」

（先生は）いわれた、「游とは散らばっていろんなものになることだ。たとえば、ひとつの水車が一方は上がり一方は下がり、双方がひたすら回転するようなもので、それが「循環シテ已マズ、天地ノ大義ヲ立ツ」るものだ。一方は上がり一方は下がり、ひたすら回転して、中間のところで水を運び、各所に灌漑するのが、「人物ノ万殊ヲ生ズ」だ。天地の間にあって二気はひたすら回転し、知らず知らずのうちにひとりの人を生みだし、知らず知らずのうちにまたひとつの物を生みだす。つまり、水車のこの回転が物を生ずるときなのだ(132)。」

気の回転にともなって、そのまわりに物を生成しつつある状態において存在する気が生ずる。その間の事情は、団扇の譬えにもっと適切に表現されている。

游気とは物を生ずるものだ。陰陽は譬えていえば団扇みたいなもの、団扇が風をおこす、それが游気なのだ(133)。

また別に、

游気は内側のものだ。譬えていえば、ひとつの団扇みたいなもの。団扇が「天地ノ大義ヲ立ツ」るものだし、団扇が風をおこすのが「人物ヲ生ズ」るものだ。[134]

ともいう。だが、かれがもっとも愛用したのは、石臼の譬えであった。

わたしはつねづねいうのだが、ちょうど麦粉をひく石臼みたいなものだ。その周辺はひたすら何重にも撒きちらす。ちょうど天地の気が回転してやむことなく、ひたすら何重にも人や物を生ずるみたいなもの。そのなかには粗いものもあれば細かいものもあり、だから人や物には偏なるものもあれば正なるものもあり、精なるものもあれば粗なるものもある。[135]

石臼の比喩は、程伊川に由来するものであった。ただ、伊川においては、人や物に精粗の生ずるゆえんを説明するのが目的であったのに、朱子においては、水車や団扇の比喩によって置き換えられることからもうかがわれるように、むしろ回転運動そのものに重心がかけられている点に、注目しなければならない。あきらかにその関心は、生成の結果から生成の過程へと移行している。伊川から継承した石臼のモデルが、きわめて動的な観点から把握しなおされているわけだ。

水車にしろ石臼にしろ、物の生成のモデルとして、それはかならずしもふさわしくないかにみえる。それでは、中央にあって回転する気の周辺に、外側に、物が生成して撒きちらされるみたいなイメージがうかぶ。ところが、朱子の生成論によれば、回転する気の中央部に地と万物が生成するはずであり、事実、「游気は内側のものだ」と述べているのだから。しかし、決して矛盾ではない。「天地の気が回転してやむことなく」といわれることからわかるように、地の存在が前提されているのである。地の気を下にあって動かぬ石臼、天の気を上にあって回転する石臼と考えれば、その接触面に万物が生成し、撒布することになる。

造化の運行は石臼みたいに、上のほうがいつもやすみなく回転している(136)。

游気の存在は、地の存在を前提する。かくて、一気ははじめから游気ではなく、一気の全体が游気になるのでもないのがわかる。游気とは生成論的な一段階であるとともに、一気のひとつの存在状態であると述べたのは、このような意味においてであった。ここに、天地二気の作用によって万物が生成するという伝統的観念が、朱子によって物理学的なモデルにまで具体化されているのを、みることができよう。ところで、游気の生成論的前段階とは、いうまでもなく、気が全体としてまだ物を生成する状態に達していない段階である。地がまだ形作られていないというのは、その必要条件のひとつにすぎぬ。すぐ述べるように、万物の生成には一気の急速な回転が必要なのだから、游気以前のある段階において、全体的な回転のきわめてゆるやかな期間を想定することは、游気の説に矛盾しない。のみならず、あえて游気的段階ないし状態を設定した根拠を強化するであろう。

いったい、万物の生成に一気の回転が必要だと考えたのは、朱子が横渠から大きく一歩をすすめたところであった。一気のたんなる部分的な集散によっては物は生成せず、それに全体的な回転が加わることによって、はじめて物が生じてくる。そうみなすことによって、横渠においてはまだ緊密に結合していたとはかならずしもいえない生成論と構造論がすきまなく統一されるとともに、宇宙の自然史的な全過程を構想するのを、それは許したからである。

ここで、一気の回転と物の生成との関係に目を転じなければならぬ。さきに、游気は地の存在を前提とすると述べた。ひるがえって、地もまた物である。おそらくは、最大の物である。とすれば、それ自身、游気的段階ないし状態の気(それに游気という名をあたえるかどうかは別として)から生成したであろう。その気はいかなる回転状態にあったか。朱子によれば、急速な回転である。考察の出発点としたことばは、こうであった。

回転が速くなると、たくさん渣滓をおしだすが、内側からは出ようがないので、中央に地ができあがる。

回転一般ではなく、急速な回転のみが物を生成しうると強調して、朱子はまたいう。

天の回転が急速だからこそ、たくさんの渣滓が中央に凝結する。地は気の渣滓なのだ。

とすれば、地を生成する状態に達する以前の気の回転はよりゆるやかであり、時間的にさらにさかのぼれば、全体的な回転がきわめてゆるやかな、ほとんど静止状態にひとしい、ある時点にたどりつくだろうと想定するのは、道理にかなっていよう。これが、混沌未分の状態において気の全体的な回転はきわめてゆるやかであっただろう、と考える第二の理由である。

しかし、いっそう決定的な第三の理由がある。朱子は、いつの日か天地が崩壊して混沌未分の状態にかえり、そこからふたたび天地の生成がはじまるだろう、という。急速な回転によって気が凝結しうる、濃密化して有形の存在たる地になりうるとすれば、それが稀薄化して無形の存在たる気にかえるのは、回転がゆるやかになって、気が凝集力を失ってゆくときであろう。一気の回転はある時点からしだいにゆるやかになりはじめ、静止状態へとどこまでも近づいてゆくであろう。その極限的な状態が天地のはじめとされる混沌未分である。そこからふたたび天地の形成がはじまる。それは回転がしだいに急速になってゆく過程である。わたしの想定を補強する第四の理由もある。朱子は、天の回転が決して不変でない、と考えている。人間が記録にとどめた時間の範囲内においても、すでに天の運行にくいちがいがある、と朱子はいう。のみならず、一年のあいだにもそのくいちがいが存在する、とかれはみなす。だが、第三・第四の論点については、のちに詳しく論じなければならない。

わたしが、たとえいかにゆるやかであろうとも、一気にははじめから全体的な回転があたえられていると考えるのは、もしそうでなければ、天に回転をあたえるための、なにかとりわけ重大な要因が必要だからである。『淮南子』では、それは神話的な英雄たちの帝位をかけた闘争であった。宋代の思想家たちにとって、神話的世界はすでに遙かである。朱子は張横渠を継承して、はじめから一気の全体的な回転を仮定したであろう。これらの直接的・間接的証拠にもとづいて、一気ははじめきわめてゆるやかに回転し、しだいに急速になってゆく、とわたしは想定する。回転が急速になるにつれ、より内部の気はますます濃密に、より外部の気はますます稀薄になってゆく。そして、中央部に石臼のモデルを適用できるような状態がつくりだされる。きわめて濃密で摩擦抵抗の大きい、しかし、まだ可視的な存在とはなっていない気が、そこにある。回転にともなう摩擦が、気に凝集力をあたえる。かくて、回転が急速になるとともに、ますます凝集し、凝結して、ついに有形の存在、すなわち渣滓となるのである。

全体としてみたばあい、たしかに外部の気ほどより稀薄で、内部の気ほどより濃密だが、中心からひとしい距離にある場所はすべて等しい濃密さにある、といったイメージを描いてはならぬ。等しい距離にある個々の部分は、平均してみればたしかに外側よりも濃密で内側よりも稀薄だが、濃密さにおいて決して一様ではない。部分的には外側よりも稀薄で内側よりも濃密だといった状態もありうる。渣滓は内部のもっとも濃密な部分から生じてくる。内部が全体として一挙に渣滓になるのではない。物が気の部分的な集散によって生成し、しかも、それらの部分にさまざまな存在状態の差異があるかぎり、渣滓はおそらく形も大きさもさまざまであろう。個々の部分から生じて、おびただしい数にのぼるだろう。渣滓は濃密で重たく、したがって、とうぜん運動はゆるやかである。外側の気は急速に回転している。だから、ゆるやかにしか回転できない渣滓は、外側へ出てゆくことができない。渣滓はかくて中央部に集まり、凝固してついに地を形成する。

これがおそらくは、朱子のいだいていた、一気の回転にともなう天地形成の過程の具体的なイメージであったろう。

(4) 気と渣滓

渣滓とは可視的な有形の存在をさす。無形の気から生成する有形の存在はすべて渣滓である。「游気紛擾」についていう。

これは、気がこの段階にいたれば、すでに粗く濁った渣滓であり、人や物を生みだすのをいったのだ。つまり、気の作用なのだ。

やがて地を形成するにいたる渣滓は、いわば宇宙に生ずる最初の有形の存在にほかならぬ。一般には、有形の存在はかならずしも可視的な存在を意味しない。たとえば、原子がそうである。しかし、渣滓とは游気が「合シテ質ヲ成ス」ものであって、有形の存在はかならず可視的なそれとされるところに、朱子における気の概念の一特質をみることができる。

渣滓とは、文字どおり、「かす」であり「おり」である。さしあたって、腐った水の底に沈澱するおりをイメージすればいい。すでに述べたように、それは形も大きさもさまざまであったろう。ただ、それが形をもつかぎり、あくまで非連続的である。この渣滓が集って地を形成する。とすれば、渣滓と渣滓とのあいだにはかならず空隙が生じよう。渣滓の集合体たる地は空隙に満ちみちているはずである。その空隙は空虚な場所、物質のまったく存在しない、原子論にいう真空であろうか。朱子はそれを否定する。

天はひとつの渾然たる物であり、地の外を包んでいるけれども、その気は地の中をほとばしりでてくる。地はひとかたまりの物であるけれども、天の中央にあり、その内部は実は空虚であって、天の気を容れてほとばしらせる。(137)

地中の空隙に天の気が浸透してゆく。その気は地に対比しつつ、こういわれる。

地はむしろ空隙のところがある。天はむしろ上下四方ことごとくゆきわたっていて、空隙がない。ぴっしりつまっているのがぜんぶ天であり、地の四方や下のほうはかの天に依りかかっている。天は地を包み、天の気はどこでも通過する。こういうふうに考えると、まるごと天だということになる。気は地のなかからほとばしりでるくらいだから、また地の広いのがわかる。これはあきらかに、非連続的な渣滓にたいして、気の連続性を強調したものといわなければならぬ。すでに述べたように、気をガス状空気状の連続的物質とみるか、非連続的な粒子ないし原子とみるか、議論のわかれるところである。わたしは前者の立場にたって議論をすすめてきた。安田がすでに気の連続性について一応の証明をあたえている。だが、わたしもわたしの立場から、ここでもう一度確認しておかなければならない。

原子論(以下粒子論をもふくめる)はかならず原子と空虚すなわち真空との存在を前提する。原子は空虚中を運動する。衝突し、結合し、分離する。それによって物の運動、生成消滅がおこる。横渠は空虚の存在を否定した。空間と気とはおなじものであった。だから、昇降飛揚は決して原子のそれではありえなかった。気と空間との同一性は、今日的な概念をつかえば、場のイメージに近いであろう。気はあきらかに連続的な物質であった。朱子も、とうぜんそれを継承したと考えられる。しかしかれは、「太虚ハ即チ気ナルヲ知レバ、則チ無ハ無シ」[138]、とはいわなかった。だから、検討を必要とするであろう。朱子はいう。

ぴっしりとつまっているのがぜんぶ天である。

このことばは、それだけとりだせば、たしかに原子論を拒むものではない。原子が全空間にぴっしりつまっていると解釈してもいい。原子間には空隙ができるだろうけれども、原子論を前提するかぎり、もはやこれ以上原子の入る余地のない状態を表現したものとしても、なお適切である。しかし、これが渣滓の集合体のもつ空隙に対比していわれたものであるのを想起すれば、もはや原子論の前提は成立しえない。空隙をもつ原子の集合体を、空隙をもつ渣滓の集合体に対比して、その充塡を説くのは意味をなさないからである。もし朱子が原子論者であったなら、「天ニハ却ッテ空闕ノ処有リ」と表現したであろう。それでもなお、可視的な渣滓の空隙と不可視的な原子の空隙との相違を主張するひとがあれば、渣滓は可視的であっても空隙はかならずしも可視的であるのを要せず、気はそうした微細な空隙にさえも浸透する存在であった、と答えよう。

毫釐糸忽のなかに入ってゆくのもこの陰陽だし、天地をつつむのもこの陰陽だ。[139]

毫・釐・糸・忽はいずれも長さの単位であり、それぞれ千分の一寸・百分の一寸・一万分の一寸・十万分の一寸をあらわす。むろん、厳密な数値が問題なのではなく、いかなる微小な空隙にも気が入ってゆくのを述べたのである。気がもし原子だとすれば、それがいかに微細な粒子であろうと有形の存在であり、かならず最小の大きさをもつ。かりに最小の三個の原子を相互に接触させれば、その間の空隙には他の原子はもはや入りこめない。原子であるかぎり、空間にはかならず空虚な場所がのこる。そこにも浸透してゆけるのは、ただ連続的な無形の物質のみである。かくて、

(弟子が)たずねた、「「天地ノ間ニ塞《ミ》ツ」[140]とは。」

(先生は)いわれた、「天地の気がいたるところに到達し、いたるところに透過するのは、気が

剛なのであり、金属や石であっても透過する。[141]」といわれるのである。ちなみに、かの有名な「陽気発スル処金石モマタ透ル、精神一タビ到ラバ何事カ成ラザラン[142]」という格言も、この思想の文脈から発せられたことばであった。

気が連続的な物質であれば、有形でありながら不可視的な存在は、かりにあったとしても、認識者にとってまったく意味をもちえないであろう。不可視的な有形の存在たる原子や微粒子が想定されるのは、その運動によって可視的な物や現象を説明せんがためである。ところが、物の生成消滅が連続的な物質の濃密化・稀薄化にすぎないとすれば、可視的なまでに濃密であるかどうかが認識の最初の岐路となる。そのうえではじめて、無形か有形かが問われるであろう。いいかえれば、可視的な存在のなかに、無形の存在と有形の存在とが区別されなければならぬ。横渠も朱子もともに、「水火ハ気ナリ」と主張するのは、それが可視的かつ無形の存在であることをいったものにほかならない。それにたいして、渣滓は可視的かつ有形の存在をさす。その渣滓の非連続性に対比するとき、気の連続性があざやかに浮彫りされるのである。

不可視的で無形の連続的物質たる気はその具体的なイメージを描きにくい。真空中を運動する原子のほうがはるかにイメージしやすいようにみえる。しかし、ことがらは意外に単純である。可視的で無形の連続的物質たる水を想起すればいいのだ。水をとおして気をイメージするのは、宋代の思想家たちのほとんど常套に近かったのではなかろうか。すでに漢代に、董仲舒はのべた、水が魚をひたすように陰陽の気が人をひたしている、水と気のちがいは見えるか見えないかにすぎない、と。「元気ハ浩浩トシテ水ノ形ノ如シ」と、おそらくは六朝末期の作品であろう『枕中書』にいう。唐の韓愈は、宇宙論とは無関係だが、「気ハ水ナリ、言《イウココロ》ハ物ヲ浮ブルナリ」[143]、と喝破した。程子は董仲舒とまったくおなじ比喩をつかった。[144] 張横渠は気の集散を氷の凝釈にたとえた。横渠や朱子が依拠した宇宙構造論すなわち渾天説そのものも、ある意味で、天をささえる物質としての水を気でおきかえることによって発展してきた。朱子が蒸気の比喩をつかって気の生成作用を説明したのも、そうした思考の伝統と無関係ではありえないだろう。董仲舒がのべたように、水と気の相違は可視的か不可視的かにすぎなかったのである。かくて、天のなかに存在するひとつの物であり、内部は空隙にみちみち、そこに気が透過し充塡している地は、たとえば水中の海綿のごときを、わたしたちに想起させるであろう。

このようにみてくれば、気が連続的物質であるのは、もはや一点の疑いも許さぬといわなければならぬ。物質の連続観は、朱子のみならず、中国人の思考法の特質をなすものであった。すでにニーダムが指摘しているように、かれらは原子論の対極にたつ、原型的な場の理論・波動論の立場をとっていた。[145] それがかれらの科学と思想とにきわだった特性をあたえた。気を原子論的ないし粒子論的な観点から理解しようとする人びとには、中国人の思考法にたいする、ある根本的な誤解がひそんでいる、といってもいいだろう。

(5) 天の構造と運動

宇宙空間の中心部に、渣滓の凝集である地が形成される。

清なる気が天となり、日月となり、星辰となって、もっぱら外側をいつも円環運動している。天とは回転する稀薄な気にほかならぬ。地のすぐうえは天である。[146] 地を一尺減らせば、そこに気が一尺ある。[147] 淵から躍ぶのは、そのまま天を飛ぶことだ、[148] と朱子はいう。天と地のあいだに空隙はない。

天は、二重の意味で、一様に稀薄なのではない。気の部分的な集散による部分的な清濁と、全体的な回転による全体的な清濁と。後者についていえば、内部ほど濃密であり、中心から遠ざかるほど、いっそう稀薄で回転も速い。天は可視的な有形の存在であるかどうかを問われて、朱子は答える。気が回転して引き緊っているだけだ、きわめて高い場所では、ますます回転して引き緊る、と。ほぼ同一の質問に、またこう答えている。

ただ旋風みたいなもの、下のほうは軟かで、上のほうは硬い。

それを朱子は経験的事実によって裏付けようとする。

そこでは気が清で引き緊っているのだ。低いところなら気が濁だから、ゆるんでいる。かりに高山をどんどん登ってゆくとすると、人は立っておれなくなるだろう。そこでは気がもっと引き緊っているからだ。

ここで「引き緊る」と訳したもとの語は「緊」である。緊という概念は、朱子が提出したきわめて独自な概念である。それはまた、硬ないし剛とも表現される。稀薄な気がきわめて急速に回転することによってつくりだされる物理的状態を感覚的に表現したものである。いわば「緊急」に回転することによって、気の「緊張」した状態がつくりだされるのだ。朱子自身が急風ないし旋風に似るというのだから、風速数十メートルの風を肌にうけて立つその感じに、緊は近いであろう。それを剛と表現するとき、金石についていわれる剛とはまったくちがって、きわめて動力学的な概念である点に注目しなければならない。ところで、上空へ行けばたえず強い風が吹いている事実を、朱子は葛洪から学んだ。「道家ハ之ヲ剛風ト謂ウ」といい、「道家ニ高処ニ万里ノ剛風有ルノ説有リ」、と述べているのがそれである。

緊ないし硬ないし剛という概念を駆使して、朱子は宇宙の構造を立体的に描きだす。もともと、中国の天文学は惑星系モデルをまったく欠除している。日月五星の遠近の順序さえ問われぬ。西洋天文学の宇宙構造論は、地球と日月五星の配列を根幹として構想されるのを、つねとした。中国の天文学にそれが欠けていたことは、天は気だとする立場が広漠たる無限宇宙論以外のなにものでもなかったのを、示すであろう。逆にいえば、無限宇宙論は惑星系モデルの欠除という代償を払うことによって、はじめて可能だったともいえよう。惑星系モデルにたいする詳細な考察は、惑星系空間に視野を限定しがちであろう、したがって、恒星球をその限界とする有限宇宙論に帰着しがちであろうからである。中国の伝統的な無限宇宙論がいかなるものであったかは、渾天説の特異な発展過程から推論される。もともと蓋天説にあっては、地を覆う半球状の天蓋の表面に、恒星も日月五星も存在する、と考えられた。恒星と日月五星のちがいは、その表面に固着するか、そのうえを移動するかにすぎぬ。天の大きさは、だから、ノーモンによる太陽の高度測定から算出された。渾天説は、蓋天説の半球を地下にも拡張し、完全な球体とみなしたものと考えることもできる。そこでも、日月五星は依然としてその球体の表面にあると想定されたのである。その後、渾天説は天の固体性を否定する方向へすすんだ。固体としての天球は消滅し、気にすぎぬとされた。しかし、諸天体は依然として同一球面上に、もはや物理的なものでなく、数学的なものにすぎない球面上に、そっくりとり残されたのである。星辰の四遊説のごときは、それをよく示している。天文学者は、数学的な同一球面上に存在し運動する諸天体を暗黙のうちに想定しつつ、暦計算をおこなった。張横渠の宇宙論は伝統的観念を打破する一歩をふみだす。一気の回転という仮定がそれであるのはいうまでもないが、同時に、そこには惑星系モデルの方向への可能性もふくまれていた。かれは水星と金星とを太陽に「貼着」するものとみなしていたし、日月五星の回転の速さにたいする明確な認識があった(149)。そこから配列の順序への移行は、ほんの一歩にすぎないであろう、それがどんなに困難な一歩だとしても。しかし、朱子は惑星系モデルをつくらずに、宇宙の構造を構想した。それを可能にしたのが、緊の概念であった。それをかりに剛性とよんでおこう。そのうえにたって、かれは特異な無限宇宙論を展開する。

朱子は、気の剛性を『楚辞』の九天説に結びつける。「離騒」には九天の語がみえ、「天問」では九天とも、「圜《エン》ハ則チ九重」ともいう。朱子以前におけるその注釈は、それを構造論的方向に解釈するものではなかった。朱子の解釈はあくまで画期的である。

「離騒」に九天の説がみえる。注釈家は勝手に解釈して、九つの天がある、という。ここに注釈家の九天というのは、八方および中央の九方の天という解釈[150]を指す。「世ニ天ノ九重ヲ説ク、九処ニ分チテ号ト為スハ非ナリ」、と述べているところからもそれは推定されるが、さらに、『楚辞弁証』においては、「中央八方ヲ以テ之ヲ言ウハ誤レリ」と断定している。朱子によれば、九天とは九方の天でなく、同心球状に層一層と積み重なった天の九つの境域である。といっても、それは決して固体としての天の重層でなく、気の回転の速さにもとづく宇宙空間の区別にすぎない。つまり、剛性を異にする九層の気の空間である。

わたしの考えるところでは、ただ九重にすぎない。というのは、天の運行は何重にもなっている。

こういって、朱子は弟子たちに指で九つの同心円を描いてみせる。回転の速さによって、気はことなった物理的性質をしめす。

内のほうの何重かは比較的軟かだが、外のほうになるとしだいに硬くなる。

この性質は第九重の天にいたってほとんど質的な変化をひきおこす。

かりに第九重になれば、まさしく硬い殻みたいになっていよう。そこは回転してますます引き緊っているのだ。

空気中での運動に、たとえば音速の壁があり、運動の速度によってその性質が質的に変化することを知っているわたしたちにとって、この想定は決してばかげたものではない。むしろ、急風や旋風、あるいは、高山での経験や道家の示唆からこうした結論をひきだすかれの豊かな想像力に驚嘆させられる。「天問」の注において、かれはその立場をはっきりと定着した。

その九重というのは、地の外からはじまり、気の回転は遠ければ遠いほど速く、清なれば清なるほど剛であり、陽の数を九までおしすすめると、きわめて清きわめて剛であって、そのうえ涯てしがないのである。(151)

このように、緊ないし剛の概念を『楚辞』の九天説に適用することによって、朱子ははじめて、宇宙の構造を立体的・視覚的にまざまざと描きだした。それが、明末におけるアリストテレスの九天説受容への道をひらいたのである。すなわち、いちばん外側に天の回転の起動力をそなえた宗動天、それから内側へ順次、列宿天・塡星天・歳星天・熒惑天・太陽天・金星天・水星天・太陰天が同心球状に配置され、中心に不動の地球が位置するという、ギリシア以来の西洋の宇宙体系がすみやかに中国に定着したのは、朱子の九天説をその土壌にもっていたからであった。にもかかわらず、中国人は、ガラスのように透明な固体の天球という西洋の観念を、拒否した。かれらにとって、九天は依然として気の九重天だったのだ。

朱子が晩年に述懐したところによれば、天の構造にたいする疑問は、すでに少年時代のかれに芽生えていた。四歳のとき、父朱松が天を指して、あれが天だよ、と教えたとき、天の上はなになの、と問いかえした。(152) さらに、五、六歳のとき、天の形体はいかなるものか、天の外側はなにか、と心に思い悩んだという。(153) その疑問をもうすこし具体的に表現すれば、こうなる。

わたしは五、六歳のとき、天地四辺の外というのはどんな物だろうと思い悩んだ。ひとが四方は無辺と説くのをきいて、わたしは考えた、やはりきっと果てがあるはずだ、この壁みたいに、壁のむこうにもやはりきっとなにか物があるはずだ、と。そのときは考えすぎてほとんど病気みたいになった。いまになっても、まだかの壁のむこうがなんであるか、わからない。[154]

たしかに、このことばがそのまま熹少年を悩ませた疑問であったと考えてはならないだろう。それは長い思索の年輪にまきとられた回想であり、その年輪にふかくきざまれているにちがいない。ただ、そうした疑問の核だけは、少年時代からたえずかれの脳裏にひそんでいたであろう。晩年に『楚辞』の九天説にあたえた新解釈は、それにたいする最終的な解答であった。

事実、かれの解答はひとたび大きく転換している。邵康節の『漁樵問対』にみえる、例の天地は「自カラ相依付ス、天ハ形ニ依リ、地ハ気ニ付ク」ということばを、朱子はかつてこう解説した。天地には外がない。いわゆる「ソノ形ハ涯テ有リ」だが、「ソノ気ハ涯テ無シ」[155]だ。その気はきわめて引き緊っているから、地をじっともちあげておくことができる。そうでなければ墜落する。気の外にはきっとひどく厚い殻があるにちがいない。それがこの気を固めているゆえんなのだ。[156]

このことばは、これまでわたしがとりあげてきたことばとは異なった思想を、静力学的な把握を基調としている。第一に、気の外にある厚い殻という表現は、固体としての天の存在を承認している、あるいはすくなくともその観念にひきずられているものと解釈される。第二に、この殻が気を固めていて、そのために気が緊であるという。この緊という概念は、緊密というときの緊であり、おそらくはきわめて密度の大きい気を意味しよう。第三に、気がきわめて緊であることによって、地をもちあげておくことができるとされる。気中における地の存在を気圧の大きさによって説明しているのである。気の回転は、ここではまだ、思考の軸になっていない。邵康節のことばにたいするこの解釈が、少年時代の疑問になまのままで結びついたものであるのは、いうまでもなかろう。問いと答えとが媒介項なしに結びついている。ここから『楚辞集註』への距離は小さくない。概念の動力学的な再把握が徹底的にすすめられており、表面的な類似にもかかわらず、その意義はまるで異なる。そこで、この転換がいつごろおこなわれたかを、年代的に追求してみよう。

康節の語にたいする解釈を記録したのは周謨だが、はじめに引用した『語類』のいくつかのことばの記録者は、沈僴と陳淳であった(157)。沈僴は一一九八、九九年の両年にわたって朱子の門にあり、そのことばを記録した、最晩年の弟子のひとりである。ちなみに、朱子は一一三〇年に生まれ、一二〇〇年に死んでいる。陳淳の師事は一一九〇年と一一九九年の二次にわかれる。しかし、さきに引用したことばは、同時に黄義剛も記録している。黄義剛は、一一九三年と一一九七年から九九年末までとの二次にわたって、朱子に師事した。だから、陳淳の記録は一一九九年のものにちがいない。また、朱子の『楚辞集註後語弁証』が完成したのは、一一九九年春である。『楚辞集註』そのものはいつ書かれたのか、確かなことはわからないが、おそらくその前年の一一九八年であろう、と推定されている(158)。これらの年次がまぎれもなく示唆しているのは、朱子がその宇宙論を完成させたのは一一九八年、死のわずか二年前であったろう、ということだ。

一方、それに先立つ段階のことばを記録した周謨は、一一七九年に朱子の門をくぐった。朱子が南康軍の知府に着任したときである。かれが知南康軍であった二年間(一一七九年三月―一一八一年三月)、周謨はそのもとにある。ついでかれが、ある程度長期にわたって朱子のもとに滞在するのは、知漳州期(一一九〇年四月―一一九一年四月)である。以後、かれが朱子の門を訪れた形跡はないけれども、一一八一年から九〇年にいたる十年間には、なんどか師のもとを尋ねている。だから、さきの引用がいつの記録であるか、直接には確定できない。しかし、間接的な材料から、それは知漳州期のことばだと確定することができる。その根拠は、こうである。おなじく周謨の記録した別のことばを、まず引用しよう。

天は地を包んでおり、その気はひどく引き緊っている。ためしにきわめて高いところに登って験べてみればわかる。形気がせまって、引き緊った体となっている。しかし、中央の気はいくらかゆるやかだから、たくさんの物を容れることができる。もし一様にそんなに気が引き緊っているとしたら、人と物はみな磨滅するだろう。(159)

「形気相催シ、緊束シテ体ヲ成ス」とは、気がきわめて緊密に空間を充塡しており、したがって濃密であって、ほとんど有形の存在にちかい状態をなしているのを、意味しよう。「形気」とはおそらく、形をなさんばかりに凝集した気を指す。「体」は身体とか車体とかいうときの体、中味のつまったボディである。「中間ノ気ハヤヤ寛」とは、「緊束シテ体ヲ成」した天の外殻と地とのあいだにある内部の空間を、もっと稀薄な気が占めている、ということであろう。もちろん、ここでも一気の回転は前提されている。それは、引用したことばに先立って、張横渠の説を継承しつつ、

天文学者は、天は左旋し、日月星辰は右行するというが、まちがいだ。実際には、天は左旋し、日月星辰もみな左旋する。(160)

と述べていることからも明らかである。しかし、一気の回転と緊の概念とはまだ切り離されたままであり、関連づけが明確ではない。回転するから緊になるのでなく、なにか固い「体」があって、それが回転すると、人や物はそれに磨りつぶされる、麦粒が石臼でひかれるように。天を気としつつも、ここではまだ、固体としての天という伝統的観念にひきずられている。この立場は、周謨の記録した邵康節の説にたいする解釈のそれにひとしい。ふたつのことばは同一時期の記録であるにちがいない。

ところで、いま引用した周謨の記録は、『語類』巻二の第二〇条であるが、そのすぐまえの第一九条には陳淳の記録したことばがみえる。この二条が、文章表現こそちがえ、その内容からみて、朱子の同じことばを同じときに聞いてノートしたものであることは、ほとんど疑いをいれない。いったい、『朱子語類』は朱子のことばを記録した弟子たちのノートの集成であるが、同時に二人ないしそれ以上の記録者があったばあい、その文章がまったく同じであれば、同時記録者の名が併記され、若干異なる部分があれば、その部分だけ割注のかたちで挿入されている。しかし、同じことばの記録であっても、文章がまったく異なるときは、そのどちらもそのまま採録され、ときには並べて、

ときには別の箇所に収められている。朱子自身が、おなじく弟子たちのノートの集成である『河南程氏遺書』を編集したときの体験にふれて、指摘していることだが、語られたことばは同じであっても、そのノートは記録者の学力、理解力、記憶力、文章表現力、関心の所在などによって、その個性によって、大きくちがってくる。だからこそ記録者の名を記載しておく必要がある、とかれはいう。[161] 朱子の弟子たちは、『語類』の編集にあたって、師の考えと方針にしたがったのである。

　周謨と陳淳の二つの記録は、その個性によるノートのひらきを、まざまざと感じさせてくれる。引用した周謨の記録に対応する陳淳の記録は、こうである。

　天は集積した気であり、上のほうが勁《かた》く、中央は空虚で日月が往ったり来たりする。地は天の中心にあってそれほど大きくなく、周囲は空虚だ。[162]

「其気極緊」および「形気相催、緊束而成体」が「天積気、上面勁」に、「中間気稍寛」が「中間空」に、「容得許多品物」が「為日月来往」に、「天包乎地」が「地在天中不甚大、四辺空」に、それぞれ対応する。朱子そのひとのことばは周謨の記録にちかかったであろう、とわたしは考えるのだが、周謨が書き落し、陳淳が書き止めたことばがあるのも、また確かである。ともあれ、両者の記録が同時だというわたしの推定に誤りがないとすれば、それは陳淳の最初の師事期、一一九〇年の記録でなければならぬ。

　一一九〇年すなわち紹熙元年は、いわゆる朱子の「晩年の定論」が確立したとされる年である。事実、かれの説には、この前後にかなり大きく変貌し、定論として最後までゆるぎなく主張されることになるものが、いくつもある。存在論や人間学の領域についてなら、たしかにこの時期に定論が確立したといえよう。しかし、自然学の領域では異なる。独創的な自然学者としての朱子は、まだ誕生したばかりである。この前後から、かれはそれまで人間学にそそいできた関心におとらぬ関心を、自然学にむけはじめる。天体を観測し、自然現象を観察し、科学器械を構想し、あるいは観測器械の制作を企図し、張横渠の気の哲学を手掛りに自然にかんする思索を深めてゆく。自然学に関心をよせるきっかけのひとつは、おそらく邵康節と張横渠の学に精しかった年少の友人、蔡季通との親交にあったであろうが、そして事実、蔡季通の影響がいたるところに感じられるが、しかし、かれを知ったのは乾道年間（一一六五―一一七三年）、朱子が崇安にあったとき、四十歳前後のことである。それからおよそ二十年を経過している。とすれば、そこにはもっと強い内面的な動機がひそんでいたにちがいない。それはおそらく、気の理論によって理の人間学を自然学的に基礎づけようとする意図であろう、とわたしは考える。朱子学体系の理論の構造が、それを要請しているからである。さらに、学問の根本、すなわち人間学ないし倫理学を確立したという自信が、それからみれば枝葉である自然学の領域に自由に、大胆に切りこんでゆくのを許した、ということもある。こうした点については、後の章でもっと詳しく論じよう。

周謨と陳淳が同時記録者であった一一九〇年ごろは、自然学者としての朱子にとって大きな転換期であり、飛躍期であり、理論的基礎の形成期であった。そのことは、別の根拠から確認できる。第一は、左旋説である。左旋説にかんすることばの記録者には、さきに述べた周謨と陳淳、および、黄義剛、沈僩のほかに、廖徳明(師事年代は一一七三、七八、八六、九一、九三、九九年)、李閎祖(一一八八—八九、九二—九四、九七—九九年)、葉賀孫(一一八八—八九、九三—九四年)、徐寓(一一九〇—九一、九三—九四、一二〇〇年)、楊至(一一九〇、九三—九四年)、包揚(一一九三、九六、九九年)、湯泳(一一九六年)、胡泳(一一九八年)がいる。このなかで、一一八〇年代までに入門したのは、廖徳明・李閎祖・葉賀孫の三人であるが、かれらもすべて、その後の師事者とおなじく、九〇年代になんどかの師事期をもつ。左旋説を主張した周謨と陳淳の同時記録は一一九〇年のものだったが、朱子がはっきりと張横渠の左旋説の立場にふみきったのは、おそらくこの年であったろう、とわたしは推定する。それから遡れるとしても、せいぜい李閎祖と葉賀孫の最初の師事年、一一八八年までである。朱子の四十八歳(一一七七年)のときの著作、『詩集伝』と『論語或問』では、左旋説は採用されていない。最晩年に、沈僩の記録することばのなかで、かれは、

横渠によれば、天は左旋し、日月も左旋する。考えてみるのに、横渠の説がきわめてよい。ただ、ひとに理解されないのではないかと思ったから、『詩集伝』には旧説だけを書いておいた。(163)

と弁解しているが、これは疑わしい。かりにそのころから左旋説に惹かれていたとしたところで、それを採り入れるだけの確信も、気の理論による裏付けもなかったのである。事実、いったん左旋説の立場をとってからは、たとえば『楚辞集註』においても、それを主張したのだった。

第二は、一気の回転によって渣滓を生じ、それが集って地となる、という説である。この説にふれたことばは、『語類』に四条みえる。うち三条は楊道夫、残りの一条が陳淳の記録にかかる。楊道

夫は一一八九年から九二年にかけて師事したひとである。だから、この説は陳淳の最初の師事期、一一九〇年ごろのものとみてさしつかえあるまい。最晩年にはもうすこし違った表現をとるようになる。たとえば、一一九八年から九九年にかけての沈僩の記録では、水の滓脚が地となる、と表現されている。ついでながら、水から土が生じ、土から木と金が生ずるという五行の生成の順序は、周謨の記録にはじめてあらわれる。ただ、そこではまだ土と木・金の関係が明晰でない。それは、一一九三―九四年ごろ師事した甘節の記録や一一九八年の甘節と沈僩の同時記録において、明確に表明される。だから、朱子が張横渠の五行説を受け入れ、それを宇宙生成論の方向に展開しはじめたのも、周謨の最後の師事期、一一九〇―九一年ごろと考えていいだろう。横渠的な自然学の立場が、周濂渓的な存在論の立場を乗り超えて、自己展開をはじめたのだ。さきに指摘した両者の亀裂とは、朱子がひとりの自然学者として立ち現われたとき、そこに開いた深淵にほかならなかった。自然学の自立化への傾斜が、そこに予感されるであろう。

第三は、程伊川の「日月ハ三万里中ヲ昇降ス」という説にたいする批判である。伊川がこのことばにあたえた説明は、漢代の緯書にいう地の四遊説にたいする誤解とノーモンの法にたいする無理解からおこった。夏至の日に表の影が一尺五寸となる土地を地中、つまり、地の中心という。これに一寸千里説を適用すれば、地中から地の果てまでは一万五千里である。そのうえに天蓋がかぶさるとすれば、天は直径三万里の球面となるだろう。「日月ハ三万里中ヲ昇降ス」とは、太陽と月がその球面にそって運行する、とのいいにほかならぬ。伊川の解釈は、おそらくそうであった(164)。朱子も伊川のことばをそう理解する。[165] 伊川は「東西の距る数」と誤解した、と述べているからである。しかし、朱子は伊川の解釈を拒ける。かれによれば、天の高さは八万四千里ともいわれ、正確なことはわからぬ。三万里とは冬夏の間における黄道の距離をさすのである。[166] 朱子のこの新解釈は、ノーモンの法の理解としてはまちがっているけれども、地の四遊説の解釈としてならば、地の昇降を日月の昇降に置き換えており、運動の相対性の認識という点からみて興味深い。それはともかく、朱子のいささか得意とするところであったらしく、李閎祖、陳淳、包揚がそれぞれ、あるいは詳しく、あるいは簡単に、記録している。したがってこの新解釈も、一一九〇年ごろ提出されたと考えられる。

とりあえずこの三つの事例からも、一一九〇年前後の時期の自然学にとってもつ意味は、明らかであろう。ここで敷かれた基礎のうえに、朱子の自然学の理論は飛躍的な展開をとげてゆく。天の構造にかんするかれのことばを周謨と陳淳が同時に記録したときは、まさにその始動の時期にあたっていたわけだ。しかしながら、そのときにはまだ、天の構造と運動をすきまなく統一する視点は鮮明でなかった。両者の統一的把握こそ、宇宙論の完成をしめす指標なのだ。一一九八年ごろあらわれた九天説にたいする新解釈が、それにほかならぬ。そして、この立場が、『楚辞集註』を書くという作業をとおして確立されたことは、おそらく疑いをいれない。

『楚辞集註』とともに忘れてならないのは、『書集伝』である。一一九九年末、朱子は蔡季通の子、蔡沈(蔡仲默、一一六七—一二三〇)に『書集伝』の執筆を命じた。どうやらかれは、九八年ごろから『書経』の注釈にとりかかっていたらしく、ごく一部は原稿もできていたのだが、その完成を断念して、蔡沈に後事を託したのである。一部分は口述し、一部分は蔡沈の稿に筆を入れる、というかたちで、その作業はすすめられたらしい。『書集伝』の執筆作業もまた、自然学の最後の立場を確立するうえに、大きな意義をもっていた。黄義剛の記録によれば、かれが朱子と天や日月の運動について問答をかわした翌日、蔡沈が「天説」の原稿をとどけてきた。これは日月の運動にもとづく暦法概要とでもいうべき文章だが、それを朱子は黄義剛にしめして、「この説もはっきりしている」と述べたという。(167)「天説」は、いくつかの文字を改めただけで、『書集伝』堯典に収められている。蔡沈との共同作業をとおしてかれが確かめたものも、すくなくなかったにちがいない。それはともあれ、見過せないのは、その前日の黄義剛との問答である。「日月ヲ論ズレバ天ノ裏ニ在リ、天ヲ論ズレバ太虚空ノ裏ニ在リ」という蔡季通のことばを紹介したあとで、朱子はいう、

天には「体」がなく、ただ二十八宿が天の「体」なのだ。(168)

と。「緊束シテ体ヲ成ス」と述べた一一九〇年ごろとはちがい、ここでは天の「体」が真向から否定されている。恒星だけが「天体」なのだ。くりかえすまでもなく、「緊」の概念を動力学的に把握することによって到達した、それが朱子の最終的な見解であった。

天の構造と運動にかんする最後の完成された立場とそれにいたる過程とを分析しおえたから、つぎに諸天体への認識にふれておこう。いちばん大きな問題は、星がみずから光るのか、それとも、月とおなじように太陽の光を反射して輝くのか、という点だった。かれは月を太陽の光を反射する

水に譬えた。おそらく、月を水ないし水性のものとみる伝統的観念を、継承していたのであろう。太陽はおそらく火であり、不断に光を放射する天体だった。星は反射体か発光体か。朱子の答えは最後まで動揺している。周謨は記録する。

星の光も太陽の光から受けるが、ただその形体が微かであるにすぎぬ。

これは日月を論じたあとをうけ、つぎのことばにつづいている。

五星の色はそれぞれ異なっており、その色を見れば、金・木・水・火の名称を弁別できる。もろもろの星は光芒がまたたくが、五星のみはそうでない。(169)

朱子がかなり緻密な観察家であったのをよく示しているが、太陽の光を受ける星が衆星をさすのか五星をさすのか、それとも両者をひっくるめているのか、かならずしも明確でない。ちなみに、このことばはさきに一一九〇年のものと推定した条の一節である。同じことばを陳淳はこう記録する。

星も太陽の光を受けるが、ただ小さいだけだ。(170)

これは日月を論じたあとをうけて、北辰は中央にある星でたいへん小さい、ということばにつづく。したがって、星とは恒星を指すようにみえる。いずれにしろ、このころは、惑星も恒星も月のように、太陽の光を受けて輝くとみなしていたことになる。

最晩年にいたって、朱子の観察と推論はさらに精密になる。一一九八年から翌九九年にかけて、沈僩の記録したことばが三つ、ここに残されている。いったい、五行のなかで陰陽二気から最初に生ずる基本的な成分が水と火だとすれば、天文学および気象学的な現象や物は、大きく水・火のいずれかの類に属するであろう。朱子はいう。

きわめて濁なる水が地に成り、きわめて清なる火が風・霆・電・雷・日・星の類いに成る。

火とは、もちろん、燃える火を意味しない。熱い気としての火であろう。火から生成するものに月がはぶかれているのは、当然ながら注目していい。ここで星とは、おそらく恒星を指すであろう。つぎのことばが、それを示す。

惑星は陰中の陽であり、恒星は陽中の陰である。

陰中の陽、陽中の陰とは、それぞれ、陰気のなかでも比較的陽なるもの、陽気のなかでも比較的陰なるもの、を意味する。このことばはすでに両者の生成過程に差異のあるのを示唆する。はたして、続けていう。

五星はすべて、地上の木・火・土・金・水の気が上昇し凝結してできたのであり、このほうは太陽の光をうけている。恒星のほうは余分な陽気が凝結したもので、やはり太陽の光を受けていると思われる。

惑星は地上の五行の気が上昇したもの、つまり、さきの大きな水・火の区分からいえば、地は水から生じたのだから、水の類に属するものとされる。このことは、五惑星に火星がふくまれているだけに、一見、不可解に思えるかも知れぬ。しかし、五行も陰陽とおなじく比較概念として機能しうること、要するに、比較したばあい、より熱い気が火、より湿った気が水であることに想到すれば、容易に理解できるはずである。そして、構造論的には、惑星は目にみえるとおりに小さなもので、地からそう距っているとは考えられていなかったのであろう。それにたいして、恒星は「陽気ノ余ノ凝結セル者」である。地上の気ではなく天の気から構成される。太陽の光をうけて輝くかどうかについては、断定をさけつつも、肯定する。光芒にたいする観察で、朱子は比較のことばを結ぶ。

ただ、恒星はちらちらまたたいて、その光が一定しないが、惑星はそうでない。たとえ光芒があっても、それ自体の光はやはり動揺しない。子細に見ればわかる。

「其本体之光」が不動とは、それが「形質」をもつことを、おそらくは意味しよう。したがって、恒星は「形質」をもたぬ熱い気であり、しかも、みずからは光らない存在と考えられたのであろう。沈僩の記録する別の問答にいう。

（沈僩が）たずねた、「星辰には形質がありますか。」

（先生は）いわれた、「ない。ただ気のエッセンスが凝集したものだ。」

あるひとがいった、「燈火のようなものですか。」

（先生は）いわれた、「そうだ。[171]」

炎みたいであって、しかもみずから光らないとすれば、恒星はいわばかげろうをイメージさせるような存在であろう。だが、恒星と惑星の相違をここまでつきつめてきた推論の過程からいえば、とうぜん、もうひとつの結論もありえたはずである。事実、廖徳明が貴重な証言を残している。

（廖徳明が）たずねた、「星は太陽の光をうけているのですか。」

（先生は）いわれた、「星は自分で光るのだろう。[172]」

問題は、これがいつの記録か、である。実はこのとき、蔡季通もおなじ席にあり、問答に加わっている。かれは慶元の偽学の禁にあい、慶元二年(一一九六年)春、道州に流され、翌年夏、その地で死んだ。だから、それ以前でなければならない。一方、問答のなかで朱子は、月の満ち欠けに明晰な光学的説明をあたえている。沈括の説にもとづいてかれがこの現象を論ずるようになるのは、詳しい検討ははぶくけれども、やはり一一九〇年ごろからである。『語類』でいえば、例の周謨と陳淳の一一九〇年の記録や、一一九〇年から九一年にかけて師事した童伯羽の記録などを、その嚆矢とする。一一九〇年以後、一一九六年以前の廖徳明の師事年は、一一九一年と九三年の二回であった。前者は周謨が四月まで朱子の門にあった年である。とすれば、一一九三年の記録とみるのが、もっとも穏当であろう。ただ、残念ながら、蔡季通が朱子のもとにいた年代が詳しくわからないために、そうだと断定するわけにはゆかない。いまかりにわたしの推定が妥当だとすれば、朱子は中途でひとたび、恒星は発光体であろうと考えた時期があることになる。そして、最晩年にいたってふたたび、反射体であろうという推測に立ち帰ったのである。いずれにしろ経験的立証は不可能だったのだから、それをあげつらうことはたれにもできない。

惑星の色はそれぞれ異なる、という経験的事実を朱子に示唆したのは、おそらく張横渠だった。[173]

横渠によれば、「日月五星も天にしたがって回転する」。たとえば、二十八宿は天にしたがって位置が定まり、すべて光芒をもつ。五星は逆行して動き、光芒がない。[174]

朱子は星をみずから観察し、光芒の現象に気づく。そして、そこから惑星と恒星の質的な差を推論によって導きだす。それはすでに、いかに偉大であるとはいえあまりにも思弁的な横渠をこえて、朱子の主観的意図がどこにあったにしろ、自然学の地平を拡大せずにはおかぬていのものであった。

恒星の生成過程について補足しておくなら、火のきわめて清なるもの、陽気の純粋なるものが凝結して太陽や星になるというのは、火の属性をもつ気、つまり、熱い気がある特殊なしかたで凝結する、と理解すべきであろう。それがいかなるしかたかは、もちろん、明らかでない。なお流星について、「星ノ地ニ墮チ、其ノ光天ヲ燭シテ散ル者有リ、変ジテ石ト為ル者有リ」[175]、と述べていることも、つけ加えておこう。

朱子の天の構造論において、左旋説の果した役割は興味ふかい。横渠のばあいには、まず一気の全体的な回転すなわち左旋という前提があって、そのなかを運行する日月も、それにしたがって左旋する、という帰結に導かれたのであろう。ところが、朱子はまず日月左旋説をさきに受け入れている。一気の回転によって天の構造と運動とを統一的に把握するという視点が明確化し、前面におしだされてくる以前から、かれは左旋説の熱烈な支持者であった。周謨の記録にいう、「暦家ノ天ハ左旋シ、日月星辰ハ右行スト言ウハ非ナリ、其ノ実ハ天ハ左旋シ、日月星辰モ亦タ皆ナ左旋ス」。大小二つの輪が同心円状に位置し、大輪の回転は速く、小輪のは遅い。そして、大輪は天、小輪には日月がのっかっている、としよう。両者とも左転していても、遅速の差があるために、日月のみは右転しているようにみえるだろう。弟子のこの巧みな比喩を肯定しつつ、朱子はいう。とすれば、天文学者のいう逆の字はみな順に、退は進に改める必要がある。この立場から、かれは独自の天文学説を展開してゆく。ところで、前章にも述べたように、かれが横渠から継承したのは、その第三の構造論であった。「横渠ハ天ハ左旋シ、日月モ亦タ左旋スト説ク、看来レバ横渠ノ説ハ極メテ是ナリ」、ということばが、それをよく示す。第三の構造論は、一気の回転という考えかたを明確にしなくても受容できる。朱子の構造論は、左旋説を気の立場から裏づけるというかたちで発展したかの感さえ覚える。横渠とはまさに逆の方向である。あるいは、晩年になるほど、朱子の横渠の哲学にたいする理解と受容は深くなっている、といってもいい。

だが、むしろここで検討しておきたいのは、一気の回転と恒星および日月五星の回転との関係が、いかに把握されているか、である。一一九〇年から九一年にかけて最初の師事期をもつ徐寓の記録にいう。

天道は左旋し、日月星いずれも左旋する。星は天に貼りついているのではない。天は上のほうにある陰陽の気であって、下にいる人が見れば、星は天に随って行くようにみえるにすぎない。(176)

これは周謨の記録にいう「気外」の「軀殻」という考えかたと矛盾するものではない。はっきりとは表現されてはいないけれども、星は「軀殻」の中の気とともに回転するという想定が、そこによみとれるであろう。同じときのことばに、中間は空虚であって、日月がそこを往来する、というのがあった。恒星は「軀殻」にちかい気とともに回転し、日月は地との中間の比較的稀薄な気の部分を独自の速さで回転すると考えたのであろうか。最後に到達した見解は『楚辞集註』に表明されている。

周天は三百六十五度と四分の一度であり、二十八宿をはりめぐらし、それを天の形体に付着させて、四方の方位を定めている。

ここに「天体」、天の形体というのは、決して固体としての天を意味せず、気の回転をさすにすぎない。「其ノ運転スル者ハ亦タ形質ナシ、但ダ勁風ノ旋ノ如シ」、といい、その旋転が「是レ天ノ体ヲ為スモ而モ実ハ体有ルニ非ザルナリ」(177)、と述べているところから、それは明らかである。にもかかわらず、あえて天の形体という表現が使われるのは、おそらく、「極清極剛」といい、「硬殻ヲ成スニ相似タリ」、といわれる第九重の天の存在によるのであろう。とすれば、「天ノ体ニ着ス」とは、恒星が第九天の内側に付着していると考えられていたのを、示唆しよう。のちにも述べるような渾天説と朱子の説との関係からみても、星辰の四遊説にたいするかれの解釈からみても、そう考えるのが、おそらくもっとも妥当であろう。一方、「日月五星モ亦タ天ニ随イテ以テ地ヲ繞ル」。太陽は一日一周するが、しかし、ほかの天体は、

それぞれ遅速のちがいがある。しかし、それが天に懸っているのも、もとより綴属しているのではなく、その運行も、推されたり挽かれたりして行くのではない(178)。第九重の天のように動力学的に剛でもなく、地のように固体として剛でもない中間の、かなり稀薄ではあるがそう急速には回転していない気中を、日月五星はそれぞれ固有の速さで、かなり複雑に運動している、というのが朱子の到達した最後の見解であったろう。なお、かれは日月食の説明をとおして、地と日月の関係をきわめて立体的に正確に把握しており(179)、また横渠の説にしたがって、

水星と金星は太陽の運動に「貼着」していると指摘したことも、[180] つけ加えておきたい。

(6) 地の生成と構造

一気が回転して渣滓を生じ、渣滓が凝集して地に成る。これが、ほぼ一一九〇年ごろ確立された立場であった。楊道夫の記録に、「天地ノ高深ナル所以」を問われて、朱子はいう。

> 天は気にすぎないのだから、ただ高いだけではない。ただ、いま人が地上にいると、そんなに高く見えるだけだ。要するに、あの地の下に連なっているのも天なのだ。天はひたすら回転をくりかえす。天は大いに回転して、たくさんの渣滓が中央にできる。世にこれほど大きいものはひとつもないから、地はこんなに大きい。地はまさしく気の渣滓であり、だから厚くて深い。[181]

ところが、すでに示唆しておいたように、九八年ごろになると、朱子はさらにそれを具体的に説くようになる。沈僩の記録を引用しよう。

> 天地の初め、混沌未分のときは、水と火の二つだけしかなく、水のおりが地に成ったのであろう。

このことばは、実はすでに分析した。くりかえすまでもなく、それは九〇年代に到達した立場に五行論を導入して、具体的な肉付けをあたえたものにほかならぬ。とはいえ、五行論がたんにそれだけにとどまらず、地質学的進化論と結びついたところに、その独自性があるといえよう。水が凝固して地となった痕跡を、朱子は群山の状態にみる。

「いま、高いところに登ってみわたす群山がみな波の形をなしているのは、水がそのようにただよっていたのだ。ただどういうときに凝固したのだろうか。はじめはごく軟かだったのが、後になって凝結して硬くなったのだろう。」

（沈僴が）たずねた、「潮が砂を湧き上らせるみたいだと思われますが。」

（先生は）いわれた、「そうだ。」

朱子の思考法の特色が、この把握のしかたによくあらわれている。まざまざと具体像を脳裏に描きだしつつ、そこにひとつのパターンの存在を直覚する。それこそ直観的とよばれる方法の内容にほかならないであろう。たしかにかれがそこにみてとったのは、パターンであった。

初めはまだ物がなく、ただ気が充満しているだけだ。天がちょっと開けると、一塊の渣滓がそのなかにできる。はじめはどろどろと軟かいが、のちにしだいに堅くなる。いま山の形は、高いところから下のほうへと、ちょうど水を流したみたいだ。(182)

水面がえがく模様、流れの砂がえがく模様、山脈がえがく模様、三者に共通するものとしてかれが直観的に摑みだしてきたのは同じ図柄、同一のパターンであった。しかも、それは波動のパターンである。波動は反復と持続とを適切に表現する運動の形態である。このばあいにかぎらず、朱子は波動のパターンによる説明をこのんだ。

こうした説明はすべて、一一九八、九九年の記録にあらわれる。これが朱子の最後の到達点をしめすのは、いうまでもない。しかし、その着想はもっとはやくからあった。李方子の記録にいう。

山河や大地が生じたばかりのころは、まだ軟かだったはずだ。[183]

李方子は一一八八—八九年と一一九三—九四年の二回、朱子の門を叩いているが、『語類』に収められたノートは第二次の師事期のものが多い。また、内容的にみても、この条は九三、四年ごろのことばとみていいだろう。重要なのは、水から地へ、軟かい地から硬い地へという生成過程の説明が、直観的なパターンの認識にとどまらず、地質学的根拠にささえられていたことである。鄭可学(師事期は一一八七—八八、九〇—九一、九二—九三、九八年)は記録する。

いま高山のうえに、石にくっついた蠣の殻の類いがたくさんあるのは、低い場所が高くなったのだ。また、蠣は泥砂のなかに生ずるはずなのに、いまは石にくっついているのだから、柔かいものが変化して剛くなったのだ。天地の変遷に、なにひとつ恒常的なものはない。[184]

『語類』にはもうひとつ、周謨の手にかかる記録がみえる。かれは実は一一九〇年に、鄭可学と席を同じくしていた。つぎのことばは、だから、鄭可学のそれと同時の記録であるにちがいない。

高山では螺蚌の殻が石のなかに生じたりするのが、いつも見られる。この石はむかしの土であり、螺蚌は水中の物であって、下のほうが変化して高くなり、柔かいものが変化して剛くなったのだ。[185]

水底が隆起して山になり、水底のやわらかな泥砂が岩石になる。化石がそれを証明する。この事実をはじめて正確に指摘し、進化論的地質学の基礎をおいたのは、北宋の沈括だった。朱子の説が沈括の理論に由来するのは、かれがしばしば『夢渓筆談』を引用するところからみて、ほぼ疑いをい

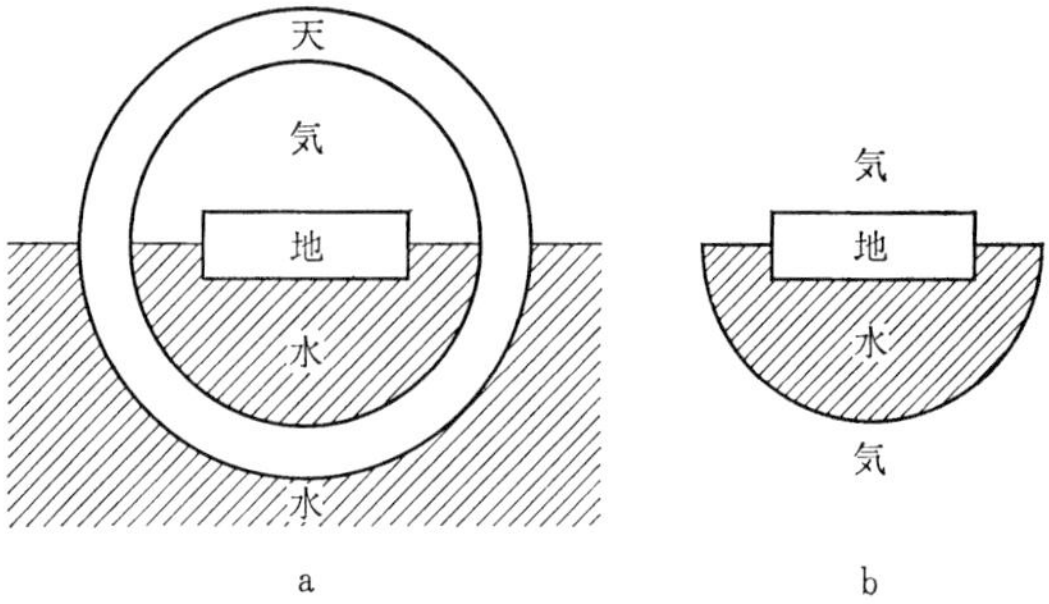

図9 a：渾天説の原型，b：天を気としたばあいに残る地と水

れない。かれは一一九〇年ごろそれを受け入れて、その宇宙生成論を基礎づけたのであった。

わたしたちが地球とよぶ天体は、朱子によれば地と水とから成っている。地と水とからなる全体が気中に存在するのであった。たしかに、地は気のうえに浮んでいる[186]、といった表現もあるけれども、そのばあいの地は、地と水の両者をふくむ表現とみなしたほうがいい。そのばあい、地と水とは如何なる関係に立つのであろうか。地と水とは全体としてどういう形で気中に存在するのであろうか。伝統的観念において、天地の形態は天円地方、天は円く地は四角とされる。地と水の関係は、地が水に浮ぶとされる。渾天説の原型的な宇宙モデルを想起しよう(図9a)。天および天をささえる水がすべて気にほかならぬとすれば、半球形の水とそれに浮ぶ地とが残るだろう(図9b)。固体としての天が否定されていった歴史的過程からみて、その否定ののちに想定される地(水をもふくめて)の形として、もっとも大きな可能性をもつのがbである。もっとも、具体的にそれを指摘したひとは、朱子以前にはいなかったけれども。

朱子はまず、地が水に浮ぶという伝統的観念を承認する。「地は水に浮んで天に接し、天は水と地を包んでいる」、と。おなじく地下水と大洋との存在が、その理由であったろう。ただ、朱子のばあいには海流の存在が指摘されており、海の渦巻きという経験的事実によって、地下に水があるという主張を裏付けたかに思われる点が、注目される。

地の下と地の周辺とは、みな海水が周流している。

渦巻きのほうは、川の水がたえず海にそそいでも海はあふれない、という問題に答えたことばにみえる。かれは乾燥、つまり蒸発するのだと答えたのち、さらにこう付け加える。

海岸で渦巻きができて、水を吸いこんでゆくのを見たひとがいる。(187)

蒸発によって水があふれないためには、蒸発する水量と河水の流量とがひとしくならなければならない。しかし、地の下も海水である。渦巻きによって海水は地の下の部分へ吸いこまれてゆく。とすれば、河水の流量のほうがかかりに多くても、地にたいしてあふれることはないだろう。これが朱子のいわんとするところだったろうか。さきの引用は最晩年のことばだが、あとの引用は李方子の記録だから、すくなくとも五年は先立つ。地下にも海水の周流があるという説は、あるいは渦巻きの伝聞に示唆されたのかもしれぬ。

朱子が地の形についての伝統的観念を承認したからといって、厳密に四角形とみなしていたと考えてはならない。あくまで円にたいする方であって、角張った形といった程度に理解したほうがいい。事実、唐代における測地学・地図学・地理学のすばらしい成果は、世界的にみてもずばぬけて高い水準にあり、すくなくとも中国大陸にかんするかぎり、現代人のそれとほとんどかわらない地理的観念を、中国人にあたえたのである。朱子も、みずから地図を作成したこともある実践家として、その成果に通じていた。[188] 唐代地図学を代表する華夷図をはじめ、いろんな地図に親しんでいたのである。[189] 周公が予州を東西南北それぞれ五千里の地の中央と定めた、という説を問われたのに[190]たいして、朱子は答える。これは中国の地域について四方に距った長さをいったものであって、「未ダ極辺ト際海ノ処トニ説キ到ラズ」。

南方は海に近いけれども、地形はそこで尽きるのではない。海のむこうに島夷の諸国があるから、地はまだ連続しており、そこの海にはまだ底がある。海に底がないところまでいって、地形ははじめて尽きる。[191]

かれは同時に、中国は決して地の中心ではない、崑崙が中心だとも指摘する。[192] つぎのことばもまた注目に価する。

むかしから北海まできわめつくしたひとはいない。たぶん、北海はまさに天の殻のあたりにすれすれに近づいていよう。北方は土地が長いから、いきおい北海はそれほど広くない。[193]

ここで天の殻とは、固体としての天を意味するのではない。すぐあとに、天には形質がなく、回転して引き緊り、迅風のようになっているだけだと述べているのだから、殻とはあきらかに緊の状態をさしていったのである。天の殻を水平面で切断すれば円形になる。地をとりかこむ海は円形で限られている、と朱子は考えたのであろう。北海が広くないという指摘は、北海が海の北限とみなされたのをしめす。なお、地の立体的な形について、かれはいう。

　だいたい地の形は饅頭みたいなもの。その撚った先のところが崑崙なのだ(194)。

饅頭の比喩はかれの得意とするところであったらしく、しばしばそれをかりて地形を説いている。また別に、「西北ノ地ハ至高(195)」ともいう。かれが大地をどうイメージしていたか、理解できよう。

　さらに、天と地と水との関係について、朱子はいう。「地ハ水上ニ浮ビテ天ト接シ、天ハ地ト水トヲ包ム」。さらに、「海ノ那《カ》ノ岸ハ便チ天ト接ス(196)」、ということばは、地の四辺をとりまく海が円形であるのを確認させてくれる。それでは、いわゆる地下の水はいかなる形で天に接するのであろうか。

　海水にはへりがない。そのへりにはまさに気が集積されている(197)。

地には「辺」があるけれども、海水にはない。海水における辺とは、水と気とをかぎる辺にほかならぬ。とすれば、水はあきらかに球状であるのを思わせる。事実、朱子は、天地の形はふたつの椀を合わせて中に水をいれたようなものだ、と述べている。朱子の弟子たちの証言は、だが、残念ながらここでおわる。以下、あえて推論をおしすすめてゆきたい。

　まず、これまで確認できたところを整理しておこう。地の表面には波型の起伏がある。地は水に浮かび、地の周辺を海がとりかこむ。大陸と島とは海底において連続しており、さらに大洋のほうへすすんではじめて地がつきる。中国は地の中央にはない。北と南には人跡未踏の地がある。海は天の殻に近づいている。

　地下の水の形は、つぎのようにして、たやすく推定できる。天の気に水は直接に接触している。

もっと詳しくいえば、回転によって緊の状態になっている気に接触している。しかも、天は南北極を結ぶ線を回転軸とする球状の気の重層と考えられている。だから、地の下の海水もとうぜん球面をなしていなければならぬ。とすれば、渾天説の原型において天を気とみなしたときに残る地と水との形が、ただちに思いだされる。朱子が描いていた像もおそらくそれに近いものであったろう。この推論は決して恣意的なものではない。天地の構造は朱子の後学によってしばしば論ぜられた。たとえば、元の史伯璿の『管窺外篇』のごときは、たんなる祖述にとどめず、朱子の説についてさまざまな疑問を提起し、みずから整合的に考えようと試みた点で注目すべきものであろう。一、二の例をあげれば、日月五星は気とともに回転するにもかかわらず、それぞれ独自の運動をおこなうのはなぜか、わたしにはわからぬ(198)、と。また、次節に論ずる問題にもかかわってくるが、気が回転しているから地は落ちずに気中に存在しうるという朱子の説にふれて、「理ヲ以テ推セバ」こうなるだろうという。すなわち、地が堕ちないのは水が載せているからだ。水が洩れないのは気がしばっているからだ。気が水をしばっておれるのは、その運行がきわめて強健だからだ。こうして水は洩れない。しかし、依然として疑問はのこる。枢軸のところの気は一日に一周するにすぎず、それほど強健であるとも思えない。したがって、南極からどうして水が洩れないのか、やはりわからない(199)、と。いささか静力学的な概念の把握に傾いており、かならずしも朱子の真意を理解しているとはいいがたいように思われるが、地下の水の形としてはおそらく球面を考えていたにちがいない。それはともかく、そうした朱子の後学たちの雰囲気から生まれたとおもわれる元の天文学者の説に注目したい。すなわち、趙縁督の『革象新書』の冒頭にみえる説である。趙縁督については、書中に授時暦への言及があるところから郭守敬以後のひとという以外に、正確なことはほとんどわからない(200)。朱子学との関係についても、すくなくとも朱子のことばの直接の引用は、書中にみあたらぬ。にもかかわらず、直接にしろ間接にしろ、その議論が朱子の説を前提しているのは、疑いをいれない。このような書物は、朱子以前には決して書きえなかったであろう。表面的には朱子の説とひどくへだたっているが、いくつかの面でおもいがけなく、朱子の説の理論的帰結をおしすすめているのである。そのようなものとして、つぎの文章はある。

こう考えると、天は蹴毬のなかに水を半分いれたみたいなもの。水のうえに一枚の板を浮べると、人間世界の地が平らなのにたとえられる。板の上に雑然と微細な物をおくと、万物にたとえられる。蹴毬はたえず回転しているけれども、板の上の物はいずれも知覚しない。天の形体は回転するが、天はその形体がみられるものではない。もろもろの星が東西に出没し、両極に軸を固定し、きまった度数をもち、停止する仕掛けがないので、星のかかっているところを天の形体であると擬定するにすぎない(201)。

これは、わたしの推論に一致する。趙氏の説の位置づけにかんするわたしの想定が妥当であれば、かれは朱子の説の論理的帰結として、そこに到達したことになる。「天の形体」と訳したもとのことば、「天体」の用法も、たしかにそれを示唆する。かりに百歩ゆずって、かれが朱子とはまったく独立に到達したとしても、それが渾天説の歴史的発展の方向にそった当然の帰結であるのは、否定で

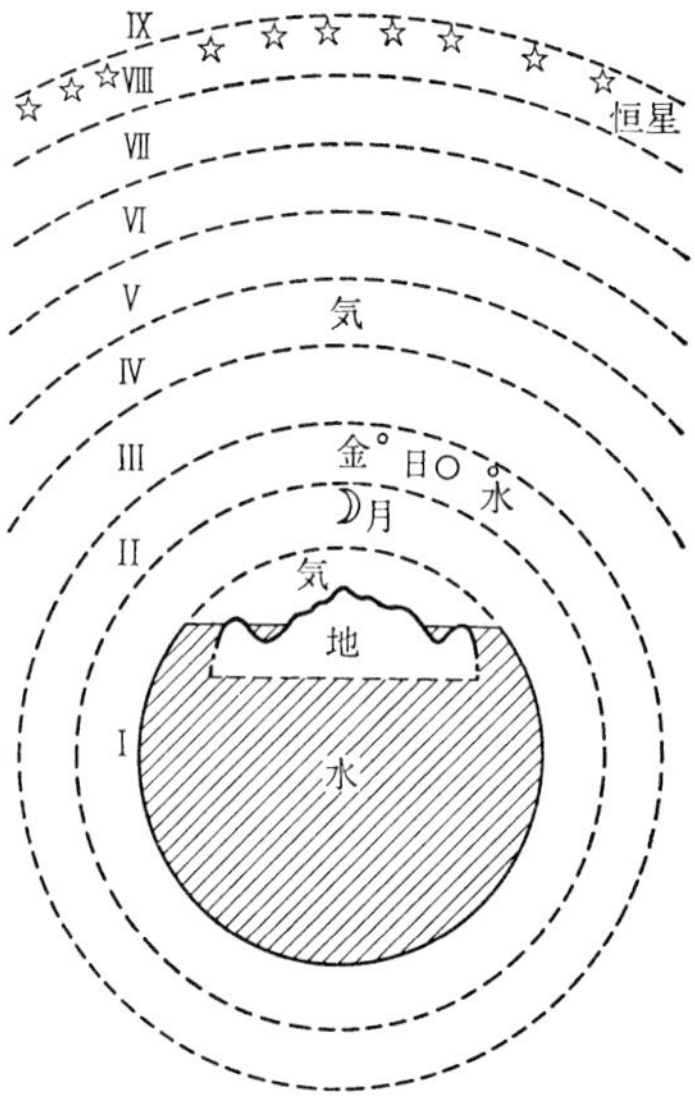

図10　朱子の宇宙像，番号は九天を示す．但し，諸星の位置は想像による．

きない。固体としての天をしりぞけてそれを気とみなせば、天の回転とは気の回転にほかならぬことになる。気中に存在する諸天体は、かならずや気とともに回転するであろう。そして、地と水は、半球状の水とそれに浮ぶ板状の地として、そっくり気中にのこるであろう。趙縁督の説はそれであった。朱子の説もそうであった、とわたしは考える。のみならず、明初の編集にかかる『理学類編』には、朱子のことばにつづけて、『革象新書』のこの一節が収録された。編者張九韶は、それを朱子の説の系譜にたつものとして、理解していたのである。朱子の宇宙論は、その意味では、有限宇宙論としての渾天説が気の無限宇宙論へと発展していった、その最高の段階を、細部にわたるねりあげの不足にもかかわらず、示しているといわなければならぬ。

　趙縁督のモデルは、渾天説のそれとしてはともかく、すくなくとも朱子のモデルとしてみれば、いくらか疑問がのこらないではない。かれは水を半球とみなした。しかし、朱子においては、さらに球に近かったのではないかと考えられる。というのは、かれは地から天の殻までの距離をそれほど大きいとはみなしていないように思えるからである。朱子はいう。高山を登ってゆくと気がきわめて引き緊っているのがわかる。ただ中間の気はいくらかゆるやかだから、たくさんの物を容れることができる、と。

高山に登れば気が緊の状態にあると感じられるほど、天の回転する気の層は地の近くにある。あるいは、北海は天の殻のあたりにすれすれに近づいているというのも、天の殻が地上におおいかぶさるように接近しているというイメージであろう。とすれば、水は球の上部をすこしばかり平面で切りとったような形であり、その切りとられた部分が中間のいくらかゆるやかな気の部分にあたるであろう。「いくらかゆるやか」というのは、実は日月の位置する気の層をもふくんでいるかも知れないのだが、それは比較の問題だから、ここではこう考えておこう。地と水とゆるやかな気の部分とを合わせれば、全体として一箇の球をなし、回転する引き緊った気のなかに存在していることになる。

天の構造論は、九天説の新解釈として具体化された。両者を合わせれば、朱子の宇宙像を再構成できる。それを図示したのが、図10である。ただし、諸天体の位置は想像によって補ったものであり、日月五星や恒星と九重天とを直接に関連づけたことばはないことを、ことわっておきたい。

(7) 地の運動

天を気とする思想が生まれて以来、地がいかにして気中に存在しうるかというのは、宇宙論を構想する思想家たちのまえにたちはだかる難問であった。気の立場からはじめて宇宙の生成と構造にかんする具体像を提出したのは張横渠であったが、しかし、かれにあってはいかにして地が気中に存在しうるかという問題意識は存在しなかった。それを解決する仕事は、朱子にのこされた。

朱子は、地を生成させた気の回転そのものに、地が気中に存在しうる根拠をもとめる。それによって、生成論と構造論とははじめて、すきまなく結びつけられ統一的な像としてあたえられたのである。

天の運行はやすむことなく、昼も夜も回転している。だから、地は中央にもちあげられている。もしも天が一瞬でも停止すれば、地はかならず落下する。

気の回転そのものが地が気中に存在しうる根拠だというとき、それはなにを意味するのだろうか。もちろんここでは、重さが宇宙という場にあたえられた性質として前提されている。それに抵抗して重い物を気中にささえておくのが気の回転である。そのばあい、ふたつの方向がありうる。ひとつは、前節で言及した史伯璿のように、気のすみやかな回転がつくりだす物理的な状態によって、地が気中にささえられる、かれの表現をかりれば水が洩れない、と解釈する方向である。そうした解釈を生む表現が朱子にあったのも事実である。『楚辞』天問に注していう。

地は気の渣滓が集って形質になったものである。ただ、勁風の旋転のなかにしばられているから、兀然として空中に浮び、長時間たっても墜ちないでいるにすぎない。(202)

しかし、静力学的な概念のなごりをかなり濃厚にとどめた史伯璿のような立場にたてば、枢軸の気は一日に一周するだけで、さしてすみやかとも思えぬ、という批判が生まれるのは当然であろう。わたしは解釈の第二の方向をとる。気の回転によって生ずる物理的状態ではなく、回転そのものによって、地は気中に存在する、緊はそのばあいの必要条件にすぎない、というのである。第一の解釈は、構造論を生成論と切りはなして考えるところに欠陥がある。朱子の生成論においては、気の回転にともなう摩擦が凝集力として働き、渣滓とさらには渣滓の集合体としての地とを生成させるはずであった。摩擦にともなう凝集力が地(水をもふくめて)を中央に凝結する根拠として仮定されているかぎり、そして、その仮定をみとめるかぎり、気の回転がゆるやかであれば、地や水は稀薄化して気に返る、という理論的帰結が導かれるはずであり、水が洩れないかといった疑問はもはや生じえない。問題は回転の凝集力によって中央に気よりも重い物が生じたとき、それがなぜ落下しないか、というところにある。朱子はふたつの比喩でその根拠を説明している。

天地の形は、ひとがふたつの椀を合わせて、なかに水をいれたみたいなものだ。手でたえずふりまわせば、水はなかにあって出てこない。すこし手を止めると、水は漏れる。

かれの天文説からみて、おそらく、ふたつの椀の継ぎ目が赤道、底が両極、三十六度に傾けて両手でふりまわす、というのがそのイメージであろう。遠心力のようなものを、直観的に考えていたにちがいない。適切な比喩とはかならずしもいえないが、朱子にきわめて動力学的な認識があったのは、疑いをいれない。ただ、椀という固い物体を譬えにつかったために、そこから静力学的な解釈が生じてくるのは、避けられない。わたしはつぎの説明のほうを、いっそう重視したい。それはかれの動力学的な概念と思考法とを、はっきりとしめしている。

かくて（先生は）いわれた、「天の気はやすむことなく回転している。だから地を中央においておける。」

董銖は理解できなかった。

先生はいわれた、「弄椀珠のようなものだ。ただこういうふうに回転させつづけるから、空中にあって墜ちない。すこしでも止めれば墜ちる。」

弄椀珠とは、『通典』・『夢粱録』(203)をはじめ諸種の文献にみえる雑伎の一種、弄椀という名で記載されていることもある。椀をつかうお手玉の類か、皿まわしの類であろう。いずれにしろ、椀は空中で円環運動をおこない、手がその回転を持続させる。椀は円環運動をおこなうことによって落下しない、手はただその運動に持続力をあたえているにすぎない。手を気に置きかえれば、それが地の気中に存在しうる物理的な説明となる。

この立場にたてば、かならず地になんらかの運動が想定されなければならぬ。しかるに、一見、朱子はそれを否定するかにみえる。天の気が外部を運行する、「故ニ地ハ搉《カカ》ッテ中間ニ在リ、隤然《タイゼン》トシテ動カズ」、と。「隤然不動」という表現は、地が宇宙の中心に静止するのをおもわせる。「地ハ便チ中央ニ在リテ動カズ」ともいう。だが、いわゆる絶対的静止はそもそもありえなかったのを想起しよう。不動とは天の動にたいする相対的、比較的な表現なのである。事実、その立場から、朱子は地の運動を肯定する。

いまの地の運動は、ただひとところの運動であって、運動しても遠くへは行かないのだ。(204)

それでは、地の運動として、かれはいかなるものを考えていたのであろうか。

まず、朱子が地の自転の可能性を承認していたことに、注目しなければならない。『周礼』地官大司徒に、大司徒が土圭で地中、つまり、地の中心を定めた、とみえるその一節にたいする従来の誤解を指摘し、その説明を正したのちに、いう。

「今日の地の中心は、むかしとすでにおなじではない。漢の時代には陽城が地の中心だった。本朝では岳台〔岳台は浚儀にあり、開封府に属する〕が地の中心だ。すでにずいぶんくいちがっている。」

（沈僩が）たずねた、「地はどうしてくいちがうのですか。」

（先生は）いわれた、「天の運行にくいちがいがあり、地は天の回転にしたがってくいちがうのだろうと思う。いまここに坐っていて、地は動かないとわかるにすぎぬ。どうして天が外側を運行していて、地はそれにしたがって回転しないなどとわかるだろうか。天の運行のくいちがいというのは、たとえば昔と今の明けがた暮れがたに南中する星がちがうのが、それだ。」

わたしたちが直接に認識できるかぎり、たしかに地は動かない。しかし、理論的に考える以上、地もまた気とともに回転する、とみるのが当然だ。運動はあくまで相対的なのである。断言こそはばかっているけれども、朱子の語気はそう主張するに近い。証拠のない現象については、朱子は疑問ないし可能性のかたちで説明をあたえるのがつねだった。反対に、証拠があるとみなしたときには、かれの想像力は大胆かつ奔放に飛翔した。それは自然にたいするかれのとらわれない精神のありかたを、よく示している。朱子の立場は、地の運動を否定するものでは、決してなかった。そして、立証できるかぎり左旋説の前提をつらぬき、立証できないことがらについても、その理論的可能性を指摘したのである。

地上で観測できる「天運之差」として、朱子はここでふたつの現象を指摘する。すなわち、約一千年間のあいだにおこった、ひとつは「地中」、つまり地の中心の変化、ひとつは「昏旦」つまり明けがた暮れがたに南中する星の変化。地の中心というのは、要するに、夏至の日に八尺表の影が一尺五寸になる地点だから、同一緯度上にあれば、理論的には、どこであってもかまわない。あとは観測地点をどこに選ぶかの問題にすぎない。陽城(河南省告成鎮)は漢代以前から、開封の浚儀は唐代から、それに選ばれたのである。緯度は浚儀のほうが高い。朱子はそれを「天運之差」に帰着させているかにみえる。はたしてそうであろうか。そうだとすれば、どうしてそのような誤解が生まれたのか。地の中心というのは、たんに影の長さが一尺五寸の場所という定義にもとづいていわれていて、地理的に大陸の中心である、あるいは、世界の中心である、と朱子が考えたのではなかった。それはまず確認できる。

土圭の法は、八尺の表を立て、一尺五寸の圭を地に横たえる。太陽が南中して影が圭に重なる。これこそ、地の中心がそうなる。浚儀みたいなのがそうだ。

さらにつづけて、時代がたつとともに地中が変化するかのような口吻をもらす。

いまでも浚儀がはたして地の中心かどうかな。(205)

地中を一点と考えていた形跡は、つぎのことばにもある。

もし浚儀と潁川を中心とすれば、いまの襄・漢・淮・西といったところは中心に近くなる。(206)

潁川とは『周礼』鄭注に、「今ノ潁川ノ陽城ヲ然リト為ス」という、その陽城である。それと浚儀とを並列しているのは、宋代では両地で観測されているから、同時的とみてもよい。しかし、おそらくは時代的に異なった地点が中心になるととるのが、朱子の真意にかなっていよう。それでは、どうして地中を一点とするような誤解が生じたのか。ひとつには、この地中の説が蓋天説に由来するからであろう。それによれば、地中の真上が天の中央であり、天はそこでいちばん高い。だから、地の中央は一点でなければならない。地中ということばから、そうした理解が専門家以外の人びとのあいだに存続したものであろう。さらに、浚儀が観測点に選ばれた事情も加わる。すなわち、唐の開元十二年、太史監南宮説は河南の平地の数か所で、表の影の長さを測定した。(207)おそらく、正確な測定の結果、陽城の地中でないのがわかったためであろう。その観測地点のひとつに、浚儀があった。そのときの観測結果では、陽城は一尺四寸七分八釐、浚儀は一尺五寸三分、地中は両地点の緯度の中間にあったわけである。開封に都をおいた宋では、この両地点が観測地になった。こうしたふたつの事情が重なって、宋代にはひとつの通俗的な理解がうまれたらしい。朱子の後学である南宋の王応麟は、漢の陽城県に測景台があったという『通典』の文章を引いて、

開元年間に陽城で影を測ったが中心ではなかった。そこで浚儀の岳台で測った。(208)

とのべている。かれもまた、浚儀を地中と考えていたのであろう。朱子の誤解も、おそらく、それと軌を一にする。

たとえ誤解であったにしろ、朱子は地の中心が永年変化をすると考えた。地は天の気にしたがって回転するが、天の運行そのものがくいちがうために、地の中心も変化してゆく。一方、昏旦に南中する星の永年変化は、地球の歳差現象にもとづく。歳差とはコマの首振り運動にあたるもの、地球の自転軸の方向が天球上で黄極を中心に円運動をおこなう。周期は約二万六千年である。それにともなって、ちょうど北極にあたる星が時代とともに変化するのとおなじく、昏旦に南中する星も変化する。朱子は「天運之差」の例をこの歳差にみた。おそらく、歳差と地中の変化とは同じ原因によって生ずる現象だ、と考えたのであろう。それでは、永年のうちに変化してゆく天の運行とは、具体的にはいったいなにを意味するのか。

朱子によれば、「天の度数はもともとかならずくいちがうもの[209]」である。蔡季通の「天ノ運ハ常無シ」ということばを引きながら、朱子はいう、「季通がいうのは天の運行に定りがないのでなくて、その運行の度数がそうなのだ。その運行のくいちがう分も、恒常的な度数だ[210]」と。天の運行は永年にわたって一様なのではなく、変化する。しかし、その変化の率はつねに一様なのだ。天の運動にかんするこの法則性の認識は、たとえば歳差の率として、東晋の虞喜以来、天文学者が論じてきたものであるとはいえ、その一般的な定式化として、やはり注目に価しよう。天の運動の永年変化とはさしあたって無関係だが、それがなにを指すかを示唆することばがある。季節による気候の変化を天の回転に結びつけて、かれはこう説明するのだ。

考えてみると、春夏のころは天の回転がややのろい。だから気候はゆるんで、ぼうっとしている。南方はとくにひどい。秋冬になると、天の回転がますますすみやかになる。だから、気候はすがすがしく、宇宙は澄みわたっている。「天高ク気清シ」というわけは、天の回転がすみやかで、気が引き緊っているからだ。(211)

一年のあいだに、天の回転の速さが変化する、という考えは重要である。すぐあとでわたしたちは、一年の四季ないし十二月と同一のパターンが、宇宙の歴史のサイクルにたいしても適用されるのをみるだろう。宇宙の一サイクルのあいだに、天の回転の速さは変化してゆくのである。その変化がいわゆる「天運之差」であったと想定してみるのも、あながち強引な解釈とはいえないだろう。

「天運之差」がなにを指すかはともかく、地が気とともに回転している、つまり、自転している可能性を、朱子が理論的に強調したことだけは、すくなくともそこに確認できる。たとえそれが日周運動でなく、永年変化であったとしてもである。のみならず、朱子は地の公転の可能性をも理論的に承認していた。いや、理論的にはそうならざるをえないとさえ、考えていたのだ。緯書にみえる地と星辰の四遊説にかんして、弟子たちとのあいだに、かれはつぎのような問答をおこなっている。重要だから、重ねて全文を引用しよう。

（沈僩が）たずねた、「四遊とはどんなことですか。」

（先生は）いわれた、「地の四遊昇降するのはただ三万里ということで、天地のあいだの距離がただ三万里だということではない。春には東方三万里を通過し、夏には南方三万里を通過し、秋には西方三万里を通過し、冬には北方三万里を通過する。いま天文学者の計算した数値はそうであって、土圭で測定してみればみな数値が合う。」

沈僴がいった、「譬えていえば、大きな盆に水をいれ、空っぽの器をそのなかに浮べ、周辺を四方と決めます。かりに器が浮んで東へ三寸行くとします。一寸を一万里にあてれば、西から三寸へだたったのも、ちょうど地が水に浮んで東方へ三万里へだたってゆけば、西方から三万里遠ざかるみたいなものです。南北も同様です。とすれば、冬夏の昼夜の長短は、日光の出没によっておこるのでなく、地が四方に遊転して、そうなるにすぎません。」

(先生は)いわれた、「そのとおりだ。」

周用之がいった、「人間にどうしてそんなことが測定できましょう。たぶんそんな理はありますまい。」

(先生は)いわれた、「知りえないけれども、しかし、天文学者が計算すると、その数値がみんな合う。たぶんそんな理があるのだろう。」

ここで朱子の最晩年の弟子沈僴がくわえた説明には、瞠目すべきものがある。だが、まず朱子の四遊説の理解が本来のそれとかなりちがっているのに、注目しよう。第一に、天地の四遊昇降という本来の説が、地のみの四遊説にかわっている。朱子の理解がはじめから天の四遊を除外していたのでは、決してない。やはり晩年の高弟のひとり李潘にあたえた書簡のなかで、星辰の四遊をかれはこう論じている。李潘は二回、朱子の門にあった。最初の師事期は正確にはわからないが、一一九一年から九四年までのあいだにあり、二回目は一一九八年冬から九九年春にかけてである。後者は沈僴の師事期に重なる。おそらくこの書簡の日付けは、二次の師事期の中間であろう。

> 天の外は無限であって、その中央の空虚なところは有限である。天は左旋して、星は極をめぐるのが、仰ぎ観ればわかる。四遊の説はよくわからないが、天文学者の説は計算でえられたのであり、なにもないところを穿鑿してのべたのではない。もしそれがあるとしても、天が左旋し星が北極をめぐる説と矛盾しない。たとえば虚空のなかにあるひとつの円い毬は、内側からみれば、その位置方向は動かないのに、いつも左旋している。外側からみれば、やはり一方で四遊しながら、「四表ニ薄リテ止ル」のである。[212]

この文章はやや難解だが、つぎのように理解できるだろう。まず気付くのは、天外は「無窮」であり、中央の「空処」は「有限」であるという表現が、気の外は厚い殻みたいで、中央は空だ、と述べた一一九〇年のことばと、『楚辞集註』にみえる、第九重天は「極清極剛」で涯てしがない、ということばとの中間に位置することである。これは師事期から推定した日付けと一致する。いま中央の「空処」を中空のボールにたとえてみよう。ボールの中心にある地からみれば、ボールは極を回転軸として左旋している。ボールの外からその表面をみれば、全体として四遊、すなわち回転しながらも、四表、つまり、ボールをつつむ球面に接して、ボールそのものが場所的に移動しないという意味で、そこに止まっている。そのばあい、ボールを恒星の位置する球面と考えてよいであろう。

とすれば、星辰の四遊とはたんなる恒星球の回転にすぎなくなる。あとは地の四遊だけが問題である。「地ト星辰トハ四遊シ、三万里ノ中ヲ升降ス」、という緯書のことばにふれながら、それをただちに地の四遊とうけて解釈をあたえたのは、星辰の四遊のそのような理解を前提してのことであろう。第二に、四遊の方向がまったくちがっている。本来の四遊説では、春は西、夏は南、秋は東、冬は北を遊行するはずであった。それが、春は東、夏は南、秋は西、冬は北と回転の方向がまったく逆になっている。もっとも、この点を重視するのはあやまりかもしれない。たんなる記憶ちがい、ないし、思いちがいとも考えられるからである。しかし、地の四遊をそれだけ独立にとりだしてくる以上、それを四季の現象と結びつけて捉えるのは、たとえ記憶ちがい、ないし、思いちがいだとしても、ごく自然であろう。記憶ちがいや思いちがいも、やはりその根拠をもっているのだ。

沈僴の理解は、まさにその方向にそっている。その比喩によれば、本来、垂直面における四遊昇降のはずだったものが、水平面での四遊に変っている。それは、もはや一種の地の公転説というほかはない。ただ、かれの比喩のなかで、「地ハ水上ニ浮ビテ」、という一句に問題が残されよう。これをそのままうけとれば、地の四遊は気中における四遊ではなく、海面上の四遊であるかにみえる。朱子も然りと肯定しているが、その点まで認めたのであろうか。たしかに、そうであったとしても、理論的には矛盾しない。かれの想定した地の大きさからいっても、海水が地のまわりを周流しているという観念からいっても、そうした論理的帰結を導きだせる要素はある。あるいは、沈僴の理解はそうであったかもしれぬ。しかし、それは朱子の真意ではなかったろう。というのは、海がそれほどひろいとは、決して考えていなかったからである。しかも、本来の四遊説が気中における四遊昇降であった以上、朱子の理解も気中の四遊であったと思われる。すくなくとも、地が水上を四遊すると考えた証拠は、まったくない。ただ、比喩にひきずられた表現として、それを認めたのであろうし、沈僴をふくめて、同席のひとたちもなんら疑問をいだかなかったのである。

さらに、沈僴が季節による昼夜の長短をこの公転によって説明しようとした点が、注目される。太陽を中心と考えていないから、太陽系モデルとはことなるけれども、直観的に正しい結論に達していたのである。朱子自身がどこまでこの点をふかく考えたかは、わからない。むしろ、わたしたちは沈僴がこの方向に思索の歩みをすすめなかったのを惜しむべきであろう。朱子は、すくなくともその場では、かれの説を擁護し、理論的に地の四遊、つまり、公転がありうることを強調したのである。

朱子が地の公転の理論的可能性を認めたとすれば、それは前節でわたしが再構成し、図示した宇宙像に矛盾しないだろうか。すくなくとも朱子の意識においては、決して矛盾ではなかったであろう。一気の回転にともなう摩擦の凝集力によって地が形成されるとかれは考えたが、そうした物の形成はかならずしも厳密に回転の中央でのみおこる、としたわけではない。そうであれば、たとえば月の形成もありえないだろう。地が回転によって気中に存在するという説についていえば、弄椀珠、つまりお手玉の比喩は、むしろ公転説に有利でさえある。しかも、四遊の直径三万里は、かれの無限宇宙論からみれば「中央」という表現によってあらわされる狭い空間内のことにすぎない。

のみならず、第九重天にかこまれた空間の広さに限定しても、天の高さは八万四千里という説に疑問を呈しているだけに、その数値は小さなものにすぎないと考えられるのである。

(8) 天地の生成消滅

生成したものに消滅しないものはありえない。天地もまたその例外ではない。天地が一気から生成した以上、その消滅とは、ふたたび一気の状態へ帰ってゆくことでなければならないだろう。「開闢よりこのかた、今日にいたるまで、一万年もたっていません。それ以前はどうなっていたのですか」、という弟子の質問に、朱子は、「それ以前もたしかに、一度こういう状態だったのは、はっきりしている」、と答えている。ここに表明されているのは、循環的歴史観である。

周知のように、循環的歴史観を象数学にもとづいて定式化したのは、邵康節であった。かれによれば、世界の歴史は、自然史の過程と人類史の過程とをふくめ、一元を周期として循環する。一元は十二会、一会は三十運、一運は十二世、一世は三十年、したがって、一元は十二万九千六百年である。これはすでに蔡季通が、「一元ノ数ハ即チ一歳ノ数ナリ」[213]、と指摘しているように、一年は十二月、一月は三十日、一日は十二時、一時は三十分、という一年の時間の区分を、一年を最小単位とする上位の時間の区分へと外挿したものにほかならぬ。黄宗羲のことばをかりれば、「蓋シ大ヨリ以テ小ニ至ルマデ、総テ十二ト三十トノ反覆相承ヲ出デザルノミ」[214]、というところに着目して構成された歴史的時間の区分論であった。朱子も、

『皇極経世』を論ずれば、一元は十二会を統括し、十二会は三十運を統括し、三十運は十二世を統括し、一世は三十年を統括し、一年は十二月を統括し、一月は三十日を統括し、一日は十二辰を統括するのは、十二と三十とがかわるがわる作用するのだ。(215)

と述べ、また、

歳月日時、元会運世、すべて十二から三十になり、三十から十二になる。(216)

と説明する。

ここで、一年のそれとまったく同一のパターンが、宇宙の歴史の一サイクル、時間的にいえば一元、においても存在する、と想定されているのに注目しよう。それはただちに、一年の春夏秋冬に対応する過程が宇宙の歴史にも存在するのを、予想させる。さらには、植物の生命過程、つまり、春に生え、夏に茂り、秋に実をつけ、冬に枯れる、その過程に対応するものが宇宙の歴史にも存在するのを、予想させる。それは一般に、生物の生・長・老・死の過程を事物の変化の基本的パターンとして把握する生物態的自然観といってもよいが、中国人の観念においては、それと四季との対応にいちじるしい比重がかけられており、したがって、生物のなかでも植物の生命過程をその基本とする。邵康節の思想はその象数学的表現であった。

春は陽の始めであり、夏は陽の極みであり、秋は陰の始めであり、冬は陰の極みである。陽の始めは温かく、陽の極みは熱く、陰の始めは涼しく、陰の極みは寒い。温かければ物を発生させ、熱ければ物を生長させ、涼しければ物を収穫させ、寒ければ物を死滅させる。すべて一気

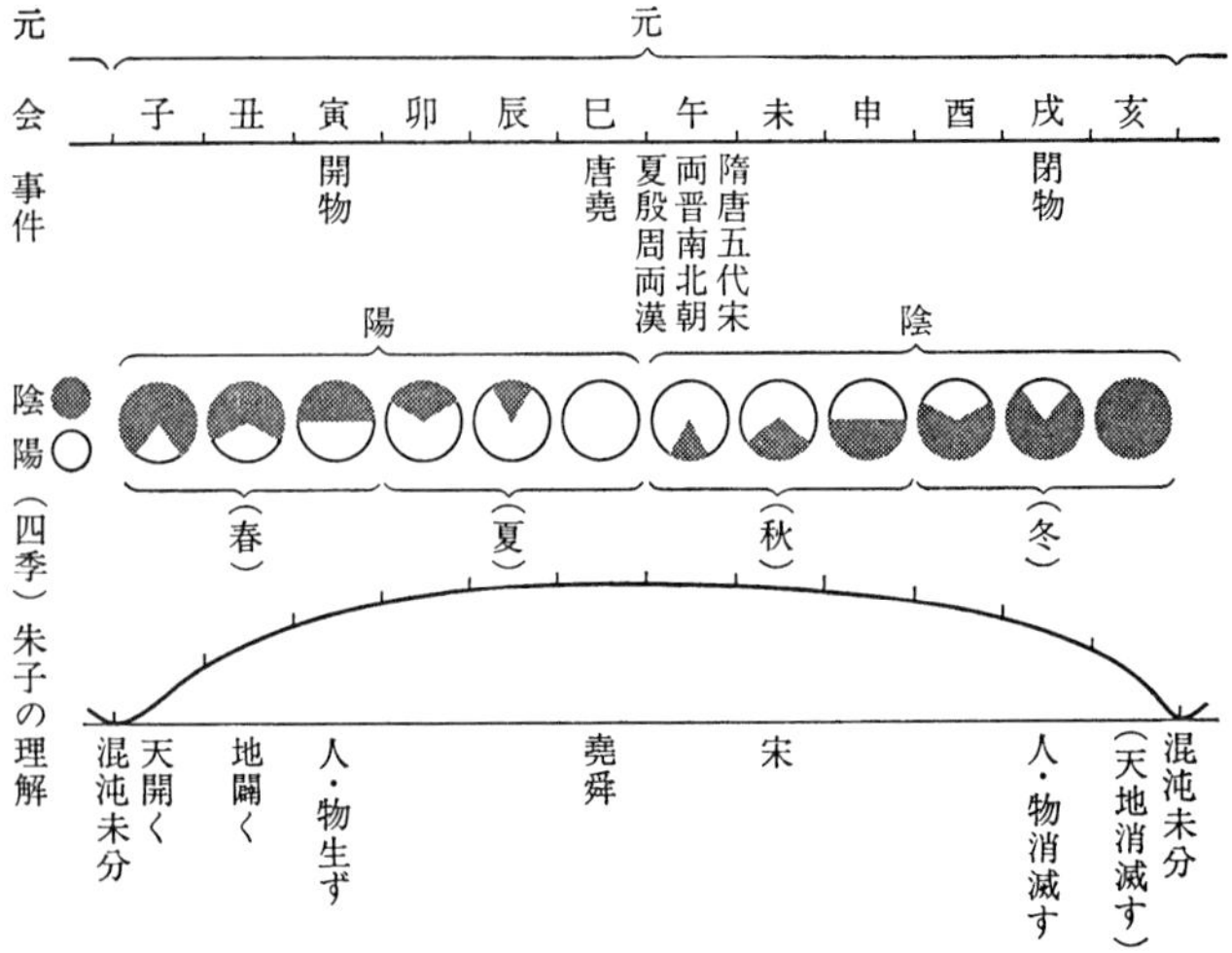

図11　元会運世の説と朱子の理解．陰陽は対応する易の卦をグラフで示したもの．四季は一年(周正，つまり冬至正月)に対比したばあいのそれ．朱子の理解におけるカーブは，一気の回転の速さを推定して，かりに描いたもの．

で、それが別れて四となったのである。その万物を生ずるのもそうである[217]。

天地もまた最大の物であって、その例外ではない。やはり同一の過程をへて生成消滅する。さらに、四季の変化ないし植物の生命過程がそのモデルである以上、その過程は一定の周期をもって循環する。循環的歴史観の基礎がそこにある。そのばあい、過程の基本的パターンが循環するのであって、まったく同一の物、同一の歴史がくりかえし再現すると考えてはならぬ。パターンのくりかえしは、あくまで細部における差異を前提しているのである。

木は実を結んでそれを種子とし、

またこの木に成りこの実を結ぶ。木はもとの木ではないが、この木の神秘的な働きはひとつである。これが実に生生の理なのである。[218]生長の過程と衰退の過程とをふくむこのパターンが、宇宙の一年たる一元を周期として無限にくりかえされる。邵康節は元之元之元之元、つまり、一元の四乗である二万八千二百十一兆九百九十万七千四百五十六億という年数まで計算している。

一元という周期のなかにおける宇宙の進化過程を、宇宙論というよりも歴史論に属するが、人類の歴史的過程をもふくめて、もうすこし具体的にみておこう。こまかな数値は全部省略し、一元の十二会を十二支にあて、必要な事項を記入すれば、図11となる。邵康節によれば、寅のときに人や物がはじめて生ずる。かれはそれを開物とよぶ。陽が極まる巳に、人類史の最盛期がある。「此ニ先ダツ者ハ未ダ至ラザル所有リ、此ニ後《オク》ルル者ハ及バザル所有リ」とされ、「極治之盛」といわれる堯の時代である。[219]夏・殷・周から唐・五代・宋にいたる時代は、すでにその盛期をすぎて下り坂に向いはじめた、四季でいえば秋のはじめにあたる午にふくまれる。ちなみに、二十世紀もまだ午に属する。冬のなかばにあたる戌が閉物であり、ここで人や物が消滅する。最後の亥をへて、つぎの子からまた宇宙の新しいサイクルがはじまる。[220]これが邵康節の宇宙における循環の図式だが、かれが重視したのは、その数であった。かれの本領は、あくまで象数学にあったのである。

朱子はその宇宙進化論において、邵康節の図式を継承した。それは、かれが『論語集注』において、「子曰ク、夏ノ時ヲ行イ、云々」(衛霊公)ということばに、「天ハ子ニ開ケ、地ハ丑ニ闢ケ、人ハ寅ニ生ズ」と注したところにもうかがわれる。重要なのは、かれが継承したのが図式であって数ではなかったことだ。朱子みずから、それをはっきり言明している。

楊至之がたずねた、「康節は、「天ハ子ニ開ケ、地ハ丑ニ闢ケ、人ハ寅ニ生ズ」、と説いていますが、いいのですか。」

（先生は）いわれた、「だいたいはそういうことだろうな。(221)」

だいたいと訳した「模様」は型、つまり、パターンの意味をその方向としてもつ。四季ないし十二月に対応する変化と同一のパターンが、宇宙の生成消滅の過程にも存在する、そして、そのパターンは康節の図式によってうまく捉えられる、と考えていたのである。事実、基本的なパターンとしてみるかぎり、それはかれの宇宙進化論にみごとに適用された。いや、それどころか、「天ハ子ニ開ケ、地ハ丑ニ闢ケ、人ハ寅ニ生ズ」とは、朱子の下した解釈ではなかったかとさえ思えるふしがある。あるいは先人にすでにその説があったのかもしれないが、すくなくとも康節自身の説ではなかった。朱子みずから、それを認めている。

第一会は子に起こり、第二会は丑に起こり、第三会は寅に起こる。寅にいたってはじめて、開物という字が注してある。おそらく、天の気は子に肇《はじ》まり、丑の第二会のところにきて、はじめて地の気が凝結し、寅の第三会にきて、はじめて人や物が生ずるのだ。(222)

つぎの問答は、朱子の解釈ではないかとの疑いを、いっそう強めさせる。

楊尹叔がたずねた、「「天ハ子ニ開ケ、地ハ丑ニ闢ケ、人ハ寅ニ生ズ」とは、どういうことですか。」

（先生は）いわれた、「康節によれば、一元は十二会を統括する。まえのほうで子と丑の両位を空白にしておき、寅の位にきてはじめて人や物をしるし、人は寅年寅月寅時に生ずる、といっている。意をもって推測すれば、きっとまず天があってはじめて地がうまれ、天地が働きかけあって、はじめて人や物が生じてくるのだ。(223)」

朱子の解釈だという断定はさしひかえておくけれども、子・丑・寅にそれぞれ天・地・人(物)が生ずるという説が、みごとにかれの生成論を表現したことは、疑いをいれない。

『経世書』は元で会を統括し、十二会を一元とし、一万八百年を一会とする。はじめの一万八百年で天がはじめて開け、また一万八百年たって地がはじめてでき、また一万八百年たって人がはじめて生ずる。(224) 初めはまだ物がなく、ただ気が充満しているだけだ。天がちょっと開けると、はじめて一塊の渣滓がそのなかにできる。

以下、すでに引用し検討したごとく、地の生成過程が具体的に論じられてゆく。康節の提出した図式は、パターンとして朱子に受容され、宇宙進化論を展開するための格好の素材とされたのであった。

天地の生成にこの図式を適用しうるとすれば、その崩壊もまたこの図式にそって考えられたであろう。つぎのような弟子との問答がある。

「戌まできて「閉物」といわれるのは、そこではもはや人や物がいないのだ。」

（輔広が）たずねた、「人や物が消滅してしまうとき、天地も崩壊するのですか。」
（先生は）いわれた、「やはりしばらくははっきりしないにちがいない。形気ができた以上、どうして崩壊しないわけがあろうか。ただ、ひとつが崩壊してしまうと、またひとつができる。」[225]
康節の循環的歴史観を消滅の過程についてもパターンとして継承していることだけは、ここからもうかがわれる。天地の消滅過程を示唆することばが、もうひとつある。

また（包揚が）たずねた、「天地はきっと崩壊するのですか。」
（先生は）いわれた、「崩壊するはずはない。ただ、人びとが無道その極に達すると、みんなごたまぜになって、一度混沌になり、人や物はことごとく消滅してしまい、ふたたび新たに起ってくる。」

このことばは、人間の無道がきわまったときに、それを原因として、天地が混沌に帰するみたいに読めるかもしれないが、もちろん、そう理解すべきではあるまい。それは因果論でなく、感応論である。時代が下るとともに人間社会の秩序が乱れて混乱の極へ達する過程と、天地が消滅へむかう過程との並行、ないし、対応の関係をいったものにすぎない。人間社会の無道というサインが、天地消滅のシンボルとして認識されるのである。ただここで、「一斉打合、混沌一番」という表現が、やや急迫した気分をおびているのは、それなりの意味をもつであろう。というのは、康節の図式で天地人の生成に三会の時間を要しているのに、その消滅には二会しか必要でない。つまり、生成の過程よりも消滅の過程のほうが、より急速だとされているからである。

朱子そのひとが消滅の過程を詳しくは論じていないのだから、わたしもまた、本来ならここで沈黙すべきであろう。しかし、生成の具体的な過程にくわえて、宇宙進化の全体的図式があたえられているのだから、それを推論することはできる。おそらくそれは朱子の意図を超えるかもしれぬ。だが、わたしがそれをあえてするのは、ほかでもない、天地が混沌にかえるとされるからである。宇宙の一サイクルの終焉がつぎのサイクルの始源であり、それを推論することが混沌、すなわち、一気の原初的な存在状態を具体的にイメージする助けになる、と考えるからである。

物の生成消滅とは気の集散にほかならぬ。万物のなかでも天についで大きい地は、一気の急速な回転にともなう凝集力によってたくさんの渣滓が生じ、それが凝結して中央に形成されたものであった。そのためには、一気の回転がしだいに急速になってゆく必要があった。一気の急速な回転がつづくかぎり、地の消滅、いいかえれば、地を構成する気の発散、つまり稀薄化はありえないだろう。逆にいえば、地の消滅は生成のそれとは逆の過程をとおってのみ、はじめて実現されるだろう。その過程を素描してみよう。

一気の回転の速さはあるとき頂点に達し、以後徐々に遅くなってゆくだろう。それは康節の図式でいえば巳午の間にあたるだろう。朱子によれば、そのとき人類史が最盛期に達する。速くなるとか遅くなるといっても、それは主として子・丑・寅および戌・亥の時期に急激に変化し、その中間の時期での変化は微々たるものにとどまるだろう。戌の時期にいたれば、一気の回転は急速におとろえる。それとともに、摩擦の凝集力も急速に減少し、地はたくさんの渣滓へと解体しはじめるだろう。同時に人や物も消滅するだろう。さらに個々の渣滓も稀薄化して、不可視的な無形の存在へと変化してゆくだろう。内部の濃密な気は外部の稀薄な部分へと波動のように拡散してゆくだろう。最後に、平均していえば内部も外部も気の濃密さにおいてほとんどかわらない状態に達し、それとともに、一気の全体的な回転も静止状態へと近づいてゆくだろう。もちろん、空間の個々の部分をとってみれば、気の濃密な部分と稀薄な部分とが入り乱れ、激しく運動しているだろう。そのとき、気の部分的な集散にともなう、空間の諸部分における濃淡の変化は、絶え間なく律動的に明滅する光点群、あるいは、陽光を反射してきらめく海面にも似た様相を呈するであろう。しかもそれは、電光掲示板の光点群のように、あるいは、海面の波模様のように、全体として斉一的なパターンをかたちづくるだろう。すなわち、一気の原初的な存在状態としての、混沌未分である。だが、それもほんのしばらくにすぎぬ。その状態が実現したとき、宇宙は新しいサイクルにはいり、新たなる天地の生成へとむかって、一気の全体的な回転運動がしだいに速さをましてくるであろう。

混沌の状態をこう推論する根拠として、これまで論じたところをくりかえす必要はないだろう。つまり、一気の回転にともなう中央の濃密化、したがってまた、原初的状態における平均化、にもかかわらず存在する気の部分的な集散。ここで最後に検討しておかなければならないのは、一気の全体的な回転の速さはどうして高まるか、という問題である。静止にちかい状態からすみやかに回転する状態へと、どうして移行するのか。デカルトなら神の一撃と答えるだろう。だが、朱子は神の手を借りることはできないし、エネルギーを物質に内在するもの、あるいは、それと同一のものとみなすかれにとって、その必要もなかったであろう。とはいえ、それについて朱子はなにも語らない。わたしはあえて、かれの理論の枠のなかで、推論を試みておこう。注目したいのは、稀薄な気ほどすみやかに運動するとされる点、および、一気の全体的な回転がすみやかであるほど濃密な気が中心部に集まるとされる点である。このことは、宇宙空間の中心部から周辺部にむけて濃密さの勾配が存在するかぎり、一気の回転運動は持続することを意味する。また、その勾配が大きくなれば、回転運動が速くなることを意味する。混沌未分の状態においては、全宇宙空間にわたって、濃淡のほぼ斉一的なパターンができあがる、とわたしは書いたが、絶対的静止状態にいたらないかぎり、きわめてゆるやかであっても勾配が存在するはずである。問題は、その勾配を大きくする要因が気に内在しているかどうか、である。わたしはそれを、気すなわち物質=エネルギーの部分的な集散である、と考える。陰陽の気に内在する性質としての凝集と発散、それにもとづく気の部分的な激しい運動、そこに濃密さの全体の均衡を大きくこわし、一気の回転を加速してゆく契機がひそんでいる、とみなければならないだろう。朱子は混沌未分においても、気の部分的な不断の集散をあくまで保持したのである。

4 宇宙論の再構成

朱子のことばの諸断片を分析するにあたって、わたしが重視したのはその思考法、とりわけ、パターン認識であった。それは、体系的表現をもたないにもかかわらず、体系の成立を可能にする根拠そのものでもあった。パターン認識の方法、ないし、もっと一般にかれの思考法の限界がゆるすかぎり、残されたことばをこえて、わたしは推論をおしすすめた。かくて、朱子の宇宙論を体系的に再構成することができるようになる。以下、重複をさけて、その概略を叙述する。

はじめに一気が存在する。一気は万物がそれから構成される物質的な基体であり、物質＝エネルギーである。同時にそれは、空間そのものでもある。一気は物質保存則にしたがう。一気の原初的な存在状態は混沌未分とよばれる。空間の諸部分は激しく運動し、あるいは濃密化し、あるいは稀薄化して、絶え間なく変化している。しかも、陰陽の気ともよばれる濃密な気と稀薄な気は、全空間にわたって、濃淡のほぼ斉一的なパターンをかたちづくっている、ちょうど、電光掲示板の光点群の律動的な明滅のように、陽光にきらめく波立つ海面のように。だが、それもほんのしばらくにすぎない。濃密な気がうねりのように中心部にむかって動きはじめる。潮が干くように、周辺部に稀薄な空間が拡がりはじめる。それとともに、一気の全体的な回転が徐々にその速さをましてゆく。濃密な気が中央に集中し、一気の濃密さの全空間にわたる均衡がくずれるにつれ、一気の回転はますます加速される。外部へゆくほど気は稀薄で回転が速く、内部ほど濃密で回転も遅い。その過程で、空間の各部分に気の存在状態のさまざまな差異が生じてくる。それとともに、気の各部分は特殊な物理的属性を帯びるにいたる。最初に生じるのが火とよばれる熱い気と水とよばれる湿った気である。一方、中央部では濃密な気の回転にともなう摩擦によって、凝集力が作用しはじめる。それによって濃密な湿った気の一部分は凝集して可視的な水となる。さらにそれに凝集力が働いて、水のなかに多くの渣滓、つまり、かすが生じ、それが凝結して地になる。物とは気の濃密化し、凝結したものにほかならぬ。月もまた、おそらく、似たような過程をへて形成されるのであろう。熱い気の一部分は凝結して太陽になり、また恒星になる。地すなわち土からは、さらに木や金が生じてくる。大地の表面には、水であったときのなごりをとどめて、波型の山脈や平野が形成される。さらにそこに人やその他の万物が生じてくる。地上の木火土金水の気の一部は上昇して凝結し、五つの惑星となる。太陽はみずから輝き、たえまなく光を放射して、地や月や惑星を輝らす。おなじく熱い気の凝集したものでありながら、より濃密な気からできた恒星は、おそらく太陽の光をうけて輝く。かくて天・地・人が形成されると、回転の加速度が急速ににぶりはじめ、一様な回転の状態へと近づいてゆく。そのとき、回転する気は、その速さによって九つの層に区別できる。地に近い層ほど濃密で回転も遅い。第九の層にいたれば、きわめて稀薄な気がきわめて急速に回転していて、そのために大きな剛性を生じ、硬い殻に似た状態になる。一般に、稀薄な気が急速に回転すると、緊とか剛などとよばれる物理的状態がつくりだされるのである。諸天体はおそらく第八の層以内に存在し、第九の層は無限に拡がっている。諸天体は気とともに、それとおなじ方向に回転、つまり、左旋する。

天の第一層にとり囲まれた球状の空間に水と地、すなわち、今日わたしたちが地球とよぶ天体が存在する。第一層もその回転によってある程度剛性をおびている。そのなかの球状空間に七分目か八分目ほど水をいれ、その水平面に地を浮べてみる。すると、いわゆる地球のイメージができあがる。もっともそれは、「地」球というより「水」球というにちかい。地は水に浮び、水は地の周囲と地の下とを周流する。地の上、つまり、球を二分か三分ほど切りとったような形の空間には、比較的ゆるやかな、一気の全体的な回転にしたがわない気がある。人や物がその空間に生息し、存在する。水と接する天の気は天の両極を軸として回転し、その摩擦の凝集力によって水を球状に凝集させるとともに、回転そのものによって、それを気中に存在させる。理論的には、地と水もまた気とともに自転し、さらに、三万里の空間を東西南北に公転している可能性が、きわめて大きい。

物はかならず生成消滅する。天地もまた生成し消滅する。その過程は、一年における四季または十二か月のそれと同一のパターンにしたがう。そして、一年がくりかえされるように、宇宙の生成消滅の過程もまたくりかえす。その一サイクルは一元とよばれ、十二会に区別される。第一会において天が生じる。周辺部の気が稀薄になり、一気の全体的な回転が徐々に速さをましてくる。第二会に気の渣滓が凝結して中央に地が形成される。第三会に人や物が生じる。第六会のおわりに気の回転はもっとも速くなり、人類の歴史も最盛期に達する。第七会から気の回転はにぶりはじめ、第十一会にいたって急速におとろえ、人も物も消滅する。最後の会にいたって天地が消滅する。その物理的過程は、生成のそれをまったく逆の方向にたどるものと考えられる。すなわち、気の回転がおとろえるとともに、中心部の濃密な気が波動のように周辺部へ拡がってゆく。気の濃密さの宇宙全体にわたる勾配がきわめてゆるやかになり、濃淡のほぼ斉一的なパターンが生じたとき、一気の回転は静止に近づき、混沌未分の状態に達する。そこからふたたび、宇宙の新しいサイクルがはじまる。

これがその晩年に完成をみた朱子の宇宙論の大綱である。それは、張横渠の宇宙論を継承してそれを漢代以来の渾天説の発展方向に展開した、氣の無限宇宙論であった。同時に、横渠においてはまだ分離したままであった生成論と構造論とを、独自の鋭い直観的かつ具体的な洞察によって統一し、さらに、邵康節の循環的歴史観を受容し、それらを集大成してなった宇宙進化論であった。中国人の宇宙論的思索の伝統は、十二世紀の末に、ついに朱子の宇宙論体系において空前の結晶をみたのである。

(1) 後藤俊瑞「朱子の本体論」(台北帝国大学文政学部哲学科研究年報、第三輯、一九三六年)、二二五―二二六ページ。

(2) 山田、「中国の文化と思考様式」、「パターン・認識・制作」(『混沌の海へ』所収、筑摩書房、一九七五年)を参照。

(3) 智出於人之性。人之爲智、或入於巧僞、而老荘之徒、遂欲棄智。是豈性之罪也哉。善乎孟子之言、所惡於智者、爲其鑿也。(河南程氏遺書、第二十一下、伊川先生語七下)

(4) 所惡於智者、爲其鑿也。如智者若禹之行水也、則無惡於智矣。禹之行水也、行其所無事也。如智者亦行其所無事、則智亦大矣。天之高也、星辰之遠也、苟求其故、千歳之日至、可坐而致也。(孟子、離婁下)

(5) 故大巧在所不爲、大智在所不慮。所志於天者、已其見象之可以期者矣。所志於地者、已其見宜之可以息者矣。所志於四時者、已其見數之可以事者矣。所志於陰陽者、已其見知之可以治者矣。(荀子、巻十一、

天論篇）
（6）孟子集注、巻八、離婁章句下。
（7）伊川のこの指摘はするどいが、しかし、それは道教徒のなかから秀れた科学者が生まれるのをさまたげなかった。のみならず、道家・道教系の思想は、その自然にむけた関心の大きさによって、中国の科学・技術と自然観の発展に大きな影響をおよぼした事実を忘れてはならない。
（8）有感必有應。凡有動皆爲感、感則必有應、所應復爲感、所感復有應。所以不已也。感通之理、知道者默而觀之可也。（近思録、巻一）
（9）天地之間、只有一箇感與應而已、更有甚事。（河南程氏遺書、第十五、伊川先生語一）
（10）在感而遂通。感則只是自內感。不是外面將一件物來感於此也。（河南程氏遺書、第十五、伊川先生語一）
（11）春秋繁露、巻十三、同類相動。なお易の乾九五爻辞に同気相求とみえる。
（12）なお、前掲「パターン・認識・制作」参照。
（13）天地萬物之理、無獨必有對。皆自然而然、非有安排也。每中夜以思、不知手之舞之、足之蹈之也。（河南程氏遺書、第十一、明道先生語一）
（14）天地之間皆有對。有陰則有陽、有善則有惡。（河南程氏遺書、第十五、伊川先生語一）
（15）易、繫辞伝下。
（16）氣有陰陽。屈伸相感之無窮、故神之應也無窮。（正蒙、乾称篇下）
ついでながら、異類間にも同類相動とおなじく、親和的な働きがあることが知られていた。詳しくは、山田「物類相感志の成立」（生活文化研究、第十三冊、一九六五年）を参照。
（17）天地間無兩立之理。非陰勝陽、卽陽勝陰。無物不然、無時不然。（語類、巻六十五。楊道夫録）
（18）陰陽只是一氣。陽之退、便是陰之生、不是陽退了、又別有箇陰生。（語類、巻六十五。陳淳録）
（19）動靜無端、陰陽無始。（伊川経説、巻一）

(20) 享仲問、如何是近思。曰、以類而推。（河南程氏遺書、第二十二上、伊川先生語八上）

なお、近思とは論語、子張篇にみえることばである。

(21) 楊問、程子曰、近思以類而推、何謂類推。曰、此語道得好。不要跳越望遠、亦不是縦横陡頓、只是就這裏近傍那曉得處挨將去。如這一件事、理會得透了、又因這件事、推去做那一件事、知得亦是恁地。如識得這燈有許多光、便因這燈推將去、識得那燭亦恁地光。如升階升第一級了、便因這一級進到第二級、又因第二級進到第三級、只管恁地挨將去。只管見易、不見其難、前面遠處只管會近。若第一級便要跳到第三級、舉步闊了、便費力、只管見難、只管見遠。如要去建寧、須從第一鋪便去到柳營江、柳營江便去到魚峬驛、只管恁地去、這處進得一程、那處又減得一程、如此雖長安亦可到矣。（語類、巻四十九。陳淳録）

(22) すくなくとも宋学においてはそうであった、というべきかもしれない。しかし、宋学は、中国思想のなかでもきわだって体系的であったし、しかも、これまで考察の素材としてとりあげたことばにふくまれる思想は、宋学において厳密に概念化されたとはいえ、それにのみ独自のものでなく、中国の知識人に普遍的な思想であった。したがって、このような一般的表現をとることを許されるのではないか、とわたしは考える。

(23) 語類、巻一。楊道夫録。

(24) 天地初間只是陰陽之氣。這一箇氣運行、磨來磨去、磨得急了、便拶許多査滓、裏面無處出、便結成箇地在中央。氣之清者、便爲天爲日月爲星辰、只在外常周環運轉。地便只在中央不動、不是在下。（語類、巻一。陳淳録）

(25) 二氣初無增損也。（語類、巻九十八。黄㽦録）

(26) 天以氣而運乎外、故地搉在中間、隤然不動。使天之運有一息停、則地須陷下。（語類、巻一。楊道夫録）

(27) 天運不息、晝夜輥轉、故地搉在中間。使天有一息之停、則地須陷下。惟天運轉之急、故凝結得許多査

滓在中間。地者、氣之查滓也。所以道輕清者爲天、重濁者爲地。（語類、巻一。楊道夫録）

(28) 天地之形、如人以兩盌相合、貯水於內。以手常常掉開、則水在內不出、稍住手、則水漏矣。（語類、巻一。王過録）

(29) 天之氣運轉不息、故閣得地在中間。銖未達。先生曰、如弄椀珠底、只恁運轉不住、故在空中不墜、少有息則墜矣。（語類、巻六十八。董銖録）

(30) 問、天有形質否。曰、無。只是氣旋轉得緊如急風然。至上面極高處、轉得愈緊。若轉纔慢、則地便脫墜矣。（語類、巻二。沈僩録）

(31) 淳問、天有質否、抑只是氣。曰、只似箇旋風、下面軟、上面硬。道家謂之剛風。世說天九重、分九處爲號、非也。只是旋有九重。上轉較急、下面氣濁較暗。上面至高處、至清且明、與天相接。（語類、巻四十五。陳淳録、黃義剛録同）

(32) 圜則九重、孰營度之。（楚辭、天問）九天之際、安放安屬。（同）指九天以爲正兮。（楚辭、離騷）

(33) 道家有高處有萬里剛風之說、便是那裏氣清緊。低處則氣濁、故緩散。想得高山更上去、立人不住了、那裏氣又緊故也。離騷有九天之說、注家妄解云有九天。據某觀之、只是九重。蓋天運行有許多重數（以手畫圖暈、自內繞出至外、其數九）、裏面重數較軟、至外面則漸硬。想到第九重、只成硬殼相似、那裏轉得又愈緊矣。（語類、巻二。沈僩録）

(34) 日月之說、沈存中筆談中說得好。日食時亦非光散、但爲物掩耳。若論其實、須以終古不易者爲體、但其光氣常新耳。然亦非但一日一箇、蓋頃刻不停也。（文集、巻四十七。答呂子約書）

(35) 月常有一半光。月似水。日照之、則水面光倒射壁上、乃月照也。（語類、巻二。廖德明録）

(36) 緯星是陰中之陽、經星是陽中之陰。蓋五星皆是地上木火土金水之氣上結而成、却受日光。經星却是陽氣之餘凝結者、疑得也受日光。但經星則閃爍開闔、其光不定、緯星則不然。縱有芒角、其本體之光亦自不動。細視之可見。（語類、巻二。沈僩録）

(37) 問、經星左旋、緯星與日月右旋、是否。曰、今諸家是如此說。橫渠說天左旋、日月亦左旋。看來橫渠之說極是。只恐人不曉、所以詩傳只載舊說。或曰、此亦易見。如以一大輪在外、一小輪載日月在內、大輪轉急、小輪轉慢、雖都是左轉、只有急有慢、便覺日月似右轉了。曰、然。但如此、則曆家逆字皆着改做順字、退字皆着改做進字。(語類、卷二。沈僩録)

(38) 蓋周天三百六十五度四分度之一、周布二十八宿、以著天體、而定四方之位、以天繞地、則一晝一夜適周一匝、而又超一度。(楚辭集註、卷三、天問)

(39) 日月五星、亦隨天以繞地、而惟日之行一日一周、無餘無缺、其餘則各有遲速之差焉。然其懸也、固非綴屬而居、其運也、亦非推挽而行。(楚辭集註、卷三、天問)

(40) 地却是有空闕處。天却四方上下都周匝無空闕。逼塞滿皆是天、地之四向底下却靠著那天。天包地、其氣無不通。恁地看來、渾只是天了。氣却從地中迸出、又見地廣處。(語類、卷一。㬊淵録)

最後のことばは易、繫辭伝下をふまえている。すなわち、夫坤其靜也翕、其動也闢、是以廣生焉。

(41) 天地始初混沌未分時、想只有水火二者、水之滓脚便成地。今登高而望群山、皆爲波浪之狀、便是水泛如此。只不知因甚麼時凝了。初間極軟、後來方凝得硬。問、想得如潮水湧起沙相似。曰、然。水之極濁、便成地、火之極淸、便成風霆雷電日星之屬。(語類、卷一。沈僩録)

(42) 地之下與地之四邊、皆海水周流。地浮水上與天接。天包水與地。(語類、卷二。沈僩録)

(43) 大司徒以土圭求地中。今人都不識土圭、鄭康成解亦誤。圭只是量表影底尺、長一尺五寸、以玉爲之。夏至後立表、視表影長短、以玉圭量之。若表影恰長一尺五寸、此便是地之中。〔晷長則表影短、晷短則表影長、冬至後表影長一丈三尺餘。〕今之地中與古已不同。漢時陽城是地之中、本朝嶽臺是地之中〔嶽臺在浚儀、屬開封府〕、已自差許多。問、地何故有差。曰、想是天運有差、地隨天轉而差。今坐於此、但知地之不動耳、安知天運於外而地不隨之以轉耶。天運之差、如古今昏旦中星之不同是也。(語類、卷八十六。沈僩録)

(44) 問、何謂四遊。曰、謂地之四遊升降不過三萬里、非謂天地中間相去止三萬里也。春游過東三萬里、夏游過南三萬里、秋游過西三萬里、冬游過北三萬里。今暦家算數如此、以土圭測之皆合。僩曰、譬以大盆盛水而以虚器浮其中、四邊定四方。若器浮過東三寸、以一寸折萬里、則去西三寸、亦如地之浮於水上、蹉過東方三萬里、則遠去西方三萬里矣、南北亦然。然則冬夏晝夜之長短、非日晷出沒之所爲、乃地之游轉四方而然爾。曰、然。用之曰、人如何測得如此、恐無此理。曰、雖不可知、然暦家推算、其數皆合。恐有此理。（語類、卷八十六。沈僩録）

(45) 問、自開闢以來、至今未萬年、不知已前如何。曰、已前亦須如此一番明白來。又問、天地會壞否。曰、不會壞。只是相將人無道極了、便一齊打合、混沌一番、人物都盡、又重新起。（語類、卷一。包揚録）

(46) 陰陽只是一氣。（語類、卷六十五。陳淳録）

(47) 問、游氣紛擾、生人物之萬殊。曰、游氣是氣之發散生物底氣、游亦流行之意。紛擾者、參錯不齊、既生物、便是游氣。若是生物常運行而不息者。二氣初無增損也。（語類、卷九十八。黄㽦録）

游氣紛擾、合而成質者、生人物之萬殊。其陰陽兩端、循環不已者、立天地之大義。（正蒙、太和篇）

(48) 氣之聚散於大虚、猶冰凝釋於水。知太虚卽氣則無無。（正蒙、太和篇）

(49) 是故氣有聚散、無滅息。（中略）而氣之出入於大虚者、初未嘗滅也。（愼言、道体篇）氣雖有散、仍在兩間、不能滅也。（横渠理気弁）

(50) 形散而氣不損。（張子正蒙注、卷九、乾称篇下。形潰反原注）

(51) 凡物之散、其氣遂盡、無復歸本原之理。天地之間如洪鑪、雖生物銷鑠亦盡。況既散之氣、豈有復在、天地造化、又焉用此既散之氣。其造化者、自是生氣。至如海水潮、日出則水涸、是潮退也、其涸者已無也。月出則潮水生、也非却是將已涸之水爲潮。（河南程氏遺書、第十五、伊川先生語一）

(52) 形聚爲物、形潰反原。反原者、其遊魂爲變與。（正蒙、乾称篇下）

(53) 若謂既返之氣、復將爲方伸之氣、必資於此、則殊與天地之化不相似。天地之化、自然生生不窮、更何復資於既斃之形、既返之氣、以爲造化。近取諸身、其開闔往來、見之鼻息、然不必須〔一本無此四字、有豈字〕假吸復入、以爲呼氣則自然生。人氣之生、生〔一作人之氣生〕於眞元、天之氣亦自然生生不窮。至如海水、因陽盛而涸、及陰盛而生、亦不是將〔一作必是〕已涸之氣、却生水、自然能生。(中略)天地中如洪鑪、何物不銷鑠了。(河南程氏遺書、第十五、伊川先生語一)

(54) 眞元之氣、氣之所由生。不與外氣相雜、但以外氣涵養而已。(河南程氏遺書、第十五、伊川先生語一)

(55) 道蔵、洞神部、衆術類に、真元妙道要論一巻という書がみえる。気法については、雲笈七籤、巻五十八―六十二をみよ。

(56) 氣之已散者、既化而無有矣。其根於理而日生者、則固浩然而無窮也。(文集、巻四十五。答廖子晦書)

(57) 精氣爲物、遊魂爲變、是故知鬼神之情狀。(易、繫辞伝上)

(58) 又曰、横渠說形潰反原。以爲人生、得此箇物事、既死、此箇物事、却復歸大原去、又別從裏面抽出來生人。如一塊黃泥、既把來做箇彈子了、却依前歸一塊裏面去、又做箇彈子出來。伊川便說是不必以既屈之氣爲方伸之氣。若以聖人精氣爲物游魂爲變之語觀之、則伊川之說爲是。蓋人死則氣散、其生也、又是從大原裏面發出來。(語類、巻一百二十六。林夔孫録)

(59) 然已散者不復聚。釋氏却謂人死爲鬼、鬼復爲人。如此、則天地間、常只是許多人來來去去、更不由造化生生。必無是理。(語類、巻三。李閎祖録)

(60) くわしくは終章をみよ。

(61) 安田『中国近世思想研究』所収。

(62) 後藤、前掲注(1)論文。

(63) 陰陽氣也、生此五行之質。天地生物、五行獨先。地卽是土、土便包含許多金木之類。天地之間、何事而非五行。五行陰陽七者衮合、便是生物底材料。(語類、巻九十四。周謨録)

(64) 安田、前掲書、弘文堂版一五ページ。ただし、仮名づかいと漢字を改める。

(65) 同、一一ページ。

(66) 同、一三ページ。
(67) 同、三八ページ。
(68) 周濂渓、太極図説。
(69) 陰陽、做一箇看亦得、做兩箇看亦得。做兩箇看、是分陰分陽、兩儀立焉。做一箇看、只是一箇消長。（語類、巻六十五。陳之蔚録）
(70) 無一物不有陰陽乾坤、至於至微至細草木禽獸、亦有牡牝陰陽。（語類、巻六十五。劉砥録）
(71) 都是陰陽、無物不是陰陽。（語類、巻六十五。陳淳録）
(72) 注(47)をみよ。
(73) 問、游氣莫便是陰陽、横渠如此説似開了。曰、此固是一物。但渠所説游氣紛擾、合而成質、恰是指陰陽交會言之、陰陽兩端、循環不已、却是指那分開底説。（語類、巻九十八。程端蒙録）
(74) 易、繫辞伝下。
(75) 横渠言游氣紛擾。季通云、却不是説混沌未分、乃是言陰陽錯綜相混、交感而生物。如言天地絪縕。其下言陰陽兩端、却是言分別底。上句是體、下句是用也。（語類、巻九十八。程端蒙録）
(76) 體在天地後、用起天地先。對待底是體、流行底是用。體靜而用動。（語類、巻六十五。程端蒙録）
(77) 又曰、天地只是一氣、便自分陰陽。緣有陰陽二氣相感、化生萬物、故事物未嘗無對。天便對地、生便對死、語嘿動靜皆然。以其種如此故也。（語類、巻五十三。周明作録）
(78) 横渠云陰聚之陽必散之一段、却見得陰陽之情。（語類、巻九十九。黄㽦録）
(79) 陰性凝聚、陽性發散。陰聚之、陽必散之、其勢均散。（正蒙、参両篇）
(80) 語類、巻三。李閎祖録。
(81) 語類、巻一。沈僩録。
(82) 此言氣到此、已是査滓麤濁者、去生人物。蓋氣之用也。（語類、巻九十八。董銖録）

(83) 陰陽各有清濁偏正。(語類、巻六十五。沈僩録)
(84) 大率陽是輕清底、物事之輕清底屬陽。陰是重濁底、物事之重濁者屬陰。(語類、巻七十六。釁淵録)
(85) 横渠云陽爲陰累、則相持爲雨而降。陽氣正升、忽遇陰氣、則相持而下爲雨。蓋陽氣輕、陰氣重、故陽氣爲陰氣壓墜而下也。陰爲陽得、則飄揚爲雲而升。陰氣正升、忽遇陽氣、則助之飛騰而上爲雲也。(語類、巻九十九。沈僩録)
(86) 語類、巻十二。劉砥録。
(87) 陰陽只是一氣。陽之退、便是陰之生、不是陽退了、又別有箇陰生。(語類、巻六十五。陳淳録)
(88) 蓋陰陽只管混了闢、闢了混。故周子云、混兮闢兮、其無窮兮。(語類、巻九十八。程端蒙録)
これは注(73)につづくことばである。
(89) 語類、巻四におびただしい例がみいだされる。
(90) 性如水、流於清渠則清、流入汙渠則濁。氣質之清者正者、得之則全、人是也。氣質之濁者偏者、得之則昧、禽獸是也。氣有清濁、則人得其清者、禽獸則得其濁者。人大體本清、故異於禽獸、亦有濁者、則去禽獸不遠矣。(語類、巻四。甘節録)
(91) 自一氣而言之、則人物皆受是氣而生。自精粗而言、則人得其氣之正且通者、物得其氣之偏且塞者。(語類、巻四。沈僩録)
(92) 日月清明、氣候和正之時、人生而稟此氣、則爲清明渾厚之氣、須做箇好人。若是日月昏暗、寒暑反常、皆是天地之戾氣。人若稟此氣、則爲不好底人何疑。(語類、巻四。滕璘録)
(93) 或問、氣稟有清濁不同。曰、氣稟之殊、其類不一、非但清濁二字而已。今人有聰明事事曉者、其氣清矣。而所爲未必皆中於理、則是其氣不醇也。有謹厚忠信者、其氣醇矣。而所知未必皆達於理、則是其氣不清也。推此求之可見。(語類、巻四。録者不詳)
(94) 氣稟所拘、只通得一路、極多樣。或厚於此而薄於彼、或通於彼而塞於此。有人能盡通天下利害、而不

識義理。或工於百工技藝、而不解讀書。(語類、巻四。沈僩録)

(95) 子晦問、人物清明昏濁之殊。德輔因問、堯舜之氣、常清明冲和、何以生丹朱商均。曰、氣偶然如此、如瞽瞍生舜是也。某曰、瞽瞍之氣、有時而清明、堯舜之氣、無時而昏濁。先生答之不詳。次日廖再問、恐是天地之氣一時如此。曰、天地之氣與物相通。只借從人軀殼裏過來。(語類、巻四。汪德輔録)

(96) 人所稟之氣、雖皆是天地之正氣、但袞來袞去、便有昏明厚薄之異。(語類、巻四。輔広録)

黄士毅の記録にも同様のことばがみえる。

(97) 天地以生物爲心。譬如甑蒸飯。氣從下面袞到上面又袞下、只管在裏面袞、便蒸得熟。天地只是包許多氣在這裏無出處。袞一番便生一番物。他別無勾當。(語類、巻五十三。林夔孫録)

(98) 安田、前掲書、一二ページ。

(99) 同、一五—一六ページ。

(100) 陰陽是氣、五行是質。有這質、所以做得物事出來。五行雖是質、他又有五行之氣、做這物事方得。然却是陰陽二氣截做這五箇、不是陰陽外別有五行。(語類、巻一。舒高録、㬊淵録同)

(101) 語類、巻一。游敬仲録。

(102) 氣之清者爲氣、濁者爲質(明作錄云、清者屬陽、濁者屬陰)。知覺運動、陽之爲也、形體(明作錄作骨肉皮毛)、陰之爲也。(語類、巻三。李閎祖録)

(103) 曰、火自是箇虛空中物事。問、只溫熱(一作煖)之氣便是火否。曰、然。(語類、巻一。胡泳録、沈僩録同)

(104) 如水便是箇濕底物事、火便箇熱底物事。(語類、巻二十二。潘植録)

(105) 生水只是合下便具得濕底意思。木便是生得一箇軟底、金便是生出得一箇硬底。五行之說、正蒙中說得好。(語類、巻一。甘節録)

(106) 安田、前掲書、一六ページ。

(107) 曰、正蒙有一説好。只説金與木之體質屬土、水與火却不屬土。(語類、巻一。胡泳録、沈僴録同)
(108) 又曰、木者、土之精華也。又記曰、水火不出於土。(語類、巻一。甘節録)
(109) 安田、前掲書、一六ページ。
(110) 同、二三ページ。
(111) 語類、巻三。李閎祖録。
(112) 注(117)をみよ。
(113) 人所以生、精氣聚也。(語類、巻三。李閎祖録)
(114) 周濂渓、太極図説。
(115) 左伝、昭公七年。
(116) 人生、初間是先有氣、既成形、是魄在先。形既生矣、神發知矣。既有形後、方有精神知覺。子產曰、人生始化曰魄、既生魄、陽曰魂。數句説得好。(語類、巻三。陳淳録)
(117) 問、魂魄。曰、魄是一點精氣、氣交時便有這神。魂是發揚出來底、如氣之出入息。魄是如水、人之視能明、聽能聰、心能强記底。有這魄、便有這神、不是外面入來。魄是精、魂是氣。魄主靜、魂主動。(語類、巻三。潘植録)
(118) 語類、巻三。葉賀孫録。
(119) 曰、精氣周流、充滿於一身之中。嘘吸聰明、乃其發而易見者耳。(語類、巻三。録者不詳)
(120) 魄是耳目之精。魂是口鼻呼吸之氣。(語類、巻三。録者不詳)
(121) 氣是魂、謂之精、血是魄、謂之質。(語類、巻三。林賜録)
(122) 人之能思慮計畫者、魂之爲也。能記憶辨別者、魄之爲也。(語類、巻三。沈僴録)
(123) 人有盡記得一生以來履歴事者、此是智以藏往否。曰、此是魄强、所以記得多。(語類、巻三。廖徳明録)
(124) 動者魂也、靜者魄也。動靜二字、括盡魂魄。凡能運用作爲、皆魂也、魄則不能也。(語類、巻三。沈僴

録）

(125) 人呼氣時腹却脹、吸氣時腹却厭。論來呼而腹厭、吸而腹脹、乃是。今若此者、蓋呼氣時、此一口氣雖出、第二口氣復生、故其腹脹。及吸氣時、其所生之氣、又從裏趕出、故腹却厭。大凡人生至死、其氣只管出、出盡便死。如吸氣時、非是吸外氣而入、只是住得一霎時、第二口氣又出。若無得出時便死。（語類、巻一。輔広録）

(126) 有太極、則一動一靜、而兩儀分、有陰陽、則一變一合、而五行具。然五行者、質具於地、而氣行於天者也。以質而語其生之序、則曰水火木金土、而水木陽也、火金陰也。以氣而語其行之序、則曰木火土金水、而木火陽也、金水陰也。又統而言之、則氣陽而質陰也。又錯而言之、則動陽而靜陰也。（太極図説解）

(127) 陽變陰合、初生水火。水火氣也。流動閃鑠、其體尚虛、其成形猶未定。次生木金、則確然有定形矣。水火初是自生、木金則資於土。五金之屬、皆從土中旋生出來。（語類、巻九十四。廖德明録）

(128) 天一地二は易、繫辞伝上にみえることば。

(129) 大抵天地生物、先其輕清以及重濁。天一生水、地二生火。二物在五行中最輕清、金木復重於水火、土又重於金木。（語類、巻九十四。周謨録）

(130) 水火清、金木濁、土又濁。（語類、巻一。鄭可学録）

(131) 又問、氣塊然太虛、升降飛揚、未嘗止息、此是言一氣混沌之初、天地未判之時、爲復亙古今如此。曰、只是統說、只今便如此。（語類、巻九十八。沈僴録）

(132) 問、游氣陰陽。曰、游是散殊。比如一箇水車、一上一下、兩邊只管袞轉、這便是循環不已、立天地之大義底。一上一下、只管袞轉、中間帶得水、灌漑得所在、便是人物之萬殊。天地之間、二氣只管運轉、不知不覺、生出一箇人、不知不覺、又生出一箇物、卽他這箇斡轉、便是生物時節。（語類、巻九十八。楊道夫録）

(133) 游氣是生物底。陰陽譬如扇子、扇出風、便是游氣。（語類、巻九十八。黄義剛録）

(134) 游氣是裏面底。譬如一箇扇相似。扇便是立天地之大義底、扇出風來、便是生人物底。(語類、巻九十八。黄義剛録)

(135) 某常言正如麪磨相似。其四邊只管層層撒出、正如天地之氣、運轉無已、只管層層生出人物。其中有麤有細、故人物有偏有正、有精有粗。(語類、巻九十八。沈僩録)

(136) 造化之運如磨、上面常轉而不止。(語類、巻一。王過録)

(137) 天是一箇渾淪底物、雖包乎地之外、而氣則迸出乎地之中。地雖一塊物、在天之中、其中實虚、容得天之氣迸上來。(語類、巻七十四。林学履録)

なお、語類、巻七十四には、同様のことばが数条みえる。

(138) 正蒙、太和篇。

(139) 入毫釐絲忽裏去、也是這陰陽、包羅天地、也是這陰陽。(語類、巻六十三。林夔孫録)

(140) 孟子、公孫丑上。

(141) 問、塞乎天地之間。曰、天地之氣、無處不到、無處不透、是他氣剛、雖金石也透過。(語類、巻五十二。録者不詳)

(142) 語類、巻八。楊驤録。

(143) 韓昌黎集、巻四。答李翊書。

(144) 人之在天地、如魚在水。(河南程氏遺書、第二上、二先生語二上)

(145) J. Needham, *The Grand Titration*, 1969, London, pp. 20–23.

(146) 季通云、地上便是天。(語類、巻一。程端蒙録)

(147) 蓋天在四畔、地居其中。減得一尺地、遂有一尺氣、但人不見耳。(語類、巻九十八。楊道夫録)

(148) 或躍在淵、淵是通處。淵雖下於田、田却是箇平地。淵則通上下、一躍卽飛在天。(語類、巻六十八。黄㽦録)

(149) 正蒙、参両篇。

(150) 九天、東方皡天、東南方陽天、南方赤天、西南方朱天、西方成天、西北方幽天、北方玄天、東北方變天、中央鈞天。(楚辞、天問、王逸注)

(151) 其曰九重、則自地之外、氣之旋轉、益遠益大、益清盛剛、究陽之數而至於九、則極清極剛、而無復有涯矣。(楚辞集註、巻三、天問。九天之際注)

(152) 韋齋指天示之曰、天也。問曰、天之上何物。韋齋異之。(王懋竑、朱子年譜、巻一上。紹興三年)

(153) 某五六歳時、心便煩惱箇天體是如何、外面是何物。(語類、巻四十五。陳淳録、黄義剛録同)

(154) 某自五六歳、便煩惱道天地四邊之外、是什麼物事。見人說四方無邊、某思量也須有箇盡處、如這壁相似、壁後也須有什麼物事。其時思量得幾乎成病。到而今也未知那壁後是何物。(語類、巻九十四。黄義剛録)

なお、わたしはこの回憶を、楚辞集註を書いて構造論を完成する以前のもの、おそらくは、黄義剛の第一次師事期である一一九三年のもの、と推定したい。

(155) 其形也有涯、其氣也無涯。(漁樵問対)

(156) 天地無外。所謂其形有涯、而其氣無涯也。爲其氣極緊、故能扛得地住、不然、則墜矣。氣外須有軀殼甚厚、所以固此氣也。(語類、巻一百。周謨録)

(157) 以下、弟子たちの師事年代はすべて、田中謙二「朱門弟子師事年攷」(東方学報、京都第四十四冊、一九七三年)、「朱門弟子師事年攷続」(東方学報、京都第四十八冊、一九七五年)にもとづく。これは二〇〇名をこえる朱子の弟子たちの師事年を明らかにした画期的な研究である。この克明な研究によって、わたしたちはいまや、『朱子語類』の各条がいつごろのことばであるかを、ほとんど確定できるようになった。今後、『語類』を読もうとするひとはいうまでもなく、『文集』のなかの書簡を読もうとするひとも、かならず座右にそなえておくべき文献である。なお、この論文は、京都大学人文科学研究所の朱子研究班の報告『朱子の研究』(田中謙二・島田虔次編)に収録され、近く岩波書店から出版される予定である。

(158) 王懋竑、朱子年譜考異、巻四。慶元五年。
(159) 天包乎地、其氣極緊。試登極高處、驗之可見。形氣相催、緊束而成體。但中間氣稍寬、所以容得許多品物。若一例如此氣緊、則人與物皆消磨矣。(語類、巻二。周謨録)
(160) 曆家言天左旋、日月星辰右行、非也。其實天左旋、日月星辰亦皆左旋。(語類、巻二。周謨録)
(161) 記錄言語難、故程子謂若不得某之心則記得它底意思。今遺書、某所以各存所記人之性名者、蓋欲人辨識得耳。上蔡所記、則十分中自有三分以上是上蔡意思了、故其所記多有激揚發越之意。游氏所記、則有溫純不決之意。李端伯所記則平正、質夫所記、雖簡約、然甚明切。(語類、巻九十七。輔広録)
(162) 天積氣、上面勁、只中間空、爲日月來往。地在天中不甚大、四邊空。(語類、巻二。陳淳録)
(163) 橫渠說天左旋、日月亦左旋。看來橫渠之說極是。只恐人不曉、所以詩傳只載舊說。(語類、巻二。沈僩録)
(164) 然以土圭之法驗之、日月升降不過三萬里中。故以尺五之表測之、每一寸當一千里。然而中國只到鄯善莎車、已是一萬五千里、若就彼觀日、尙只是三萬里中也。(河南程氏遺書、第二下、二先生語二下)
(165) 所謂升降一萬五千里中者、謂冬夏日行南陸北陸之間、相去一萬五千里耳。非謂周天只三萬里。(語類、巻九十七。李閎祖録)
(166) 日月升降三萬里之中、此是主黃道相去遠近而言。若天之高、則數又煞遠、或曰八萬四千里、未可知也。立八尺之表、以候尺有五寸之景、寸當千里、則尺有五寸、恰當三萬里之半。日去表有遠近、故景之長短爲可驗也。(語類、巻二。周謨録)
日月升降三萬里中。謂夏至謂冬至、其間黃道相去三萬里。〔夏至黃道高、冬至黃道低。〕伊川誤認作東西相去之數。形器之物、雖天地之大、亦有一定中處。伊川謂天地無適而非中、非是。(語類、巻二。包揚録)
程子言日升降於三萬里。是言黃赤道之間相去三萬里。(語類、巻二。陳淳録)
最後のことばでは、黄道相去の数から黄赤道相去の数へと、解釈がかわっている。数値でいえば、天の大きさが二分の一になったことになる。しかし、おそらく記録者の誤りであろう。

(167) 次日仲默附至天説曰、天體至圓周圍三百六十五度四分度之一。繞地左旋(中略)。先生以此示義剛曰、此説也分明。(語類、巻二。黄義剛録)

(168) 天無體。只二十八宿便是天體。(語類、巻二。黄義剛録)

(169) 星光亦受於日、但其體微爾。五星之色各異、觀其色、則金木水火之名可辨。衆星光芒閃爍、五星獨不如此。(語類、巻二。周謨録)

(170) 星亦是受日光、但小耳。(語類、巻二。陳淳録)

(171) 問、星辰有形質否。曰、無。只是氣精英凝聚者。或云、如燈花否。曰、然。(語類、巻二。沈僩録)

(172) 問、星受日光否。曰、星恐自有光。(語類、巻二。廖徳明録)

(173) 五緯、五行之精氣也。所以知者、以天之星辰獨此五星動、以色言之又有驗、以心取之亦有此理。(張子語録、巻下)

(174) 横渠言日月五星亦隨天轉。如二十八宿隨天而定、皆有光芒。五星逆行而動、無光芒。(語類、巻二。包揚録)

(175) 語類、巻二。包揚録。

(176) 天道左旋、日月星並左旋。星不是貼天、天是陰陽之氣在上面、下人看、見星隨天去耳。(語類、巻二。徐寓録)

(177) 楚辞集註、巻三、天問。九天之際注。

(178) 蓋周天三百六十五度四分度之一、周布二十八宿、以著天體、而定四方之位。以天繞地、則一晝一夜適周一匝、而又超一度。日月五星、亦隨天以繞地。而惟日之行、一日一周、無餘無缺。其餘則各有遲速之差焉。然其懸也、固非綴屬而居、其運也、亦非推挽而行。(楚辞集註、巻三、天問。日月安属、列星安陳注)

(179) 語類、巻二にその説明がいくつも収められている。ひとつだけ示そう。

月只是受日光。月質常圓不曾缺、如圓毬、只有一面受日光。望日、日在酉、月在卯正相對、受光爲盛。(陳淳録)

なお、日月之説、沈存中筆談中説得好。(文集、巻四十七。答呂子約書)

(180) 蓋水星貼着日行、故半月日見。(語類、巻二。胡泳録)

蓋金水二星、常附日行而或先或後。(詩集伝、小雅。大東注)

(181) 又問、天地之所以高深、鬼神之所以幽顯。曰、公且説天是如何獨高。蓋天只是氣、非獨是高、只今人在地上、便只見如此高。要之、他連那地下亦是天。天只管轉來旋去。天大了、故旋得許多査滓在中間。世間無一箇物事恁地大、故地恁地大。地只是氣之査滓、故厚而深。(語類、巻十八。楊道夫録)

(182) 初間未有物、只是氣塞。及天開些子後、便有一塊査滓在其中。初則溶軟、後漸堅實。今山形自高而下、便似涉(義剛錄作傾瀉)出來模様。(語類、巻四十五。陳淳録、黄義剛録同)

(183) 山河大地初生時、須尚軟在。(語類、巻一。李方子録)

(184) 今高山上多有石上蠣殼之類、是低處成高。又蠣須生於泥沙中、今乃在石上、則是柔化爲剛。天地變遷、何常之有。(語類、巻九十四。鄭可学録)

(185) 常見高山有螺蚌殼或生石中。此石卽舊日之土、螺蚌卽水中之物、下者却變而爲高、柔者變而爲剛。(語類、巻九十四。周謨録)

(186) 或擧天地相依之説、云只是氣。曰、亦是古如此説了。素問中説、黄帝曰、地有憑乎、岐伯曰、大氣乘之、是説那氣浮得那地起來(林夔孫錄云、謂地浮在氣上)。這也説得好。(語類、巻九十四。黄義剛録)

(187) 或疑百川赴海而海不溢。曰、蓋是乾了。有人見海邊作旋渦吸水下去者。(語類、巻二。李方子録)

(188) 楠本正継『宋明時代儒学思想の研究』、二五四ページ参照。

(189) 先生謂張倅云、向於某人家看華夷圖。因指某水云、此水將有入淮之勢。其人曰、今其勢已自如此。先生因言河本東流入海、後來北流。當時亦有塡河之議。今乃向南流矣。(語類、巻二。王力行録)

禹跡圖云、是用長安舊本翻刻。（文集、巻三十八。答李季章書）
なお、李季章あての別の書簡や語類、巻二では、地図の作りかたを論じている。

(190) 周礼、地官大司徒にみえる地中の説を指す。ただし、五千里という数字は、夏官大司馬の九畿の説。

(191) 問、周公定豫州爲天地之中、東西南北各五千里。今北邊無極而南方交趾便際海。道里長短夐殊、何以云各五千里。曰、此但以中國地段四方相去言之。未説到極邊與際海處。南邊雖近海、然地形則未盡。如海外有島夷諸國、則地猶連屬、彼處海猶有底。至海無底處、地形方盡。（語類、巻二。沈僩録）

(192) 後來又見先生説、崑崙去中國五萬里、此爲天地之中、中國在東南、未必有五萬里。（同）

(193) 自古無人窮至北海。想北海只挨着天殼邊過、緣北邊地長其勢、北海不甚闊。（同）

(194) 大抵地之形如饅頭、其撚尖處則崑崙也。（語類、巻八十六。沈僩録）

(195) 語類、巻一。黃義剛録。

(196) 語類、巻二。李方子録。

(197) 海水無邊、那邊只是氣蓄得在。（語類、巻二。包揚録）

(198) 至於七政則運行各各不同。若果自無其體、無所附麗、亦只如勁風之旋、則全體大氣轉運之中、又豈容七政之氣、各各自爲旋轉也哉。此愚所未曉四也。（管窺外篇、巻下）

(199) 以理推之、地之所以不墜者、水載之也、水之所以不洩者、氣束之也、氣之所以束得水住者、以其運之至勁、故水無可洩之耳。今南極入地三十六度、乃其樞軸不動之處。氣於此處、一日之間、亦只運一周、其勢必不甚勁而在下。水性就下。安得不於此處洩去邪。此愚所未曉二也。（管窺外篇、巻下）

(200) 詳しくは、四庫全書総目、巻一百六、子部天文算法類一、を参照。革象新書は四庫全書珍本初集に収められている。

(201) 以此觀之、天如蹴毬内盛半毬之水、水上浮一木板、比似人間地平、板上雜置微細之物、比如萬類。蹴毬雖圓轉不已、板上之物俱不覺知。謂天體轉旋者、天非可見其體、因衆星出沒於東西、管轄於兩極、有常

度、無停機、遂卽星所附麗、擬以爲天之體耳。（革象新書、巻一。天道左旋）

(202) 地則氣之查滓、聚成形質者、但以其束於勁風旋轉之中、故得以兀然浮空、甚久而不墜耳。（楚辞集註、巻三、天問。九天之際注）

(203) 又有弄椀珠伎。（通典、巻一百四十六、楽六） 且雜手藝、卽使藝也、如踢瓶、弄碗、踢磬云々。（夢梁録、巻二十）

ほぼ同様の記述が都城紀勝にもある。もっとも詳しいのは、通俗篇、巻二十一の弄椀の条である（呉萊の詩の引用がある）。

(204) 今之地動、只是一處動、動亦不至遠也。（語類、巻一百。周謨録）

(205) 土圭之法、立八尺之表、以尺五寸之圭橫於地下、日中則景蔽於圭、此乃地中爲然。如浚儀是也。今又不知浚儀果爲地中否。（語類、巻八十六。万人傑録）

(206) 若以浚儀與潁川爲中、則今之襄漢淮西等處爲近中。（語類、巻八十六。万人傑録）

(207) 新唐書、巻二十一、天文志一。

(208) 開元以陽城測景未中、乃於浚儀之岳臺。（玉海、巻五引、通典注）

(209) 天度固必有差。須在吾術中、始得。（語類、巻七十三。憂淵録）

(210) 季通嘗言天之運無常、（中略）。季通言非是天運無定、乃其行度如此。其行之差處亦是常度。（語類、巻二。沈僩録）

(211) 想得春夏間天轉稍慢、故氣候緩散昏昏然、而南方爲尤甚。至秋冬則天轉益急、故氣候淸明、宇宙澄曠。所以說天高氣淸、以其轉急而氣緊也。（語類、巻二。沈僩録）

(212) 天之外無窮、而其中央空處有限。天左旋而星拱極、仰觀可見。四遊之說則未可知、然曆家之說、乃以算數得之、非鑿空而言也。若果有之、亦與左旋拱北之說不相妨。如虛空中一圓毬、自內而觀之、其坐向不動、而常左旋。自外而觀之、則又一面四遊、以薄四表而止也。（文集、巻六十二。答李敬子書）

(213) 性理大全、巻八、皇極経世書。
(214) 宋元学案、巻十。梨州皇極経世論。
(215) 論皇極經世、乃一元統十二會、十二會統三十運、三十運統十二世、一世統三十年、一年統十二月、一月統三十日、一日統十二辰、是十二與三十迭爲用也。(語類、巻一百。潘植録)
(216) 歳月日時、元會運世、皆自十二而三十、自三十而十二。(語類、巻四十五。輔広録)
(217) 漁者謂樵者曰、春爲陽始、夏爲陽極、秋爲陰始、冬爲陰極。陽始則溫、陽極則熱、陰始則涼、陰極則寒。溫則生物、熱則長物、涼則收物、寒則殺物、皆一氣、其別而爲四焉。其生萬物也亦然。(漁樵問対)
(218) 木結實而種之又成是木、而結是實、木非舊木也。此木之神不二也、此實生生之理也。(宋元学案、巻九)
(219) 性理大全、巻八、皇極経世書にみえる邵伯温(康節の子)のことば。
(220) 詳しくは、馮友蘭『中国哲学史』、八四五―八四九ページを参照。
(221) 至之問、康節說天開於子、地闢於丑、人生於寅、是否。曰、模樣也是如此。(語類、巻四十五。陳淳録、黄義剛録同)
(222) 第一會起於子、第二會起於丑、第三會起於寅。至寅上方始注一開物字。恐是天氣肇於子、至丑上第二會處、地氣方凝結、至寅上第三會、人物始生耳。(語類、巻四十五。呉雉録)
(223) 楊尹叔問、天開於子、地闢於丑、人生於寅、如何。曰、康節說一元統十二會。前面虛却子丑兩位、至寅位始紀人物、云人是寅年寅月寅時生。以意推之、必是先有天、方有地、有天地交感、方始生出人物來。(語類、巻四十五。陳淳録)
(224) 經世書以元統會、十二會爲一元、一萬八百年爲一會。初間一萬八百年而天始開、又一萬八百年而地始成、又一萬八百年而人始生。(語類、巻四十五。陳淳録、黄義剛録同)
(225) 至戌上說閉物、至那裏則不復有人物矣。問、不知人物消靡盡時、天地壞也不壞。曰、也須一場鶻突。既有形氣、如何得不壞。但一箇壞了、又有一箇。(語類、巻四十五。輔広録)

Ⅲ 天文学

1 批判としての学説

後漢から魏晋にかけて天文学者のあいだにくりひろげられた宇宙の構造にかんする論争が、渾天説の勝利のうちに終焉していらい、天文学者の関心はもっぱら、太陽・月および五惑星の運動の記述と計算をふくむ暦の作成にそそがれてゆく。すなわち、渾天家は天を球面とみなし、基準系として赤道座標系を採用する。観測器械渾儀を駆使して、その仮想的な球面上における天文現象を観測し、記述する。そして、天体の運動を計算し、予測してゆく。いいかえれば、天体運動論が暦法に包摂され、暦法が天文学の主要な領域をおおうことになる。それは天体の運動を暦としてとりあつかうことを意味する。かくて、常用暦とはちがったいわゆる天体暦が、中国ではじめて成立する。そのかわり、仮想的な球面上の現象にあくまで固執することによって、宇宙構造論はすっぽりぬけおちてしまう。ギリシア以来の西洋天文学にあっては、天体運動論が暦法と一応きりはなされて発展する。そして、天体運動論のなかに宇宙の構造にかんする考察がたえずはいりこんでくる。たしかに、観察できるのは仮想的なひとつの球面上での現象にすぎない。だが、その球面はおくゆきをもつ。いちばん近い月の球面からいちばん遠い恒星の球面まで、ある有限の距離をもつ。その有限の空間のなかに、諸天体がどのように位置し、どのように運動することによって、わたしたちの眼にみえる仮想的な球面上の現象となるのか。いいかえれば、天はいかなる実体的構造をもつのか。それを解くのが西洋天文学の課題であった。中国ではことなる。仮想的な球面はおくゆきをもたない。いや、おくゆきをもつかどうか、という問いそのものが放棄されている。そして、あくまで眼にみえる現象の記述と計算に徹してゆく。天体は仮想的な同一球面上を眼にみえるとおりに運動している、という命題が、暗黙の前提としてそこにある。

中国の天文学の主要な領域は暦法にあった。そうした方向づけをあたえたのは、なによりも天文学と天文学者とを官僚制のなかに位置づけた、その公的学問としてのありかたであろう。いわゆる受命改制の思想によれば、王者が天の命をうけ、為政者として立つとき、まず正朔を改め、服色を易えて、根本的な制度そのもののうちに天の意をうけとめる。暦の改正はつねに国家の大事業であった。そして、改正の対象には常用暦のみならず天体暦もふくまれていた。(1) いいかえれば、常用暦と天体暦とが同一の次元で操作されたのである。そうした操作をゆるし、伝統として持続させたのは、太陽や月の運動とおなじく五惑星の運動もまた人間の生活に直接的な影響をおよぼす、という思想であろう。自然現象と国家社会のできごととのあいだにふかいつながりをみる天人相関論がそこによこたわっている。個々の天文学者がそれを信じていたかどうかにかかわりなく、王朝の正統性をうらづける思想として、それは天文学の特質を規定しつづけた。その立場にたてば、関心は太陽・月および五惑星の運動のみに限定されない。その他の天文現象もあますところなく克明に記録される。異常な天文現象は為政者にたいする天の警告である。その思想にささえられて、記録は現代の天文学に役立つほどに、たとえば、超新星の出現時期の推論をたしかめる資料となりうるほどに、詳細である。

すべての天文現象を観測の対象とするとき、基準系として赤道座標系をえらぶのがもっとも妥当である。近代天文学も赤道座標系を採用している。ギリシア以来の西洋天文学は、その対象を太陽、月および五惑星の運動に集中した。それらはすべて黄道面の近傍に観測され、黄道について地球の公転に関係するある一定の値をとる。かくて黄道座標系がえらばれる。その他の天文現象にかんする克明な体系的な記録はない。むしろ水晶のように透明な固体の天という観念は、たとえば彗星や新星が天文現象である、という認識さえも奪ってしまう。ついでに中国の天文学と西洋のそれとの比較をつづけるなら、数学的理論としてみたばあい、ギリシアの天文学は幾何学的かつ体系的であり、三角関数を使用した点において、中国の天文学に大きく優越する。代数学の優越をもってしても補いきれない弱さが中国の天文学にはのこる。にもかかわらず、天文現象の予測、とくに食の予報についていえば、その適中率の大きさがさしあたって学説の優劣のきめ手であったのだが、両者のあいだに決定的な差はおそらく生じなかったであろう。

天文学者の視野からぬけおちた宇宙の構造にかんする思索は、思想家たちによって担われる。かれらは気の哲学を深化することによって、初期の渾天家にあった固体としての天の観念をのりこえ、気の無限宇宙論に到達する。それは西洋天文学におけるギリシア以来の固体としての天の観念よりも、そのかぎりにおいてはるかにすぐれたものであった。そして、宋代に朱子の進化論的宇宙論として結実したのである。朱子によって宇宙の構造を立体的にとらえる視点が導入された。その意味では、朱子の理論は西洋天文学に親近性をもっていたといえよう。明代に西洋天文学を理解し受容する知的基盤をすえたのは、朱子である。そして、直接に構造論にかんしてではないけれども、朱子自身は西方系のインド天文学、九執暦に、ある親近感をおぼえていたのだった。

天文学者の立場と思想家のそれとは、原理的に両立できないわけではない。ちょうど近代の球面天文学と天体力学のように、前者が宇宙を内部の一点から、あるいは下からとらえるのにたいし、後者は外部の一点から、あるいは上からとらえる、とみなすこともできるからである。だが、両立できるのは、相対的な両立可能な立場のひとつの選択であるのが自覚されるかぎりにおいてである。天文学者が、天体は仮想的な同一球面上にあって眼にみえるとおりに運動している、という命題を真としてうけいれたとき、それはもともとひとつの立場の自覚的選択であった。天体はひとつの球面上に付着しているのではない、と主張する説もあったからである。しかし、あくまで二者択一的な立場の選択であった。かくて、眼にみえる仮想的な球面はおくゆきをもつという観念も同時に排除された。立場の相対性と両立性とを自覚しつづけているあいだだけ、ひとはことなる立場にたいしてふさわしい位置をあたえることができる。朱子にはその自覚があった。既成の天文学説にたいして自己の批判を対置したとき、かれは相対主義者として立っていたのである。

宇宙構造論と天文学を結合するという観点からみるとき、批判の焦点はどこにあったか。いま相互の位置を変えない恒星の空間的配置を測定の基準にえらび、それとはべつのところにいる記述者が、太陽・月および五惑星の運動を記述するとしよう。記述者の位置を記述の基準とよぶなら、測定の基準は記述の基準にたいしてある方向にある速さで運動している。諸星は測定の基準にたいしてある方向にある速さで運動している。しかも、記述者からみて、記述の基準にたいする測定の基準の運動と測定の基準にたいする諸星の運動とが反対の方向にあるとする。そのばあい、記述者がそれらの運動を記述するしかたがすくなくともふたつある。ひとつは、測定の基準と諸星との運動を分離し、前者は記述の基準にたいし、後者は測定の基準にたいしてその運動を記述するしかたである。そこでは二つの基準がいずれも記述の基準となり、両者の運動方向は反対であると表現される。もうひとつは、記述の基準は記述のための、測定の基準は測定のためのそれぞれ基準であるとみなして機能を分離し、両者の運動をともに記述の基準にたいして記述するしかたである。そこでは両者は同一方向に運動する、しかし、測定の基準と諸星との距離は後者のおくれである、と表現される。現象の記述であるのが自覚されているかぎり、要するに基準のえらびかたのちがいにすぎないのだから、どちらの記述をとろうと差支えない。しかし、天体は仮想的な同一球面上を眼にみえるとおりに運動しているという命題が前提されるなら、事情はかわってくる。このばあいは、第一の記述のしかたが妥当であり、実際に反対の方向に運動している、とみなす立場を表現する。それにたいして、第二の記述のしかたは、恒星の仮想的な球面とはべつに諸星の軌道があり、実際に同一方向に運動している、とみなす立場を表現する。つまり、現象の記述がそのまま構造の記述だとすれば、ほんらい両立するはずの表現がもはやあいいれない立場をしめすことになるのである。

たしかに、朱子は渾天説を支持し、数学的理論としての天文学を承認する。だがそれとともに、渾天説を発展させて一気の存在とその全体的な回転とを前提した宇宙論を展開する。その立場にたてば、天文学者の採用する第一の記述のしかたはしりぞけられなければならない。天文学と宇宙論、天文学者の立場と思想家のそれとを両立させるためには、記述を第二のしかたに修正しなければならない。それが朱子の批判の根幹であり、相対主義者としての面目をしめすものであった。したがって、朱子の批判は数学的理論の細部にむけられるのでなく、その前提にある命題とそれに由来する欠陥に限定される。かれは数学や天文学の素人であり、それにくらいのを素直に認めていた。とはいえ、数学的理論あるいは暦法にたいしてまったく無批判だったわけではない。たびかさなる暦の改正、そのつどくりかえされる天文常数の改正、それをかれは天文学者が現象の記述と計算に終始して、宇宙の構造に無知であるためだと考える。そこから暦法にたいする手酷しい批判がうまれる。宇宙の構造的把握を重視するかれにとって、太陽と月の食・盈虧《えいきよ》などの現象はうってつけの考察の対象となる。そして、画期的な説を提唱する。そのおなじ関心が宇宙の構造を人工的に再現した機構であり、それゆえに正確な観測手段ともなりうる渾儀・渾象にむかう。そして、独自の量的観測的な方法論に到達する。しかも、南宋の観測器械は北宋のにくらべてまことに貧弱だった。かれはこのおくれをとりもどそうと試みる。

朱子の天文学は、数学的理論を欠除しているという意味では、ひとつの学説というよりもそうした学説をひきだすための学説批判だった。しかしながら、そのなかに幾多の独創的な見解をふくみ、過去の天文学の欠陥を総体的に克服する方向を示しえていた。その意味では、たんに過去の欠陥を傍観者として指摘するだけの消極的な批評でなく、積極的な、批判の名に値する真の批判であったといわなければならぬ。かくて、朱子の天文学は批判としての学説として再構成される。

2 天文学批判

(1) 天と天体の運動

記述の基準

朱子の弟子たちがときになげつけた疑問のひとつは、天文現象の記述につかわれる基準系にかんしてであった。朱子は答えて、基準系が現象そのものの特質にもとづいて設定されたものであるのを明らかにする。まず現象そのものに着目しよう。

天の文様は半面が上にある。半面は下にあるはずだ(2)。ふたつの半面を分けるのは地平である。上半面の星のなかには天の北極をめぐる周極星があって、決して地平下に没しない。下半面にもそれに対応する現象があるとすれば、こうなる。

いつも見えていて隠れないところがあり、天の蓋という。いつも隠れていて見えないところがあり、天の底という。(3)

おなじように、北極に対応するのは南極である。

南極と北極は天の枢軸であり、そこだけが石臼のほぞみたいに動かない。(4)

地平を基準にして度数で記述すれば、こうなる。

あるひとが問う、「北辰が枢軸だというのは、どういうことですか。」

答えていう、「天は円形で運動し、地の外側を包んでおり、地は方形で静止し、天の中心に位置している。だから天の形体は、半分が地上におおいかぶさり、半分が地下をとりまいて、たえず左旋している。その枢軸の動かない点は、南と北の端にある。それを極というのは、屋根の棟を極というようなものだ。ところが、南極は低くて地の下に三十六度入っている。だから、そのまわり七十二度はいつも隠れていて見えない。北極は高くて地の上に三十六度出ている。だから、そのまわり七十二度はいつも見えていて隠れない。北極の星は、ちょうどいつも見えていて隠れない七十二度の中心にあり、いつもその位置にあって動かない。そのあたりにあるのは恒星で、天にしたがって左旋し、日月五惑星は右転し、かわるがわる見え隠れして、みなまわりをめぐってそれに従うのである。(5)」

ちなみに、この『論語或問』の一節は、かれの四十代末の天文学説が通説を一歩もでず、まだ張横渠の左旋説を採用していなかったのを、はっきり示す。ところで、南極が地下三十六度にあるというのは、決してたんなる推論でなく、実際に先人がたしかめている。

『唐書』にいうところでは、あるひとが海へ行って、南極の下に大きな星がいくつか、たいへん明るいのがあるのを見た。それも七十二度以内にある(6)。

北極星の出地の度数が三十六度といっても、それは岳台で観測した数値であって、南方へゆけば減少するのを、朱子は知っていた。

極星の出地の度数は、趙君によれば福州では二十四度にすぎません。なぜでしょう。福州からここまでですでに四度もくいちがうのに、ここから岳台まででは八度くいちがうにすぎないのです。子半の説(?)はあやしいかぎりです。どうして天地の回転は閩浙地方のほうが天地の中心でないのでしょうか(7)。

地「球」の観念にもとづいて緯度の概念を導入しないかぎり、この疑問を解くことはできない(8)。北極の出地の度数とは、実は緯度そのものにほかならないのである。その観念の跳躍をあえてさせる手掛りは、朱子にはない。天文学者とともに、かれも「其ノ然ル所以ヲ知ル能ワズ」(9)、疑問を投げだすにとどまる。とはいえ、伝統的な「地中」の観念をほとんど無意味にするところまで、かれは追っていたのである。

北極や南極といっても眼ではそれと識別できない。しるしがなにもないからである。

安卿(陳淳)がたずねた、「北辰とは。」

(先生は)いわれた、「北辰とはあの中心の星のないところで、このわずかのところが動かず、天の枢軸なのだ。北辰には星がない。ひとがそれを極としようとして、なにかしるしがなければこまるから、そのそばの小さな星をひとつとって、極星といった。これが天の枢軸だ。あの扉のほぞみたいなもの。また回転書架の心棒みたいなもの、書架は外で動き、こちらの心棒はちっとも動かない。」

黄義剛がたずねた、「極星は動くのですか。」

(先生は) いわれた、「極星も動くが、それがあの辰に近づくと、動いても気づかない。あの射糖盤子(あめ売りの回転盤?)みたいなもの。あの北辰が中心の棒、極星が棒の近くの点だ。あの盤につれて回転するけれども、あの棒に近づくと、回転しても気づかない。いま、ひとが望筒であの極星をのぞくと、望筒のなかをたえず動いているだけで、それからはみだしはしない。これまでひとは、北極が北辰だとし、みんな北極は動かないというだけだった。本朝になって、ひとははじめて北極が北辰のあたりにあって、極星もやはり動くと推定した。[10]」

この問答は、あるいは、実際に渾儀をまえにした、観測実習の一場面であるかも知れぬ。ここで、北極と極星とがちがうのを発見したというのは、沈括をさす。[11] 別にいう。

『史記』に「北極に五つの星があり、太一星はつねに中心にある」とみえるのが、極星だ。辰は星でなく、星のあいだの境域にすぎない。その極星もわずかに動く。ただ辰は動かないからこそ、天の中心で、石臼の心みたいなものだ。沈存中がこういっている。はじめ望筒でのぞいたが、その極星は筒にはいらない。あとでその筒を大きくしたら、はじめて極星が筒にはった糸のうえをまわるのがみえた、と。[12]
眼で直接にそれと識別できないのは、南極もまったく同様である。
また(先生は)いわれた、「南極は地の下の中心のところにあり、南北極は相対する。天は回転するけれども、極のほうは中心にあって動かない。」
義剛がたずねた、「もし南極に老人寿がみえるといえば、南極もみることができるのですか。」(先生は)いわれた、「南極は見えないが、南方にちゃんと老人星というのがあり、南極が高いとき、浮びあがってくる可能性があるのだ。[13]」

朱子の南方や北方にかんする知識は、唐代の地理学的知見によるところが大きい。この老人星についても、『唐書』天文志にみえる、開元十二年(七二四年)に太史監の南宮説の指揮する観測隊がおこなった大測地事業の報告から、その知識をえている。[14] かれは歴代正史の「天文志」や「律暦志」を、むずかしい計算のところはともかく、かなり克明に眼を通していたのである。

一方に天の蓋があり、他方に天の底があり、どちらにもその中心に不動の極があるとすれば、とうぜんその両極からひとしい距離にふたつの部分の相接するところを想定して、それを記述の基準系に採用できるはずである。同時に、天文現象のなかでもっとも顕著なのは太陽の運行であるから、その通過する道も考慮する必要がある。

天には黄道があり、赤道がある。天はちょうど円い箱みたいなものだ。赤道はその箱の合せ目のところで、天の中央にある。黄道は半分が赤道の内にあり、半分が赤道の外にあって、東西の二点が赤道とまじわっている。[15]

漢代の緯書には、太陽の軌道としての黄道をくわえて、月に九道があるという説がみえる。黒道が二つ、黄道の北にある。赤道が二つ、黄道の南にある。白道が二つ、黄道の西にある。青道が二つ、黄道の東にある。あわせて九道である。おそらくそれぞれの季節ないし時期における月の位置を、太陽の位置と関連させて道と考えたものであろう。後代の天文学者の定義は明確だが、ここでふれる必要はない。朱子は色の数だけをとって、それを五道と表現する。

叔器(胡安之)がたずねた、「天には道がいくつあるのですか。」

(先生は)いわれた、「天文学者の説によれば、五つの道がある。いまはかりに黄道と赤道について説明しよう。赤道はちょうど天の中央にある。蓋物の合せ目みたいなものだ。黄道はその赤道のところを横切っている。[16]」

緯書の九道説は『礼記』月令など古典の注釈に引用されて、しばしば学生の頭を混乱させた。廖徳明は朱子に書をよせて質問した。太陽と月の運行する道がこんなに違っているとすれば、どうして朔や食の現象がおこるのでしょう。[17] 朱子は答える。

日月道の説は、引用するものいずれもよい。太陽の南北はおなじでないけれども、みな黄道にしたがってゆくにすぎない。月道もおなじではないが、いつも黄道にしたがってその傍にでるにすぎない。[18]

この認識にたって、朱子は天文現象の説明に黄赤二道のみをつかってゆく。といっても、白道(月道）の知識がなかったわけではない。黄赤道および黄白道の傾斜角と交点の移動とについて、つぎのようにいう。

黄道のくいちがいは、春分・秋分に赤道と交わる点からはじまり、月道のくいちがいは交朔・交中に黄道と交わる点からはじまる。太陽は赤道を二十四度出入し、月は黄道を六度出入する。黄道は一周すると、まえの交点から六十分の一度後退し、それを歳差という。月道は一周すると、まえの交点から一度と八万九千七百七十三分の四万三千五百三少半度後退する。二万一千九百一十五年積みかさなって歳差は一周し、二百二十一月と一千七百五十三分積みかさなって交道は一周する。[19]

この文章は、天文学にかんして朱子がいかに正確かつ高度な理解をもっていたかを、わたしたちに証してくれる。

さきに地平を基準とする極の高度にふれたが、こんどは赤道座標系に測度の単位として度を導入する問題を考えよう。朱子によれば、

度のほうは天を横に分割して、多くの度数としたのだ。[20]

天を横に分割して目盛る根拠はどこにあるか。

天は三百六十度あるとどうしてわかるか。たれが測定したのか。天が運行して行き過ぎた分を度としたにすぎぬ。天の行き過ぎた分が、そのまま太陽の退いた分だ。[21]

度は天と太陽の運動にもとづいて人為的に作られたという点を、ある弟子はこう質問して確かめて

いる。

（胡泳が）たずねた、「周天の度は自然の数ですか、無理に分けたのですか。」

（先生は）いわれた、「天は左旋し、一昼夜に一周運行して、さらに一度行き過ぎる。その行き過ぎた分を一日に一度とすれば、三百六十五度と四分の一度ではじめて一周になる。ただ、南北の表で見ると、今日のこれこれの時刻に見たとき、某星が表のあたりにあり、明日の同じ時刻に見ると、その星がまたやや遠ざかっている。ときには別の星になっている。[22]」

つまり、度とは恒星の空間的配置にたいする太陽の運動の指標なのである。だから、一太陽年の常数をどう選ぶかによって周天の度数も変わる。「三百六十五度四分度之一」は、その分数値がしめすとおり、戦国時代につくられた四分暦の度数であった。ちなみに、中国の天文学では、小数をすべて分数値であらわす。それが四分の一であるところから、四分暦とよばれたのである。前漢の太初暦以後、新しい暦はほとんどつねに、この分数値に新しい数値を採用した。諸王朝のなかで四分暦を採用したのは、後漢だけだが、後漢が古典注釈学の全盛期であったのは、注目しておいていい。後世まで、古典の注釈には四分暦の数値を用いるのが伝統となったからである。

測度の単位は天文現象そのもののうちに認識され、その名称と量をあたえられる。したがって、現象の認識の精密化にともなって単位そのものが変化してゆく。そこにわたしたちは中国の天文学のきわだった特徴をみいだすことができるだろう。天文現象にもとづいてひとたび測度の単位をきめたら固定してしまい、あとはそれをつかって現象を測定する、というのではない。バビロニアの天文学に由来する周天の度数はそうであった。三百六十日を一太陽年の近似値とし、周天の度数を三百六十度に固定し、それによって太陽が恒星の空間的配置にたいしてどれだけ運動するかを測定するのである。中国人はまず一太陽年をきめ、その数値にひとしく周天の度数をえらぶ。したがって、周天の度数そのものが認識の正確さをしめす。ひとしく作為的でありながら、認識を構成物として自然から完全に独立させようとする志向を欠いている、あるいは、拒否しているといっていい。

測度の単位が自然現象そのものに根拠をおくという認識を朱子にあたえたのは、この伝統だった。しかし、朱子はそれが作為的なものであるのを、より強烈に自覚していた。測度の単位を自然現象そのものに密着させるといっても、あきらかに限界がある。太陽の運動には季節によって遅速があるのだから、現象への密着という方向に徹すれば、度数を不均等にするほかはあるまい。それでは単位として意味をなさない。そのうえ、太陽の実際に運動する道は黄道なのだから、黄道の度となるだろう。赤道座標系によって測定するばあいは、二重の作為がおこなわれることになる。その点をはっきり自覚していたのは沈括だった。「渾儀議」のなかで、かれは指摘する。

およそ三百六十五日と四分の一日ちかくを一年という。周天の形体は、日ごとに分割してそれを度という。度がその観測値と異なるところが二つある。太陽の運行は遅くなったり速くなったりするが、合計して均等にし、それを分割して赤道の度という。太陽の運行は南から北へゆき、四十八度を昇降して斜行するが、それを分割して黄道の度という。度は見ることができない。見ることができるのは恒星である。太陽・月・五星の基準となるのは恒星である。(23)

沈括の「渾儀議」は、宋代の科学者が到達した科学認識論の地平をしめす、画期的な文章である。現象の性質にもとづきながらも人為的に構成された測度の単位によって、対象がはじめて量的に認識されること、日月五星の運動を観測する基準はあくまで、相対的な位置を変えない恒星の空間的配置にあることを、沈括ははっきり自覚していた。そこからかれは、自然認識を存在そのものから切り離し、人為的な構成物として実現するという、大胆な認識論的立場をうちだしてくるのだが、それについてはあとで詳しく論じよう。この観点に立てば、固定された測度の単位によって恒星の位置を決定すること、いいかえれば、一年の日数と周天の度数を切り離すことが、とうぜん問題となるはずである。

「渾儀議」は朱子が弟子たちに一読をすすめた文献のひとつだった[24]。朱子がそれから決定的な影響をうけたのは、疑いをいれない。かれは沈括の問題意識をうけとめ、周天の度数の固定を主張する。

暦法は、蔡季通が「まず天の運行を論じ、それから日月五星におよぶべきである」といっているが、それでもまだ十分ではない。まず宇宙空間を論じ、三百六十五度と四分の一度にてらして一つひとつ位置をきめ、そのあとで天の運行を論じ、天の度数にてらして虚度の歳分(?)を計算すべきである。歳分がきまったら、そのあとで日月五星をはじめて知ることができるのだ[25]。

かくて、度はもはや太陽の運動に直接のかかわりをもたない。測度の基準としてあらかじめあたえられる。朱子のこの批判には、量的実験的方法への自覚にかかわる、きわめて重要な主張がふくまれているのである。

星座・星表・星図

朱子が指摘するように、記述の基準は天にもともと書きこまれているのでは決してない。天文現象および恒星の空間的配置を指標として人為的に設定する。度数のほかにそうした基準はもうふたつある。いずれも度数に関係づけられるけれども、独立の起源をもつ。すなわち、十二辰と黄道二十八宿である。太陽と月は一年に十二回会合する。その位置を示すのが十二辰である。いいかえれば、周天を十二等分したものであって、それぞれの辰がひと月間の太陽の所在をあらわす。星の境域も辰という。たとえば十二辰は十二の境域だ。(26)

ギリシアの十二宮に相当するが、一方は星座による区分、他方はそれと無関係な区分という点で異なる。したがって、厳密に方位という意味をおびてくる。

十二というのは子から亥までの十二辰である。左伝に「太陽と月の会合するところを辰という」といい、注に「一年に太陽と月は十二回会合する。会合するところを辰という。十一月の辰は星紀(丑)にあり、十二月の辰は玄枵(子)にある」という類がそれだ。これはただ天における方位にすぎない。もし地でいえば、南をむいて立つと、その前後左右にも四方・十二辰の方位がある。ただ、地における方位は一定して変らないが、天における形象はたえず回転している。天の鶉火(午)が地の午の方位にきたとき、地と合致して、天の運行の正をうるのである。(27)

天の方位である十二辰は地の方位に対応しているが、地の方位はそれを基準として一日の時間（真太陽時）をきめることができる。

太陽が午の方位にゆくと午時といい、未の方位にゆくと未時といい、十二時はみなそうだ。[28]月ごとの太陽の所在を示すのが十二辰であるのにたいし、日ごとの月の所在を示すのが黄道二十八宿である。星座による区分という点では、十二宮に対応する。インドには、まったくおなじ原理による二十八宿ないし二十七宿がある。一朔望月の端数を入れるか捨てるかによって、二十八か二十七になる。恒星はある視覚的なまとまりによって星座に分けられる。中国とギリシアに共通する星座は、ほんのいくつかしかない。どの範囲の恒星をひとまとまりと知覚するかは、天文現象と恒星の空間的配置そのものによってあらかじめある程度は規定されるけれども、それ以上に知覚する主体の経験と思想に依存することを、それはよく示すであろう。二十八宿は黄道にそっていて、北斗などをのぞけばいちばん目立ちやすい星座である。それだけに起源も古い。しかし、天文学の発展とともに、全天の星が記述および分類の対象となってくる。こうして星図と星表が作成される。そのばあい、星の位置を記述する基準となるのが、二十八宿である。

記述と分類がおこなわれるためには、あらかじめその全体を秩序づける原理がなければならない。恒星の秩序づけの原理は、古代ギリシア人にとっては神話、すなわち世界の秩序づけの原理であったのにたいし、古代中国人にとっては官僚制、すなわち社会の秩序づけの原理であった。かれらは地上の官僚機構をそっくり天上に投影した。『史記』の「天官書」、天の官僚制の書にそれは体系的に表現されている。中心的な地位をしめる星は太一とよばれる。

また（徐寓が）たずねた、「太一には常居があるといいますが、太一とはどんな星ですか。」

（先生は）いわれた、「これは『史記』のなかで、太一星は帝座であるといっているのが、北極だ。星神の位でいえば太一といい、その所在の場所でいえば北極という。太一は人君みたいなもの、極は帝都みたいなものだ。[29]」

北極に中心的地位をあたえる発想法は、『論語』為政篇に表現されている。「子曰ク、政ヲ為スニ徳ヲ以テス。譬レバ北辰ノ如シ、其ノ所ニ居テ衆星之ヲ共《メグ》ル」。いわば人君たる不動の北辰を中心に、四方にさまざまな距離をおいて衆星、つまり、官僚制的に秩序づけられた群臣が配置される。ところが、朱子は「共ハ向ナリ」と注する。たんに繞《めぐ》るのでなく、向うのである。それがどういう意味をもつか、いかなる発想法のちがいをあらわすかは、あとで指摘する。ちなみに、朱子の門でしばしば北辰にかんする討論がおこなわれたのは『論語』のこの一句をめぐってであり、古典の解釈（このばあいには人間学的立場）と天文学とのひとつのかかわりかたを示唆する。さて、『史記』では太一を中心とする一定範囲の恒星を中官とよび、その周囲の恒星を、二十八宿をもふくめて、東西南北の四つの官に分類する。それぞれの恒星が、その位置にふさわしい地位の官名をあたえられる。ところが唐代以後、分類が変わる。まず二十八宿を東西南北の四方の七宿ずつにまとめ、それに属しない星座は紫微垣・太微垣・天市垣の三領域に区分される。これは官僚制そのものでなく、宮殿の構造との類比である。紫微垣はいわば人君の居住する宮殿、太微垣・天市垣は前庭とその他の宮殿、二十八宿は宮殿をとりかこむ城壁である。したがって、ある意味では秩序づけの原理そのものの変化とみなしてよい。おそらくは官僚機構の変化と官僚制の変質とに対応するであろう。垣とよばれる三つの領域はつぎのように区分される。北極を中心とする七十二度以内、いわゆる「常見不隠」の圏内、もっとわかりやすくいえばほぼ北斗七星をふくむ圏内が紫微垣であり、黄道にそう星座が二十八宿である。ところが、黄道が赤道にたいしてある傾きをもつため、北極と黄道とがずっと離れたところでは、紫微垣にも二十八宿にも属しない星座群がでてくる。それを二分するのが、太微・天市の両垣である。朱子は「北辰弁」を書いて、星座の構成をつぎのように説明する。

紫微にある帝座は、北極七十二度のいつも見えていて隠れない部分をよりどころにしているから、北辰の名称をもち、いつもその場所にいる。天の形体は昼も夜もやすまずに回転しており、北辰がその枢軸をなしている。車輪のこしきみたいなもの、石臼のほぞみたいなもの、動こうにも動けないのであって、故意に動かないのではない。太微が翼(南方七宿の一)にあり、天市が尾(東方七宿の一)にあり、摂提(恒星)が亢(東方七宿の一)にあるみたいに、その南は赤道からの距りもみな近く、その北は北極からの距りもみな遠いから、もとより動かないわけにゆかないし、二十八宿とその運行をおなじくせざるをえないのだ。だから、東へ行ったり西へ行ったり、見えたり隠れたりするばあい、それぞれ度数があって、それを観察するのは、一刻として停止したりしないからである。(30)

太微垣・天市垣は結局二十八宿と同格であり、紫微垣のみ特別あつかいをうけているのが、この文章にもうかがえよう。そこから、ひとつの問題が生まれる。

宋代の星表は紫微・太微・天市・二十八宿の順序で記載される。そして、たとえば『宋史』天文志では、太微垣以下の主要な恒星には経度に相当する入宿度が書かれているが、中央の紫微垣の諸星には入宿度が示されていない。おなじことが、星図にもいえる。朱子の眼にふれる可能性のあった宋代の星図は二つ現存する。ひとつは蘇頌の『新儀象法要』に収められているもの、ひとつは石刻されて伝わった「天文図」である。前者は北宋の制作にかかり、朱子に先立つ。後者の原図はほぼ一一九〇年ごろ、つまり朱子の六十歳のころ制作されたらしい。朱子が前者をみたのは確かであり、後者もあるいはみたかもしれない。ここでは確実な前者のみに限定していい。蘇頌の星図にはふたつの方式がある。ひとつは南北極を中心とする二枚のいわゆる円図によって、全天の星を記載する方式である(図12 a)。入宿度は二十八宿の距星、すなわち測度の基準となる星と北極とを結ぶ経線によって表示される。恒星の入宿度は距星からの度数であらわす。ところがその経線は紫微垣の外囲をしめす圏(およびそれに対応する南極の圏)まででおわっている。もうひとつの方式は、紫微垣のみを円図で、そのほかは赤道を中心線とする方図であらわす方式である(図12 b)。経線は方図にのみひかれている。いずれの方式をとるにしろ、紫微垣の星の入宿度をしめす基準線がない。星表・星図のこの表示方式にたいして、朱子はつぎのような疑問ないし提案をなげかける。かれが星経といっているのは、一般に星表の意味であろうが、星図をも考慮したほうがわかりやすい。

どうでしょう。星経の紫垣はもとよりまっさきにあるはずのものですが、太微・天市が二十八

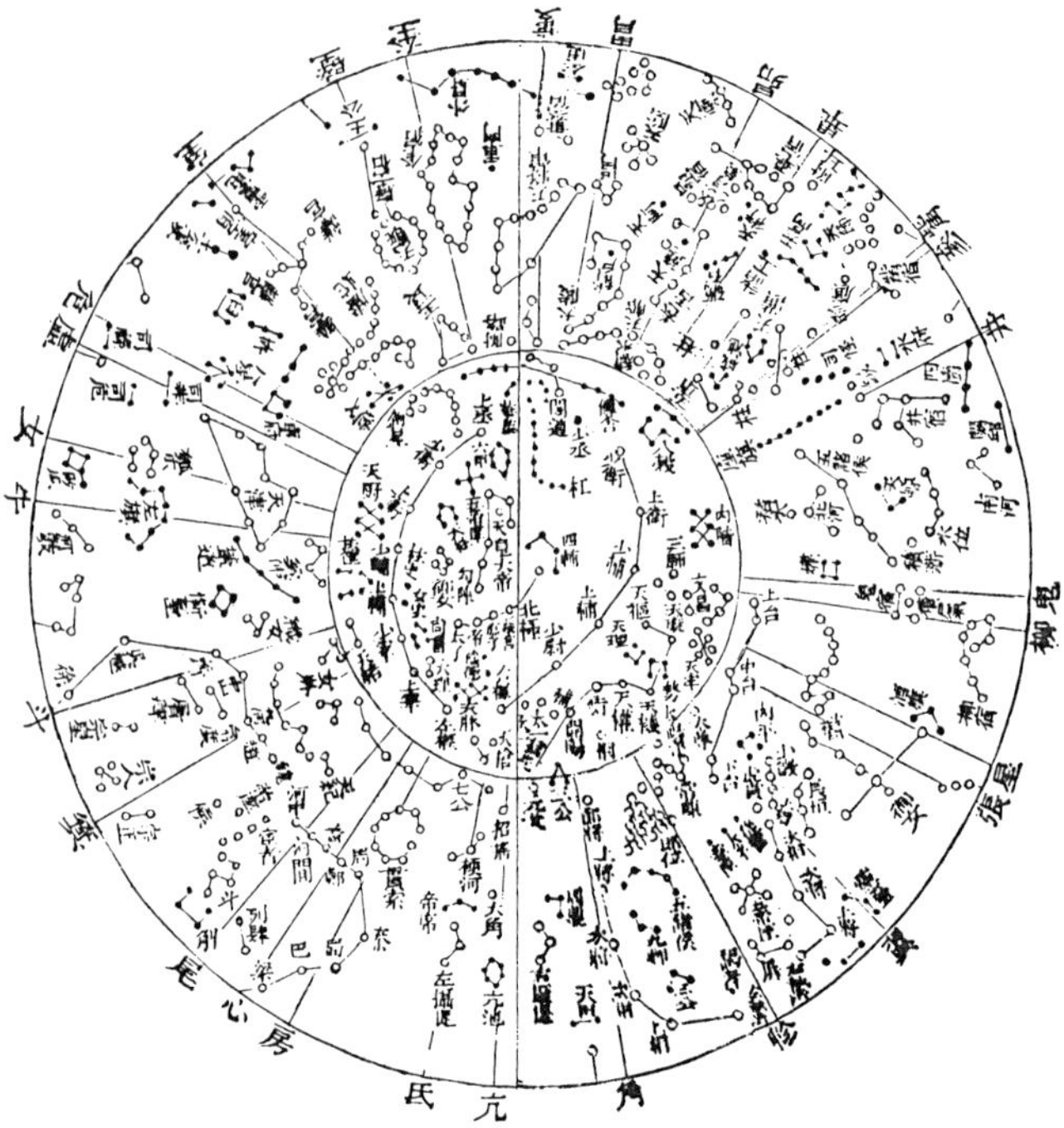

図12a　円図(『新儀象法要』より)

宿のなかにあります。もし、太微・天市を二十八宿の前に列べれば、どうしてその所在を指示するのでしょうか。おそらくつぎのようにいうべきでしょう、紫垣のそば、某星から某星にいたる外側にあり、某宿の何度にはじまり、某宿の何度におわる、と。また、帝座のところを表記するには、つぎのようにいうべきでしょう。某宿の何度にあり、紫垣から何度、赤道から何度距り、垣内の四方からそれぞれ何度距っていて、垣外のどの星と一致する、と。

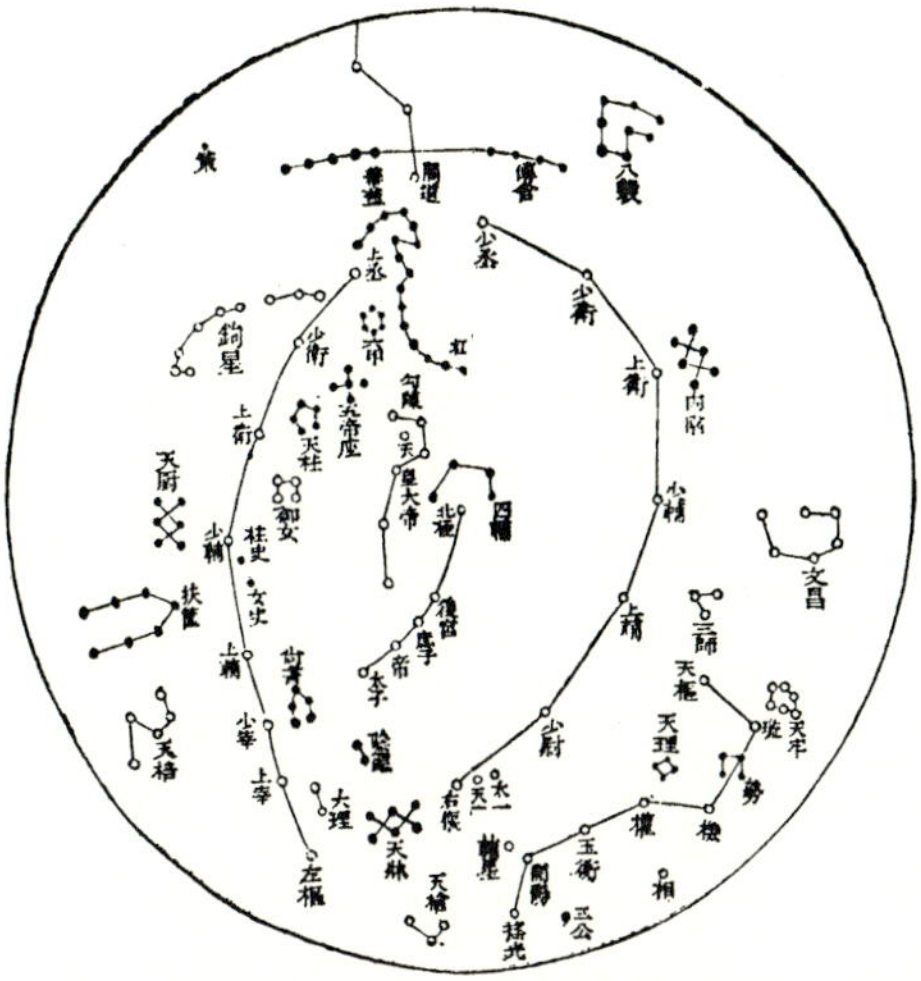

図 12 b　円図と方図
(『新儀象法要』より)

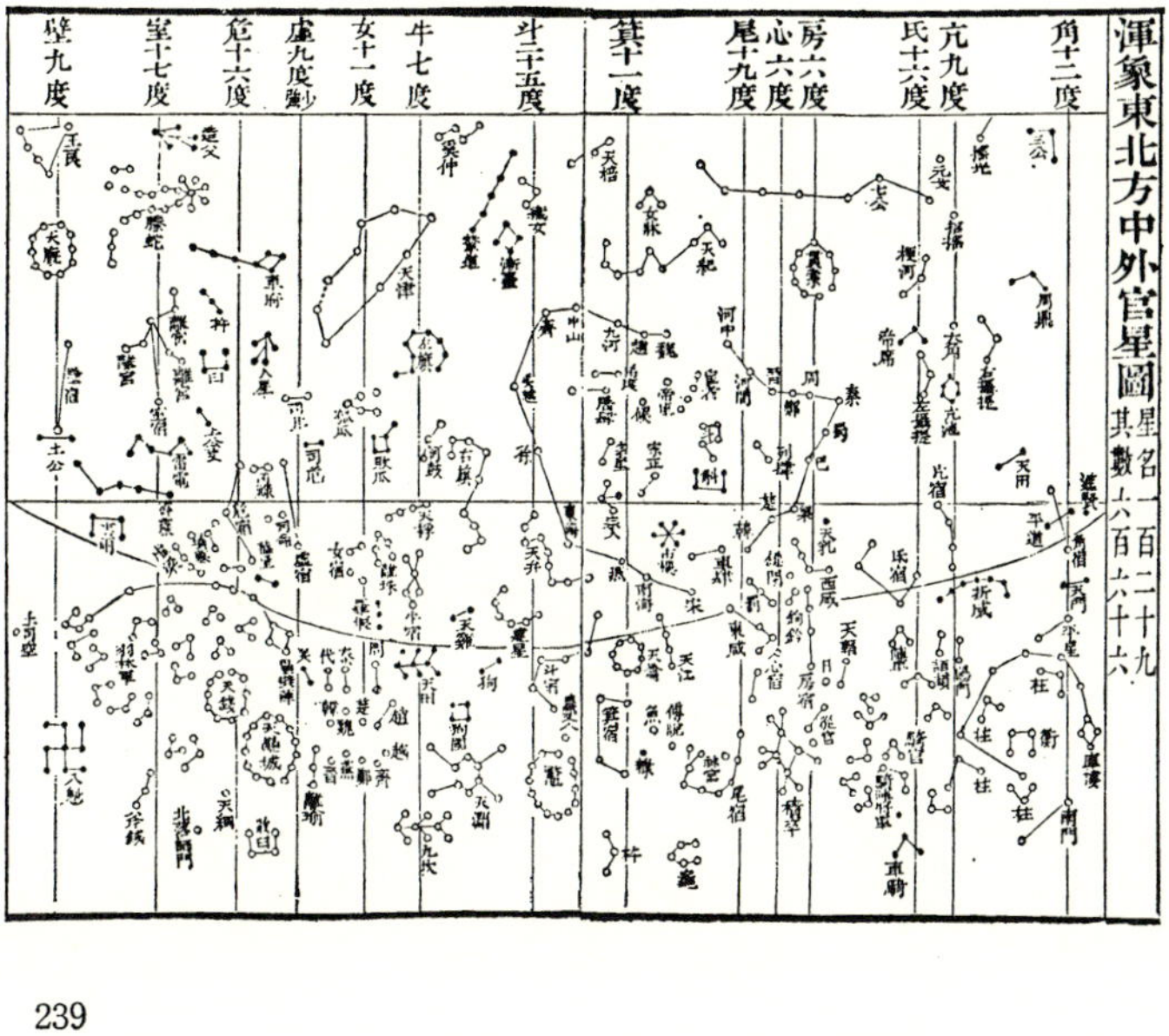

そして、その暮れがたにみえる月、および、暮れがた・明けがた・夜半に南中するはずの月を記すのです。その垣の四方の星も、垣外のどの星と一致する、と注するようにすればわかりやすいでしょう。あなたのお考えはいかがでしょう[31]。

とうぜんの指摘というべきであろう。もっとも、天文学者はもちろん度数の観測をおこなっていたのである。北宋の皇祐年間(一〇四九—五三年)の観測にもとづき、朱子の死後に編集された『文献通考』そのほかの星表には、紫微垣の星についても度数の記載がある。星図そのものについては、朱子はつぎのような見解をしめす。

叔重(董銖)がたずねた、「星図は。」(先生は) いわれた、「星図はたいへん多いが、ただ似せるのがむずかしい。円図はとてもうまく表現できているが、天は彎曲しているのに紙のほうは平たい。方図のほうも両端を縮小できない。」

また(先生は) いわれた、「あいつ(天)は両端が小さく、中心がふくらんでいる。」

また(先生は) いわれた、「三百六十五度と四分の一度は、考えてみると、まさに赤道のことをいったものだ。両端は小さくて、きっと三百六十五度と四分の一度はないだろう[32]。」

最後のことばは興味ふかい。中国で度といえば弧の長さをさす。決して弧をはさむ角をいうのではない。中国でついに球面三角法がおこらなかったことと、それは密接に関係している。度が弧の長さであれば、極に近づくにしたがってそれはとうぜん小さくなる。別のことばでいえば、大円は三百六十五度と四分の一度あるが、小円はない。実際の観測と計算には、赤道上の位置をしめす入宿度にしろ、極からの距りをしめす去極度にしろ、すべて大円上の数値をつかうから、問題はおこらない。それにしても朱子の疑問は、中国における度の考えかたの特質を端的にしめしている。こうした星図の欠陥のために、朱子は恒星の空間的配置を正確に表現する器械装置に関心をよせてゆく。それについてはあとでふれる。

つけ加えておきたいのは、分野説にたいする朱子の批判である。分野説とは、ある特定の国ないし地方とそれに対応する天の九方または十二辰とのあいだに特別な結びつきがあり、その方位の天文現象が対応する地方や国の運命をつかさどるという、一種の占星術的な思想である。占星術は天文学がかなり高度の発展段階に達してはじめて発生する。プルタークの『英雄伝』(ロムルス伝)に、占星術の本質をつたえるみごとなエピソードがみえる。あるローマの哲学者が占星術にこっている数学者に、ローマ建国の英雄ロムルスの生年月日を計算で求めてくれ、とたのんだ。生年月日がわかれば生涯の事業がわかるというなら、逆に既知の生涯の事業から生年月日を算出できるはずだ、というのである。こうした思考法とかなり精密な天文計算法がなければ、占星術は成立しない。前提の非合理性をのぞけば、きわめて合理的な技術であった。その前提はおそらく星への古い信仰に由来していよう。分野説の文献的な最初のあらわれとされるのは、『春秋左伝』昭公元年その他の記事である。しかし、体系化されるのは戦国時代もかなりすすんでからであろう。そして、歴代の「天文志」にますます精緻化されつつ記載されてきた。それにたいして、朱子は批判する。

分野の説ははじめ春秋のときにあらわれて、『漢書』天文志に詳しい。ところが、いま『左伝』にみえる大火辰星の説は、ただその国の祖先がかつてこの二つの星の祭りを主宰したのにちなんだにすぎない。そのときには、まだいわゆる趙・魏・韓はなかった。それなのに、のちの占星術者がよく当るのは、さっぱりわからん(33)。

国家占星術としての分野説の起源にかんするかれの指摘は、やはり鋭い。ここに光っているのは、歴史家の覚めた眼である。

左旋説

朱子の宇宙論と天文学の接点に位置するのが、太陽・月および五惑星の左旋説である。すでに引用したことばのなかに、「天ノ過グル処ハ便チ日ノ退ク処」であるという表現があった。天を基準にとれば「日ノ退ク処」、太陽を基準にとれば「天ノ過グル処」、それが一度という測度の単位の現象的な起源である。測定の基準点と太陽との相対的な距離なのだから、どちらの表現でもよい。だが天文学者はそうは考えない。天(測定の基準点)と太陽(および月・五星)とは反対の方向に運動すると主張する。いわゆる天左旋・日月星辰右行説(以下右行説と略記する)である。朱子はそれにたいして、張横渠の提唱した天左旋・日月星辰左旋説(以下左旋説と略記する)を対置する。それによってはじめて生成論と構造論、さらには数学的理論とが統一されるのである。

すでに前章で詳しく述べたように、朱子もはじめから左旋説の支持者だったわけではない。一一七七年、四十八歳のときに著した『論語或問』と『詩集伝』のなかでは、天文学者の右行説をそのまま採用している。『詩集伝』の文章で、それをもう一度、確認しておこう。

暦法は、周天が三百六十五度と四分の一度で、地を左旋し、一昼夜すれば一周運行して、さらに一度行き過ぎる。太陽や月はみな天を右行し、一昼夜すれば、太陽は一度運行し、月は十三度と十九分の七度運行するから、太陽は一年で天を一周し、月は二十九日あまりで天を一周する。また太陽に追いついてそれと会合し、一年に十二回ほど会合する。(34)

わたしの推定に誤りがなければ、一一九〇年ごろ横渠の説をうけいれて以来、断固として左旋説を主張しつづける。一一九〇年の陳淳の記録にいう。

天・太陽・月・星はみな左旋するが、ただ速さがちがう。天の運行はいっそうはやく、一昼夜に地のまわりを三百六十五度と四分の一度周って、さらに一度進み過ぎる。太陽の運行はやや遅く、一昼夜に地のまわりをちょうど一周して、天より一度退くことになる。一年たってはじめて天とちょうどあう位置にくるのを、一年で天を一周するという。月の運行はさらに遅く、一昼夜で地のまわりを回ることができず、天よりいつも十三度と十九分の七度退き、二十九日半強たってちょうど天とぴったりあう位置にくるのを、一月で天を一周するという。(35)

朱子は死にいたるまで、左旋説をくりかえし弟子に語った。その内容も基本的にはほとんど変化していない。たとえば、陳淳と黄義剛の記録する死の前年、一一九九年のことばを引用しよう。

(陳淳が)たずねた、「天道は左旋して西から東へゆき(東から西への誤記であろう)、太陽や月は右行するというのは、どうですか。」

（先生は）いわれた、「横渠の太陽や月はみな左旋するというのが、うまいいいかただ。というのは、天の運行はきわめて強健であり、一昼夜に三百六十五度と四分の一度周って、さらに一度進み過ぎる。太陽の運行の速さは天に次ぎ、一昼夜に三百六十五度と四分の一度周って、ちょうどぴったりだ。天が一度進むのにくらべれば、太陽は一度退くことになる。二日で天が二度進めば、太陽は二度退くことになる。三百六十五日と四分の一日積みかさなると、天の進み過ぎる度もちょうどその数を周るし、太陽の退く度もちょうどその数を退いてしまうので、そこで天と会合して一年となる。月の運行は遅く、一昼夜に三百六十五度と四分の一度を行ききれず、天より十三度あまり退いてしまう。進む数なら天に順って左へゆくことになり、退く数なら天に逆って右へゆくことになる。天文学者は進む数では計算しにくいので、退く数だけで計算する。だから、それを右行といって、太陽の運行は遅く、月の運行は速いというのだ。そうであれば、太陽の運行のほうはそれで正しい(36)。」

ふたつのことばはちょうど十年をへだてているが、その間、表現まで一貫している。似かよったことばが数多く、主として『朱子語類』巻二に集録され、また『楚辞』天問の注にも最晩年の見解が示されているが、批判の要点は以上につきる。さらに引用する繁にたえないし、その必要もない。いくつかの問題点にしぼって検討をすすめよう。

朱子によれば、天文学者が右行説を主張するのは、たんなる計算の便宜のためにすぎぬ。いま引用した文章にも、進む数では計算しにくいから、退く数だけで計算して、右行と呼ぶのだ、ということばがみえるが、かれはその点をさらに明確に、こう指摘する。

天はもっとも強健であり、一日に一周して一度行き過ぎる。太陽の強健さは天に次ぎ、一日にちょうど三百六十五度と四分の一度運行する。ただ、天より一度退くことになる。月は太陽よりたいへんのろくて、天より十三度余り退くことになる。しかし、暦家は退く度数だけを計算して、逆に太陽は一度運行し、月は十三度余り運行する、という。これが省略法だ。だから、日月五星が右行するという説がでてくるが、実は右行するのではない。横渠はこういっている、「天は左旋し、その中に位置するものはそれに順うが、いくらか遅いから、かえって右へゆくのだ」、と。この説がいちばんよい。(37)

ここで省略法と訳したもとの用語は「截法」だが、それは計算の便宜上、あるいは、なんらかの必要上、適当な基準を設ける手法を意味する。このばあいの用法に近い例でいえば、時速一〇〇キロメートルと九〇キロメートルで地上を平行して前へ進む列車があったばあい、地上を基準にせず、速い列車を基準にして、遅い列車は時速一〇キロメートルで後へ進む、とみなすのが截法である。だから、右行説で、たとえば月は十三度半だけ右へ進むと表現するとすれば、左旋説では、基準点からそれとは逆まわりに測って、三百五十一度と四分の三度だけ左へ進むと表現しなければならない。そこで、朱子はいう。

ただ、天文学者が右旋で説明するのは、太陽と月の度数がわかりやすいほうを採ったにすぎぬ。(38)

また、こうも指摘する。

> 天文学者がもしこう説明すれば、距る分の度数の大きいのを計算することになる。いまは近い分でいうから、計算しやすい(39)。

截法はあくまで計算の便宜のための手法にすぎない。朱子はそうした計算法の使用を批判しているのではない。運動の相対性を知らず、それをそのまま実際の天体の運動とみなすことに反対しているのである。構造論を生成論と統一するという観点からいえば、気である天と気中に存在するすべての天体とは、同じ方向へ左旋しているのでなければならず、したがって、

> 天文学者がゆっくりというのは逆にはやく、はやいというのは逆にゆっくりしている(40)。

のでなければならない。それが天の構造であり、実際の天体の運動なのである。

だが、批判さるべきなのは、はじめに計算しやすさを選んだそのことよりも、ひとたびそうしたやりかたが確立されると、それにもたれてあえてのり超えようとしない天文学者の態度である。伝統的な手法のうえにあぐらをかく専門家を、朱子は仮借なく批評する。直接に右行説にむけたものでなく、つぎに述べる恒星年にかんしてだが、朱子はいう。

> わかっていないのではなく、べらべらやったあげく、口からでまかせに説き、「習イテ察《ツマビ》ラカナラズ(41)」で、ちっとも詳しく点検しようとしないからだろう。

そうした因循姑息な伝統を克服するには、どんな見かたを導入すればよいのか。かれはつづけていう。

「いまかりに天の内側をみれば、三百六十五度と四分の一度運行するだけだが、もし天の外側を説けば、一日に一度行き過ぎるのだ。蔡季通がかつてこういっていた、「太陽と月を論ずるときは、天の内側にあるものとして論じ、天を論ずるときは、宇宙空間の内側にあるものとして論ずる。もし宇宙空間へ行ってあの天を見れば、ちゃんと太陽と月は回転して、もとの場所には存在しない」とな。」

先生はここまでくると、手で輪を描いていわれた、「たとえば、今日この場所にあるとして、明日はちゃんとまたすこし回転しており、もはやもとの場所には存在しない。」(42)

天と天体の運動を宇宙空間に視点をおいて捉えようとするかれの志向が、そこにあざやかに表現されている。恒星の空間的配置が地上の記述の基準系からみて三百六十五度と四分の一度回転するというのは、宇宙空間の外側にとった基準系からみれば一度行き過ぎるということなのだ。そうかれがいうとき、具体的になにを考えていたのか、よくわからない。地球が一日に一度だけ回転すると考えていたのかも知れないし、そうでないかも知れない。たしかなのは、その主眼が運動の相対性の強調にある、ということだ。地上に座標系の原点をとったばあいと、宇宙空間のどこかに座標系を置いたばあいとでは、天体の運動の記述が異なってくる。われわれはつねに、その相対的な視点を忘れてはならぬ。だから、太陽が一日にちょうど三百六十五度と四分の一度回転するといっても、宇宙空間のどこかに置いた座標系からみれば、決してもとの場所に帰ってくるのでなく、たえず場所的な移動をおこなっているのだ。朱子が天文学者に求めたのは、こうした構造的かつ相対的な把握であった。宇宙論的視野に立つ左旋説と天体運動の遅速にかんする思索が、疑いもなく、この把握のしかたを生みだしたのである。しかも、そうした見かたにたつ暦計算法がたしかに存在するらしい。

蔡季通の話だと、西域の九執暦では順行とみなして計算しているそうだ(43)。『大唐開元占経』に収める九執暦には、右行左旋の議論はない。蔡季通はどうしてそれを「順算」と理解したのだろうか。だが、さしあたって重要なのは、左旋説にもとづく暦法の可能性にたいする確信を、それはおそらく朱子に強めさせたであろう、ということである。

朱子の批判と新しい視点の提示とが明らかになったとしても、なおかれの主張に問題がないわけではない。太陽が一日にちょうど一周天する、つまり、恒星年でなく太陽年を一年の長さとして採用しようという主張は、左旋説と直接にはつながらない。天がちょうど一周天する恒星年であってもさしつかえないからである。いま述べたように、朱子は両者の関係を相対的に捉えていたけれども、この点では決してゆずらなかった。そこにはべつの要因がはいりこんでいる。

黄義剛がいった、「伯靖(蔡淵)の考えでは、天は一日に一周し、太陽は一度追いつけないのであり、天が一度行き過ぎるのではない。」

(先生は)いわれた、「その説はいけない。もし天は一日に一周すると考えるならば、四季に南中する星はちがうことがどうしてありえよう。またそうであれば、一日一日がおなじであって、どうして年を区切るのか。いつを区切りにするのか。もし天は行き過ぎないで、太陽は一度追いつけないと考えるなら、ずれが積み重なって、正午になろうというときに真夜中の太鼓を打つことになる。[44]」

朱子は常用暦と天体暦の統一、前者への後者の従属を主張したのである。かれには自然学をその思想体系から独立させる主観的意図はなかった。それどころか、自然学はもともと人間学の基礎づけとして要請されたのだった。そのかぎり、天体暦といえども、社会的実践の有効性に従属しなければならぬ。社会生活の維持に必要な常用暦が、暦法の基本でなければならぬ。朱子学体系としての一貫性と、自然学としての限界性が、そこにはしなくも露呈しているといえよう。

左旋説が張横渠にもとづくように、太陽は一日に一周天するという説にも、それを支持する典拠があった。晩年にこう述懐している。

わたしの理解はそうだった。あとでわかったことだが、『礼記』の説はそれと暗合している。[45]『礼記』の説が具体的になにをさすかは、べつのことばに明らかである。

そこで『礼記』月令の疏をとりだして、そのなかの「早晩同ジカラズ」および「更ニ一度ヲ行ク」を説明した二か所をさしていわれた、「これは説明がたいへんはっきりしている。ほかの暦書はみなこうは説明しない。[46]」

「早晩不同」という表現は『礼記』月令、季冬之月の「星ハ天ヲ回ル」の疏にみえる。二十八宿は天にしたがって運行する。毎日天をちょうどひとまわりするが、「朝晩における恒星の配置はおなじでない」。ところがこの季冬の月までくればまたもとの位置に復帰し、去年の季冬の月と朝晩におけるそれが相似してくる。だから「星ハ天ヲ回ル」といったのだ。[47]「正義」はそう注釈する。「更行一度」は「月令」の冒頭の疏にみえる。『考霊曜』の注にいう。いったい二十八宿および諸星はいずれも天にしたがって左行し、一昼夜で一周天して、一周天のほかに「さらに一度行く」。合計して一年に三百六十五度と四分の一度になる、と。ここまで読めば左旋説みたいだが、諸星とは二十八宿に属しない恒星をさす。日月五星は右行する、太陽は一日に一度、月は一日に十三度と十九分の七度云々、とつづくのである。[48]朱子はそこから「さらに一度行く」というところだけをとったのだった。かれが天文を論ずるばあいよく引用し、弟子にもすすめた文献には、「月令」の疏のほか『書経』の「璿璣玉衡」の疏があった。『礼記』にしろ『書経』にしろ、孔穎達の「正義」は一般に四分暦の数値をつかって天文を説く。そこにはしばしば、六暦・諸緯書と『周髀算経』とはいずれもいう云々、といった表現がみえる。それらはみな四分暦の一種であるか、その数値を採用した書であり、天文関係の疏はほとんどそれらの引用からなりたっているといってもいい。四分暦は古典注釈学とわかちがたく結びついている暦の体系であった。朱子がその数値によったのもこの伝統のうえにたつ。かればかりではない。たとえば同時代の思想家陸象山(陸九淵、一一三九―一一九二)も、おなじく四分暦の数値によって天文を語る。ただ、朱子のばあい、たんなる伝統への依拠にとどまらぬ積極的な意味を担っていたこと、すでに指摘したとおりである。

(2) 月と太陽の現象

月の満ち欠け

さまざまな天文現象のなかでも、人間の生活に直接にかかわるのは太陽と月の現象である。太陽は地上のあらゆる生物に、したがって人間に、一年と一日の生活のリズムをあたえる。月は人間に、その長すぎるリズムと短すぎるリズムの中間のあるリズムをしめす。三つのリズムのもっとも正確かつ適切な組合せをつくりだすのが、暦法の仕事である。太陽と月は、農業社会の天文学の主要な研究対象となる。とはいえ、ひとはただそれだけのものとして、太陽と月をみつめてきたのではない。とりわけ月の満ち欠けと日月食は、思想領域において、重要なシンボル機能をはたした。満ち欠けする月は古代人にとってしばしば死と再生のシンボルであった。月にいかなる道徳的資質があって、死んでまた再生するのであろうか。詩人屈原が「天問」にそう書いたとき、かれに自然研究者のひややかな眼が光っていたのではもちろんない。だが問いは、それがすぐれて発見的な意味をもつならば、問うものの志向をこえて多様な思想的個性の思索をときはなつ。「天問」は思想家たちの書となる。自然と神話と歴史についての屈原の問いに対決する作業をとおして、かれらは自己の思想的な営みをもういちどたしかめる。朱子にとってそれは最後の仕事であった。さきの屈原の問いにかぎろう。朱子に先立つ唐の柳宗元(七七三―八一九)は答える。太陽の光は比較を絶する。ただ月は明るくなりきってしまえば、魄(暗い部分)を生ずる。明と魄とは遠くへだたっていてもなお一つである。どうして死と再生を語りえよう[50]、と。朱子におくれて明の王廷相（一四七四―一五四四）は答える。月は光を太陽にかりる。太陽と月が相対すればつねに満月である。ひとがその中間にいなければ、ときに見えないこともある。月が太陽から遠ざかればしだいに光り、太陽に近づけばしだいに魄《くら》くなる。視野に正面と背面とがはいってきて、盈虧の現象がおこる[51]、と。このふたつの時代、ふたりの思想家にはさまれて、朱子は「天問」の注のなかに、かれの思索のいとロを書きとどめる。

だから、ただ近世の沈括の説が、はじめて説明できた。沈括のことばにこうのべているからである。月はもともと光らない。銀球みたいなもの、太陽がそれをてらして光るだけだ。光りが初めて生ずるとき、太陽はそのそばにあるから、光はかたよっていて、わずかに鉤形のように見える。太陽がしだいに遠ざかれば、斜めに照らして光はすこしずつ満ちる。だいたい、弾丸みたいなもの。その半分に粉をぬって側面からみれば、粉のところは鉤形みたい、正面からみればまんまるである、と。

近年、王普はさらにその説を敷衍していう。月が光を生ずる夜は、ただその鉤形がみえる。太陽と月が望みあい、ひとがその中間にいるとき、はじめて全体の光が見える。神人がいて高い空をわたり、太陽と月のそばに行ってその中間に身をおけば、弦や晦のときでも、きっとその全体の光を見ることができて、望の夜にかわりあるまい、と。

これからみて、月光はつねに満ちているのがわかる。ただ、人の立っている場所から見ると、

偏っていたり正面であったりするから、その光は満ちたり欠けたりする。ひとたび死んでまた
　生まれるのではない。(52)

沈括の説は『夢渓筆談』にみえる。(53) 王普(生没年不詳)も宋の天文学者、『官暦刻漏図』二巻の著作がある。月の満ち欠けが太陽によるのは、すでに漢代から指摘されていた。「月令」疏にはいう。先師によれば、太陽は弾丸、月は鏡体に似る。月も弾丸に似るとするひともある。太陽の照らすところは明るく、ほかは暗い(54)、と。だが、適切な比喩で手にとるように説明したのは、沈括が最初である。満ち欠けへの朱子の理解は宋代天文学の水準にたつ。だからかれは、古人にたいして容赦なかった。

　そこで(先生は)いわれた、「「礼運」のことばに、「五行ヲ四時ニ播《シ》キ、和シテ後、月生ズ」とみえる。そうとすれば、気が不調和のときには月はない。そんな道理はあるまい。「三五ニシテ盈チ、三五ニシテ闕ク」という以上、そこではきっと理によって推論してなどいない。理によって推論すれば、満ち欠けというものはない。結局、古人はやはりそれほど詳細には事物を追求しなかったようだ。」

　あるひとがいった、「おそらく原初に月ができた時をいっているのでしょう。」

(先生は)いわれた、「そうともいえぬ。(55)」

自然学において、朱子は決して古典の権威に盲従するひとではなかった。

　満ち欠けについても、『朱子語類』巻二に多くのことばが記録されている。だが、その内容はほとんど重複する。ただ、「天問」の注の文章にはぜひふれておきたい。『語類』にみえる朱子の議論を

おさえなければ、確実に誤解されるだろうからである。そのなかで、朱子は楊雄の『法言』五百から引用する、「周ノ士ヤ貴、秦ノ士ヤ賤、周ノ士ヤ肆、秦ノ士ヤ拘。月ハ未ダ望ナラザレバ魄ヲ西ニ載《ノ》セ、既ニ望ナレバ魄ヲ東ニ終《ツ》クス、其レ日ニ遡《ムカ》ワンカ」と。楊雄を腐儒と罵倒する[56]かれも、このことばには心を動かされるところがあったらしい。素直によむかぎり、楊雄の言はまちがっている。望以前には太陽は月の西にあり、月面の東が魄、つまり暗い部分となる。しかし、楊雄は後漢の渾天学派の論客である。どう解すべきか、説は古来まちまちであった。たとえば、李軌（三一七ごろ）の古注は載を始に、魄を光によむ。司馬光（一〇一九―一〇八六）は魄を朏、つまり鉤形の月によむ。いずれも魄の意味が逆になる。[57] あるとき、朱子はこれをとりあげて質問した、「学生諸君、どうだね」。朱子があたえた回答には、注目すべき発想法がみられる。朱子によれば、「月ハ未ダ」以下の二句は最後の一句にかかり、太陽がほんとうの主語である。それは社会関係をモデルとする自然の解釈にほかならぬ。

　また秦周の士は貴・賤・拘・肆、いずれも上位の人に繋《か》かっていた、という。ちょうど月の載魄・終魄がみな太陽に繋かっているように。だから、「其レ日ニ遡《ムカ》ワンカ」といった。載《の》せるも終《つ》くすもみな太陽に向かうのだ。[58]

自然の解釈がその時代の社会関係の表現でもありうるとする観点において、さらに、太陽に繋かり、太陽に向かう月という発想において、それはわたしの関心をそそる。前者は、朱子がひとつの思想を歴史的に相対化する能力をもっていたのを、示唆する。後者は、解体した周代封建制にかわる社会構成の原理として形成された官僚制的諸関係を、かれが典型的に絶対主義的な発想において把握していたのを、示唆する。いわば「太陽王」的な発想であり、北辰のまわりを衆星がめぐるという周代封建制的発想法と対蹠的である。そのばあいも、かれは「共ハ向ナリ」と注したのだった。朱子はこの発想法に、おそらく自負するところがあった。「天問」の注に「腐儒」揚雄の言をあえて引用させたのは、この自負であったろう。ともあれ、朱子の解釈を要約すればこうである。理解の鍵は載の字義にある。載は「加載《のせる》」の載である。望以前なら太陽は月の西に位置し、その光は月の西面において魄に載《の》る。やがて太陽と月はすれちがい、その相対的な位置をかえる。既望になれば太陽は月の東に位置し、その光は月の東面において魄にのり、魄を終くす。載るのも太陽が載せ、終きるのも太陽が終くすのである。[59] この解釈を前提すれば、『楚辞集註』の文章はつぎのように理解しなければならない。すなわち、屈原の問いに、

答えていう。天文学者はむかしこう説いている。月は朔のとき太陽からしだいに遠ざかるから、魄が死んで光が生まれる。既望のとき太陽にしだいに近づくから、魄が生まれて光が死ぬ。晦から朔になるとき、また太陽から遠ざかって、光がまた生まれる。いわゆる「死シテ復タ育ツ」のである、と。この説は誤っている。もしほんとにそうなら、望になるまえは西は近く東は遠くて、はじめて生まれる光は月の東側にあるはずだ。既望ののちは東は近く西は遠くて、まだ死なない光が月の西側にあることになる。どうして「未ダ望ナラザレバ魄ニ西ニ載リ、既ニ望ナラバ魄ヲ東ニ終クシテ、日ニ遡《ムカ》」って光るだろうか。[60]

遠ざかるから光が生まれるというのを、遠いほうに光が生まれるとすりかえている。「礼運」の句に反論したのとおなじ論法である。相手の論法を表面的に延長していって、誤謬を一挙に拡大してみせる。たしかにそれは朱子の舌鋒を鋭くする。しかし、強引であるにはちがいない。朱子の独創性のいくらかは、それにかかっている。

食と地の影

朱子は古代の、あるいは、俗信としての日月食災異観を一笑に付した。もっとも、そのころの知識人が災異観をまともに信じていたなどと考えるのは、あまりにも素朴すぎよう。たとえば、北宋末の徽宗は、宣和元年(一一一九年)三月二十三日に、つぎのような詔勅を発している。

太陽と月が黄道を運行し、掩蔽するときには、ひとが下から見ると、南北・高低のちがいができるから、それを食という。月は太陽の光をかりているが、太陽の照らさない場所を運行するのも、また食という。太陽や月の光は、はじめから欠けているのでなく、ひとが見るとそうみえるのであろう。古人が暦で運行を推算し、期日に先立ってそれを定めたのは、実際に定った数だからである。しかしながら、太陽は陽であり、「人君ノ象」(『晋書』天文志)である。陰に掩蔽されたとなれば、慎しまないわけにはゆかぬ。そこで、「鼓ヲ社ニ伐チ」(『春秋左伝』文公十八年)、「嗇夫馳セ、庶人走リ」(『書経』胤征)、「以ッテ其ノ道ヲ財成シ、其ノ宜ヲ輔相」(『易』泰卦象伝)したのである。

いま、史官のいうところによれば、正陽の月に「日、之ヲ蝕スル有リ」(『春秋』)。朕は天道を「欽明」(『書経』堯典)し、「若古ノ訓」(『書経』呂刑)はあえてなげやりにしたりはせぬ。尚書省に先後の故実を詳しく具申させ、旨をくんで施行させ、中外に布告させ、あまねくそれを知らしめよ(61)。

要するに、日月食の原因もわかっているし、計算して予測することもできるのだが、太陽は君主のシンボルなのだから、儀式だけはむかしどおりやる。その旨を万人に周知させよ、というのである。詔勅としては、おそらく画期的なものであろう。天子さえもがこうした詔勅を下すにいたったところに、わたしたちは宋代の精神のありかたをまざまざとみてとることができる。

朱子はあるとき、この詔勅に言及していう。

日月食はみな陰陽の気の衰えだ。徽宗朝がかつて下した詔書に、「これは定数であり、災異とするに足りぬ」、という。古人はみな暦に明るくなかったからだ(62)。

こうした批判をささえるかれ自身の認識はどうであったか。沈僩の記録する、もっとも晩年の説を引用しよう。

会合するとき、太陽と月はその黄道と赤道の十字路の交点でたがいに出くわす。望のとき、月と太陽はちょうど向いあう。もしひとつが子にあれば、ひとつは午にあり、みな度が同じだ。たとえば、月は畢の十一度にあり、太陽もやはり畢の十一度にある。その度は同じとはいえ、南北に向いあう。太陽が朔に食するわけは、月はいつも下にあり、太陽はいつも上にある。会合するからには、下のほうにある月に太陽が遮られる。だから太陽は食する。望のとき月が食するのは、むろん陰があえて陽に対抗するのだ。ところが、天文学者はまたそれを暗虚とよぶ。火と太陽は外が影《ひか》り、その中は実は暗いからであろう。望のときには、その中の暗いところに真向から対する。だから月は食する。(63)

日月食の構造論的かつ光学的な説明をおこなったのは、中国では朱子がはじめてである。その意義は十分強調されなければならぬ。沈括は月の満ち欠けをボールの比喩で説明した。しかし、食については、構造論的な説明をあたえながらも、光学的にはきわめて不十分にしか説明していない。すなわち、かれはいう。

黄道は月道と二つの環のように重なりあっていて、すこしくいちがっている。いったい、太陽と月が同じくひとつの度にあってたがいに遇すれば、太陽はそのために食し、ひとつの度にあってたがいに対すれば、月はそのために欠ける。同じくひとつの度にあるといっても、月道が黄道に近づいていなければ、おのずと侵しあわない。度を同じくするうえに、黄道と月道の交点に近づいているとき、太陽と月が向いあってこそ、掩蔽しあうのである。(64)

太陽と月の軌道の大きさはほとんどかわらないが、月の軌道のほうがやや小さく、すこし傾斜しながら内外に重なりあっている。この傾斜した軌道の交点のいずれかにおいて太陽と月が「相遇」するとき、日食がおこる。二つの交点の一方に太陽、他方に月がきて「相対」するとき、月食がおこる。沈括のいおうとするところは、おそらくそうであろう。しかしこれでは、日食のばあいはいいが、月食がなぜおこるのかわからない。すくなくとも、月が地の影に入るという考えは沈括にはなかった、とみていいだろう。朱子は沈括をのりこえ、両者の相違をつかみだす。その最後の到達点を、右の引用文はしめす。それにしても、満ち欠けの説明の明晰さにくらべれば、ひどく混乱している。そこにはあきらかに誤りがふたつある。ひとつは、食が黄赤道の交点でおこるとするところである。もちろん黄白道の交点でなければならない。しかし、これは朱子がそのとき、うっかり赤道と白道を混同したのであろう。あるいは、記録者のあやまりかも知れぬ。もうひとつは、月食の説明である。一般的にいえば、日食よりも月食のほうがはるかに理解が困難であった。事実、朱子もまた苦渋している。にもかかわらず、それは見すごせない問題をはらんでいる。月食への理解をさまたげつづけた朱子の独自の説が、そこにあったのである。

最初、朱子は日食を『詩経』の「正義」にみえる説によって理解していた。『詩経』小雅の「十月之交」の疏にいう。太陽と月は毎月会合するけれども、月は日道の表にあったり裏にあったりするから、食しない。食するには、月と太陽とが同じ道にいる必要がある、と。[65] また別にいう。日月交会の術ではおよそ百七十三日あまりを限(交会から交会までの日数)とする。太陽と月はそれぞれ固有の道を運行し、朔になって会合しても道に表と裏がある。月がさきに裏にあれば、限に食することが多い。月がさきに表にあれば、限に食することが少ない、と。[66] 日食をのべたこのふたつの文章はやや意味をことにするが、いまはふれない。問題は表裏である。『晋書』律暦志下に、「月ハ日道ノ表裏ニ在リ」とみえる。表裏は黄道の上下、つまり、月が黄白道の交点の北にあるか南にあるかを示す術語である。『詩経』の「正義」でもおなじ意味につかわれている。しかし、朱子はさらにつっこんで、構造論的に把握しようとする。廖徳明あての書簡である。

その合朔のとき、太陽と月は同じくひとつの度にある。その望日のときは、太陽と月はもっとも遠ざかって相対する。上弦下弦のときは、近づくこと周天の四分の一、遠ざかること周天の四分の三である〔太陽が午にあれば、月が卯にあったり酉にあったりする類がそれである〕。だから、合朔のとき、太陽と月の東西は同じくひとつの度にあるけれども、月道の南北が太陽からやや遠ざかったりすれば、食しない。南北はまた近づいたりしても、太陽が内側にあり月が外側にあれば、食しない。それはちょうど、一人が燭をもち、一人が扇をもってすれちがうみたいなもの。一人が内側から見ると、その両人がたがいにやや遠ざかれば、扇が内側にあり、燭が外側にあっても、扇は燭を掩蔽できない。あるいは、燭をもつ者が内側におり、扇をもつ者が外側におれば、近づいていても扇は燭を掩蔽できない。そこから推測すれば、だいたいわかる。この説は『詩経』の「十月之交」にあり、孔穎達の疏がきわめて詳しく説いている。李迂仲もひろく引証する。あわせて検討してみるがよい。その説がつかめるはずだ[67]。

李迂仲の引証とは、宋の李樗の『毛詩集解』をさす。鄭玄、孔穎達、『唐書』などの文章をひくが、独自の説はない。朱子は「正義」にみえる説を、燭・扇の比喩でありありとえがいてみせたのである。たしかに、太陽が月の外側に位置したり内側に位置したりするとみなすのは、まちがっている。太陽の軌道と月のそれの構造論的な把握ができていない。にもかかわらず、表裏を南北すなわち内外と捉えることによって、光学的な説明へと、それまでの限界を一歩ふみこえはじめているのだ。ふみこえようとして、かれは混乱している。というよりも、明晰であろうとする志向が、単純化のあやまちへと導いている。内容的にみて、あまりへだたらぬ時期であろう、『史記』天官書にみえることば、「日月薄リテ蝕ス」をとらえて、いう。

「日月薄リテ蝕ス」とは、両者が交会するばあいにほかならぬ。両者がぴったり会合するから、その光が掩いかくされるのだ。朔のばあいは日食になり、望のばあいは月食になる。いわゆる「前ニ紓ビ、後ニ縮ミ、近ヅクコト一、遠ザカルコト三」は、たとえば東から西へゆき、しだいに近づいていって、太陽が月のそばを運行したり、月が太陽のそばを運行したりしても、掩いかくさないときは、みな食しない。ただ、月が太陽の外を運行し、太陽を内に掩いかくせば日食となり、太陽が月の外を運行し、月を内に掩いかくせば月食となる。食分の数値も、それがどれだけ掩いかくすかを推測するにすぎない(68)。

つまり、日月食を構造論的にも光学的にもまったくおなじ現象とみなしているのだ。朔望における日月の相対的な位置については、もちろん正確な知識をもっていたのだから、光学的立場と構造論的立場が、ここではまだ引き裂かれているとみるほかはあるまい。あとに引用したのは、一一九〇年の周謨の記録である。『夢渓筆談』にみえる沈括の説が、たしかにこの混乱を助長しているようにみえる。

一方、日食と月食の光学的なちがいを明確にしようとする志向を、朱子ははやくから示していた。

『詩集伝』にいう。

晦朔に太陽と月が会合するとき、東西が度を同じくし、南北が道を同じくするならば、月は日を掩って、日がそのために食する。望に太陽と月が相対するとき、度を同じくし道を同じくするならば、月は太陽に対抗して、月がそのために食する。これにはすべて恒常的な度数がある。[69]

この考えかたは、一一九〇年代のはじめまで、ほとんどそのまま維持される。童伯羽の記録することばを引用しよう。童伯羽は一一八九年から一一九〇年にかけて師事し、おそくとも一一九一年四月には、朱子のもとを辞している。

日食は太陽と月が会合するばあいであり、月が太陽の下にあるか、もしくは逆に上にあるはずであり、だから食する。月食は太陽と月が真正面から照らしあうのだ。程伊川が「月ハ日光ヲ受ケズ」というのも、その意味に近い。「陰、盛ンニ陽ニ亢シ」て、ほとんど陽に譲歩しないからだ。[70]

日月食を区別して、月食になにかちがった説明をあたえようと模索しているのだが、陰が陽に対抗するとはどういうことか。「陰、盛ンニ陽ニ亢ス」とは、程明道のことば(さきの引用に伊川とあるのは、朱子の記憶ちがい)である。[71] 朱子はこのことばになんとか具体的な内容をあたえようと試みる。李閎祖の記録にいう。

天文学者の説によれば、太陽の光は望のとき月の光を遙かに奪いとり、だから月が食する。太陽と月が会合して、太陽が月に掩われると、太陽が食する。[72]

この記録は、かれの第一次師事期（一一八八―八九年）か、おそらくは第二次師事期（一一九二―九四年）の初期のものであろう、とわたしは推定する。というのは、一一九三年には、月食を説明する天文学者の用語「暗虚」を採り入れて、さらに具体的な内容をあたえるにいたるからである。包揚（師事期は一一九三、九六、九九年）の記録にいう。

日食は月に掩われるのだし、月食は太陽と抗争するのだ。月が太陽に手加減すると、もう食しなくなる。(73)

これだけなら従来とほとんどかわらないようだが、つぎに引く黄義剛（師事期は一一九三、九七―九九年）の記録につきあわせてみると、内容的にぴったり重なることがわかる。

また（黄義剛が）たずねた、「月食はどうですか。」

（先生は）いわれた、「きわめて明るいもののなかに暗い場所〔あるテキストでは暗虚と記録されている〕があり、その暗さはきわめてかすかだ。望のとき、月はそれと真向から対して、いささかもくいちがわず、月は暗い場所に射影され、だから食する。陽は陰に勝つとはいえ、結局うまくゆかぬ。もし陰に避けるつもりがあれば、対抗して食をおこすにはいたらない。(74)」

このことばを一一九三年、黄義剛の最初の師事期のものとわたしが推定するのは、この問答のすぐまえに、日食についてのつぎのような解釈がみえるからである。

晦になると、太陽は月と重なりあい、月は太陽の後にあって、光はなくなり本体はかくれる。魄が太陽のうえに重なると、太陽は食する。太陽の後にあれば、食せず、それを晦という。朔

には太陽と月がならぶ。(75)

廖徳明あての書簡と実質的に内容をひとしくするこの議論は、構造論的な混乱という点で、周謨の記録にも通じるものがある。一一九〇年代初期の模索を投影しているとみて、まずまちがいあるまい。のみならず、一一九三年には、包揚がしばしば黄義剛と同席していた。さきに引用した包揚の記録は、実は朱子のおなじことばを黄義剛と同時にノートしたものではないか、と思われるのだ。

ともあれ、この時期に、朱子は月食にたいし、日食とははっきり異なる光学的説明をあたえるにいたった。太陽のなかにある暗虚に真正面から相対するとき、月は食する、というのである。陰が陽に抵抗するという明道の説は、こうして物理的に肉付けされ、のりこえられてゆく。同時に、ここではまだ、月が太陽に手加減すれば食しないとか、陰に避けるつもりがあれば食はおこらぬとかいったことばがしめすように、明道の説の余韻をひきずっており、災異観にもつながる擬人的な見かたを払拭しきれていないことも、見過してはなるまい。この見かたは、最晩年に、光学的な説明と構造論的な把握とを統一できたとき、はじめて一掃される。はじめに引用した沈僴の記録にみられるように、月はつねに太陽の下、つまり、地に近いほうにある、という正確な認識に達したとき、陰の「退避ノ意」など入りこむ余地がなくなったのである。かくて、朱子の太陽暗虚説が完成する。

太陽のなかに暗い場所「暗虚」があるという、わたしたちからみればいささか奇想天外な考えは、なにに由来するのだろうか。いったい、暗虚(闇虚)という用語は、後漢の張衡の『霊憲』にはじめてあらわれる。

太陽に相対する衝で、光がいつもあたらないのは、地に蔽われているのである。それを闇虚という。星にあっては星が微かになり、月が通り過ぎれば月が食する(76)。

天球上で一八〇度距てた点が、その天体の衝である。太陽の衝の位置には、太陽と同じ大きさの、太陽の光が射さない暗い空間がある。その空間に月がはいると月食がおこり、星がくると見えなくなる。張衡は地の影にはっきり気づいていたようにみえる。しかし、後世の天文学者のいう闇虚は地の影ではない。地をはさんで、明るい陽の気の太陽とちょうど正反対の位置に想定された、暗い陰の気からなる同じ大きさの空間にほかならぬ。宇宙空間内における諸天体の位置関係を論ぜず、もっぱら天球上におけるその運動を追跡した中国の天文学は、この闇虚の概念をつかって月食を説明してゆく。たしかに、天球上の現象に還元してしまえば、陰気のかたまりであろうと地の影であろうと、円くて暗い空間さえ存在すれば、それですむのである。のちに、『宋史』天文志は、朱子のことばを引用しつついう。

月の運行が望にあって太陽と対衝し、月が闇虚のなかに入れば、月がそのために食するのは、陽が陰に圧倒されるのだが、その異変は軽微である。むかし、朱熹はこう考えた、月食はつまるところ災いをなすが、もし陰が避ければ、対抗して食するにはいたらない、と。いわゆる闇虚とは、太陽と火が外に明るいから、その対にはかならず闇い気があり、大きさが太陽の本体と同じなのである(77)。

さきにあげた朱子のことばが、ここではっきり災異観として捉えられているのは、興味ふかい。

朱子は、しかし、天文学者のように、闇虚を太陽の衝にある暗い空間とは考えない。太陽そのもののなかにある、とみる。構造論的にも光学的にも考えようとしたとき、太陽の衝にある暗い空間という定義では、とうてい満足できなかったのであろう。それでは、明るい太陽のなかに暗い場所がある、という考えはどこからきたのか。おそらく、『宋史』天文志にもみえた、「日火ハ外ニ明ルシ」という観念であろう。それは『淮南子』天文訓にはじまり、張衡の『霊憲』などにもうけつがれていった、きわめて一般的な観念であった。『淮南子』は定義する、「火ヲ外景《ヒカリ》ト曰ウ」、「水ヲ内景ト曰ウ」、と。張衡のことばをかりれば、「火ハ則チ外ニ光リ、水ハ則チ景ヲ含ム」のである。朱子によれば、「水ハ内ニ明ルクシテ外ニ暗ク、火ハ内ニ暗クシテ外ニ明ルシ(78)」。また、

　清明なるものは内に影《ひか》り、濁明なるものは外に影る。清明なるものは金と水、濁明なるものは火と太陽(79)。

ともいう。この観念が「陽中陰アリ」という思考法にかかわっていたのは、

　火のなかに黒い部分があるのは、陽中の陰である(80)。

という朱子のことばにうかがえる。だが、それは経験的にも、マッチや蠟燭の焔をみれば、すぐ理解できよう。温度差によって焔の色にちがいがあるからである。太陽が発光体である以上、その内部に暗い部分があると考えても、それは決してとっぴではなかった。朱子の太陽暗虚説はそれにもとづく、とわたしは推測するのだが、もうひとつ考えられるのは、太陽の黒点現象である。周知のように、ヨーロッパでは、十七世紀のはじめに望遠鏡によって黒点が発見され、ガリレオとシャイ

ナーがその先取権争いを演じたのは有名なエピソードである。しかし、中国では古代から知られ、記録されつづけてきた。大棗のような、李のような、あるいは鳥卵のような黒子、の出現をつげる記事が歴代の「天文志」にしばしばあらわれる。朱子がそこから暗虚を発想したということも、ありえないわけではない。すくなくとも、太陽に暗い部分がありうるという確証にはなりえたかも知れない。だが、かれはいちども黒点に言及せず、そのことをたしかめる資料はまったくない。

それにしても、朱子ほどの自然学者が、地の影に月がはいるという説明をついに思いつかなかったのだろうか。暗虚を地の影とみる考えは、ついに浮ばなかったのだろうか。かれにしては、月食の説明に苦しみすぎていないだろうか。ところが、かれは地が月に落とす影をちゃんと知っていたのである。かれにははやくから説があった。一一九〇年の周謨の記録である。

月の望は、ちょうど太陽は地の中央にあり、月は天の中央にある。だから、太陽の光が月にとどくと、周辺はいささかも欠けるところがない。ただ、中心にすこし黯ずんだ場所があるのは、地には落とす影があるということだ。(81)

これはなかなか卓抜な説といわなければならぬ。ときにひとは誤りのゆえに偉大であることもありうる。ところで、そのばあい太陽の光が月に達するには、太陽は地よりも大きくなければならない。おなじときの陳淳の記録にいう。

地は天の中心にあって、それほど大きくなく、四方は空虚だ。ときに月が天の中央にあり、太陽が地の中央にあれば、光は地の周辺から月にあたる。そこは暗くて、つまり地の影なのだ。(82)

太陽と地の相対的な大きさについて朱子のいだいていた観念は、つぎのことばにうかがわれる。

月の中に影があるのは、天は地のそとを包み、地の形は小さく、太陽が地の下にあるとき、月は天の中央にあり、太陽はきわめて大きいので、地の周囲から光がさすのであろう。その影が地の影なのだ。地は太陽の光をさえぎる。世にいう山河大地の影がそれだ。[83]

一方、月と太陽の相対的な大きさについて、かれがどう考えていたかはよくわからない。ともあれ、地より太陽のほうがずっと大きいというのは、朱子のすぐれた発見のひとつである。宇宙のスケールのなかで地の大きさを相対化できる想像力の豊かさには、なみなみならぬものがあったといわなければならぬ。それが月のかげりの地影説と月食の説明の失敗とに結果したとしても、やはり画期的な一歩であった。だが、かれはいつまでもそこにとどまってはいなかった。地影説にまだ十分な根拠づけをあたええていないのを、かれは感じる。

月が中天にかかるころになると、地の下にある太陽の光が四方からほとばしりでて、月と照らしあう。中間にある地はおのずと遮りきれない。いま、月のなかの莎羅樹といわれている影こそ、地の形であるかもしれぬ。[84]

地影説はもともと朱子の創見でなく、俗間に説があった。『夷堅志』にみえる小話がそれである。[85] かれはいちはやくそれを自己の理論のなかにくみいれただけでなく、光学的にもっと厳密に考えることによって、よりたしかな根拠のうえにすえようと試みる。

あるひとがたずねた、「月のなかの黒い影は、地の影ですか。」

（先生は）いわれた、「先人にその説がある。考えてみると、道理としてはありえよう。しかしながら、地の影ではなく、地の形がさかさまにその光をさえぎっているにすぎぬ。たとえば、鏡のなかで物にその光をさまたげられるから、あまりよく見えない。太陽は月の本体にその光をあてるが、中間にある地は一塊の実なる物だから、光が透らず、その黒い暈《かげり》ができるということだろう。」

（弟子が）たずねた、「太陽の光は地の周辺からさしこみ、月の光は地とは関係ないのに、その光をさえぎられるのですか。」

（先生は）いわれた、「どうしてもこの一塊の実なる物に隔てられているから、かすかにさえぎられるにすぎぬ。(86)」

月のかげりは、明るい周辺にとりかこまれてやや黒ずんでおり、はっきりした輪郭をもたない。不定形の地の影が落とす黒い暈なら、きっとそうだ。朱子がいおうとしたのは、おそらくそのことであろう。鏡と光源のあいだに物をおいたとき、反射する光はどんな模様をスクリーンに映しだすか。それとおなじ原理だ、朱子はそう考える。

あるひとは（先生がこういわれたと）記録する、「いまひとが紙人形を剪って、鏡のなかに貼りつけ、火の光で照らすと、壁にうつる円い光のなかに人形《ひとがた》がみえる。月が地にさえぎられてできる黒い暈も、やはりそうしたものにすぎぬ。(87)」

月を鏡にたとえたのは、もちろん反射体という意味においてであって、月を円板と考えているのではない。説明になっていないといえばそれまでだが、光学的な根拠づけをあたえようとする努力とその着想とは、評価されてよい。そして、この根拠づけをあたえたとき、朱子の確信はふたたびゆるがない。「天問」に注していう。

うさぎが月のおなかにいるのかという問いは、俗間の桂樹・蛙・兎の伝説であって、その惑いは久しい。あるひとはこう考える。太陽と月は天にあって、ふたつの鏡が照らしあうみたいなもの、地はそのあいだにあり、周辺はみな空虚と水である。だから、月の中のちょっと黒い場所こそ、鏡のなかの天地の影であり、形はほぼ似ているが、ほんとにその物があるのではない、と。このことばには理があり、千古の疑いを破るにたる。(88)

満満たる自信にふさわしい、それは古今独歩の創説であった。あるいは、珍説であったかもしれぬ。だが、月食の太陽暗虚説と月のかげりの地影説とをくみあわせれば、そこにやはり独創的な自然学者の像がうかびあがってくるだろう。

ここで、食にかんする朱子と弟子の興味深い問答をつけ加えておく。

(銭木之が)たずねた、「むかしから日月食は災異とされていますが、今日、天文学者のほうであらかじめ計算できるのは、どういうことですか。」

(先生は)いわれた、「おおよそ計算できるだけで、やはり合わないばあいもある。天文学者が食するはずだと考えたのに食しないこともあるし、食しないはずだと考えたのに食することもある。[89]」

これは問いへの答えに、ある意味ではなっていない。朱子の眼は弟子の問いをこえて、暦法そのものにそそがれている。そのようなものとして映じた暦法にたいするかれの批判に、わたしたちも眼を転ずることにしよう。

3 暦法批判

(1) 暦法の歴史的認識

すくなくとも中国において、天文学批判が新しい学説を生みだす創造的な契機であろうとすれば、暦法批判においてこそその真価を問われなければならぬ。しかも、その批判は暦法の歴史への認識を不可欠のものとして前提する。中国の天文学のありかたが、それを批判者にしいるのである。朱子は天文関係の書籍をひろく跋渉した。古典とその注釈、歴代正史の「天文志」・「律暦志」、および宋代の天文学者の著作を主とするそれは、きわめて正統的な選択であるとともに、専門家でないひとりの知識人としては、まれにみる広さにわたっていたといえよう。朱子が暦法とその歴史をどう認識していたか、ここで概観しておきたい。あくまでかれの暦法批判をみるための前提なのだから、理解の是非その他の検討はいっさい省略する。

『書経』堯典に暦の起源についての神話的な伝承が記載されている。朱子によれば、古代においては暦法が制度の基礎であった。

暦は古代の一大事業であり、だから、神農氏炎帝は鳥の名を官名としたが、最高職を鳳鳥氏といい、天文台長であった。歳月日時がきまってしまえば、百官の仕事はその掟を考えることができる(90)。

その後、帝堯は羲仲・羲叔・和仲・和叔の二氏四子に命じて暦と観測器械とをつくらせ、日月星辰を観測させ、人民が時節にかなった生産活動をおこなえるようにした(91)。そして、かれらを四方に派遣して暦を頒布させるとともに、東方の暘谷・南方の南交・西方の昧谷・北方の幽都の四か所に測景台をきずき、ノーモンによる観測をおこなわせた(92)。暦と天文現象とのくいちがいを測定させるためであったろう。後世にもその例がある。たとえば、唐代には四方に人を派遣して観測させたのである(93)。羲・和は天文官であって行政官ではなかった。

羲・和は暦象を主管して、時を授けたにすぎぬ。それぞれその方面の行政にたずさわったのではない(94)。

たとえば羲仲ひとりで、どうしてひろい東方を管轄できようか(95)。かれらがすべて暦をつかさどる官であるのは、「アア汝羲ト和ヨ」という「堯典」のことばからもうかがわれる(96)。かれらの仕事は、日の出・日の入の時刻測定(97)、二至二分におけるノーモンの測定(98)、太陽および星の南中の測定であった(99)。さらに、東作・南訛・西成・朔易といった生産活動に結びつく節気をも定めた。

平秩・東作の類いは、いまの穀雨・芒種のような節気にほかならぬ(100)。これが暦法の起源である。

堯以後、暦法は時代とともにかわってきた。朱子によれば、その要因には三つある。第一は計算法の精密化、第二はそれ以外の暦法の技術的改変、第三は暦象そのものの変化である。まず第三の要因からみていこう。

「月令」は堯の暦象とくらべてすでにおなじでないし、いまの暦象もまた「月令」とおなじでない(101)。それは具体的にはどういうことか、どうしてそういう現象がおこるのか。

また考えてみるに、堯時代の冬至には、太陽は虚宿にあり、暮れがたに昴星が南中した。いまでは太陽は斗宿にあり、暮れがたに壁星が南中する。南中する星がむかしといまと同じでないのは、天は三百六十五度と四分の一度あり、歳は三百六十五日と四分の一日あって天の度数は四分の一よりすこし多く、歳の日数は四分の一にたりないから、天の度数はいつも一様に運行して伸び、太陽の軌道はいつも内を回転して縮み、天がしだいに西へくいちがうにつれて、歳はしだいに東へくいちがってゆく。これが歳差の理由である。唐の一行のいわゆる歳差とは、太陽と黄道とがともにくいちがってゆくのがそれである。

計算法の精密化は、いうまでもなくこうした現象の認識と結びついている。

むかしの暦は簡単で、まだ差法を立てていない。ただ随時観測し、修正して天と合わせた。東晋の虞喜になってはじめて天は天、歳は歳として、そこで差法を立て、その変化を追求し、およそ五十年で一度退くとした。何承天は多すぎると考えて、その年数を二倍にしたが、こんどは逆に足りなくなった。隋の劉焯にいたって両天文学者のあいだの数をとり、七十五年とした。おそらくそれに近いだろうけれども、まだ精密ではないのである。(102)

歳差は天球上における太陽と黄道の位置が恒常的に移動してゆく現象、いいかえれば、春分点の移動である。だから、むかしといまとでは観測データがちがってくるし、それにともなう暦の改変がおこなわれる。しかし、暦には天象の変化や計算法の精密化にもとづくのではない、たんなる技術的な改変もある。たとえば、年初をいつにするか。十一月を正月にするのが周正、十二月が殷正、一月が夏正である。魯の国史である『春秋』はとうぜん周正によっており、「商書」とことなる。(103)だから、古典を読むばあいには注意しなければならない。

孟子のいう七・八月がいまの五・六月、十一月・十二月がいまの九月・十月であり、これはもともと周人が月を改めてしまっていたのだ。ただ天の時は改めることができない。(104)また、たとえば節気にしても、前漢の暦法では立春・驚蟄・雨水・春分・穀雨・清明の順序だが、後漢以後は雨水・驚蟄、清明・穀雨と逆転する。(105)こうした点を理解すれば、古典における月名と季節的現象とのくいちがいも、なんら異とするにたりない。(106)

周知のように、中国における最初の体系的な暦は、戦国時代に成立した四分暦である。その名称は一年の日数に三百六十五日と四分の一日を採用したところに由来する。そこでは置閏法として、十九年間に七閏月を插入する、いわゆる十九歳七閏の法（メトン周期）がつかわれている。四分暦は簡潔な、しかし、常用暦としてはきわめてすぐれた暦法であった。朱子は四分暦にもとづいて暦法の根幹を説明した。『書経』によれば、堯は羲和の事業を「アア汝羲ト和ヨ、朞ハ三百有六旬有六日、閏月ヲ以テ四時ヲ定メ、歳ヲ成セリ」と感嘆したという。その一節に注して、朱子は暦法を略述する。といっても、この部分はもともと『書集伝』執筆の協力者、蔡沈の手になる文章に筆を加えたのである。[107]

考えてみるに、天の形体はまんまるで、周囲は三百六十五度と四分の一度、地のまわりを左旋し、いつも一日に一周して、さらに一度行き過ぎる。太陽は天にかかっていてやや遅く、一日に地のまわりをかっきり一周して、いつも天に一度およばない。三百六十五日と九百四十分の二百三十五日積みかさなって天と会合する。これが一年の太陽運行の数（一太陽年）である。月は天にかかっていてもっとも遅く、一日にいつも天に十三度と十九分の七度およばない。二十九日と九百四十分の四百九十九日積みかさなって太陽と会合する。十二回会合して、全日（日数の整数部分）三百四十八、余分（分数部分の分子）の積五千九百八十八をうる。もし日法（分母）を九百四十とすると、整数に六をえて、割りきれないのが三百四十八である。合計して三百五十四日と九百四十分の三百四十八日をうる。一年の月の運行の数（十二朔望月）である。一年は十二か月あり、ひと月は三十日ある。三百六十日は一年の常数である。そこで、太陽の運行の五日と九百四十分の二百三十五日多いのを気盈といい、月の運行の五日と九百四十分の五百九十二日少ないのを朔虚といい、気盈と朔虚をあわせて閏は生じる。だから、一年の閏率は十日と九百四十分の八百二十七日である。三歳一閏なら三十二日と九百四十分の六百一日、五歳再閏なら五十四日と九百四十分の三百七十五日、十九歳七閏なら気朔の分がひとしくなる。それを一章というのである[108]。

この記述からもうかがえるように、常用暦のかなめは置閏法にある。それによって、暦と季節とのくるいが調整される。『書経』の表現をかりていえば、「閏月ヲ以テ四時ヲ定メ」てはじめて歳が成るのだ。閏の問題をもうすこし簡単に説明すれば、こうなる。

「堯典」に「朞ハ三百有六旬有六日」というが、いまの一年の三百五十四日というのは、朔空と余分を積みかさねて閏とするのだ。朔空とは六つの小の月(二十九日の月)だし、余分とは五日と四分の一日だ[109]。

ちなみに、月の大小は、一朔望月が約二十九日半だから、朔を基準にしてきめるのである[110]。また、いう。

閏余は朔が周天の気を尽くさないために生じる。周天の気とは二十四気のことだ。月には大小があるが、朔はこの気を尽くして一年の日数をみたすということができず、だから閏を置く[111]。

それでは、閏月を具体的にはどこにどうやって挿入するか。

中気はその月にあるはずのものだ。もしどんどんすすんでいって中気が月の末日にくれば、後の月には閏を置かねばならぬ[112]。

朱子が述べているのは、中気によって閏月をきめる歳中置閏法である。一年を十二等分し、冬至・大寒・雨水・春分・穀雨・小満・夏至・大暑・処暑・秋分・霜降・小雪の十二中気とする。一太陽年を十二等分すれば、三十日と十六分の七日になる。一朔望月にくらべて十分の九日あまり多い。中気は原則としてそれぞれの月にあるが、十分の九日あまりの余分が累積すれば、中気のない月、つまり、先月末と翌月初めに中気がきて、そのあいだにすっぽりはまる月がでてくる。その月を閏月とするのである。朱子の理解は的確であった。ついでながら、かれは沈括の提唱した、中気によって一年を十二か月にわける一種の太陽暦にたいしても、関心をしめした(113)。

暦法の基本を確立した四分暦以後の暦法の歴史を、朱子はつぎのように概括する。

太史公(司馬遷)の「暦書」は太初暦だといわれているけれども、顓頊四分暦だ。劉歆は三統暦を作った。唐の一行の大衍暦がいちばん完備している。五代の王朴の「司天考」もすっきりしている。しかし、一行、王朴の暦はいずれも二、三年使うだけでくいちがう。王朴の暦は七百二十を基準にした計算であり、蔡季通が使っているほうは、邵康節の三百六十の数によっている(114)。

おびただしい暦が作成され、提案され、論議され、実施され、記録されてきた。いまあげた暦はすべて、ある特定の数を基本にして暦法を体系化しようと試みたものばかりである。そのなかで、朱子の好みからおそらくもっとも遠かったのは、『漢書』律暦志に記載する劉歆の三統暦だった。前漢暦志は道理を述べている箇所がすくなく、東漢志ほど詳しくない(115)。

『漢書』律暦志は音楽と『易』の数から説きおこし、律の数と大衍の数にもとづいて暦の基本的な常数を定め、音楽・象数・天文をつらぬく統一的な数の理論をつくりあげようとした。一行と王朴も『易』の数によっている。邵康節は、宇宙論の章で述べた、例の十二と三十の組み合せをつかう。しかし朱子は、一行や王朴の暦を二、三年でくいちがうと批判し、また、すぐあとでふれるように、邵康節にもとづく蔡季通の暦にも態度を保留している。かれの考えは、むしろ別のところにあった。なぜなら、

たとえば河図洛書の大衍の数、伏羲・文王の卦、天文学者の日月五星の章・蔀・紀・元は、みなそれぞれひとつの方法をなして、相互に依存せず、しかもそこに相通ずるものがあるのをさまたげはしないのです。[116]

探究しなければならないのは、天文学固有の方法と体系であり、把握しなければならないのは、天体運動に固有の数とパターンである。邵康節が捉えようとした宇宙の数とパターンは、それをとおしてのみ、はじめて認識される。おそらくこれが朱子の立場であった。

暦法とその歴史にたいする朱子の認識は、以上のごとくである。たしかに、かれの数学の知識はかぎられたものだった。専門家である弟子のひとり、蔡季通の子、蔡淵にあてて、

数学の文献にはかねてくらく、ただあなたに教えを請うほかはありません。[117]

と書きおくっているとおりであろう。しかし、『九章算術』と『周礼』地官保氏注とのくいちがいを指摘したり、勾股の法を論じたり、数学への関心を決して失わなかった。のみならず、弟子たちに

しばしば適切な助言さえあたえている[118]。朱子が暦法の数学的な細部にまで通暁していたとは思えないが、暦法の特質を把握し、方法的な批判を展開するには、それで十分だったのである。

(2) 暦法の方法的批判

暦法への批判の核心を、朱子はただ一句のうちに表現している。あらゆる現象は気の伸長(陽)と縮退(陰)、その循環的交代によっておこる。天文現象も例外ではない。そのばあい、古今の天文学者はただ陰陽の消長の境界を計算したにすぎぬ[119]。

暦をつくるとは、常用暦と天体暦とを問わず、「陰陽消長ノ界分」を計算することにほかならぬ。恒星の位置および太陽と月の運動にもとづいて時空を区分し、名称をあたえ、観測と計算をとおしてすべての天体現象をその記述の体系のなかに位置づけてゆくことにほかならぬ。変化する現象の記述と計算にあくまで徹しようとするこうした立場は、結果としてなにを生みだしたか。精緻をうたわれる一行の大衍暦にしても、二、三年で天文現象とのくいちがいを生じるではないか。かくて改暦がくりかえされなければならぬ。それを正当化しようとする議論もある。友人林光朝(林艾軒、一一一四—一一七八)の説がそうだ。しかし、それはまちがっている。『易』の革卦の「象伝」に、「沢中ニ火有ルハ革ナリ。君子以テ暦ヲ治メ、時ヲ明カニス」とあるのにふれて、朱子は批判する。林艾軒は、革卦にもとづいて暦法をえたと主張し、暦は毎年改革するはずのものであり、改革しなければ天の度数とくいちがってしまう、という。この説はそうではない。天の度数のくいちがいは、かの暦元をこれまで推定できていないためであって、改暦したおかげでそうなったのではないからだ。暦は毎年改革するような事柄ではない。「暦ヲ治メ、時ヲ明カニス」とは、暦は改革すべきだというのではない。四季の変化のなかにこそ、「暦ヲ治メ、時ヲ明カニス」る道理があるからだ。[120]

暦元とは、過去のある時点に設定する、暦計算のための起点である。『孟子』離婁下にみえる、「天ノ高キモ、星辰ノ遠キモ、苟《イヤシク》モソノ故ヲ求ムレバ、千歳ノ日至ハ坐シテ致スベキナリ」ということばに注して、かれはこう述べている。

天は高いけれども、星辰は遠いけれども、しかしその過去の軌跡(「已然之迹」)を探究すると、その運行には恒常性があり、千年の長きにわたっても、その日至(冬至と夏至)の度数をいながらにして知ることができる。いわんや身近なことがらは、その原因(「故」)にもとづいてそれを探究すれば、きっとその理がえられるのであり、どうして穿鑿などすることがあろうか。かならず日至というのは、暦の制作者が上古の十一月・甲子・朔・夜半・冬至のときを暦元とするのである。[121]

朱子が指摘しているように、中国の暦では、ある年の前年の十一月に、甲子と朔と夜半と冬至という条件が一致するときがあれば、その年を計算の起点にするのである。そのばあい、きわめて遠い過去に暦元を設定するのが慣例であった。[122] この慣例は中国人の歴史意識が生みだしたものであって、天文計算の立場からだけいえば、不必要な操作にすぎない。暦元は直接に観測して決めるのでなく、そのときの観測値をつかって、観測時点から逆算して求めるものだからである。事実、やがて元の授時暦はこの慣例を打ち破り、改暦の年を計算の起点に選ぶだろう(123)。いずれにしろ暦元をおくばあい、その暦の採用する常数、つまり観測値とそれを処理する計算法とに問題があれば、計算で求めた暦元は、実際には十一月・甲子・朔・夜半・冬至という条件をみたしていないことになる。いいかえれば、暦の精度を験証すべき過去の天象とのくいちがいが大きくなるし、未来の現象とも一致しなくなる。その暦法では過去と未来の予測ができない。林光朝にたいする朱子の批判は、その点をついているのだ。

ここで、天体現象であれ地上の現象であれ、「已然ノ跡」、すなわち、過去におこった現象の軌跡を、その「故」、すなわち、原因にしたがって探究すれば、その現象の理、すなわち、パターンを認識できるはずだし、それによって未来と過去の予測が可能になる、という朱子の考えに注目しておきたい。過去の現象の分析、原因の追求、そして規則性の把握、これは量的実験的方法への自覚を生みだした科学認識論の簡潔な表現である。そして、その背後には、天文現象のもつ「常」、すなわち、恒常性ないし規則性にたいする不動の確信がある。『孟子』のおなじことばにふれて、いう。

天文学者は今日から遡って推算してゆき、太古の宇宙開闢のときまでつきつめると、もはやくいちがいはなくなるが、ただこの過去の軌跡があるために、推測できるにすぎない。天と星辰とのあいだには、運行の度数にすこしくいちがいがあったりするが、長い時間がたてばちゃんとその恒常性にもどる(124)。

個々の現象は、一見いかに不規則にみえようとも、かならず規則性をもつ。それらは宇宙の根本的な規則性からのヴァリエーションにすぎないのであり、結局はそれに帰着してゆくのである。それでは、不規則にみえる現象の変異はいかにして把握されるか。おなじく林光朝の説にふれて、かれは主張する。

天の度数にはもともとかならずくいちがいがあり、わが方法のなかではじめて捉えるべきなのである。もし、度数が数年で一分くいちがうはずだとすれば、そこに一分を加えれば、それでよい。(125)

結果的に一分くいちがったから、一分を加えて修正するというのではない。くいちがいそのものが規則性の表現だと考えて、あらかじめその差率をくみこんだ計算の体系をつくらなければならない。しかし、そうした方法をあえて採用するには、その前提となる現象観、さらには、いわば「法則観」そのものが問題となる。宇宙の生成と構造についての構想もなく、方法論的な自覚もないままに、ただ天体運動の記述と計算に終始する立場が、ついに天体運動の正確な認識に到達しえず、改暦を重ねるほかはないという事態に、朱子の批判は集中する。

朱子の暦法批判は、具体的にはふたつの側面にむけられる。ひとつは計算法、もうひとつは観測法である。計算法にたいする批判からみてゆこう。

今日の暦の制作者には定法がなく、天の運行の度数を追いかけて合わせようとするだけで、多過ぎれば引き、足りなければ足すから、くいちがいが多い。(126)

その場その場で数値のつじつまをあわせる姑息な手段によっては、暦と天文現象とのくいちがいをなくするわけにゆかぬ。大切なのは「定法」を発見することである。

むかしの鐘の音律は、寸法を計算するのにみな定法があり、割符のようにぴったり合った。みなおのずとそうなったのであって、原因はわからぬ。むかしの聖人はその思慮がそれほど巧みだったけれども、みな私意で作成したのではない。むかしの暦にもきっと定法があったのだろうが、いまは失われた。三代より以後、暦の制作者には紛紛として定論がなく、精密になればなるほどくいちがいが多い。古人の定法がつかめないからだ。(127)

これは決してたんなる懐古主義者の言ではない。かれが言及しているのは人類史の黄金時代であり、過去に設定された未来のユートピアである。堯舜の時代はユートピアであることによって、現実の歪みを鋭く映しだす鏡となる。朱子がユートピアをかりて強調しようとしたのは、「定法」発見の重要性であった。それをさらに明瞭に、つぎのことばが示すであろう。

また(沈僩が)たずねた、「暦はなぜしばしばくいちがうのですか。古今を通じて精密に考えたひとがいないというわけではないでしょう。」

(先生は)いわれた、「その精密で変らないものを考えたひとがいないから、しばしばくいちがう。もし精密に考えてある定数がえられたら、永久にくいちがうはずがない。程伊川によれば、邵康節の暦はくいちがうはずがないという。」

あるひとがたずねた、「康節はどうして暦をつくらなかったのですか。」

(先生は)いわれた、「かれがどうしてつくるものか。古人の暦法はおおざっぱでくいちがいがすくない。いまの暦は精密であればあるほど、ますますくいちがう。」

そこで両手でテーブルの辺を測っていわれた、「たとえばこれだけの幅を四つの部分に分けると、幅が区切られて、くいちがいがでても、ひとつの区切りのなかでのことにすぎない。たとえ大きくくいちがって、第二、第三の部分を出してきても、この四つの区切りのなかにあるから、推測するのがたやすくて、くいちがいがあればたやすくわかる。いまの暦法はこの四つの区切りを八つの区切りに分け、この八つの区切りをさらに十六の区切りに分け、区切りが精密になればなるほど、くいちがいの数はますます大きくなる。なぜ区切りの精密さのために、ますます多くなるのか。そのくいちがいはおなじだが、むかしといまの暦法は精密さがおなじでないからだ[128]。」

「定数」とは、今日ふうにいえば、天体の運動を計算する方程式とそこにあらわれる物理常数その他の常数とをふくむもの、とみていいだろう。むろん、それが対象を正確に表現しているのでなければならぬ。そうした「定数」をつかって計算するある定った方法、すなわち、「定法」がいったん確立すれば、暦と天象とのあいだには永久にくいちがいが生じない。

くいちがいがでてきたばあい、おおざっぱな暦法であれば、そのくいちがいはすぐわかる。かりに観測と計算の手続きが四つの段階からなっているとしよう。最初のところでくいちがい、そのまま手続きをすすめていったばあい、最後の結果がくいちがってくるけれども、手続きはわずか四つの段階をへるにすぎないのだから、どこでくいちがったか、容易に確かめることができる。ところが、手続きが精密化し、八つの段階、一六の段階といったぐあいにふえてくると、どこで生じたくいちがいか、吟味するのがむずかしくなる。のみならず、精密化すれば、とりあつかう数値のオーダーはかわらなくても、表現される数字そのものは大きくなると考えられる。なぜなら、すでに述べたように、中国の天文学では小数値を分数であらわした。いちばん基本的な常数のひとつである一年の日数を例にとれば、四分暦では、その分数値は名称どおり四分の一、前漢の太初暦では一五三九分の三八五である。南北朝以後は、一般に分母の値がはるかに大きくなる傾向にあった。唐代には、その分母に一〇万をこえる数値をつかった暦さえあらわれる。数字が大きくなったからといって、かならずしも分数値の精度がますますわけではないけれども、数字の大きさは精度の表現と考えられていたのであろう。宋代になると、それほど極端な試みはなくなり、数千から数万のオーダーの数値が分母につかわれるようになる。朱子の時代の暦でいえば、淳熙暦（施行は一一七七—一一九〇年）は五六四〇、会元暦（一一九一—一一九八年）は三八七〇〇、統天暦（一一九九—一二〇七年）は一二〇〇〇を、それぞれ一年の日数の分数値の分母に採用している。[129] とりあつかう数字が大きければ、くいちがいをあらわす数字も大きくなる。朱子がいうように、くいちがいのオーダーは同じだが、数字そのものは大きくなるのであり、それは手続きが精密になったためだ、とかれは考えたのである。朱子は、暦法の歴史を精密化への歩みとして、一応評価する。にもかかわらず、くいちがいの数字がますます大きくなるのは、どこかに根本的な欠陥があるのだ。そのことが、たび重なる改暦の必要性を生みだす。それでは、その欠陥とはなにか。

考えてみるのに、いずれも確実には推測しておらず、操作して天の運行に合わせるだけだから、その年は合ってくいちがわないのが、翌年、翌々年にはくいちがう。もともと天の運行を確実には推測しておらず、かえって暦を天の運行に合わせようとするだけで、足りなければすこし加え、多ければすこし減らして合わせるから、一、二年でもうくいちがう。たとえば、唐の一行の大衍暦は、当時もっとも精密といわれたが、たった一、二年後にはくいちがった。[130]

中国の伝統的な暦法は、元の授時暦にいたって、最高かつ最後の成果に到達する。朱子以前でいえば、唐代天文学のピークをなすのが一行の大衍暦であり、したがって、朱子の知っていた暦のなかでは、大衍暦はもっとも代表的なすぐれた暦のひとつであった。だが、かれは大衍暦をも容赦しない。

一行の大衍暦は、以前の暦よりも押し出しがでかく、幅をひろげているが、実際には、くいちがいの数はちっとも変らぬ。ちょうど百貫の銭で薬を一回調合するのと十文で薬を一回調合するのと、それで病気をなおせないのはおなじみたいなものだ。[131]

伝統的な手法の延長線上にたつ精密化が、そこにあるにはちがいない。だが、朱子の批判は伝統的な手法そのものにむけられている。その立場からみれば、大衍暦といえども病気の根本的な治療策たりえぬこと、他の諸暦と同罪である。それなら伝統的な手法にかわるものとして、朱子はどんな手法、どんな天文学を構想していたのか。蔡季通のことばをひきながら、朱子は主張する。

ただ季通がうまいことをいったことがある。「はじめ暦をつくるとき、天の運行のくいちがっている数値をひっくるめ、すべて計算にいれる。数年のちには何分かくいちがい、数年のちには何度かくいちがう。このくいちがう数をすべて正しい数として計算し、とことんまでずっと推算してゆく。そうすれば、だいたい暦は正しくて、くいちがわないものになるだろう。いまのひとはみんな大筋を正しく把握しておらず、もっぱら天の運行にくいちがいがあると主張し、暦をつくって天に合わせようとして、暦はますますくいちがう。もともと天はどんなふうにくいちがうはずであり、ちゃんと天の運行がこうあるはずだというのを知らないのだ」、と。この主張はたいへんいい。そのはじめになぜ計算にいれなかったのだろうか。ただ、堯舜以来の暦は、漢代になってみな失われてしまい、考えようがない。いまはこの全体像が正しくないから、まるでとりえがないのだ。(132)

全体像を把握するとはどういうことか。正しい全体像のうえにたつ暦法とはどういうものか。朱子はふたたび蔡季通のことばをひく。

季通はかつていっていた、「天の運行は恒常性がない。日月星辰は集積した気で、すべて動く物だ。その運行の度数の遅速あるいは過不足からして、斉一でない。もしわが方法で天を運行させることができて、天に運行させられなければ、その疎密、遅速あるいは過不足のほども、わが枠をでない。これは広範囲をおおう大づかみの数であり、かりにくいちがいがあっても、みなまちがいなく推測できる。なぜなら、定りあるわが方法で定りなき天を律するから、おのずとくいちがいがないのだ」、と。季通のことばは、天の運行に定りがないのでなくて、その運行の度数がそうであるというのだ。運行のくいちがう分も恒常的な度数なのだが、ただ後世の暦の制作者は数のとりかたが狭くて、それを包みこめないだけだ[133]。

天文学者は観測値につじつまをあわせるのに追われ、暦と天文現象とのくいちがいにふりまわされている。いわば天に運行させられている。だが、暦法はまず自己の方法を確立し、その方法によって、逆に天体の運動を律してゆくのでなければならぬ。天体の運動はいかに複雑で不規則にみえようとも、方法的に追求してゆけば、かならず正確な認識に到達できる。いわば自己の方法によって天体をからめとり、天体を運行させるのである。天文学は天体運動の方法的認識であり、理論的再構成である。現象の記述と計算に終始するのでなく、人間の頭脳のなかに認識としての宇宙の体系を構築しなければならぬ。暦法は、まず天の運行を論じて七星におよぶべきである、と蔡季通はいうけれども、それでは不充分だ、まず宇宙を論じなければならぬ、とは朱子のことばであった。宇宙の構造と運動、宇宙の全体像が正確に把握されたとき、そして、それを天体運動の計算に適用する方法が発見されたとき、はじめてゆるぎない暦法がうちたてられる。その根本的な課題を等閑視しているかぎり、たとえどんなに計算の手法を精密化し、改暦を重ねようとも、積年の病弊を克服するのはついに不可能であろう。朱子が説いてやまなかったのは、宇宙構造論を基礎とする天文学と暦法の建設であった。天体は眼にみえるとおりに運動している、したがって、それを観測し記述し計算すればたりるという、中国暦法の歴史をつらぬいてあった現象論的立場にたいする朱子の、文字どおりラディカルな批判である。そこに中国天文学のコペルニクス的転回の思想的契機をみるのは、ひとりわたしのみであろうか。もちろん、内発的な転回はついにおこらなかった。元代の朱子学派が指導して編成した授時暦は、一方ではすぐれた手法をさらに発展させ、他方では因襲化した手法を打ち破り、数々の改良をなしとげたけれども、それでも視点の根本的な転回をなしとげることはできなかった。構造論的視点が天文学理論のなかに導入されるには、明末清初のイエズス会士たちによる西洋天文学の導入をまたなければならぬ。それが近代天文学ではなく、アリストテレス＝プトレマイオス流ないしチコ・ブラーエ流の天文学であったのは、中国にとって不幸な事態であったといわなければならないが、それはまた別の問題である。ともあれ西洋の構造論的天文学がすみやかに理解され定着していった思想的基盤は、朱子の自然学のなかにみいだされる。朱子学をとおして、知識人はすでに構造論的思考法になじんでいたのだった。

中国天文学のコペルニクス的転回の思想的契機、とわたしは書いた。そのばあい、朱子そのひとに数学的理論の構築を期待できないのは、とうぜんであろう。とすれば、その契機を生かす力量をもった弟子が門下にいたのだろうか。さらに、朱子自身、どれだけそれを弟子たちにのぞんでいたのだろうか。かれの門下で専門家の名に値したのは、おそらく蔡季通とその息子たちだけであろう。蔡季通は張横渠と邵康節の学をおさめ、音楽・象数学・天文学に通じており、その学問と見識には朱子もふかい敬意をはらって、弟子でなく友人として遇したほどであった[134]。朱子の自然学がかれに多くのものを負っているのは、これまでの引用からもうかがえよう。朱子が自然学の後継者としてたれかに期待するとすれば、だれよりも蔡季通がそれに価したであったろうし、後継者としてはともかく、かれによせた期待にはなみなみならぬものがあった。いわゆる疑学の禁によって朱子学派が弾圧され、蔡季通が流刑地で死んだとき、朱子は声をあげて泣いたという。とはいえ朱子は、かれの天文学理論を決して無批判にうけいれたのではなかった。かれも朱子の立場をそっくりうけついだのではなかった。たしかに、かれらは天文学批判における基本的な考えかたを共有している。だが、蔡季通の暦法が邵康節の象数学的理論にもとづいていたのにたいし、朱子の象数学にたいする評価は蔡季通とちがっていた。それは、朱子が康節の宇宙の循環的図式をパターンとしては高く評価し、それを受容しながらも、その数、たとえば十二万九千六百年を一元とする時間区分をしりぞけたのと、おなじ根拠にたつであろう。康節はどうして暦をつくらなかったのか、という弟子の質問に答えた一節にいう。

季通は康節の暦を計算できた。康節の暦は分母が十二万九千六百で、たいへん精密だ。いまの天文学者がつかうのは万分暦にすぎない。万分暦からして多い。かれらがどうして分母に十二万をつかうものか。ただ、いまの天文学者も季通のものはつかえないというのは、どうしてかな。(135)

一年の日数のような、基本的な天文常数を分数で表記するばあい、分母を一般に日法といい、計算の基本となる数値として重要視した。万分暦とは、四分暦の名称から連想されるように、日法に一万を採用する暦をさす。厳密に一万という数値をつかい、万分暦の名称をえたのは、後晋の馬重績の調元暦であった。[136] 一万を分母にするというのは、結果的には小数表記とおなじことになる。元の授時暦がこの原理にたって、長い伝統であった分数表記を小数表記にかえてしまうのだが、それはもっと後のことに属する。厳密な意味でも万分暦がどんな意義をもつかに、朱子が気づいていたとは思えない。ここにいう万分暦とは、一万前後の数値を分母に採用している暦、といった意味であろう。たとえば、北宋の儀天暦(施行は一〇〇一―一〇二三年)は一〇一〇〇、つづく崇天暦(一〇二四―一〇六四、一〇六八―一〇七四年)は一〇五九〇を日法とする。それにたいして、蔡季通は邵康節の一元の数値、十二万九千六百を日法とする暦をつくろうとしたのである。[137] 梅文鼎によれば、当時の天文学者はあまりにもわずらわしいとしてその暦を認めようとしなかった、という。[138] ところで朱子は弟子の質問を意味をとりちがえ、天文学者はなぜ康節の理論を採用しないか、ととったらしいが、ここではともかく蔡季通の試みをかばっている。しかし、それはあくまで有効かもしれぬひとつの仮説としてであった。

あるひとがたずねた、「季通の暦法はもひとつですね。」

(先生は)いわれた、「こいつはさっぱりわからん。いまこちらが計算もでき、かれくらい勉強もできて、それで推測してこそ、かれがいいかわるいかわかる。ところが、いまわたしときたら、てんでわからないのだから、かれがいいかわるいか、どうしていえよう。これも康節がそういっているので、もしまちがっているなら康節もまちがっていることになる。ただむかしからたれひとり、そこまで考察できたひとはいないように思う。[139]

蔡季通そのひとにたいしては、朱子ははっきり疑問をなげかけ、それがあくまでひとつの試みにすぎないのを自覚させようとした。あるとき、かれにこう書きおくっている。

音楽書はゆっくり書いてもかまいません。暦法もひとつ梗概を書きあげるのがよくはありませんか。もし先天分数(邵康節の数)をつかえば、日月五星のたぐいは、遅速・進退みなそれで知ることができるのでしょうか。もしこの二書ができあがれば、やはり世の中に役に立つのではないでしょうか。[140]

象数学と天文学はそれぞれ固有の方法をもつ、というのが朱子の主張であった。遠慮がちな表現であれ、この書簡にあらわれている主張も、それである。とすれば、蔡季通の仕事によってかれの天文学理論の構想が実現されるとは考えていなかった、といわなければなるまい。かれの才能を愛惜しつつ、ある距離をおいてその仕事を見守るというのが、おそらく朱子の真情であったろう。

蔡季通の新しい暦の作成にたいして朱子が慎重であったのは、ほかにも理由があった。暦の根本的な改正は、もはや天文学の領域にとどまらず、政治的・社会的・宗教的な制度や慣習の変革へと結びつかずにはおかないだろうからである。

暦をつくるのは、もすこし考慮すべきでしょう。ただ測験するだけならたれにもできるからです。改造する必要があるのなら、おそらくそうするほかはないでしょうけれども、今日の一時のことではありません。[141]

蔡季通にそう書きおくるのは、自然学者としての朱子でなく、士大夫としての、士大夫の学問たる宋学の集大成者としての、朱子の配慮である。天体暦と常用暦とが統一されているという特質のゆえに、いいかえれば天文学の実践的性格のゆえに、新しい暦法理論の構築とそれにもとづく新しい暦の作成は、学問の一分野をこえて、ただちに社会的な実践にかかわってくる。したがって、そこへの配慮が学問に大きな枠をはめてしまうことになる。のみならず、学問は社会的実践をぬきにしてはありえないのである。そうであれば、士大夫の学問のありかたにたいする朱子の抱負と教育方針はいかなるものであったか、かれが弟子たちに期待したのはなんであったか、そのことがあらためて問われなければならないだろう。一般に、朱子は自然学を必須の教養とみなしており、弟子たちにその研究をすすめた。

　また、律暦・刑法・天文・地理・軍旅・官職のたぐいは、すべて理解したい。その真髄を深く究めることができなくても、大体の骨組みを知ろうとして、道理がはじめてあまねくゆきわたる。もしわずかばかりにとらわれ、そこにしがみついて、多くのことをみな無用とみなすならば、なんにもうまれまい。このように、専門のことしか理解しないと、専門外のことがだめになる。だから、聖人は博く学ばせようとされたのだ。「博ク之ヲ学ビ、審カニ之ヲ問イ、慎シミテ之ヲ思イ、明ラカニ之ヲ弁ジ、篤ク之ヲ行」(『中庸』)わなければならぬ。[142]

朱子によれば、世界にはそれをつらぬく統一的なパターンがある。だが、それは一挙に把握できるものではない。かりに把握できたとしても、存在のあらゆる領域にわたって個々の事物を理解できるわけではない。個々の領域、個々の事物にはそれぞれ固有のパターンがある。だから、それらのパターンをひとつずつ、個々の対象について明らかにしてゆかなければならぬ。そのうえではじめて、個々のすべてのパターンをつらぬいてある、統一的なパターンが把握されるのである。視点をかえていえば、ある領域で把握されたパターンを他の領域に安易に適用してはならぬ。象数学と天文学にはそれぞれ固有の方法があるとして、蔡季通の試みに疑問を呈したのは、この立場からであった。同時に、専門外のことがらについて軽率に立論してはならぬ。

「胡五峯が「極星は三つある。極星は動かない」といっているのをとりあげるなら、さっぱりわけがわからん。かりに天の運行を回転盤に譬えるとすれば、極星はまさしく中心の紐のところであり、だから動かない。もし三つが動かないとすれば、回転できぬ。」

また（先生は）いわれた、「形而下のことがらであっても、もし理解しつくしていなければ、また軽々しく議論を立ててはいけない。手近なところから学んで研究をつまなければならぬ。天文・地理であっても、それを知りつくしてこそ、議論できる。[143]」

個々の特殊な専門分野については、博く学んで「大体の骨組み」を理解し、議論するなら精通しなければならないけれども、学生はそこから学問の第一歩をはじめるべきではない。たとえば、いう。

『尚書』を読むには、ただそのなかのわかりやすいところをえらんで読め。たとえば、「朞ハ三百有六旬有六日、閏月ヲ以テ四時ヲ定メ、歳ヲ成セリ」、こんなのはわからなくても重要でない。[144]

またたとえば、いう。

『書経』の疏にみえる「璇璣玉衡」の条で、まず天を説明している。いまの人が読んでもすこしも重要ではない。わたしの考えでは、もしこれがわかれば、天と日月星辰との運行、進退・遅速の度数にみな一定の数のあるのがほぼ想像できるし、暦数の大体もわかるのだ。[145]

むろんこれは初学者への注意であるが、それにとどまらぬ内容をもふくんでいる。天文学研究の方針を示唆した、ある弟子への書簡を引用しよう。

ノーモンの製作はきわめて精密です。三衢(浙江省衢県)に王伯照侍郎(王普)の撰定した『官暦刻漏図』一編がありますが、やはりそれとおなじです。天文学はそれはそれで学問の一分野です。もし理を窮めようとすれば、やはり研究しないわけにはゆきません。けれども、大きいところが確立したあとでそれに手をつければ、そうわかりにくいというほどのものでないし、わからないところはなくなります。[146]

大きいところを確立するとは、おそらく天文学や自然学よりずっと重要な、士大夫の習得すべき学問、身につけるべき教養をさしていったのであろう。もっと限定していえば、人間学とその実践である。朱子そのひとにしても、自然学の領域にふみこんで研究と思索をかさね、すぐれた観察や発見をおこなったのは、主として晩年の十年、六十代に入ってのことにすぎない。たしかにその間、人間学を理論的に基礎づけるものとしての自然学に、すくなからぬエネルギーをかれはそそいだ。人間学から出発した朱子の学問体系は、そこで理論的に完結するはずであった。しかもそのとき、かれの体系において、自然学はすでに自立の気配をみせはじめる。かれの門では、あとでふれるように、天文観測の実習さえおこなわれていたらしい。にもかかわらず、自然学のひとりあるきはゆるされぬ。あくまで人間学あっての自然学なのである。そういう大きいところ、根本の学問が確立してのち学ぶべき枝葉の学問が、自然学なのである。かれが望んでいたのは、かれ自身の歩みを弟子たちもまた歩くことであったろう。蔡季通とせいぜいその子、淵・沈兄弟にたいする期待をのぞけば、かれに自然学者を育成する意図はなかった、とみなければなるまい。こうした教育の理想が、朱子の門下から自然学の後継者が生まれるのをいちじるしく抑制したように、わたしには思える。その意味で、朱子学はあくまで士大夫の学問だったのである。ただ、蔡氏の家学はその門下にあってかなり特別な位置をしめていたらしい。朱子は蔡氏父子ともっとも好んで数学や天文学や音楽を論じ、しばしば教えを求めた。たとえば、季通にあててこう書いている。

莆田の徐君が来て、暦のことをこう主張しますが、理解できませんので、ここにお送りします。かれは早晩あなたにお会いしにゆくはずです。ただ、わたしはくらいので、老兄をわずらわせます。ひとに門をたたかれて、かえって朝晩つぎつぎに教えを請うはめになります。要略は大体の骨組みがわかれば、ひとにこんなにあなどられはしないでしょう。(147)

またたとえば、淵に示教を求めた書簡もある。

昨日、『史記』の「暦書」を読みました。大余の数は二年目にくいちがい、小余の数は三年目にくいちがい、以下みな計算が合いません。どういうわけでしょう。あなたならきっとお説がおありでしょう。あわせてご示教いただきとうございます。(148)

蔡氏父子と朱子の関係がうかがえよう。

これまで、朱子の暦法への批判を再構成し、そこに中国天文学の転回の思想的契機をみいだし、しかも朱子の門下からそれをなしとげる自然学者が生まれなかった理由の一端を考えてきた。ここではじめにかえって、朱子の批判が歴史的事実としてはなにを意味するかを、簡単に分析しておきたい。朱子によれば、暦法の歴史は手続きが細分化され、その細分化された手続きのなかで測度と計算が精密化されてゆく過程だった。それがなにをさすか、朱子は言及していないけれども、事実について推測すれば、観測と計算の二つの側面がある。わたしたちがこの眼で直接に観測する現象は、多様な運動の要素の複合である。自然認識の発展とは、基本的な理論の枠組みの同一性を仮定するならば、それらの要素を一つひとつ分離して量的に確定し、その量的複合として、眼にみえる具体的な現象を説明できるようになってゆく過程にほかならぬ。それには、観測技術の発展と観測値を処理する計算法の発展とをともなう。手続きの細分化および量的精密化と朱子がいうとき意味しているのは、おそらくそれであろう。あらためてことわるまでもなく、朱子の批判は基本的な理論の枠組みそのものにむけられているのである。それはともかく、二、三の顕著な歴史的事実をあげてみよう。まず複合した要素が分離され、とりだされてゆく過程としては、漢代に月の運動にかんするいくつかの発見がある。月の運動の不等、月の軌道の近地点移動、黄白道の交点の逆行などである。魏晋南北朝時代にはいると、歳差つまり春分点の移動が見出され、ついで太陽の運動の不等も明らかにされる。太陽と月の不等はいずれも、天体の軌道が楕円であって、その速度が一様でないところからおこる。こうした現象の観測は時代をくだるにしたがって精密になり、暦の計算にも導入されてゆく。常用暦でいえば、置閏法、大小月の配列法、節気などの改良が、それに対応する。それにともなって計算法も発展してゆく。天文学にとってとくに重要なのは、ガウスの補間公式に匹敵する、隋の劉焯の発明した補間法である。それは天文計算の技術を近代的方法に近づける。もうひとつ忘れてならないのは、北宋の沈括にはじまる割円術の発達であろう。円の弧・矢・弦を代数的に計算する方法であり、ほぼ球面三角法に相当するものが生まれたことになる。[149] ちなみに、元の授時暦が中国暦法の最高の発展段階をしめすものとされる一半の理由は割円術の採用にある。こうした事実を背景として朱子のことばを解釈できるとすれば、かれは現象の諸要素の量的分離したがって、その量的複合の可能性の認識に到達していたのである。それは近代科学における量的方法にみられるような分析的特質を、認識論的立場から、的確に把握しているといってもいい。あくまで天文現象の量的認識に限定すれば、ほとんど分析的方法とさえよべるかもしれない。だが、近代科学における分析的方法はたんなる量的認識にとどまらない。一般に認識論の枠にとどまらず、特殊な存在論を前提している。実在する対象は単純な諸要素の合成であり、したがって、単純な諸要素に分析できると考える要素論である。そのひとつの具体的な表現が、物質の構成要素として究極的な単純要素の存在を仮定する原子論(ないし粒子論)にほかならぬ。存在が単純な要素の合成として認識できるためには、存在そのものが単純な要素の合成でなければならぬという、認識論と存在論の一対一の対応が、いわば思考の公理として前提されているのである。一方、朱子の存在論は原子論でなく、要素論でさえなく、連続的な一気の存在を仮定する有機体論であった。現象は諸要素の量的複合として認識できるという認識論と、存在は要素に分離できない有機体であるという存在論との分裂がそこにある。いったい、その両者はどのようにかかわりあっているのであろうか。それをたしかめるためには、暦法にたいする朱子の第二の批判に、観測の問題に眼を転じなければならない。

もともと朱子には、数的主知主義とでもよぶべき主張がある。数で表現できるものはかならず可知的である、というのだ。たとえば、『易』の数について、

(「易説」では)また、大衍の数五十は自然の数であり、みなその意味を究明できない、といっています。わたしはひそかに考えるのですが、数というからにはおそらくきっと究明できる理があるでしょう。(150)

とのべている。いったい朱子によれば、気があり形があるところには、かならずパターンと数がある。パターンと数の起源は同一であり、数はまさしくパターンの数なのである。

「気があり形があれば数がある。物には盛衰があって、その始まりと終りを推測すれば、知ることができるのだ。」

あるひとが一本の樹を指してたずねた、「邵先生は。」

先生はいわれた、「推測できていない。しばらくして一枚の葉が落ちたら、そこから推測しはじめる。その盛衰がすでに現われてこそ、始まりと終りを推測できるからだ。推測するのも、

まさに現在の年月日時にたって数えはじめるのだ。[151]」

現象は生成しては消滅してゆくが、そこには一定のパターンがある。そのパターンは、同一の現象にあってはくりかえし再現される。ある現象がひとつのサイクルをおえたとき、われわれはその現象のパターンを理解し、それを測定しはじめる。つまり、現在の時点にたって「已然ノ跡」を量的に追求するとき、自然現象の正確な認識が可能になるのだ。ところで、暦数つまり天体運動に固有な数は、観測器械によってはじめて把握される。だから、数的主知主義の立場にたてば、天文現象がすみずみまで可知的なものとなるかどうか、いいかえれば、改暦を必要としない暦がつくれるかどうかは、観測器械の精度いかんにかかっている、ということになるだろう。事実、かれは暦数と観測器械との関係について、こう語っている。

暦数はとらえがたい。いまの水時計が同様だ。水時計の管がすこしでもとどこおれば、かならず天よりおくれるし、すこしでもひろければ、かならず天よりすすむ。まだ子の刻でないのに子、午の刻でないのに午になる。[152]

暦数のとらえがたさは、器械制作の技術的困難さにひとしい。この発想法をうらがえせば、天体の運動を正確に表現する観測器械が技術的に制作可能ならば、暦数は正確に認識できる、という考えかたになるだろう。わたしはヨーロッパ近代における機械論的自然観の形成過程を想起する。もし認識論と存在論の一対一の対応を思考の公理とするヨーロッパ的風土に朱子の発想法を移植するなら、そのまま機械論となるはずである。近代科学の形成とともに発展していった機械論は、いうまでもなく要素論の一形態であり、単純要素の結合・分離は機械的(力学的)法則にしたがうとみなす立場である。機械的法則にしたがって運動する単純要素の合成体としては、技術的産物たる機械がある。かくて、機械モデルの存在論としての機械論が成立する。朱子の立場は非要素論的な有機体論であった。とすれば、暦数のとらえがたさと観測器械制作の技術的困難さとを等置する発想法は、それとどのようにかかわるのだろうか。そのかかわりを解くことが、さきに残した疑問に答えることにもなるだろう。わたしはあらためて、朱子の観測論を検討することにしよう。観測器械にかかわる暦法への第二の批判は、その過程でおのずから明らかになるだろう。

4 観測器械論

すでに北宋の沈括は、「渾儀議」のなかでつぎのように主張していた。

度は天に在るものだ。それを璣衡(観測器械)につくれば、度は器械に在る。度が器械に在れば、日月五星は器械のなかに捕捉できて、天のかかわるところでなくなる。天のかかわるところでなくなれば、天に在るものを認識するのはむずかしくない(153)。

この思想の新鮮さはわたしたちを瞠目させるであろう。器械は人間の技術的構成物であり、人間の外在化であり、人間そのものの延長であるといっていい。器械に量的測定の規準をもうければ、天体は器械のなかに量的に捕捉される。器械に捕捉された天体はもはや自然ではなく、それ自体すでに人間の構成物であり、人工言語による写像であって、そのことによって認識可能な対象となる。人間が機械によって天体を捕捉するとは、知的認識があくまで人間の作為であって、人間はそこにあるものをただ鏡のように映しだすのではない、ということを意味する。数を言語媒体として抽象的に再構成された像としての天体である。ここで朱子の数的主知主義と、わが方法で天を運行させるという蔡季通のことばとを想起しよう。しかも、天体の量的認識は観測器械を媒介してのみ可能とされる。事実、沈括によれば、唐の一行の大衍暦が他暦にくらべて多くの成果をあげたのは、すぐあとでふれるようなすぐれた観測器械を使用したからなのである[154]。いいかえれば、天体運動の認識の可能性は技術のなかに内包されている。だから、観測器械を制作する技術的実践は、つねに天体運動の認識に先行しなければならぬ。沈括のこの思想的系譜に、朱子はあきらかに立っていた。すでに述べたように、「渾儀議」はかれの推奨する天文書のひとつだったのである。かれの思想にたいする沈括の影響についてはこれまでたびたびふれてきたけれども、さらにもひとつ引用しておくなら、

東萊(呂祖謙、一一三七―一一八一)の『文鑑』はひろく編集していて、近代の文献もみられる。たとえば沈存中の「律暦」一篇は、渾天を説明してもうまい[155]。

朱子は沈括の考えかたを継承しただけでなく、さらに一歩おしすすめて、つぎのような注目すべきことばを残している。

渾儀は採用できるが、蓋天説は使えない。ためしに蓋天説をとるひとに模型をつくらせたら、

どうつくるか。雨傘そっくりだろう。どうやって地と接着するかな。渾天説なら渾天儀がつくれるはずだ。

〔あるひとの記録にいう、「蓋天説を主張するひとがいれば、蓋天儀をつくらせてみたい。できるかな。」

あるひとがいった、「傘のようなものでしょう。」

「それなら、まわりにきっと風の吹きこむところができるだろう。だから、器械をつくれる渾天説のほうがいいのだ。[156]」〕

歴史的事実としてなら、蓋天儀は一度だけ制作されたことがある。梁の武帝のときである。しかし、それは天地の構造と天体の運動を表示する器械であり、天球儀に相当するものであって、渾儀（渾天儀）のような観測器械ではなかった。[157] 観測器械としての蓋天儀は、朱子が指摘するように制作できないし、そこに渾天説の優位のひとつがあったことは、くりかえすまでもない。天体の運動の量的認識と器械制作の技術的困難さはあいひとしいという朱子の考えかたは、天体を器械のなかに量的に捕捉するという沈括の思想にまさしく対応するものだが、さらに朱子は、宇宙の構造を捕捉する器械を制作できるかどうかに、天文学説の可否を判断する根拠をみいだしたのだった。宇宙構造論を力説するかれにとって、それはとうぜんの帰結であったといえよう。それでは朱子は、理論と観測の関係をいったいどう考えていたのか。『書経』堯典にみえる古代の観測器械、璿璣玉衡にふれてかれは指摘する。

暦は書物であり、象は器械である。暦がなければ三辰(日月星)の所在を知るすべがないし、璣衡がなければ三辰の所在を見るすべがない。[158]

理論と観測はいずれもかかせない。しかし、精密な観測器械なしに、どうしてすぐれた理論を期待できよう。蔡季通によせて、

暦法はやはり大体の骨組みで略論することしかできますまい。詳細であろうとすれば、「仰イデハ観、俯シテハ察」(『易』繫辞伝)して、はじめて検証できるからです。いまはその器械がありませんし、ほとんど究明しつくすのは困難です。[159]

と、かれは書きおくっている。理論にたいする観測の優位を、ゆるぎないものとして強調しているのである。観測の重要性への方法的自覚は、近代科学の形成に先立つこと四世紀、すでに朱子において確立されているといわなければならぬ。

観測器械を媒介した量的認識にかんする沈括の考えかたを朱子が完全に継承しているとみなすのに、わたしはいくらかためらいを感じないわけではない。両者の思想に異質な面があるためではない。それなら朱子がいちばんよく知っていた。かれの沈括への言及は、天文学や地質学などの業績にかぎられているのである。そうではなくて、かれが沈括のように、器械のなかに捕捉できた天体はもはや天とかかわりをもたぬ、とまではっきり断言していないからである。しかしわたしは、あえてつぎの三つの理由から、朱子を沈括の継承者として論じてゆきたいと思う。第一に、すでに指摘しておいたように、沈括とおなじく朱子も測度の単位を人為的なものであり、天体の運動はその

人為的な体系によって量記号におきかえられ、認識されるものと考えていた。その認識の過程に朱子が不可欠と考えていた観測器械を介在させれば、沈括の主張にいちじるしく接近するであろう。第二に、存在論と一対一に対応しない認識論が成立しうる根拠を沈括はしめしている。それはひとりかれに固有なものでなく、中国人の自然観を前提したばあいの当然の一帰結、主知主義的立場からの帰結であり、朱子の思想構造を解明する手掛りになる、とわたしは考える。第三に、沈括や朱子をつつむ宋代の精神とでもいうべきものがある。それがなにをさすかはつづけて論ずるけれども、朱子の観測方法論はそこに位置づけてはじめて理解される。だから、以下ひとくくりにして、沈括と朱子の観測方法論としてとりあげたい。概括すれば、宇宙の構造を捕捉した精密な観測器械によって天体の運動が量的に捕捉され、可知的となるとみなすところに、その方法論の特質がある。沈括のことばをつかえば、「二十八舎ハ度ヲ絜《ハカ》ルユエン、度ハ数ヲ生ズルユエン」[160]であって、暦数は朱子のいう「自然ノ数」であるが、それは人為的な測度の単位を目盛った観測器械で測定されることによって自然からきりとられ、人為的な構成物となる。そこに、存在論から切断された一種の認識論が成立してくる。しかも、器械の介在によって捕捉された量は、すでにのべたように、諸要素に分離し、その複合として処理できるものであった。かくて、量的方法と観測的方法はみごとに接合し、ひとつの量的観測的方法を形成する。

　中国の天文学の領域でいちはやくこうした方法的自覚が確立した要因として、ここでは四つのそれを指摘しておきたい。第一は、中国人にかぎらない一般的要因だが、天体運動のしめす単純性と規則性である。それはほかの自然現象にほとんど類をみない。自然における数学的秩序の存在を人間に確信させたのは、それであった。近代以前の自然学においても、近代の自然科学においても、天文学は最初の体系的理論として成立する。ただ、現象のパターンと規則性との存在にかんする朱子の確信は、決して天文現象にかぎられていなかったことを、ここで注意しておきたい。第二は、中国における公的学問としての天文学のありかたである。官僚制下における天文学の役割の重要性は、天文学の持続的な発展を可能にしただけでなく、専門家でない多くの知識人の関心をそこにむかわせたのである。朱子の関心も、社会的枠組みとしては、その方向にそっていたとみていい。第三は、量の数学としての代数学の発達である。代数学をも幾何学化し、演繹的な幾何学の体系をつくりあげたギリシア人とは対照的に、中国人は幾何学をも代数化し、さまざまな社会的実践に直接に結びつく代数学を高度に発展させたのだった。量的方法への自覚と、それは密接に結びついている。第四のもっとも重要な要因は、観測器械としての天文時計装置、すなわち、水運渾儀の発達である。北宋の元祐三年(一〇八八年)、吏部尚書蘇頌は属官である韓公廉の協力のもとに水運渾儀を建造し、その機構を『新儀象法要』三巻に書きのこした。最近、ニーダムらの努力によって、その機構が細部にいたるまで復元され、水運渾儀の全貌がようやく明らかにされた[161]。それによれば、機構のかなめは脱進装置にある。歯車の回転を調節して、天の運動、つまり、時間の流れにあわせる装置である。それがなければ、動力がなんであるにせよ、歯車の回転がはやすぎて時計の用をなさないだろう。脱進装置の発明によってはじめて、機械時計の制作が可能になる。いいかえれば、脱進装置をそなえた蘇頌の水運渾儀は、機械時計とよぶことができる。元祐の天文時計装置は、水時計式の貯水槽から落ちる水を動力として動かされる。ちなみに、それに先立つ張思訓の水運渾儀では水でなくて水銀をつかったが、それは冬も凍らないためであった。そのばあい、水をうける水車に受水箱がとりつけられており、箱に一定量の水がたまるまで水車の回転をとめておく巧妙な装置が付属していて、脱進機の働きをするのである。この水運の機構に観測器械である渾儀を設置すれば、今日の望遠鏡とおなじく、天体の回転にともなってそれを自動的に追跡してゆく。天球儀である渾象を設置すれば、天体のみかけの運動を機械的に表現する小型プラネタリウムになる。朱子の表現をつかえば、「俯視」するプラネタリウムである。この機構は同時に時間をつげる報時装置をもそなえている。こうした装置は、天体の運動を再現する時計だから、一般に天文時計とよばれている。唐の開元年間(七一三—七四一年)に一行、梁令瓚らがつくった水運渾儀も、ほぼ類似の機構をそなえていたと推定される。とすれば、中国ではすでに八世紀から、機械時計によって動かす観測器械が存在していたことになる。ちなみに、元祐三年は、沈括の「渾儀議」にもとづいて渾天儀がつくられてから十四年のち、かれの五十八歳のときであり、朱子が生まれる四十八年まえであった。

元祐の水運渾儀の制作過程は、蘇頌の「進儀象状」にくわしい[162]。そこには注目すべき記述がいくつもある。蘇頌はあるとき、吏部守当官韓公廉をたずねた。韓公廉は中国数学の古典である『九章算術』に精通し、勾股の法をつかって天体の運動を研究している専門家であった。勾股の法というのは、ひとことでいえば代数化された幾何学であり、図形を代数的に計算する方法である。韓公廉と同時代の沈括がそれをさらに発展させて、円の弧・矢・弦を計算する会円術、のちに一般化したよびかたによれば、割円術にまで高めたことは、すでにふれた。蘇頌は韓公廉にむかって、後漢の張衡、唐の一行・梁令瓚、北宋の太平興国年間(九七六―九八三年)の張思訓らがつくった水運儀象の装置の大綱を説明し、その機構を究明して類似のものを制作できるかどうか、たずねた。韓公廉は答えた。

「算術にもとづいて器械を設計すれば、やはりつくれます」。そうこうしているうちに、かれは『九章鉤股測験渾天書』一巻を書きあげ、あわせて木製の模型一基を制作した(163)。

韓公廉の著作は残念ながら伝わっていない。題名から察すれば、水運渾儀の機構の原理を、『九章算術』の勾股の法によって明らかにしたものであったろう。数学にもとづいて器械を設計・制作できる、という韓公廉のことばは重要である。数学に基礎づけられた機械学が、十一世紀の中国ですでに成立していたのである。もしこの書が現存すれば、中国の機械学がいかなるものであったかを、わたしたちは明らかにできるだろう。あるいはせめてこの書が公刊されていたら、あとでのべるように、朱子もその機構を明らかにするのに、あれほど苦心しなくてすんだはずである。それはともあれ、こうした機械学的著作が水運渾儀の設計・制作の土台にあったのを、忘れてはなるまい。模型をみた蘇頌は、古人の説とはややちがっているけれども、水運の機構がきわめて巧妙なのを知り、これならかならず制作できるという確信をいだく。そこで、まず木製の模型をつくってテストし、うまくゆけば銅製の器械を制作したい旨、上奏する。元祐二年八月、詔が下る。ただちに担当局を設け、寿州州学教授王沇之をはじめ天文・技術・経済関係の専門家を集めて、模型の制作にとりかかる。とくに興味ふかいのは、おそらく軍事技術者であろうとおもわれる尹清が製図工作を統轄した事実である。[164] 器械制作技術者のほかにも軍事技術者や製図工など、さまざまな分野の技術者が参

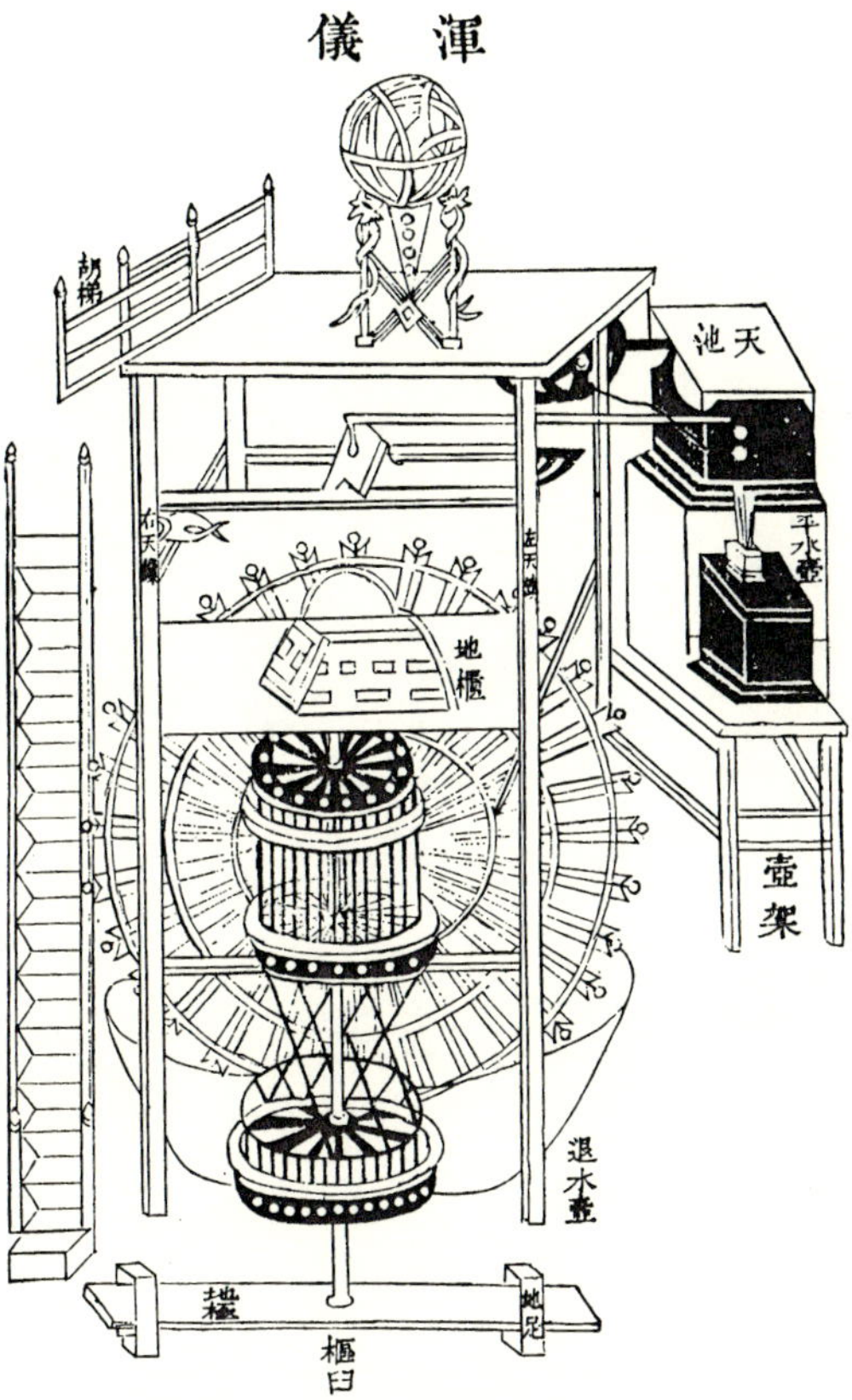

図13　水運渾儀(『新儀象法要』より)

加して技術の粋をあつめ、蘇頌の政治的指導と韓公廉の理論的および技術的指導のもとに、制作がすすめられていったのであろう。翌三年五月木製の小型模型が、つづいて大型模型ができあがり、テストに成功する。最後に銅と木でできた器械が完成したのは、同年十二月のことであった。こうして中国技術の最高の成果、すくなくともそのひとつが誕生したのである。

沈括や朱子に機械を介在させる科学認識論をはぐくませ、量的観測的方法を自覚させたのは、なによりも水運渾儀の存在であった。それはまさに天体の運動を量的に捕捉した器械である(沈括)。宇宙の構造を再現しているがゆえに、それは正確な認識を可能にするのだが、ただ制作するのがむずかしいというにすぎない(朱子)。しかし、技術的にいかに困難でも、数学によって設計すれば制作できる(韓公廉)。それによって捕捉された天体はもはや天とかかわりなく(沈括)、わが方法によってそれを運行させることができる(蔡季通)。天体運動の数値は諸要素の複合として処理できるのだが、その誤差の総和をゼロに近づけうるかどうかは、器械が対象のパターンを正確に再現しているかどうかにかかる(朱子)。その前提がみたされるならば、可知的な認識の体系として、天文学の量的理論を構築する可能性がひらけてくる(朱子)。わたしがさきに宋代の精神とよんだのは、数学、自然学および技術の発展のうえに生まれてきた、このような自然の可知性への確信、数的主知主義の思想とその実践をさすのである。

この思想の位置づけと意味を明らかにするには、十六世紀から十七世紀にかけて形成された、ヨーロッパ近代の機械論に対比するのが、いちばんいいだろう。ニーダムによれば、水運渾儀の脱進装置はアラビアをへてヨーロッパに伝わり、脱進機と機械時計の発明を導いたのであろう、という。十四世紀のはじめにイタリアで精密な天文時計が制作され、各地に普及してゆく。グロスマンによれば、天文時計の発達、すなわち、天体運動の機構を実験的に組立てようとする試みが、天体そのものが天文時計の機構に似た原理にしたがって運動しているのだ、という考えかたを示唆した。[165]それはやがて、宇宙は機械時計である、という確信にまで到達する。機械時計の存在を前提する点では、ヨーロッパ近代の機械論も沈括と朱子の認識論もおなじである。しかし、沈括と朱子は、「宇宙を時計が捕捉する」とはいっても、「宇宙は時計である」とは決していっていない。「捕捉する」のは認識であり、「ある」のは存在である。ヨーロッパ近代の機械論はなによりもまず機械モデルの存在論であった。両者を比較してまず気づくのは、朱子が観測器械は宇宙の運動のパターンを再現すべきであると考えるのにたいし、ヨーロッパの機械論者は宇宙と時計の機構(メカニズム)が同一であるとみなしている相違である。時計を宇宙の比喩としてつかった最初のひとは、コペルニクス(一四七三―一五四三)の弟子レティクス(一五一四―一五七六)である。その比喩の用法には、朱子との対比において注目すべきものがある。師が地動説を採用した理由を列挙したのちに、レティクスはいう。地球の運動がほとんど無数の現象を説明するからには、どうしてわれわれは自然の創造者である神に、ふつうの時計制作者にみられるのとおなじ技術があるとみなしていけないのか。なぜなら、かれらはよけいな歯車や、ちょっと位置をかえればずっと性能のよくなるような構造を、機構のなかにもちこんだりしないからだ、[166]と。コペルニクス自身は神を建築家にたとえ、その建築物たる宇宙の調和と秩序を讃えている。かれらは宇宙をつくるものとつくられるもの、制作者と制作物の関係においてとらえる。宇宙の存在は技術者ないし職人としての神の存在を前提する。技術モデルの存在論といっていい。コペルニクスによれば、神はその理念にもとづいて宇宙をつくり、その構造に完全な秩序と調和をあたえた。ところで、その当時、人間の技術がつくりだしたもっとも精巧で完全な機械は、いうまでもなく時計であった。レティクスは、宇宙の構造の完全な秩序と調和というコペルニクスの観念を、機械時計の機構(メカニズム)の完全さにおきかえる。建築物から機械へのモデルの転換であるとともに、構造から機構への視点の転換でもある。それが可能なのは、要素論的自然観に立っているからである。すなわち、建築物はひとつの構造であるが、それは単純な要素つまり建築材料から構成されている。一方、機械時計はひとつの構造であるとともに、単純な要素つまり部品から構成された動く機構でもある。動く宇宙の比喩として動的な機械時計は静的な建築物よりはるかに適切であるのみならず、実際にも宇宙の運動を再現できる。かくて、単純な要素から構成された機構としての宇宙時計という観念への、いいかえれば機械論への道がひらかれるとともに、天文学が機械の機構の研究、つまり、機械学ないし力学と結びつく方向もまたさししめされるのである。かれらの時代にはまだ、機械学ないし力学の研究は芽生えたばかりであった。ガリレオによってその基礎がすえられるまでには、なお一世紀に近い日時を要する。それに先立ち、すでに機械モデルの存在論への志向が信念として、思考を導く方向づけとして、表明されているわけだ。かれらの存在論は、いうまでもなくまだ目的論的な有機体論にとどまっている。たとえばコペルニクスやレティクスにとって、宇宙は神的な秩序と調和にみちており、重さは天体の中心へとむかう好み inclinatio であった。有機体論から機械論への転換は、たんにそれを志向するだけではおこらない。なによりも機械学すなわち力学の自然認識における有効性がしめされる必要があった。機械論は機械学ないし力学の形成にともなって発展していったのである。グロスマンが機械論成立の一前提として天文時計の存在をあげたのは鋭い。しかし、それがただちに、天体もその機構に似た原理にしたがって運動するという考えかたを示唆した、と結論づける推論の過程は、ヨーロッパ的思想風土には妥当しても、おそらく一般的な妥当性をもつとはいえまい。

ふたたびグロスマンによれば、力学はその諸概念を機械についての経験からみちびきだしたのであり、理論的な力学が成立するためには、十五世紀からほとんど二百年にわたる人間の知性と経験的素材との格闘が必要であった。そのばあいかれは、デカルトにしたがって、砲機・時計機・水力機・起動機の四つの主要な「機械範疇」を区別している。そのうち、複式滑車を利用する起重機が明末清初のジェスイットの宣教師によってはじめて中国に紹介されたのをのぞけば、砲機と時計機は中国の発明であり、水力機の普及もむしろ中国のほうがはやい。宋代から元代にかけての中国は、ルネッサンス・ヨーロッパの技術の数々を先取りしていたのである。その意味では、力学、さらには機械論的自然観の成立に必要な技術的前提は、そのころまでにまがりなりにもでそろっていた、とみていいだろう。くりかえすまでもなく、それが沈括や朱子の科学認識論をはぐくんだのである。しかも、ヨーロッパで伝統的知識人が機械に関心をしめしはじめるのは、ようやく十六世紀になってからであるのにたいし、中国の伝統的知識人である士大夫のなかからは、技術や機械に関心をしめすひとが輩出したのだった。沈括や朱子もそのひとりに属する。

しかし、ひとたび思想的前提に眼をむけるならば、中国ではまったくちがった風景がくりひろげられる[167]。そこには世界を創造した神、宇宙を作った職人である神、幾何学の原理にもとづいて宇宙を設計し制作した数学者である神は、いなかった。宇宙を支配する幾何学的法則も、そこにはなかった。宇宙は単純な要素から組み立てられた、したがって単純な要素に分解できる、機械のような制作品ではなかった。宇宙は自然、「オノズカラシカル」もの、おのずからなる働きによって万物を生みだす有機体、部分と全体がたえず響きあう気の感応の無限連鎖反応系、ひとつの完全なホメオスタシスであった。それは容易に知的な把握をゆるそうとしない、複雑きわまりない存在であった。にもかかわらず、そこにはたしかに存在と作用の多様なパターン、それが織り成す厳然たる秩序があった。いかにしてそれは認識できるか。観測器械を媒介とした、存在からの認識の切断だ、と沈括は答える。これを認識論的切断と呼ぶならば、それによって、精密科学のための認識論的基礎があたえられる。そして、それは量的観測的方法の自覚と結びついていたのである。

いままでわたしは、観測的方法とよんで実験的方法とはいわず、それを区別してきた。一般に、観測的方法と実験的方法とは、やや意味を異にするといえよう。すくなくとも物理科学の領域においては、観測的方法は複合された現象を対象として量的に認識し、その複合的な量を分析して単純な諸要素をとりだしてくるのにたいし、実験的方法ははじめから対象を単純な諸要素に分析し、当面の問題にとって本質的な要素だけをとりだし、その観察に適する装置を組み立てて測定する方法だからである。しかし、この区別は決して厳密なものではない。観測的方法においても、はじめからある程度まで、現象は諸要素に分析され、必要な要素だけが観測の対象とされる。むしろ両者の本質的なちがいは、人工的に再現できる現象を対象とするかいなかにかかっているのだ。

宋代の方法と近代ヨーロッパの方法を比較するばあい、重要なのは認識過程におけるその位置づけのちがいであろう。いわゆる科学的探究の方法のなかに位置づけられた実験的方法は、検証の方法である。ある問題にたいして、まず仮説をたて、それから検証可能な命題を推論し、それを実験によって検証する。実験は理論を事実に、いわば橋渡す役割をあたえられる。この狭い意味での実験的方法は、自覚的なものとしては中国において成立しなかった。中国においては、原理ないし仮説から演繹する、厳密な推論の方法が成立しなかったからである。しかし、実験的方法は検証の方法としてだけでなく、発見の方法としても機能する。宋代に自覚的に成立した観測的方法は、この広い意味での実験的方法の一形態であった。天文学や気象学などにおける観測だけでなく、材料強度試験や科学器械制作にさいしての模型によるテストなども、それが自覚的におこなわれたかぎり、広い意味での実験的方法の成立をしめすものとみなすことができる。宋代の科学者や思想家たちは、実験的方法をとりわけ発見の方法として自覚し、適用したのである。

このようにみてくれば、沈括と朱子の科学認識論は近代ヨーロッパの機械論が歩いた道とは遠くへだたった道をすすむものであったといえよう。それはあくまで存在からの認識論的切断として科学を成立させる、そして、独自の量的実験的方法の基礎としてありつづける性質のものであったろう。それはたしかに近代科学への第一歩ではなかった。とはいえ、現在の立場にたてば、存在の本質を有機体とみなしつつ、観測器械の操作をとおして対象を量的に把握し、そこに精密科学を成立させてゆくという認識論的切断こそ、その今日的意味についての再検討をせまるものであろう。

量的観測的方法の重視は、精密な観測器械の制作こそ天文学の当面の急務である、と朱子に感じさせずにはおかぬ。南宋の観測天文学の衰退には、看過できないものがあった。『宋史』天文志によれば、靖康の変にさいして、蘇頌の水運渾儀をはじめ「測験ノ器コトゴトク金人ニ帰」(168)したからである。ここで簡単に渾儀の歴史をふりかえってみよう。それはおそくとも前漢の渾天家にまでさかのぼる。『書経』にみえる璿璣玉衡を渾儀とする解釈が後世おこなわれ、「正義」にも記載されているが、それは朱子が、

要するに、璣によって衡をのぞき、天文現象の実際を測ったのは、それはそれでひとつの器械であり、いまのひとが制作する小渾象も、それはそれでひとつの器械である。おなじとみなすべきでない。(169)

と指摘するとおりである。「正義」の説にたいしては、真向からこう批判している。

いま考えてみるのに、これは漢代の方法によって逆に古代の制度を推測している。しかし、歴代以来、その方法はしだいに精密になっている。(170)

前漢の武帝のとき落下閎がつくったというのが、文献的にたしかめうる最初の渾儀である。その後、

耿寿昌・賈逵らの手をへて、後漢の張衡が水時計によって回転する水運渾象を制作した（一三二年）。しかし、いずれもその構造はまったくわからない。前趙の孔挺の渾儀（三二三年）にいたって、ようやく構造をしるす断片的記述がのこされているが、それによれば、のちに唐の李淳風が四游儀および六合儀となづけた二つの部分に相当するものからなっていたらしい。李淳風は貞観元年（六二七年）に三辰儀をくわえて新しい渾儀を制作し、その構造を確定した。単純化していえば、六合儀は赤道座標系における天体の赤経を、四游儀は赤緯を、それぞれ測定する装置であって、中国天文学の基準系でいえば、この二つの部分でたりる。しかし、李淳風は黄道にかんする数値をも測定する必要があると主張して、三辰儀をとりつけたのである。一方、水運の機構は、唐の開元年間に、一行・梁令瓚などによって、あらためて発明された。北宋にはいると、張思訓・韓顕符・周琮・于淵・沈括らがつぎつぎに渾儀を制作し、元祐年間にいたってついに蘇頌の水運渾儀に結晶する。それが失われてのち、南宋にはもはやそれを復元できる専門家さえいなかった。紹興三年（一一三三年）、朝廷は蘇頌の子、携を召して再建をはかった。かれは父の遺書をたずさえてきたが、ついにその機構を理解できなかったという。三十二年（一一六二年）にいたって、ようやく渾儀だけはなんとかつくられた。[171]だが、朱子によればそれは、

璣衡の装置は、首都にきてから日も浅いし、足の痛みのせいもあって、まだ見にゆけないでいます。しかし、聞くところではきわめて疎雑なものだと。水車機構がつくれないとあれば、まあ当分はそんなものでもいいでしょう。[172]

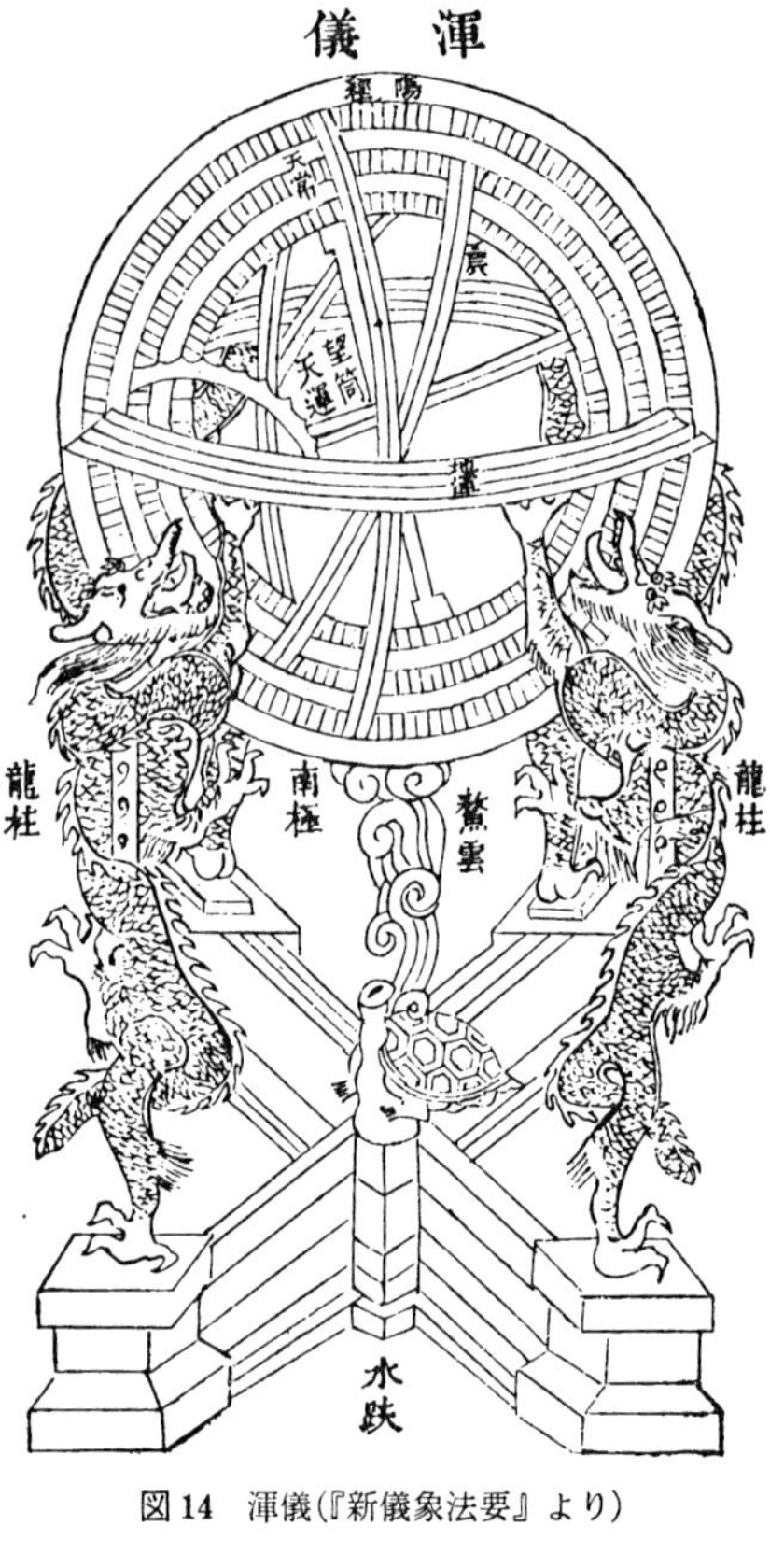

図14　渾儀(『新儀象法要』より)

といった程度の代物であった。「水運ノ法ト夫ノ渾象ノゴトキハ、則チ復タ設ケズ」とは、『宋史』天文志の記載である。朱子が蔡季通にあたえた手紙の一節に「今ハ其ノ器ナシ」と書いたのは、なによりもこうした現状の認識としてであった。

ところで、『宋史』天文志はつづけてこう記録する、「其ノ後、朱熹ノ家ニ渾儀有リ」と。いつ、どういう経路で入手したのか、どれくらいの大きさだったのか、詳しいことは残念ながらわからない。しかし、ともかく朱子は渾儀をもっていた。晩年、それはかれの家の階上に設置されていた。

かれはそれで天体を観測したであろう。学生の実習用にも使われたであろう。こんな問答が記録されている。

　また（先生は）いわれた、「天の回転は東へでなくて西へであり、ぐるぐる石臼まわりをするのでもなくて、側転するのだ。」

　黄義剛がいった、「階上の渾儀でわかります。」

（先生は）いわれた、「そのとおりだ。」[173]

朱子は『書経』舜典に注して、渾儀のくわしい記述をのこしている。歴代正史の「天文志」や『新儀象法要』などの文章とはまったくちがっているから、おそらく朱子そのひとの文章にちがいある

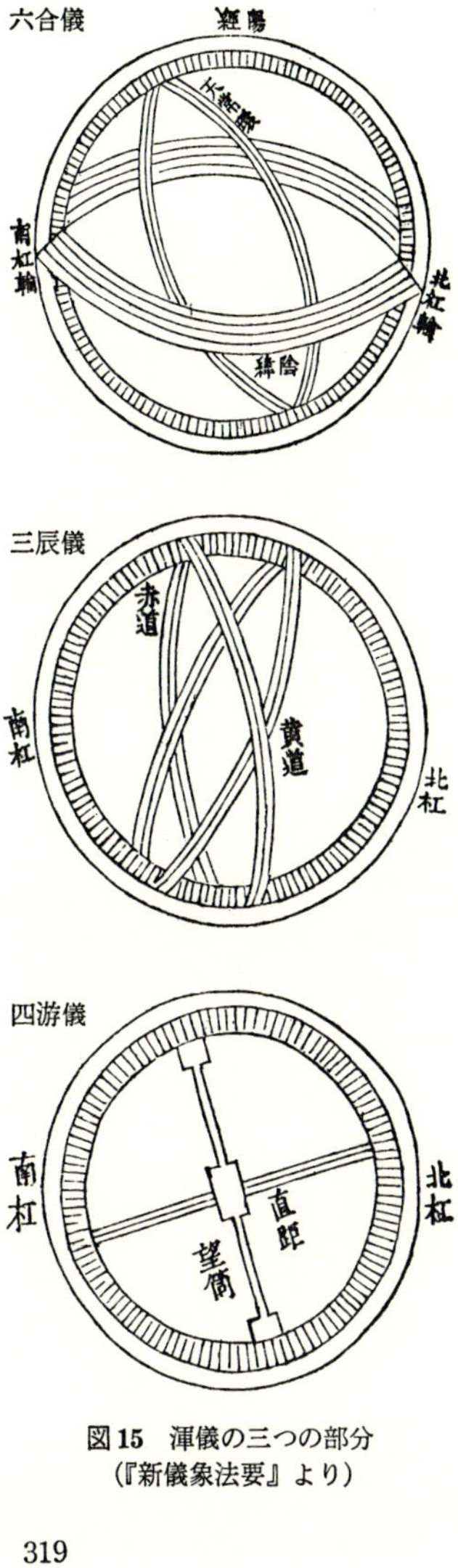

図15　渾儀の三つの部分
（『新儀象法要』より）

まい。とすれば、その記述の具体性からみて、渾儀を目前にしつつ書かれたものであろう。以下その全文である。渾儀の構造にかんするもっとも明晰な文章のひとつであろう(図15参照)。

本朝ではそれにもとづいて三重の器械をつくる。その外側にあるのを六合儀という。水平に単環(一重の環)をおき、それに十二辰・八十四隅(方位)を目盛る。地の位置にあり、それを地平面に準じて四方を定める。黒い双環(平行する二重の環)を側立させ、くわしく去極の度数(北極距離)を目盛り、それで天の脊部を真二つに分け、まっすぐに地平にまたがり、半ばは地上に出し、半ばは地下に入れて、その子午(南北)を結んで天の経とする。斜に赤い単環をもたせかけ、くわしく赤道の度数を目盛り、それで天の腹部を均分し、天の経を横にめぐり、やはり半ばは地上に出し、半ばは地下に入れて、卯酉(東西)を結んで天の緯とする。二つの環の表裏は動かないように接合する。天の経の環には、南北の二極にいずれも円い軸をつくり、中空にして内に向け、それで三辰儀・四遊儀の環をとりつける。その上下・四方がここに考察できるから、六合(宇宙)というのである。ついでその内側にあるのを三辰儀という。黒い双環を側立させ、やはり去極の度数を目盛り、外側は天の経の軸をつらぬき、内側は黄赤二道をとりつける。その赤道には赤い単環をつくり、外側は天の緯にもたせかけ、やはり二十八宿の度数を目盛って、黒い双環の卯酉に接合する。その黄道には黄いろい双環をつくり、やはり二十八宿の度数を目盛って、また赤道の腹部に斜にもたせかけ、それを卯酉に交接し、その半ばは赤道の内に入って春分後の太陽の軌道とし、半ばはその外に出て秋分後の太陽の軌道とする。また白い単環をつくって、その交点をうけ、傾斜しないようにする。下に歯車機構を設けて水で動かし、日夜天にしたがって東西に回転させ、天の運行をかたどる。その日月星辰がここに考察できるから、三辰(日月星)というのである。そのいちばん内側にあるのを四遊儀という。やはり黒い双環を三辰儀の装置のようにつくり、天の経の軸をつらぬき、その環の内側には、相対する面の中央にそれぞれ直距(望筒を支える軸)をつけ、その外半分は二つの軸をさし、中央部のふくらみの内側にあたり、さらに小さな穴をつくって玉衡(望筒)を承ける。中央部のふくらみにある小軸は、衡(望筒)を環にしたがって東西に回転しうるうえに、どこでも南北に上下しうるようにして、観測者がのぞくのをまつ。その東西南北あまねくみわたせないところはないから、四遊(四方の遊動)というのである。これがその装置の概略である[174]。

つかわれている用語に天文学者の用語とことなるものがあり、やや文学的な響きをおびていること、水運の機構についての内容的な記述にかけ、文脈への挿入がやや唐突であることも、これがかれの渾儀の描写であるのを、強く示唆する。水運の機構に言及したのは、古典の注釈であるのを意識してのことであろう。

朱子は、だが、渾儀を手にしただけでは満足しなかった。なんとかして水運の機構を復元しようと図った。それにはまず、蘇頌の『新儀象法要』を手にいれ、その機構を掌握しなければならぬ。残された書簡のいくつかが、そのための努力をわたしたちに語る。書簡の時間的な前後関係はよくわからないけれども、内容を考慮しつつ、朱子の努力のあとを追ってみよう。朱子はかねてから

『新儀象法要』の所在を知人にたずねていたらしい。

『儀象法要』はせんだって三衢をとおり、すでに手にいれました。いまご示教をいただき、よく心にとどめてくださいました。ただ、この本には一、二誤字があり、また一、二の肝心なところの話がつづきません。この書のご家蔵の定本では、異同がないでしょうか。ついでにお知らせください。(175)

この書簡の日付けを確かめる手掛りはない。しかし、朱子が水運の機構の復元制作を企図したのは六十歳代の前半であろう、とわたしは考える。別に定本をよせたのは蔡季通だった。かれはそれを読み、機構の動力部分については、ただちに正確な理解に達した。

『儀象法要』一冊拝掌しました。ただ、帰ってからはじめて精読することができました。その運転の機構はすべて河車にかかっていて、河車が入らなければ回転しません。まだむかしの方法を把握しきっていないのでしょうが、試みてはいかがでしょう。(176)

蘇頌の水運の機構には、そのかなめとなる二つの部分がある。ひとつは脱進装置である。もうひとつは、水車を動かす水の流れを一定に保つための機構である。水時計式の水源から落ちる水は、水車を回転させて下の水槽にたまる。その水を別のふつうの水車をつかって、もとの水源まで揚げる。それを回転させる一種の大型の歯車とでもいうべきものが、河車である。したがって、運転の機構はすべて河車にかかっているという朱子のことばは、かれが動力部分のメカニズムを正確に把握していたのを物語る。かれはそれを制作する意図をいだき、蔡季通にはかる。そして、くりかえし

『新儀象法要』をひもとく。新しい定本で意味はとれるようになったものの、機構の全体をすっきり把握できたとはかれにはどうしても思えない。

『儀象法要』は先日、子荘がここをとおった機会に読みかえしました。これまでつながらなかったところが、いまはもううまくゆきます。もともと文章は熟読すべきものです。本義はほぼ備っています。どうも取象(?)の説明がはっきりしないように思えて、あまり気持がすっきりしないだけです。[177]

そのあまりすっきりしない気持をすっきりさせようとして、おそらくかれはなんどもそこへ帰っていったであろう。だが、どうしてもわからない部分がのこる。かれの心にやがてある疑いがきざす。つぎにひく書簡は、はたして最後の心境をしめすものかどうか断言できないけれども、結局最後に落着いたところを示唆しているのではなかろうか。江黙あてのこの書簡が書かれたのは、慶元二年(一一九六年)の偽学の禁以後である。

元祐の制作法はきわめて精密です。しかしながら、その書にはなお不備な点があります。そこがもっとも肝要なところです。きっと制作者がその一節を秘密にし、すっかり人に教えようとしなかったのです。[178]

あくまで推測にすぎないけれども、おそらくかれは最後まで、脱進装置の機構を把握できなかったのであろう。むろん、かれの落度ではない、到底かれの手におえるはずもない精巧な装置だったのだから。水運渾儀を復元しようとする朱子の企図はこうしてついえた。かれがそれに努力をかたむけた期間は、せいぜい数年であろう。『宋史』天文志は記録にとどめる。

その後、朱熹の家に渾儀があった。かなり水運の制作法を考えたが、ついにうまくゆかなかった。蘇頌の書はのこっているが、大体において渾象については詳しいけれども、その寸法をほとんど記載していない。だからおいそれとは復元しがたいということだ。(179)

とはいえ、南宋において、朝廷の試みが失敗して以来、それは水運渾儀を復元しようとする唯一の試みであった。のみならず、それまでの制作が官の天文学者や技術者による国家の事業であったのにたいし、それとはまったく無関係に、あくまで一個の私人として、ひとりの思想家、ひとりの自然学者が追求した画期的な試みでもあった。朱子の努力は、その意味で高く評価されていい。

渾儀にたいするのとおなじ関心は、天球儀である渾象にもむかわずにいない。星図の限界を知っているだけになおさらである。天の形体を正確に表現しつつ、そこに恒星の空間的配置を記載したものは、さしあたって渾象しかない。江黙に答えた書簡につぎのような一節がみえる。いま引用した書簡にすぐ先立つ、やはり一一九六年以後の書簡である。

渾儀の詩はなかなかいい。そこにみえる黄簿というのは、いわゆる渾象がそれにあたります。三衢に蘇子容丞相の書いた『儀象法要』の刊本がありますが、ちょうどその俯視するものを渾象といっています。ただこまかな点で呉掾の「平ニ四孔ヲ分チ、加ウルニ中星ヲ以テス」というのは、それがどういうふうに作られているのか、さっぱりわかりません。まだ見られないのが残念です。(180)

渾象にたいするかれの関心も、制作者としての立場からであったのがわかる。しかも、かれはそこにとどまってはいなかった。渾象はあくまで「俯視」する天球儀である。水運の機構に設置しても、その限界はのりこえられない。実際の天文現象はあくまで「仰観」するものなのだ。はたして「仰観」する渾象を制作できないものだろうか。紹興三十年(一一六〇年)に王及甫のあらわした『天経』十九巻という書があった。(191)蔡淵あての書簡で、朱子がこう批評した書である。

『天経』はすでに受領しました。その論著はきわめて詳細ですが、まことに読みづらい。ただ蓋天説を擁護するのに、かなり骨を折っています。しかし、むかしなみの考えにすぎず、憎むつもりはありません。むかしもいまも人は人です。かれの心はもともと渾天・蓋天の是非がよくわかっているのです。(182)

どこかにかれを触発するところがあったらしい。書の構成を批判したけれども、内容まで一概にしりぞけてはいない。『天経』は蔡淵とのあいだでなんどか話題にのぼった。そんなある日、朱子はかれにあてて書簡をしたためた。

『天経』の説は今日議論したのが、その欠陥をついています。しかしながら、まだかれの論の誤りを指摘しつくしてはいません。かれはあたまのなかで、天の形体は高くなったり低くなったりすると思っているだけです。天の形体は一定しており、その間ひとの観察する場所によって、もともといくらかちがうところはあるが、その南北・高低にはちゃんときまった方位があるのを知らないのです。ちょうどひとを球の下に入らせて球を見上げさせれば、南極は高くても、北方にある北極は南極よりももっと高いだけで、決して逆に地下に入って南方へ移るというまでにはならないでしょう。〔ただ球の下に入れば、おのずとみえないにすぎません[183]。〕

わたしにはこんな情景がうかんでくる。かれはひとり部屋に坐し、筆をおいては図をみて考えこむ。それは渾儀のおかれている階上の部屋だったかもしれない。そのときふいに、かれの脳裏に「仰観」する渾象、今日のことばでいえばプラネタリウムの着想が浮かぶ。かれは心をはずませながら、蔡淵にあてて一気に筆をはこぶ。

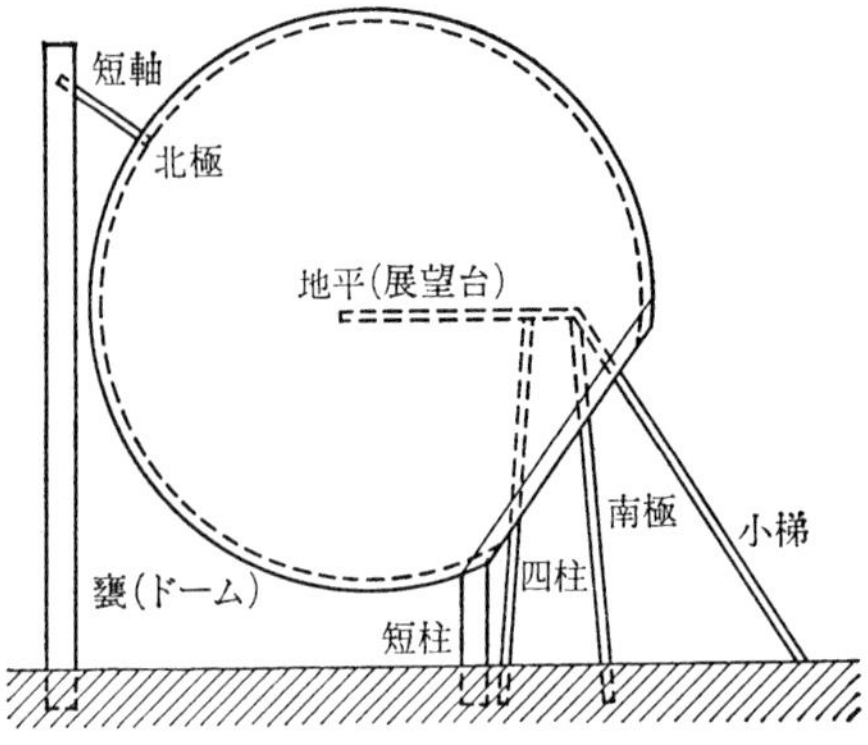

図16　朱子のプラネタリウム案

おそらく図(『天経』所収の図)はむかしの作でしょうけれども、やはり天の形体に似ていません。どうでしょう、大きな球器をつくり、穴をあけて星とし、隠れているはずの球面を切りとってドームの入口として、北極の外に短い軸を設け、それを連結して回転させ、さらに南極の北側に短い柱も設けてドームの入口をささえ、そこでドームの入口から四本の柱を設け、小さな梯子でそのなかに入り、梯子の先端を北へのばして架空し、それを地平とし、仰ぎ見られるようにして、渾天の形体を見失わぬようにしては。古人にまだこの装置がありません。その杜撰さにはおかしくなります。考えてごらんなさい、その説をそのまま著して後世の人に示しても、裨益するところがあるのではないでしょうか。(184)

あくまで書簡のなかに書きとどめられた着想にすぎないのだから、太陽・月および五惑星の運動をどう表示するか、ドームの回転の機構をどうするか、といった細部にわたる記述はない。だが、もしかれが実際にその制作を意図したならば、あるいは、その説をさらに具体的に叙述して後人に示そうとしたならば、あれだけ水運の機構を追求したかれであったから、かならずやそれに想到したであろう。朱子のプラネタリウムは、厳密にいえば、現代のそれとは原理をことにする。現代のはドームそのものを回転させるのでなく、光学器械で星座と天体の運動をドームに投影する装置だからである。とはいえ、ドームをもつ大型プラネタリウムを中国で最初に着想した栄誉は、朱子のうえに輝いているのである。(185)

(1) 中国天文学の一般的性格については、藪内清『中国の天文暦法』(平凡社、一九六九年)を参照されたい。以下いちいち指摘しないけれども、この章は全体として藪内教授の研究に多くを負っている。なお、陳遵嬀『中国古代天文学簡史』(上海人民出版社、一九五五年)も参考になる。
(2) 天文有半邊在上面、須有半邊在下面。(語類、巻二。燾淵録)
(3) 有一常見不隱者爲天之蓋、有一常隱不見者爲天之底。(語類、巻二。甘節録)
(4) 南極北極、天之樞紐、只有此處不動、如磨臍然。(語類、巻二。董銖録)
(5) 或問、北辰之爲樞、何也。曰、天圓而動、包乎地外、地方而靜、處乎天中。故天之形、半覆乎地上、半繞乎地下、而左旋不息。其樞紐不動之處、則在乎南北之端焉。謂之極者、猶屋脊之謂極也。然南極低入地三十六度、故周回七十二度、常隱不見。北極高出地三十六度、故周回七十二度、常見不隱。北極之星、正在常見不隱七十二度之中、常居其所而不動。其旁則經星隨天左旋、日月五緯右轉、更迭隱見、皆若環繞而歸向之。(論語或問、巻二)

(6) 唐書說有人至海上、見南極下有數大星甚明。此亦在七十二度之內。(語類、巻二。黄義剛録)

(7) 極星出地之度、趙君云福州只廿四度、不知何故。自福州至此已差四度、而自此至岳臺却只差八度也。子半之說尤可疑。豈非天旋地轉閩浙却是天地之中也耶。(朱文公続集、巻二。答蔡季通書。続集と略記)

(8) 地「球」の観念については、山田『混沌の海へ』、一二一―一二三ページ参照。

(9) 宋史、巻四十八、天文志一。土圭。

(10) 安卿問、北辰。曰、北辰是那中間無星處、這些子不動、是天之樞紐。北辰無星、緣是人要取此爲極、不可無箇記認、故就其傍取一小星、謂之極星。這是天之極紐、如那門笋子樣、又似箇輪藏心、藏在外面動、這裏面心都不動。義剛問、極星動不動。曰、極星也動、只是它近那辰後、雖動而不覺。如那射糖盤子樣。那北辰便是中心椿子、極星便是近椿底點子、雖也隨那盤子轉、却近那椿子轉得不覺。今人以管去窺那極星、見其動來動去、只在管裏面不動出去。向來人說北極便是北辰、皆只說北極不動。至本朝人方去推得是北極只在北辰頭邊、而極星依舊動。(語類、巻二十三。黄義剛録)

(11) 漢以前皆以北辰居天中、故謂之極星。自祖亘以璣衡考驗天極不動處、乃在極星之末猶一度有餘。熙寧中、予受詔典領暦官、雜考星暦、以璣衡求極星、初夜在窺管中、少時復出。以此知窺管小、不能容極星遊轉、乃稍稍展窺管候之、凡歴三月、極星方遊於窺管之內、常見不隱。然後知天極不動處、遠極星猶三度有餘。(夢渓筆談、巻七、象数一)

(12) 史記載北極有五星、太一常居中、是極星也。辰非星、只是星中間界分。其極星亦微動、惟辰不動、乃天之中、猶磨之心也。沈存中謂始以管窺、其極星不入管、後旋大其管、方見極星在管絃上轉。(語類、巻二十三。林一之録)

(13) 又曰、南極在地下中處、南北極相對。天雖轉、極却在中不動。義剛問、如說南極見老人壽、則是南極也解見。曰、南極不見、是南邊自有一老人星、南極高時、解浮得起來。(語類、卷二十三。黃義剛錄)

(14) 測影使者大相元太言、交州望極、纔出地二十餘度。以八月自海中南望老人星殊高。老人星下、環星燦然、其明大者甚衆、圖所不載、莫辨其名。大率去南極二十度以上、其星皆見。乃古渾天家以爲常沒地中、伏而不見之所也。(旧唐書、卷三十五、天文志上)

(15) 天有黃道、有赤道。天正如一圓匣相似、赤道是那匣子相合縫處、在天之中、黃道一半在赤道之內、一半在赤道之外、東西兩處、與赤道相交。(語類、卷二。沈僩錄)

(16) 叔器問、天有幾道。曰、據曆家說有五道、而今且將黃赤道說。赤道正在天之中、如合子縫模樣。黃道是在那赤道之間。(語類、卷二。黃義剛錄)

(17) 日月之行、其不同道又如此。然每月合朔、不知何以同度而會於所會之辰。又有或蝕或不蝕、悉未能曉。(文集、卷四十五。答廖子晦書)

(18) 日月道之說、所引皆是。日之南北雖不同、然皆隨黃道而行耳。月道雖不同、然亦常隨黃道而出其旁耳。(文集、卷四十五。答廖子晦書)

(19) 黃道之差、始自春分秋分赤道所交、月道之差、始自交朔交中黃道所交。日出入赤道二十四度、月出入黃道六度。黃道一周、通前所交六十分度之一、是謂歲差。月道一周、通前所交一度八萬九千七百七十三分度之四萬三千五百三少半。積二萬一千九百一十五年而歲差周、積二百二十一月及分一千七百五十三而交道周矣。(朱子経済文衡類編、前集、卷九)

(20) 度却是將天横分爲許多度數。(語類、卷二。沈僩錄)

(21) 如何見得天有三百六十度、其麼人去量來。只是天行得過處爲度。天之過處、便是日之退處。(語類、卷二。甘節錄)

(22) 問、周天之度、是自然之數、是强分。曰、天左旋、一晝一夜行一周、而又過了一度。以其行過處、一日作一度、三百六十五度四分度之一、方是一周。只將南北表看、今日恁時看時、有甚星在表邊、明日恁時看、這星又差遠、或別是一星了。（語類、巻二。胡泳録）

(23) 凡三百六十有五日四分日之幾一、而謂之歳。周天之體、日別之謂之度。度之離、其數有二。日行則舒則疾、會而均、別之曰赤道之度。日行自南而北、升降四十有八度而迤、別之曰黄道之度。度不可見、其可見者星也、日月五星之所由、有星焉。（宋史、巻四十八、天文志一）

なお、沈括は夢渓筆談においても、同様の問題を論じている。あわせて引用しておく。

暦法、天有黄赤二道、月有九道。此皆强名而已、非實有也。亦由天之有三百六十五度、天何嘗有度、以日行三百六十五日而一朞、强爲之度、以歩日月五星行次而已。日之所由、謂之黄道、南北極之中度最均處、謂之赤道。月行黄道之南、謂之朱道、行黄道之北、謂之黒道。黄道之東、謂之靑道、黄道之西、謂之白道。黄道内外各四、并黄道爲九。日月之行、有遲有速、難可以一術御也。故因其合散、分爲數段、毎段以一色名之、欲以別算位而已。（夢渓筆談、巻八、象数二）

(24) 書疏璣衡、禮疏星回于天、漢志天體、沈括渾儀議、皆可參考。（語類、巻二。李閎祖録）

(25) 暦法、季通說當先論天行、次及七政、此亦未善。要當先論太虛、以見三百六十五度四分度之一、一一定位、然後論天行、以見天度加損虛度之歳分、歳分既定、然後七政乃可齊耳。（語類、巻二。楊道夫録）

(26) 星之界分、亦謂之辰。如十二辰、是十二箇界分。（語類、巻二十三。董銖録）

(27) 十二云者、自子至亥、十二辰也。左傳曰、日月所會、是謂辰。注云、一歳日月十二會、所會爲辰、十一月辰、在星紀、十二月辰、在玄枵之類是也。此特在天之位耳。若以地而言之、則南面而立、其前後左右、亦有四方十二辰之位焉。但在地之位、一定不易、而在天之象、運轉不停。惟天之鶉火、加於地之午位、乃與地合、而得天運之正耳。（楚辭集註、巻三、天問。十二焉分注）

(28) 蓋日至於午、則謂之午時、至未、則謂之未時、十二時皆如此。（語類、巻一。林夔孫録）

(29) 又問、太一有常居、太一是甚星。曰、此在史記中說太一星是帝座、即北極也。以星神位言之、謂之太

一、以其所居之處言之、謂之北極。太一如人主、極如帝都也。（語類、巻二十三。徐寓録）

(30) 帝座惟在紫微者、据北極七十二度、常見不隱之中、故有北辰之號、而常居其所。蓋天形運轉、晝夜不息、而此爲之樞。如輪之轂、如磑之齊、雖欲動而不可得、非有意於不動也。若太微之在翼、天市之在尾、攝提之在亢、其南距赤道也皆近、其北距天極也皆遠、則固不容於不動、而不免與二十八宿同其運行矣。故其或東或西、或隱或見、各有度數、仰而觀之、蓋無晷刻之或停也。（文集、巻七十二、雑著）

(31) 如何、星經紫垣固所當先、太微天市乃在二十八舍之中。若列於前、不知如何指其所在。恐當云在紫垣之旁、某星至某星之外、起某宿幾度、盡某宿幾度。又記其帝坐處、須云在某宿幾度、距紫垣幾度、赤道幾度、距垣四面各幾度、與垣外某星相直、及記其昏見及昏旦夜半當中之月。其垣四面之星、亦須注與垣外某星相直、乃可易曉。不知盛意如何也。（文集、巻四十四。答蔡季通書）

(32) 叔重問、星圖。曰、星圖甚多、只是難得似。圓圖說得頂好。天彎紙却平、方圖又却兩頭放小不得。又曰、那箇物事、兩頭小、中心漲。又曰、三百六十五度四分度之一、想見只是說赤道、兩頭小、必無三百六十五度四分度之一。（語類、巻二。甘節録）

(33) 分野之說、始見於春秋時、而詳於漢志。然今左傳所載大火辰星之說、又却只因其國之先、曾主二星之祀而已。是時又未有所謂趙魏韓者、然後來占星者、又却多驗、殊不可曉。（語類、巻二。輔広録）

分野説についてくわしくは、小島祐馬「分野説と古代中国人の信仰」（『古代中国研究』所収、筑摩書房、一九六八年）をみよ。

(34) 曆法、周天三百六十五度四分度之一、左旋於地、一晝一夜、則其行一周而又過一度。日月皆右行於天、一晝一夜、則日行一度、月行十三度十九分度之七。故日一歳而一周天、月二十九日有奇而一周天、又逐及於日而與之會、一歳凡十二會。（詩集伝、小雅。十月之交注）

(35) 天日月星皆是左旋、只有遲速。天行較急、一日一夜繞地一周、三百六十五度四分度之一、而又進過一度。日行稍遲、一日一夜繞地恰一周、而於天爲退一度、至一年、方與天相值在恰好處、是謂一年一周天。

月行又遲、一日一夜繞地不能匝、而於天常退十三度十九分度之七、至二十九日半強、恰與天相値在恰好處、是謂一月一周天。（語類、卷二。陳淳録）

(36) 問、天道左旋、自西而東、日月右行、則如何。曰、橫渠説日月皆是左旋、説得好。蓋天行甚健、一日一夜周三百六十五度四分度之一、又進過一度。日行速、健次於天、一日一夜周三百六十五度四分度之一、正恰好。比天進一度、則日爲退一度、二日天進二度、則日爲退二度、積至三百六十五日四分日之一、則天所進過之度、又恰周得本數、而日所退之度、亦恰退盡本數、遂與天會而成一年。月行遲、一日一夜三百六十五度四分度之一行不盡、比天爲退了十三度有奇。進數爲順天而左、退數爲逆天而右。曆家以進數難算、只以退數算之、故謂之右行、且曰、日行遲、月行速。然則日行却得其正。（語類、卷二。陳淳録、黄義剛録同）

(37) 天最健、一日一周而過一度。日之健次於天、一日恰好行三百六十五度四分度之一、但比天爲退一度。月比日大故緩、比天爲退十三度有奇。但曆家只算所退之度、却云日行一度、月行十三度有奇。此乃截法、故有日月五星右行之説、其實非右行也。橫渠曰、天左旋、處其中者順之、少遲則反右矣。此説最好。（語類、卷二。李閎祖録）

(38) 但曆家以右旋爲説、取其易見日月之度耳。（語類、卷二。楊至録）

(39) 曆家若如此説、則算箸那相去處度數多。今只以其相近處言、故易算。（語類、卷二。胡泳録）

(40) 曆家謂之緩者反是急、急者反是緩。（語類、卷二。包揚録）

(41) 孟子、尽心上。

(42) 蓋非不曉、但是説滑了口後、信口説、習而不察、更不去子細檢點。而今若就天裏看時、只是行得三百六十五度四分度之一。若把天外來説、則是一日過了一度。季通常有言、論日月、則在天裏、論天、則在太虛空裏。若去太虛空裏觀那天、自是日月袞得不在舊時處了。先生至此、以手畫輪子曰、謂如今日在這一處、明日自是又袞動着些子、又不在舊時處了。（語類、卷二。黄義剛録）

(43) 聞季通云、西域有九執曆、却是順算。（語類、卷二。胡泳録）

(44) 義剛言伯靖以爲天是一日一周、日則不及一度、非天過一度也。曰、此說不是。若以爲天是一日一周、則四時中星、如何解不同。更是如此、則日月一般却如何紀歲、把甚麼時節做定限。若以爲天不過而日不及一度、則趲來趲去、將次午時便打三更矣。（語類、巻二。黄義剛録）
なお、朱子は蔡淵の弟蔡沈にあてて、こう書いている。
星室之說、俟更詳看。但云天繞地左旋、一日一周、此句下恐缺一兩字。說地處、却似亦說得有病。蓋天繞地一周了、更過一度、日之繞地、比天雖退、然却一日只一周而無餘也。（續集、巻三。答蔡仲默書）
蔡氏兄弟は、むしろ専門家としての立場から、恒星年を採用しようとしていたのであろう。

(45) 某看得如此。後來得禮記說、暗與之合。（語類、巻二。湯泳録）

(46) 因取禮記月令疏、指其中說早晩不同、及更行一度兩處、曰、此說得甚分明。其他曆書都不如此說。（語類、巻二。黄義剛録）

(47) 星回于天者、謂二十八宿隨天而行、每日雖周天一匝、早晩不同。至於此月、復其故處、與去年季冬早晩相似、故云星回于天。（礼記、月令、季冬之月。星回于天疏）

(48) 考靈曜注、凡二十八宿及諸星、皆循天左行、一日一夜一周天、一周天之外、更行一度。計一年三百六十五周天四分度之一。日月五星則右行、日一日一度、月一日一十三度十九分度之七。此相通之數也。（礼記、月令疏）

(49) 夜光何德、死則又育。（楚辞、天問）

(50) 燬炎莫儷、淵迫而魄、遐違乃專、何以死育。（柳河東集、巻十四。天対）

(51) 月光藉日、相向常滿、人不當中、時有弗見。遠日漸光、近日漸魄、視有向背、遂成盈缺。（家蔵集。答天問）

(52) 故惟近世沈括之說、乃爲得之。蓋括之言曰、月本無光、猶一銀丸、日耀之乃光耳。光之初生、日在其旁、故光側而所見纔如鉤。日漸遠、則斜照而光稍滿。大抵如一彈丸、以粉塗其半、側視之、則粉處如鉤、對視之、則正圓也。近歳王普又申其説曰、月生明之夕、但見其一鉤、至日月相望、而人處其中、方得見其全明。必有神人、能凌倒景、旁日月、而往參其間、則雖弦晦之時、亦得見其全明、而與望夕無異耳。以此觀之、則知月光常滿。但自人所立處視之、有偏有正、故見其光有盈有虧、非既死而復生也。(楚辭集註、巻三、天問。夜光何徳注)

(53) 又問予以日月之形、如丸邪、如扇邪、若如丸、則其相遇豈不相礙。予對曰、日月之形如丸。何以知之。以月盈虧可驗也。月本無光、猶銀丸、日耀之乃光耳。光之初生、日在其傍、故光側而所見纔如鉤。日漸遠、則斜照而光稍滿。如一彈丸以粉塗其半、側視之、則粉處如鉤、對視之、則正圜。此有以知其如丸也。日月、氣也、有形而無質、故相値而無礙。(夢渓筆談、巻七、象数一)

(54) 先師以爲日似彈丸、月似鏡體。或以爲月亦似彈丸、日照處則明、不照處則闇。(礼記、月令疏)

(55) 因云、禮運言播五行於四時、和而後月生也。如此、則氣不和時便無月。恐無此理。其云三五而盈、三五而闕、彼必不曾以理推之。若以理推之、則無有盈闕也。畢竟古人推究事物、似亦不甚子細。或云、恐是説元初有月時。曰、也説不得。(語類、巻二。呂燾録)

(56) 某嘗説揚雄最無用、眞是一腐儒。(語類、巻一百三十七。沈僩録)

(57) 朱子の揚雄および注釈家にたいする批判は、こうである。

又問、哉生魄。曰、是月十六日初生那黒處。揚子言月未望而生魄於西、既望則終魄於東、他錯説了。後來四子費盡氣力去解、轉不分明。溫公又於正文改一字解、也説不出。(語類、巻六十八。黄義剛録)

(58) 又説秦周之士、貴賤拘肆、皆繫于上之人、猶月之載魄終魄皆繫於日也。故曰、其遡於日乎。其載其終皆向日也。(語類、巻一百三十七。録者不詳)

(59) 只曉得箇載字、便都曉得。載者如加載之載。(中略)諸家都亂説。只有古注解云、月未望則光始生於西面以漸東滿、既望則光消虧於西面以漸東盡。此兩句略通而未盡。此兩句盡在其遡於日乎一句上。蓋以日爲主、月之光也日載之、光之終也日終之。(中略)蓋初一二間、時日落於酉、月是時同在彼。至初八九日落在酉、則月已在午。至十五日相對、日落於酉而月在卯。此未望而載魄於西。蓋月在東而日在西。日載之光也。及日與月相去愈遠、則光漸消而魄生。少間月與日相蹉過、日却在東、月却在西、故光漸至東盡、則魄漸復也。當改古注云、日加魄於西面以漸東滿、日復魄於西面以漸東盡。其載也日載之、其終也日終之、皆繫於日。（中略）次日又云、昨夜說終魄于東終字、亦未是（昨夜解終作復言光漸消而復其魄也）。蓋終魄亦是日光加魄于東而終之也。始者日光加魄之西以漸東滿、及既望則日光旋而東以終盡月之魄、則魄之西漸復、而光漸滿于魄之西矣。（語類、巻一百三十七。録者不詳）

なお、関連する文章をあげておく。

問、生明生魄如何。曰、日爲魂、月爲魄、魄是暗處。魄死則明生、書所謂哉生明是也。老子所謂載營魄、載如車載人之載。月受日之光、魂加於魄、魄載魂也。明之生時、大盡則初二、小盡則初三。日受日之光常全、人在下望之、却見側邊了、故見其盈虧不同。或云、月形如餅、非也。筆談云、月形如彈圓、其受光如粉塗一半。月去日近則光露一眉、漸遠、則光漸大。且如日在午、月在酉、則是近一遠三、謂之弦。至日月相望、則去日十矣。既謂之既望、日在西而月在東、人在下面、得以望見其光之全。（語類、巻七十九。黄義剛録）

(60) 答曰、曆家舊說、月朔則去日漸遠、故魄死而明生。既望則去日漸近、故魄生而明死。至晦而朔、則又遠日而明復生。所謂死而復育也。此說誤矣。若果如此、則未望之前、西近東遠、而始生之明、當在月東。既望之後、東近西遠、而未死之明、卽在月西矣。安得未望載魄於西、既望終魄於東、而遡日以爲明乎。（楚辭集註、巻三、天問。夜光何德注）

(61) 日月行黃道、及其相掩、人下而望、有南北仰側之異、故謂之蝕。月假日光、行於日所不燭、亦以爲蝕。日月之光、蓋未始虧、人望而然。古之人以曆推步、先期而定、實數之常。然日爲陽、人君象也。爲陰所掩、不可不戒。故伐鼓於社、嗇夫馳、庶人走、以財成其道、輔相其宜。今史有言、正陽之月、日有蝕之。朕欽明天道、若古之訓、罔敢怠廢。可令尚書省詳具前後故實、取旨施行、布告中外、咸使知之。（宋朝大詔令集、

卷一百五十五。正陽之月日有食之御筆手詔、宣和元年三月二十三日）

(62) 日月食、皆是陰陽氣衰。徽廟朝曾下詔書、言此定數、不足爲災異。古人皆不曉曆之故。（語類、卷二。包揚録）

(63) 會時、是日月在那黄道赤道十字路頭相交處厮撞着。望時、是月與日正相向、如一箇在子、一箇在午。皆同一度、謂如月在畢十一度、日亦在畢十一度。雖同此一度、却南北相向。日所以蝕於朔者、月常在下、日常在上、既是相會、被月在下面遮了日、故日蝕。望時月蝕、固是陰敢與陽敵。然曆家又謂之暗虚、蓋火日外影、其中實暗、到望時恰當着其中暗處、故月蝕。（語類、卷二。沈僩録）

(64) 黄道與月道、如二環相疊而小差。凡日月同在一度相遇、則日爲之蝕、在一度相對、月爲之虧。雖同一度、而月道與黄道不相近、自不相侵。同度而又近黄道月道之交、日月相値、乃相陵掩。（夢渓筆談、卷七、象数一）

(65) 每月皆交會、而月或在日道表、或在日道裏、故不食。其食要於交會、又月與日同道、乃食也。（詩経、小雅。十月之交疏）

(66) 日月之食、本無常時、故曆象爲日月交會之術。大率以百七十三日有奇爲限、而日月行天、各自有道、雖至朔相逢、而道有表裏。若月先在裏、依限而食者多、若月先在表、雖依限而食者少。（詩経、小雅。十月之交疏）

(67) 其合朔時、日月同在一度。其望日、則日月極遠而相對。其上下弦、則日月近一而遠三（如日在午、則月或在卯、或在酉之類、是也）。故合朔之時、日月之東西、雖同在一度、而月道之南北、或差遠於日、則不蝕、或南北雖亦相近、而日在內、月在外、則不蝕。此正如一人秉燭、一人執扇、相交而過、一人自內觀之、其兩人相去差遠、則雖扇在內、燭在外、而扇不能掩燭。或秉燭者在內、而執扇者在外、則雖近而扇亦不能掩燭。以此推之、大略可見。此說在詩十月之交篇、孔疏說得甚詳、李迂仲引證亦博、可幷檢看。當得其說。（文集、卷四十五。答廖子晦書）

なお、近一遠三は弦の定義である。舒先速後、近一遠三、謂之弦。（續漢書、律暦志下）

その意味を集解はつぎのように説明する。

李銳曰、一謂四分周天之一、三謂四分周天之三。月在日前四分周天之一、謂上弦。在日後四分周天之一、謂下弦。

(68) 日月薄蝕、只是二者交會處、二者緊合、所以其光掩沒、在朔則爲日食、在望則爲月蝕。所謂紓前縮後、近一遠三、如自東而西、漸次相近、或日行月之旁、月行日之旁、不相掩者、皆不蝕。唯月行日外、而掩日於內、則爲日蝕。日行月外、而掩月於內、則爲月蝕。所蝕分數、亦推其所掩之多少而已。（語類、巻二。周謨録）

(69) 晦朔而日月之合、東西同度、南北同道、則月揜日而日爲之食。望而日月之對、同度同道、則月亢日而月爲之食。是皆有常度矣。（詩集伝、小雅。十月之交）

(70) 日食是日月會合處、月合在日之下、或反在上、故蝕。月蝕是日月正相照、伊川謂月不受日光、意亦相近。蓋陰盛亢陽而不少讓陽故也。（語類、巻二。童伯羽録）

(71) 月不受日光故食。不受日光者、月正相當、陰盛亢陽也。（河南程氏遺書、第十一、明道先生語一）

(72) 暦家之說、謂日光以望時遙奪月光、故月食。日月交會、日爲月掩、則日食。（語類、巻二。李閎祖録）

(73) 日食是爲月所掩、月食是與日爭敵。月饒日些子、方好無食。（語類、巻二。包揚録）

(74) 又問、月蝕如何。曰、至明中有暗處（池本作暗虛、下同）、其暗至微。望之時、月與之正對、無分豪相差、月爲暗處所射、故蝕。雖是陽勝陰、畢竟不好。若陰有退避之意、則不至相敵而成蝕矣。（語類、巻七十九。黃義剛録）

(75) 至晦則月與日相沓、月在日後、光盡體伏矣。魄加日之上則日食。在日之後則無食、謂之晦。朔則日月相並。（語類、巻七十九。黃義剛録）

(76) 當日之衝、光常不合者、蔽於地也。是謂闇虛。在星星微、月過則食。（霊憲）

(77) 月之行在望與日對衡、月入于闇虚之内、則月爲之食、是爲陽勝陰、其變輕。昔朱熹謂月食終亦爲災、陰若退避、則不至相敵而食。所謂闇虚、蓋日火外明、其對必有闇氣、大小與日體同。(宋史、巻五十二、天文志五)
(78) 語類、巻一。楊道夫録。
(79) 清明内影、濁明外影。清明金水、濁明火日。(語類、巻一。沈僩録)
(80) 火中有黑、陽中陰也。(語類、巻一。童伯羽録)
(81) 月之望、正是日在地中、月在天中、所以日光到月、四畔更無虧欠。唯中心有少壓翳處、是地有影蔽者爾。(語類、巻二。周謨録)
(82) 地在天中不甚大、四邊空。有時月在天中央、日在地中央、則光從四旁上受於月、其中昏暗、便是地影。(語類、巻二。陳淳録)
(83) 月之中有影者、蓋天包地外、地形小、日在地下、則月在天中、日甚大、從地四面光起〔池本作衝上〕、其影則地影也。地礙日之光。世所謂山河大地影是也。(語類、巻七十九。黃義剛録)
(84) 到十五日、月與日正相望、到得月中天時節、日光在地下、迸從四邊出、與月相照、地在中間自遮不過。今月中有影、云是莎羅樹、乃是地形未可知。(語類、巻二。葉賀孫録)
(85) 吳中人、每於秋夜得虚空所墜木實、以爲娑羅樹子、曰、是月中桂子也。(夷堅三志、壬、巻十。娑羅樹子)
(86) 或問、月中黑影是地影否。曰、前輩有此説。看來理或有之。然非地影、乃是地形倒去遮了他光耳。如鏡子中被一物遮住其光、故不甚見也。蓋日以其光加月之魄、中間地是一塊實底物事、故光照不透而有此黑暈也。問、日光從四邊射入、月光何預地事而礙其光。曰、終是被這一塊實底物事隔住、故微有礙耳。(語類、巻二。録者不詳)
(87) 或録云、今人剪帋人貼鏡中、以火光照之、則壁上圓光中有一人。月爲地所礙、其黑暈亦猶是耳。(語類、巻二。録者不詳)

(88) 若顧菟在腹之問、則世俗桂樹蛙兔之傳、其惑久矣。或者以爲日月在天、如兩鏡相照、而地居其中、四旁皆空水也。故月中微黑之處、乃鏡中天地之影、略有形似、而非眞有是物也。斯言有理、足破千古之疑矣。(楚辞集註、巻三、天問)

(89) 問、自古以日月之蝕爲災異、如今曆家却自預先算得、是如何。曰、只大約可算、亦自有不合處。有曆家以爲當食而不食者、有以爲不當食而食者。(語類、巻二。銭木之録)

(90) 曆是古時一件大事、故炎帝以鳥名官、首曰鳳鳥氏、曆正也。歳月日時既定、則百工之事、可考其成。(語類、巻七十八。輔広録)

(91) 以下は全体として、朱文公文集、巻六十五に収める尚書堯典の注による。ただし、いちいちは引用しない。必要なら参照されたい。

(92) 暘谷南交昧谷幽都、是測日景之處。(語類、巻七十八。万人傑録)

(93) 古字宅度通用。宅嵎夷之類、恐只是四方度其日景以作曆耳。如唐時尙使人去四方觀望。(語類、巻七十八。輔広録)

(94) 羲和主曆象授時而已。非是各行其方之事。(語類、巻七十八。廖徳明録)

(95) 羲仲一人東方甚廣、如何管得許多。(語類、巻七十八。廖徳明録)

(96) 大抵羲和四子、皆是掌曆之官。觀於咨汝羲曁和之辭可見。(語類、巻七十八。万人傑録)

(97) 問、寅賓出日寅餞納日、如何。曰、恐當從林少穎解。寅賓出日、是推測日出時候、寅餞納日、是推測日入時候、如土圭之法是也。(語類、巻七十八。万人傑録)

(98) 敬致、乃冬夏致日、春秋致月是也。春秋分無日景、夏至景短、冬至景長。(語類、巻七十八。万人傑録)

敬致、只是冬夏致日之致、寅賓是賓其出、寅餞是餞其入、敬致是致其中。北方不說者、北方無日故也。(同、輔広録)

(99) 寅賓則求之於日、星鳥則求之於夜。(語類、巻七十八。万人傑録)

(100) 平秩東作之類、只是如今穀雨芒種之節候爾。(語類、巻七十八。輔広録)
また次のような表現もある。

東作南訛西成朔易、皆節候也。東作、如立春至雨水節之類。(語類、巻七十八。万人傑録) 朔易亦是時候、歳亦改易於此、有終而復始之意。在、察也。(同、輔広録)
(101) 月令、比堯之曆象已不同、今之曆象、又與月令不同。(語類、巻八十七。万人傑録)
(102) 又按、堯冬至日在虛、昏中昴。今日在斗、昏中壁、而中星古今不同者、蓋天有三百六十五度四分度之一、歳有三百六十五日四分日之一、天度四分之一而有餘、歳日四分之一而不足、故天度常平運而舒、日道常內轉而縮、天漸差而西、歳漸差而東、此卽歳差之由。唐一行所謂歳差者、日與黃道俱差者、是也。古曆簡易、未立差法、但隨時占候、修改以與天合。至東晉虞喜始以天爲天、以歳爲歳、乃立差法以追其變、約以五十年而退一度。何承天以爲太過、乃倍其年而又反不及。至隋劉焯取二家中數爲七十五年。蓋爲近之、而亦未爲精密也。(文集、巻六十五。尚書、堯典)
(103) 春秋書正、據伊川說、則只是周正建子之月。(中略)但春秋既是國史、則必用時王之正。其比商書不同者、蓋後世之稱文、而秦漢直稱十月者、則制度之闊略耳。(文集、巻四十二。答呉晦叔書)
(104) 孟子所謂七八月、乃今之五六月、所謂十一月十二月、乃今九月十月、是周人固已改月矣。但天時則不可改。(文集、巻四十二。答呉晦叔書)
(105) 先在先生處見一書、先立春、次驚蟄、次雨水、次春分、次穀雨、次淸明。云漢曆也。(語類、巻二。包揚録)
(106) 蓋隕霜在今之十月、則不足怪、在周之十月、則爲異矣。又何必史書八月、然後爲異哉。(文集、巻四十二。答呉晦叔書)
(107) 本書、一五二—一五三ページをみよ。
(108) 按天體至圓、周圍三百六十五度四分度之一、繞地左旋、常一日一周而過一度。日麗天而少遲、一日繞地一周無餘、而常不及天一度。積三百六十五日九百四十分日之二百三十五、而與初躔會、是一歳日行之數也。月麗天而尤遲、一日常不及天十三度十九分度之七。積二十九日九百四十分日之四百九十九、而與日會。十二會得全日三百四十八、餘分之積五千九百八十八。如日法九百四十而一得六、不盡三百四十八。通計得日三百五十四九百四十分日之三百四十八、是一歳月行之數也。歳有十二月、月有三十日、三百六十者、歳之常數也。故日行而多五日九百四十分日之二百三十五者、爲氣盈、月行而少五日九百四十分日之五百九十二者、爲朔虚、合氣盈朔虚而閏生焉。故一歳閏率、則十日九百四十分日之八百二十七、三歳一閏、則三十二日九百四十分日之六百單一、五歳再閏、則五十四日九百四十分日之三百七十五、十有九歳七閏、則氣朔分齊、是爲一章也。(文集、卷六十五。尚書、堯典)

(109) 堯典云、朞三百有六旬有六日、而今一歳三百五十四日者、積朔空餘分以爲閏。朔空者、六小月也、餘分者、五日四分度之一也。(語類、卷七十八。余大雅録)

(110) 問、曆法何以推月之大小。曰、只是以每月二十九日半六百四十分日之二十九計之、觀其合朔爲如何。如前月大、則後月初二日月生明、前月小、則後月初三日月生明。(語類、卷二。万人傑録)

(111) 閏餘生於朔不盡周天之氣。周天之氣、謂二十四氣也。月有大小、朔不得盡此氣、而一歳日子足矣、故置閏。(語類、卷二。包揚録)

(112) 中氣只在本月。若趲得中氣在月盡、後月便當置閏。(語類、卷二。万人傑録)

(113) 沈存中欲以節氣定晦朔。不知交節之時適在亥、此日當如何分。(語類、卷二。李方子録)

(114) 太史公曆書是說太初、然却是顓頊四分曆。劉歆作三統曆。唐一行大衍曆最詳備。五代王朴司天考亦簡嚴。然一行王朴之曆皆止用之二三年卽差。王朴曆是七百二十加去、季通所用、却依康節三百六十數。(語類、卷二。万人傑録)

(115) 前漢曆志說道理處少、不及東漢志較詳。(語類、卷二。黃義剛録)

(116) 如河圖洛書大衍之數、伏羲文王之卦、曆家之日月五星章蔀紀元、是皆各爲一法、不相依附、而不害其

相通者也。（文集、巻五十四。答王伯礼書）
（117）算學文字、素所不曉、惟賢者之聽耳。（続集、巻三。答蔡伯静書）
（118）九章之目、與周禮註不同。盈朒恐是贏不足、勾股恐是旁要。幸更考之見喩也。（続集、巻二。答蔡季通書）
磬式謹領。但求觸弦是兩節事、必如來喩、則既以兩矩齊等求弦、而又以矩之博、益一矩之長、而觸其弦、亦無害於所謂來歷者。必若勾短而股長、則其一矩爲股者、今雖未長而終必長、其曰股者、蓋卽今之短、而以其終之長命之也。又如兩端相望、然後爲弦、則來喩固兩端相望、而某說亦未嘗不兩端相望也。但季通欲裁股博之下以觸弦、而某則裁其上爲小異耳、然亦未嘗不合也。但如某說則簡而通、如來喩則煩而窒、多所遷就而後合耳。（同）
如周髀經、雖區區所未讀、然試以前書所論勾股兩弦之說考之、恐賢者未免錯解古經也。（同）
（119）古今曆家、只推算得箇陰陽消長界分耳。（語類、巻二。万人傑録）
（120）林艾軒說因革卦得曆法、云曆須年年改革、不改革、便差了天度。此說不然。天度之差、蓋緣不曾推得那曆元定、却不因不改而然。曆豈是那年年改革底物。治曆明時、非謂曆當改革。蓋四時變革中、便有箇治曆明時底道理。（語類、巻七十三。燅淵録）
（121）天雖高、星辰雖遠、然求其已然之迹、則其運有常、雖千歲之久、其日至之度、可坐而得。況於事物之近、若因其故而求之、豈有不得其理者、而何以穿鑿爲哉。必言日至者、造曆者、以上古十一月甲子朔夜半冬至、爲曆元也。（孟子集注、巻八、離婁章句下）
（122）藪内清『中国の天文暦法』、二八四―二八五ページ参照。
（123）同、一四四―一四五ページ参照。
（124）曆家自今日推算而上、極於太古開闢之時、更無差錯、只爲有此已然之迹、可以推測耳。天與星辰間或躔度有小差錯、久之自復其常。（語類、巻五十七。周謨録）

(125) 天度固必有差、須在吾術中、始得。如度幾年、當差一分、便就此添一分去、乃是。(語類、巻七十三。晏淵録)

(126) 今之造曆者無定法。只是趕趁天之行度以求合、或過則損、不及則益、所以多差。(語類、巻二。沈僴録)

(127) 因言、古之鐘律、紐算寸分毫釐絲忽、皆有定法、如合符契。皆自然而然、莫知所起。古之聖人、其思之如是之巧、然皆非私意撰爲之也。意古之曆書、亦必有一定之法、而今亡矣。三代而下造曆者、紛紛莫有定議、愈精愈密而愈多差。由不得古人一定之法也。(語類、巻二。沈僴録)

(128) 又問、曆所以數差。古今豈無人考得精者。曰、便是無人攷得精細而不易、所以數差。若攷得精密有箇定數、永不會差。伊川說康節曆不會差。或問、康節何以不造曆。曰、他安肯爲此。古人曆法疏闊而差少、今曆愈密而愈差。因以兩手量卓邊云、且如這許多闊、分作四段、被他界限闊、便有差、不過只在一段界限之內。縱使極差出第二三段、亦只在此四界之內、所以容易推測、便有差容易見。今之曆法於這四界內分作八界、於這八界內又分作十六界、界限愈密、則差數愈遠。何故、以界限密而踰越多也。其差則一、而古今曆法疎密不同故爾。(語類、巻八十六。沈僴録)

(129) 藪内、前掲書の巻末にみえる「諸曆の基本常数」を参照。

(130) 看來都只是不曾推得定、只是移來湊合天之運行、所以當年合得不差、明後年便差。元不曾推得天運定、只是旋將曆去合那天之行、不及則添些、過則減些以合之、所以一二年又差。如唐一行大衍曆、當時最謂精密、只一二年後便差。(語類、巻八十六。沈僴録)

(131) 又曰、一行大衍曆、比以前曆、他只是做得箇頭勢大、敷衍得闊、其實差數只一般。正如百貫錢修一料藥、與十文修一料藥、其不能治病一也。(語類、巻八十六。沈僴録)

(132) 只有季通說得好。當初造曆、便合幷天運所蹉之度、都算在裏。幾年後蹉幾分、幾年後蹉幾度。將這蹉數都算做正數、直推到盡頭。如此、庶幾曆可以正而不差。今人都不曾得大統正、只管說天之運行有差、造曆以求合乎天而曆愈差。元不知天如何會有差、自是天之運行合當如此。此說極是。不知當初因甚不曾算在

裏。但堯舜以來曆、至漢都喪失了、不可攷。緣如今是這大總紀不正、所以都無是處。(語類、巻八十六。沈僩録)
(133) 季通嘗言天之運無常、日月星辰積氣、皆動物也。其行度疾速、或過不及、自是不齊。使我之法能運乎天而不爲天之所運、則其疎密遲速或過不及之間、不出乎我。此虛寛之大數、縱有差忒、皆可推而不失矣。何者、以我法之有定、而律彼之無定、自無差也。季通言非是天運無定、乃其行度如此。其行之差處亦是常度。但後之造曆者、其爲數窄狹、而不足以包之爾。(語類、巻二。沈僩録)
なお、朱子は邵雍の暦についてこう述べている。
堯至今方三千年、邵曆一萬年爲一會。(語類、巻一百。包揚録)
(134) 宋元学案、巻六十二、西山蔡氏学案。
(135) 季通筭得康節曆。康節曆十二萬九千六百分、大故密。今曆家所用、只是萬分曆、萬分曆已自是多了、他如何肯用十二萬分。只是今之曆家、又說季通底用不得。不知如何。(語類、巻八十六。沈僩録)
(136) 藪内、前掲書、一〇四―一〇六ページ参照。
(137) 季通以十二萬九千六百之數爲日分。(語類、巻一百。潘植録)
(138) 按宋蔡季通欲以十二萬九千六百爲日法、而當時曆家不以爲然、畏其細也。(曆学疑問、巻二)
(139) 或問、季通曆法未是。曰、這都未理會得、而今須是也會布算、也學得似他了、把去推測、方見得他是與不是、而今某自不曾理會得、如何說得他是與不是。這也是康節說恁地、若錯時、也是康節錯了。只是覺得自古以來、無一箇人考得到這處。(語類、巻二。葉賀孫録)
(140) 律書緩寫不妨。曆法莫亦可草定一梗概否。若用先天分數、不知日月五星之屬遲速進退、皆可於此取齊否。若得此二書成、亦不爲無補於世也。(続集、巻二。答蔡季通書)
(141) 修曆事、若下須更商量。蓋但測驗卽人皆可爲。或須改造、則恐不免一出、亦非今日一時事也。(文集、巻四十四。答蔡季通書)

(142) 又如律曆刑法天文地理軍旅官職之類、都要理會。雖未能洞究其精微、然也要識箇規模大概、道理方浹洽通透。若只守箇些子、捉定在這裏、把許多都做閑事、便都無事了。如此只理會得門內事、門外事便了不得。所以聖人教人要博學(二字力說)。須是博學之、審問之、愼思之、明辯之、篤行之。(語類、巻一百十七。陳淳録、黃義剛録同)

(143) 論五峯說極星有三箇、極星不動、殊不可曉。若以天運譬如輪盤、則極星只是中間帶子處、所以不動。若是三箇不動、則不可轉矣。又言、雖形器之事、若未見得盡、亦不可輕立議論。須是做下學工夫。雖天文地理、亦須看得他破、方可議之。(語類、巻一百一。黃罃録)

(144) 讀尙書、只揀其中易曉底讀。如朞三百有六旬有六日、以閏月定四時成歲、此樣雖未曉、亦不緊要。(語類、巻七十八。甘節録)

(145) 書疏載在璇璣玉衡處、先說箇天、今人讀着亦無甚緊要。以某觀之、若看得此、則亦可以粗想象天之與日月星辰之運、進退遲速之度、皆有分數、而曆數大概亦可知矣。(語類、巻七十八。楊道夫録)

(146) 晷景製作甚精。三衢有王伯照侍郞所定官曆刻漏圖一編、亦與此同。曆象之學、自是一家。若欲窮理、亦不可以不講。然亦須大者先立、然後及之、則亦不至難曉、而無不通矣。(文集、巻六十。答曾無疑書)

(147) 莆田徐君來說曆如此、理會不得、今以納呈。渠旦夕須自去求見。但某自曉不得、却爲老兄所累。被人上門、反倒旦夕不免逐旋請教。要略理會得一大概規模、免被人如此褻謾也。(續集、巻二。答蔡季通書)

(148) 昨看史記曆書、大餘之數、第二年卽差、小餘之數、第三年卽差、以後皆算不合。不知是如何。尊丈必曾說、夾幸批諭。(續集、巻三。答蔡伯静書)

(149) 計算法の発展については、銭宝琮主編『中国数学史』(科学出版社、一九六四年)を参照。

(150) 又云、大衍之數五十、是爲自然之數、皆不可窮其義。熹竊謂既謂之數、恐必有可窮之理。(文集、巻三十七。与郭沖晦書)

朱子の数の考えかたについては、山田『混沌の海へ』、一六八—一七〇ページ参照。

(151) 有氣有形便有數。物有衰旺、推其始終、便可知也。有人指一樹問邵先生。先生云、推未得。少頃一葉墮、便由此推起。蓋其旺衰已見、方可推其始終。推亦只是卽今年月日時以起數也。（語類、巻六十五。包揚録）

(152) 曆數微眇、如今下漏一般。漏管稍澁則必後天、稍闊則必先天、未子而子、未午而午。（語類、巻二。晏淵録）

(153) 度在天者也。爲之璣衡、則度在器。度在器、則日月五星可摶乎器中、而天無所豫也。天無所豫、則在天者不爲難知也。（宋史、巻四十八、天文志一）

(154) 至唐僧一行改大衍曆法、始復用渾儀參實、故其術所得、比諸家爲多。（宋史、巻四十八、天文志一）

(155) 東萊文鑑、編得泛、然亦見得近代之文。如沈存中律曆一篇、說渾天亦好。（語類、巻一百二十二。黄義剛録）

(156) 渾儀可取、蓋天不可用。試令主蓋天者做一樣子、如何做。只似箇雨傘、不知如何與地相附着。若渾天須做得箇渾天來。〔或錄云、有能說蓋天者、欲令作一蓋天儀。不知可否。或云、似傘樣。如此則四旁須有漏風處、故不若渾天之可爲儀也。〕（語類、巻二。葉賀孫録）

(157) 山田「梁武の蓋天説」を参照。

(158) 曆是書、象是器。無曆則無以知三辰之所在、無璣衡則無以見三辰之所在。（語類、巻七十八。輔広録）

(159) 曆法恐亦只可略說大概規模。蓋欲其詳、卽須仰觀俯察、乃可驗。今無其器、殆亦難盡究也。（続集、巻二。答蔡季通書）

(160) 宋史、巻四十八、天文志一。

(161) J. Needham, Wang Ling & D. J. S. Price, *Heavenly Clockwork*, Cambridge, 1960. なお、その成果は、ニーダム『中国の科学と文明』第五巻（思索社、一九七六年）、および、『東と西の学者と工匠』上（河出書房新社、一九七四年）にも紹介されている。

(162) 新儀象法要三巻の冒頭に収められている。
(163) 若據算術案器象、亦可成就。既而撰到九章鉤股測驗渾天書一巻、幷造到木樣機輪一坐。(進儀象状)
(164) 都作人員尹淸部轄指畫工作。(進儀象状)
(165) 「機械論哲学の社会的基礎とマニュファクチャー」(ボルケナウ『封建的世界像から近代的世界像へ』II 所収、みすず書房、一九五九年)。
(166) G. J. Rheticus, *Narratio Prima*(E. Rosen(tr.), *Copernican Treatises*, New York, 1959, p. 137). この本の出版は一五四〇年であって、コペルニクスの「天球の回転について」の出版より三年はやい。
(167) 詳しくは、山田「パターン・認識・制作」、および、「中国の文化と思考様式」(『混沌の海へ』所収)をみよ。
(168) 宋史、巻四十八、天文志一。
(169) 要之、以衡窺璣、仰占天象之實、自是一器、而今人所作小渾象、自是一器、不當幷作一說也。(文集、巻四十四。答江徳功書)
(170) 今按、此以漢法逆推古制。然歷代以來、其法漸密。(文集、巻六十五。尚書、舜典)
(171) 宋史、巻四十八、天文志一。
(172) 璣衡之制、在都下不久、又苦足痛、未能往觀。然聞極疎略、若不能作水輪、則姑亦如此可矣。(文集、巻四十四。答江徳功書)
(173) 又曰、天轉也非東而西、也非循環磨轉却是側轉。義剛言、樓上渾儀可見。曰、是。(語類、巻二十三。黄義剛録)
(174) 本朝因之、爲儀三重。其在外者曰六合儀。平置單環、上刻十二辰八十四隅、在地之位、以準地面、而定四方。側立黑雙環、具刻去極度數、以中分天脊、直跨地平、使其半出地上、半入地下、而結於其子午、以爲天經。斜倚赤單環、具刻赤道度數、以平分天腹、横繞天經、亦使半出地上、半入地下、而結於其卯酉、以爲天緯。二環表裏、相結不動。其天經之環、則南北二極、皆爲圓軸、虛中而內向、以挈三辰四遊之環、以其上下四方於是可考、故曰六合。次其內曰三辰儀。側立黑雙環、亦刻去極度數、外貫天經之軸、內挈黃赤二道。其赤道則爲赤單環、外依天緯、亦刻宿度、而結於黑雙環之卯酉。其黃道則爲黃雙環、亦刻宿度、而又斜倚於赤道之腹、以交結於卯酉、而半入其內、以爲春分後之日軌、半出其外、以爲秋分後之日軌。又爲白單環、以承其交、使不傾墊。下設機輪、以水激之、使其日夜隨天東西運轉、以爲象天行。以其日月星辰於是可考、故曰三辰。其最在內者曰四遊儀。亦爲黑雙環、如三辰儀之制、以貫天經之軸、其環之內、則兩面當中、各施直距、外跬指兩軸、而當其要中之內、又爲小窾、以受玉衡、要中之小軸、使衡既得隨環東西運轉、又可隨處南北低昂、以待占候者之仰窺焉。以其東西南北無不周偏、故曰四遊。此其法之大略也。（文集、卷六十五。尚書、舜典）

(175) 儀象法要、頃過三衢、已得之矣。今承寄示、尤荷留念。但其間亦誤一二字、及有一二要切處却說得未相接。不知此書家藏定本、尙無恙否。因書可稟。（文集、卷五十五。答蘇晉叟書）

(176) 儀象法要一冊納上、但歸來方得細看。其運轉之機、全在河車、而河車須入乃轉。恐未盡古法、試者之如何也（者疑當作看）。（續集、卷二。答蔡季通書）

(177) 儀象法要、昨因子莊過此再看。向來不相接處、今已得之。元來文字只要熟看、本義已略具備。覺取象之說不明、不甚快人意耳。（續集、卷二。答蔡季通書）

(178) 元祐之制極精。然其書亦有不備、乃最是緊切處、必是造者祕此一節、不欲盡以告人耳。（文集、卷四十四。答江德功書）

(179) 其後朱熹家有渾儀。頗考水運制度、卒不可得。蘇頌之書雖在、大抵於渾象以爲詳、而其尺寸多不載、是以難遽復云。（宋史、卷四十八、天文志二）

(180) 渾儀詩甚佳。其間黃簿、所謂渾象者是也。三衢有印本蘇子容丞相所撰儀象法要、正謂此俯視者爲渾象也。但詳吳掾所說、平分四孔、加以中星者、不知是物如何、制作殊不可曉。恨未得見也。（文集、卷四十四。

答江徳功書）

また別に、蔡淵にあてた書簡のなかで、水運渾象を作ろうにも作れる工匠がいないのを嘆いている。

渾象之說、古人已慮及此、但不說如何運轉。今當作一小者、粗見其形製、但難得車匠耳。（続集、巻二。答蔡伯静書）

(181) 王応麟、困学紀聞、巻九。

(182) 天經已領。其論撰詳悉、亦甚不易。但回互蓋天、頗費力。只是舊年一般見識、不欲惡著。古今一箇人耳。其心則固深知渾蓋之是非也。（続集、巻三。答蔡伯静書）

(183) 天經之說、今日所論、乃中其病。然亦未盡彼論之失正。坐以天形爲可低昂反覆耳。不知天形一定、其間隨人所望、固有少不同處、而其南北高下、自有定位。政使人能入於彈圜之下以望之、南極雖高、而北極之在北方、只有更高於南極、決不至反入地下而移過南方也。〔但入彈圜下者、自不看見耳。〕（続集、巻三。答蔡伯静書）

(184) 蓋圖雖古所創、然終不似天體。孰若一大圓象、鑽穴爲星、而虛其當隱之規、以爲甕口、乃設短軸於北極之外、以綴而運之、又設短柱於南極之北、以承甕口、遂自甕口設四柱、小梯以入其中、而於梯未架空北入、以爲地平、使可仰窺而不失渾體耶。古人未有此法、杜撰可笑。試一思之、恐或爲卽著其說、以示後人、亦不爲無補也。〔梯未之未、疑當作末〕。（続集、巻三。答蔡伯静書）

(185) およそ八十年後に、元の郭守敬が太史院の天文台に建設した玲瓏儀は、朱子が着想した型のプラネタリウムではないか、とわたしは考えている。山田「授時暦への道」を参照。

Ⅳ 気 象 学

1 気象学の原理

(1) 陰陽と気象

朱子の自然学は、物質的存在を三つのカテゴリーによって把握する。一気・陰陽・五行である。陰陽は、気象学においてはじめて、理論構成にかかせないカテゴリーとして、現われてくる。

一般に、中国の自然学は、不断に万物を生みだす「生生」の造化の働きを、気の本質として、あらかじめ前提している。気とは造化の働きをする基底的存在である、と逆に定義してもいい。陰陽はもともと、その造化にかかわる概念であった。『易』繫辞伝の「天地絪縕シテ、万物化醇シ、男女精ヲ構《アワ》セテ、万物化生ス」ということばが端的に示すように、造化とは男性的なものである陽と女性的なものである陰との相互作用にほかならぬ。それが古来の観念であった。周濂渓の『太極図説』にも、それはあからさまに表現されている。太極が陰陽に分かれ、陰陽から五行が生まれ、それらが「妙合シテ凝リ、乾道男ヲ成シ、坤道女ヲ成シ、二気交感シテ、万物ヲ化生ス」と。いうまでもなく、それは、生物をモデルにして自然を認識する、もっと詳しくいえば、生命の生・長・老・死の過程とおなじそれをあらゆる自然現象がたどるとみなす、生物態的な発想法に由来する。むろん、気象現象もまた、その例外ではなかった。陰陽による気象現象の説明は、漢代に原型ができあがるのだが、そのばあい常に、『易』の表現をかりれば、「男女構精」のイメージがつきまとっていた。極端な例をひとつだけあげるなら、蔡邕の『月令章句』にいう、「虹ハ螮蝀ナリ。陰陽交接ノ気ノ形色ニ着ケル者ナリ。雄ヲ虹ト曰イ、雌ヲ霓《ゲイ》ト曰ウ」と。(1) 造化の働きが直接に観察されるのは、もちろん生命現象においてである。気象現象とそれとのあいだには、明確な対応関係がある。『礼記』月令のことばにしたがえば、「天気下降シ、地気上騰シ、天地和同シテ、草木萌動ス」るのだから。それが気象現象を生命現象のイメージでとらえさせる大きな要因、すくなくともそのひとつであったろうことは、推察にかたくない。しかし、そのあまりにも安易な類比が、気象学の理論的な展開の道をとざしてしまう。

朱子が気象学の理論構成に陰陽のカテゴリーをくみいれる観点も、やはり造化にあったことは、ほとんど疑いをいれぬ。かれは端的に、こう表現する。「天地ノ間ニ盈チテ造化ヲ為ス所以ノ者ハ、陰陽二気ノ終始・盛衰ノミ」。(2) 造化が生物モデルであったのも、やはり確かだ。

陰陽・乾坤をもたないものはひとつもない。至微至細、草木禽獣にいたるまで、やはり牡牝・陰陽をもつ。(3)

そのかぎり、伝統的な観念のうえにずっしりのっかっていた、といえよう。にもかかわらず、かれがあからさまに陽を男性的なもの、陰を女性的なものと表現したり、その生のイメージを手がかりにして思考をすすめたりすることは、決してなかった。というよりも、かれはそれを自覚的に拒否した。朱子は、陰陽を連続的な流体としての気のイメージに、溶解させてしまう。かれの努力はそこにそそがれ、そこからかれの独創性がほとばしりでるのだ。

一気は連続的な流体であり、その作用もまた連続的であった。連続的な存在の連続的な作用によって生ずる一気の二つの部分を比較して、動静および軽重の観点からとらえるとき、それらは陰陽とよばれる。そのかぎり、陰陽を一気の動静・軽重、あるいはおなじことだが消長、と置き換えても、概念の内包に失われるものはない。のみならず、朱子はしばしば、陰が陽の欠除態にすぎないのを、強調するのだ。ここでわたしたちは、連続観のパラドックスにぶつかる。それがパラドックスであるのを、わたしは率直に承認しよう。朱子にとっても、おそらくそうであった。しかし、それとの格闘をとおして、かれの気象学はきずかれていったのである。

朱子の気象学説を再構成するのに必要なかぎり、まだ論じていない側面に焦点をしぼりつつ、その陰陽論を検討しておきたい。

(2) 陰陽の諸相

陰陽はあくまで一気である。

陰陽は一気にすぎない。陽の退くことが陰の生ずることであって、陽が退いてしまってから別に陰が生ずる、ということがあるのではない[4]。

それを一気の進退とみるか、陰陽二気とみるかは、観点の相違にすぎぬ。陰陽は一つとみなすこともできるし、二つとみなすこともできる。二つとみなせば、「陰ニ分カレ、陽ニ分カレテ、両儀立ツ」[5]である。一つとみなせば、一つの消長にすぎない[6]。

認識論の立場からでなく、存在論の立場にたてば、それをつぎのように表現することができる。

だいたい陰陽は一気にすぎない。陰気が流行すれば陽となり、陽気が凝集すれば陰となる。真っ向から対立する二つのものがあるのではない[7]。

流行ということばは、発散と置き換えてもいいだろう。気の凝集と発散、それが陰陽である。気象現象の説明の原理がひとつ、そこにあたえられる。ところで、いったん存在を陰陽としてとらえる観点にたてば、

すべては陰陽であって、陰陽でない物はない[8]。

存在としてひとつの物が陰、あるいは、陽である、というにとどまらない。陰陽は比較概念であった。したがって、

ひとつの物にもちゃんとそれぞれ陰と陽がある。たとえばひとの男女は、陰陽だ。ひとの体についても、それぞれこの血気があり、血が陰で気が陽だ。たとえば昼夜の間は、昼が陽で夜が陰であるけれども、昼の陽は午の刻からはさらに陰に属し、夜の陰は子の刻以後はまた陽であり、それが陰陽はそれぞれ陰陽を生ずるという現象なのだ[9]。

かくて、天文学の分野に属する諸現象も、つぎのように把握しなおされる。

天地は全体としてひとつの大いなる陰陽だ。一年にも一年の陰陽があり、一月にも一月の陰陽がある。一日・一時もみなそうだ。(10)

この把握が気象学にどうかかわってくるかは、さきに引用した「月令」の「天気下降シ、地気上騰ス」と重ねあわせれば、容易に推察できる。それについては、もすこしあとで、詳しく考えることにしよう。

朱子によれば、陰陽は存在の二つの相をもつ。

天地間の道理には、局定するものがあり、流行するものがある。(11)

というのがそれである。「局定するもの」は別に「定位するもの」、「対峙(対待)するもの」、「相対するもの」ともよばれ、「流行するもの」は「推行するもの」、「錯綜するもの」ともよばれる。『太極図説』をひきつつ、いう。

陰陽には流行するものがあり、定位するものがある。「一動一静シテ、互ニ其ノ根ト為ル」のが、流行するものである。「陰ニ分カレ、陽ニ分カレテ、両儀立ツ」のが、定位するものである。寒暑・往来がそうだ。天地・上下・四方がそうだ。「易」には二つの意味がある。ひとつは「変易」で、それが流行するものだ。ひとつは「交易」で、それが対待するものだ。魂魄は、二気でいえば、陽が魂で、陰が魄だ。一気でいえば、伸びるのが魂となり、屈するのが魄となる。(12)

この二つの相が「易」の解釈に結びついていることは、程伊川の『易伝』を批判したつぎのことばに、明らかである。

陰陽には相対していうものがある。たとえば東陽西陰・南陽北陰が、そうだ。錯綜していうものがある。たとえば昼夜・寒暑、一つは横一つは直が、そうだ。伊川が「易ハ変易ナリ」というのは、ただ相対するもの(錯綜するものの記録者による書きあやまりであろう)としての陰陽が流転するのを説いているにすぎない。錯綜するもの(おなじく、相対するもののあやまりであろう)としての陰陽が交互する道理を説くのではない。「易」を語るなら、この二つの意味を兼ねなければならぬ。(13)

『易』と陰陽の関係については、あとで論じよう。陰陽のこの存在の相について注目すべきは、つぎの二点である。第一に、陰陽には対立と循環の二つの相がある。朱子は別にいう。

陰陽には、相対していうものがある。たとえば夫婦・男女・東西・南北が、そうだ。錯綜していうものがある。たとえば昼夜・春夏秋冬・弦望晦朔・一つの期間にひとまわりするのが、そうだ。(14)

第二に、気の理論としては、循環は一気の観点に、対立は二気の観点に、それぞれ結びついている。そのことはさきの魂魄の説明にも示唆されているが、つぎのことばにいっそう明瞭である。

陰陽は、推行するものを論ずるなら、ただ一つであり、対峙するものならば二つだ。たとえば日月・水火の類が二つだ。(15)

ひるがえって、年周変化のような、天体の運動によってひきおこされる現象は、一気の循環の相にあたること、したがって、気象学に固有な存在の相として要請されてくるのは、対立の相であるのがわかる。事実、朱子は主として、気候の年周変化を循環の相において、局所的な気象現象を対立の相において、説明してゆくのである。

一言つけくわえておくなら、朱子はこの二つの相に体用の論理を適用している。そのことが、さきにわたしが一気と陰陽についてのべた解釈の妥当性を、傍証する。すなわち、朱子はいう。

体は天地より後に在り、用は天地より先に起こる。対待するものは体で、流行するものは用だ。体は静で、用は動だ。(16)

循環するものとしての陰陽すなわち一気は、天地の形成に先んじて作用し、対立するものとしての陰陽すなわち二気は、天地の形成の後にはじめて存在する。宇宙論や天文学が一気の理論であり、気象学が陰陽の理論であるゆえんが、そこにある。のみならず、対立するものとしての陰陽が体とされるところに、循環するものとしての一気の造化作用をとおして措定されたものであることが、まぎれもなく示されている。

陰陽の作用に、眼を移そう。朱子によれば、陰陽は両立しない。

天地の間に、両立の理はない。陰が陽に勝つのでなければ、陽が陰に勝つ。どんな物でもそうだし、どんな時でもそうだ。(17)

この主張が張横渠の説にもとづいているのは、つぎのことばからわかる。

横渠が「陰は集め、陽はかならず散らす」とのべている一節で、陰陽の情がよくわかる。(18)

勝つとはどういうことか。どうして両立しないのか。横渠は『正蒙』参両篇のなかで、つぎの原理を提出したのである。

陰の性は凝集、陽の性は発散である。陰は集め、陽はかならず散らし、その勢は(陰をも)ひとしく散らす。(19)

凝集させる力が発散させる力よりも強いばあいに、陰が陽に勝つ。その逆なら、陽が陰に勝つのである。さらに王船山の注によれば、陰が陽を内に包んで凝集すると、陽は陰をもいっしょに発散させてしまう。したがって、「両立ノ理」はありえない。これが作用の第一の原理である。陰陽の対立の相において、とりわけこの原理は働くであろう。

作用の第二の原理、すなわち、陰陽の循環の相において働くそれは、感応である。『易』繋辞伝にいう。

日往ケバ則チ月来タリ、月往ケバ則チ日来タリ、日月相推シテ明生ズ。寒往ケバ則チ暑来タリ、暑往ケバ則チ寒来タリ、寒暑相推シテ歳成ル。往クトハ屈スルナリ、来ルトハ信《ノ》ビルナリ。屈信相感ジテ利生ズ。

朱子のいわゆる「推行するもの」がこのことばにもとづくのは、あらためて指摘するまでもあるまい。程伊川は、『易伝』において、感応の原理をつぎのように一般化する。

感ハ動ナリ。感有レバ必ズ応有リ。凡ソ動クコト有レバ皆感ヲ為ス。感ズレバ則チ必ズ応有リ。応ズルトコロ復タ感ヲ為ス。感ズルトコロ復タ応有リ。已マザル所以ナリ。

伊川のこのことばは、朱子と弟子たちのあいだで、くりかえし話題にのぼった。『朱子語類』巻七十二に、その対話をいくつも記録する。朱子によれば、『易』の屈伸は伊川のいう感応にほかならぬ。のみならず、『太極図説』にいう「一動一静」も「感応ノ理」である。

器之(黄鐘)がたずねた、「程先生は感通の理を説いていますが。」

(先生は)いわれた、「昼から夜、夜からまた昼になるみたいに、循環して窮まるところがない。いわゆる「一動一静シテ、互ニ其ノ根ト為ル」のは、すべて感通の理なのだ。[20]」

つまり、陰陽の循環の相をうみだす原理が感応なのであり、その意味で、いったい天地の間にあって、感応の理でないものはない。造化と世間のことはみなそうだ。[21]といっていい。別にかれは感応を「必然ノ理」ともよぶ。感応とは事物間のつぎのような関係をさす。

(陳淳が)たずねた、「程先生が感応を説かれ、学生はつねひごろそれを口にしますが、いかがですか。」

(先生は)いわれた、「ただこの一つのことがらにもとづいて、さらに一つのことがらを生みだす、それが感と応だ。第二のことがらにもとづいて、さらに第三のことがらを生みだす。第二のことがらも感であり、第三のことがらも応だ。[22]」

これは、たとえばヒュームのいう因果律とほとんど相覆う概念であるかにみえる。しかし、部分的には因果関係をもふくむものの、まったくことなった概念であるのは、たとえばつぎの問答に明ら

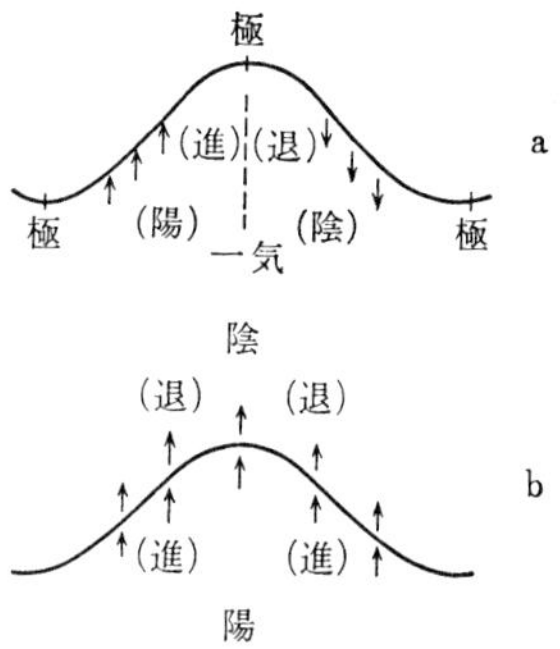

図17　気の波動モデル

かである。

林一之がたずねた、「「凡ソ動クコト有レバ皆感ヲ為ス。感ズレバ則チ必ズ応有リ」とは。」

(先生は) いわれた、「たとえば風が吹くのは感だし、樹が動けばそれが応だ。樹がゆれるのも感だし、下のほうの物が動くのも応だ。たとえば昼が極まればかならず夜に感じてくるし、夜が極まってもやはり昼に感じてくる。[23]」

季節の変化は、この感応の作用によっておこる。

春秋冬夏はまさしくひとつの感応であり、「応ズルトコロ復タ感ヲ為シ、感ズルトコロ復タ応ヲ為ス」のだ。春夏はひとつの大きな感であり、秋冬はかならずそれに応じて、秋冬も春夏の感となる。細かにいえば、春は夏の感となり、夏は春に応じて、さらに秋の感となる。秋は冬の感となり、冬は秋に応じて、さらに春の感となる。だから、窮まるところがないのだ[24]。

これを陰陽の作用におきかえれば、そのまま気候の年周変化の説明となるだろう。

集散の原理を、わたしは一応、感応のそれから切り離してのべてきた。しかし、両者は密接に相関連しているというだけでなく、集散を感応の原理の局所的表現とみなすこともできる。たとえば感としての陽に陰が応じる、その陰陽の接点において集散の原理が働く、と考えられるからである。

のみならず、連続的な流体である気の作用のパターンが波動型であるのに着目するならば、両者は一つの原理のことなった表現にすぎないのがわかる。気の作用の波動モデルを、一気および陰陽の観点からえがいたのが、図17である。aは循環の相を、bは対立の相を、それぞれあらわす。海岸の寄せては返す波を想起しよう。その波を垂直面で切ったのがaであり、水平面で切ったのがbである。要するに観点の相違にすぎぬ。すでに読者は、対立の相において働く集散がいわば一気の集散として、循環の相において働く感応がまさに陰陽の感応として論じられたこと、それがこの図とは逆の表現になっていること、に気づかれたであろう。両者はついに一つの原理にほかならないのである。

(3)『易』のパターン

陰陽の理論は、『易』をはなれてありえない。これまで論じたことからも、それは理解されよう。だが、朱子の気象学が一般に『易』の理論にささえられている、というだけではない。かれは、『易』における陰陽のパターンから、陰陽の存在のある構造的なパターンをひきだし、それによって、気候の年周変化を説明する。理論構成においてそれがしめる位置は、宇宙論の九重天説および元会運世説に対応するものとみなせよう。

おそらくはかならずおこるであろう反論に、あらかじめ答えておきたい。『易』は、パターンの記号化と記号間の関係づけとによって、パターン認識の問題にせまろうとした、人類のもっとも先駆的な試みである。周知のように、『易』においては、陽の記号⚊と陰の記号⚋とを六つ組合せ、六十四のパターンすなわち六十四卦をつくり、記号の位置によってそれぞれのパターンの特性を、また、記号の位置の変化をとおしてパターンのあいだの相互関係を、意味づけていく。それは二進法体系の最初の表現であり、現代の科学は、それに依拠しつつ、パターン認識というきわめて困難な問題に切りこむ鍵を、ようやく摑んだばかりなのである。たしかに、爻辞《こうじ》とよばれるパターンの意味づけは、占いであった。だが、その意味づけが妥当かどうかという問題とパターンの記号化の試みとは、はっきり区別して考えなければならない。中国人の思考法のもっとも重要な特質は、パターンの認識にあった。しかも、朱子が気象学にとりいれたのは、あくまで易の記号化されたパターンとその相互関係であり、経験的事実の説明のモデルとして、それをつかったのである。だから、もし自然学として問われるとするならば、『易』がもともと占いの書であり、その解釈の体系によって中国の存在論の基礎になった点にあるのでなく、そのパターンがモデルとして妥当であったか、そのモデルによってなにを明らかにすることができたか、という点にある。

「易の字義は陰陽にすぎぬ(25)」と朱子はいう。そして、楊亀山のエピソードを語る。

　亀山が黄亭の詹季魯の家をとおった。季魯が「易」をたずねた。亀山は一枚の紙をとり、円をえがき、墨でその半分を塗りつぶしていった、「これが「易」だよ」(26)。この話はたいへんいい。

「易」とはまさしく一陰一陽して多くの模様をつくりだすものなのだ。

陰陽の組合せがつくりだす模様、すなわちパターンは、事物の発生と消滅をあらわす。それは陽気の消長といっていい。

だいたい発生すれば、すべてはひとつの陽気であり、ただ消長があるというにすぎぬ。陽が一分のびれば、下のほうに陰が一分生ずるけれども、陰を求めてくるのでなくて、陽のおとろえるところが陰なのだから、陽が来るのを復というのだ(27)。事物の発生が陽に結びつくのは、生物モデルであるかぎり、当然であろう。事物の消長、その普遍的な過程を記号化したのが、『易』の卦にほかならぬ。

諸君まあこの世界のことを考えてみたまえ、ほかになにがあろうか、ただ陰と陽の二つの概念にすぎぬ。考えてみると、どんな事柄であろうと、すべてそれを離れることはできぬ。まさにおのれの身体で体得したまえ。眼をあけたとたんに、陰でなければ陽だ。ひしひしとそこにあって、すべて別の事柄になるわけにはゆかぬ。仁でなければ義だし、剛でなければ柔だ。自分が前へ行こうとすればそれが陽だし、後へさがったとたんに陰だ。意思が動いたとたんに陽であり、静まったとたんに陰であって、ほかの見かたをすべきでない。まさしく一たび動き一たび静まるのが、陰陽なのだ。

伏羲はただそれにもとづいて、卦をえがいて人に示した。もし一陰一陽だけなら、やはりもろもろのパターンを包含できない。そこで交錯させて六十四卦、三百八十四爻とした。はじめは多くの卦や爻があったにすぎないが、のちの聖人がさらに多くの辞(意味づけ)をその下につけた。ほかの書であれば、もともとその事柄があって、はじめてその道理を説いている。『易』

はまだその事柄があるまえに、仮託してすべてがそのなかにあると説く。たとえば『書経』なら、堯・舜がおり、禹・湯・文・武・周公がいて、いろんなことをやり、そこでいろんなことを説く。ところが『易』は、もともとまだ事柄があるまえに、聖人があらかじめ説いていて、人が占う(意味づける)のを待つのだ。大事も小事も、ひとつとしてそれから外れるわけにはゆかぬ。(28)

朱子は、具体的な事柄をとおして表現されたパターンと記号化されたパターンとのちがい、および、パターンの記号化とその意味づけとのちがいを、このようにはっきり自覚していた。その根拠にたって、記号化されたパターンを気象学のモデルにつかうのである。一般的なパターンが、記号化をとおして、具体的・個別的な現象を説明するモデルとなる。この構造に、わたしたちは注目しなければならぬ。

あらためてことわるまでもなく、六十四卦をあらわす記号は六つの層から成り立つ。この六つの層を陰の記号と陽の記号がさまざまな組合せでうずめるとき、六十四のパターンができあがる。朱子は卦の六層をそのまま空間的な上下の六層とみて、それをモデルにして考えてゆくのである。そのばあい、地表面をはさむ空間そのものが六層をなし、それをうずめる陽気もまた六層をなす、とかれはみなす。朱子は、いう。

陽気はただ六層であり、ひたすら上ってゆき、上りきったあとの、下のほうの空っぽなところ、それが陰だ。(29)

すなわち、空間の六つの層をおなじく六層の陽気が一団となって一層ずつ上昇してゆく過程、それが気候の年周変化、季節の変化にほかならない。もっと詳しくいえば、

天地の間にはただ六層の陽気があり、地面のうえにくるとき、地下が冷えてしまう。ただこの六の位の陽(乾)が伸びて、あの第六の位(巳)に行ったとき、極点に達して行きどころがなくなり、上のほうはしだいに消えてゆくだけだ。上のほうですこし消えると、下のほうでそれだけ生じてくる、それが陰だ。[30]

この気の運動は、つねに上に向う。だから、「月令」の「地気上騰ス」にしたがって、それは地の気とよばれる。

天地の間はただ一つの気にすぎない。今年の冬至から来年の冬至までは、かの地の気がめぐっている。それを二段に分けるとき、前のほうのものが陽で、後のほうのものが陰だ。さらに四つに分けてもそうで、それが四時だ。[31]

陽がどこからはじまるかについては、十二卦すなわち暦法の立場と四時の気すなわち気象学のそれとのあいだに、ややくいちがいがある。[32]しかし、空間の六層のうち、二層が地下に、四層が地上にあるのを理解すれば、この対立は天文学的な意味での陽のはじまりと、日常生活における陽のはじまりとのちがいにすぎないのがわかる。いずれを正月とするかは、暦を制定するひとの立場による。

十二卦を論ずれば、陽は子にはじまって巳におわり、陰は午にはじまって、亥におわる。四時の気を論ずれば、陽は寅にはじまって未におわり、陰は申にはじまって丑におわる。この両説

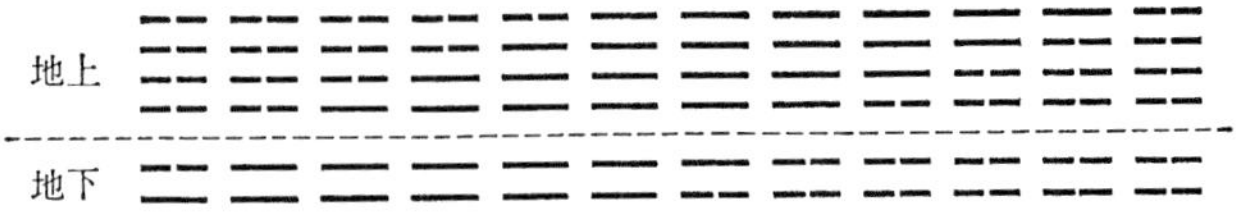

位	1	2	3	4	5	6	7	8	9	10	11	12
十二支	子	丑	寅	卯	辰	巳	午	未	申	酉	戌	亥
卦	復	臨	泰	大壮	夬	乾	姤	遯	否	観	剝	坤
月	11	12	1	2	3	4	5	6	7	8	9	10
節気	冬至 大雪	大寒 小寒	雨水 立春	春分 驚蟄	穀雨 清明	小満 立夏	夏至 芒種	大暑 小暑	処暑 立秋	秋分 白露	霜降 寒露	小雪 立冬

図18 『易』のパターンによるモデル

はややくいちがっているみたいだけれども、争点は二つの位にすぎない。というのは、子の位は一陽が生ずるけれども、まだ地から出ない。寅の位の泰卦になれば、生じた三陽がはじめて地上に出て、温厚の気がそこからはじまる。巳の位の乾卦は六陽が極点に達するけれども、温厚の気はまだおわっていないのだから、午の位は一陰が生ずるけれども、まだ陽をそこなわない。きっと未の位の遯卦になってのちに、温厚の気ははじめてつきるのである。その午の位は陰がすでに生じるが、厳凝の気は申になってやっとはじまる。亥の位は六陰が極点に達するが、厳凝の気は丑になってはじめてつきる。意味もそれに拠っている。というのは、地下の気はわかりにくくて、地上の気は知りやすいから、周人が建子を正月としたのは天の大すじにかなっているけれども、孔子が国の治めかたを論じたときは、夏の時(建寅)を正月としたのである[33]。おそらく、その陰陽の始終がはっきりしているのをとったのである。図を調べてその説を推察すればわかる[34]。

寒暑は、このように、温厚の気すなわち地上の陽気と厳凝の気すなわち地上の陰気が、地上の四層にどう配列されるかによって決ってくる。ちなみに、六層といえば、気候はひと月ごとに非連続的にないし段階的に変化してゆくようにみえるけれども、かならずしもそう考える必要はない。気の連続性からいって、その過程もむしろ連続的とみるべきであろう。一月は三十日、一日は十二刻、まさに時時刻刻、陽気が発揚していって、それがある段階に達したとき、はじめて一陽として記号的に表示されるのである(35)。段階的といえば、二十四節気の変化こそ、事実としてそれにあたるだろうが、朱子にその議論はない。

ここにひとつの問題がおこる。ひたすら上昇をつづける陽気は、いったいどこからくるのか。その年の六層の陽気とあくる年のそれとのあいだには、どんな関係があるのか。『易』繫辞伝にいう、「夫レ乾ハ其ノ静マルヤ専、其ノ動クヤ直、是ヲ以テ大イニ生ズ。夫レ坤ハ其ノ静マルヤ翕、其ノ動クヤ闢、是ヲ以テ広ク生ズ」と。朱子は『周易本義』において、こう注している。

乾は一であって実であり、だから質という点から大といわれる。坤は二であって虚であり、だから量という点から広といわれる。というのは、天の形は地の外を包んでいるけれども、その気はつねに地の中をめぐっている。易の広大なるゆえんは、そこにある。

このことばをめぐる長い問答の一部を、引用しよう。

劉用之がいった、「地の形は肺みたいなもの。形質は硬いけれども、内部はもともと空虚だから、陽気がその内部をなんのさまたげもなしに昇降し、「金石ト雖モマタ透過」してゆく。地がこの気を受けて、万物を発育するのです。」

（先生は）いわれた、「そのとおりだ。要するに、天の形はひとつの韝《ふいご》みたいなもの。天がその韝の外側の皮殻だ。中央はたくさんの気をつつんでいて、開閉し消長する。だから、「乾ハ一ニシテ実」と説いたのだ。地はただひとつの物にすぎず、中央はすべてこの気の昇降・来往なのだ。中央が空虚だから、この気の昇降・来往をいれることができる。天の地をつつみうる点をとらえて、その質の大きさを説いた。地の天の気をいれうる点をとらえて、その量の広さを説いたのだ。地の形に限りがあるから「量ヲ以テ言ウ」と説いたのではない。ただ地はすべて天の気をいれうるから、その量の広さを説いたにすぎない[36]。」

宇宙論の章で述べたように、地は気の渣滓の凝集したものであり、非連続的な物体である。したがって、ちょうど海綿を水が透過するように、連続的な気は渣滓と渣滓のあいだの隙間を透過してゆくことができる。その意味で、天は「実」であり、地は「虚」であるといっていい。陽気の上昇といっても、天地を上下としてとらえる観点に固執してはならぬ。天は地を包んでいるのだ。

さらに（徐元震が）たずねた、「「雷ノ地ヲ出デテ奮ウハ予[37]」ののち、六陽の半分が地下にあるとは、天が地と均分されているということですか。」

（先生は）いわれた、「もし均分だというなら、天のほうが地をつつんでいる。そのことはかならずしも論じなくていい[38]。」

したがって、天の気と地の気を区別する絶対的な根拠もない。さきの『周易本義』の注をめぐる問答は、つづけていう。

また（先生は）いわれた、「考えてみれば、天地の中央はこの気が昇降しており、上下は六層に分けるべきである。十一月冬至に下のほうの第一層から生じてきて、まっすぐに第六層までゆき、極点にいたって天まで達すると、四月になるのだ。陽気は生じきってしまえば消え、下のほうに陰気が生じる。ただこの一気の昇降が循環してやむことなく、六層のなかを往来するにすぎないのだ。」

（沈僩が）たずねた、「『月令』のなかの「天気下降シ、地気上騰ス」は、これはやはり天地にそれぞれ気があって、交合するみたいですが。」

（先生は）いわれた、「ただこの一気にすぎぬ。ただ陽は極点に達すれば消えて陰が生じ、陰は極点に達すれば消えて陽が生じるというだけだ。「天気下降ス」とは、ただ冬至の復の卦のとき、陽気が下のほうに生じてくるから、「天気下降ス」というのだ。」

あるひとがいった、「それによれば、陰が上に消えて陽が下に生じるのであって、「天気下降ス」とは思えません。」

（先生は）いわれた、「やはり天の運行が一転すれば、陽気が下にあるから、下から生じてくるはずだ。いま天の運行でいえば、一日におのずと一回転（日周回転）する。しかしながら、あの大きな回転（年周回転）をするばあいもある。心を大きくして考えなくてはいけない。一点に拘泥して理解しないのはいけない。天はもともと大きい物なのだから、偏った立場で探究することはできない。(39)」

地の気とは虚ろな地のなかを透過する天の気にほかならず、ひたすらなる陽気の上昇は、天の年周回転と結びつくことによって、循環運動となる。ここにわたしたちは、宇宙論・天文学から気象学までをつらぬく、朱子の論理の一貫性と体系的構想の雄大さとを、まぎれもなく確認できるであろう。宇宙論の章ですでに述べたように、朱子はこの「大転」、つまり、年周回転が一様であるとは考えていない。もういちど引用しておけば、

考えてみると、春夏のころは天の回転がややのろい。だから気候はゆるんでぼうっとしている。南方はとくにひどい。秋冬になると、天の回転がますますすみやかになる。だから、気候はすがすがしく、宇宙は澄みわたっている。「天高ク気清シ」というわけは、その回転がすみやかで、気が引き緊っているからだ[40]。

かくて、天すなわち気の年周回転は、二重の意味で、気候の年周変化を規定するのである。

2　気象現象の成因

(1)　土地と気候

気候は土地によってことなる。朱子によれば、それは地形と日照の度合いとによってきまる。一般に、「西北の地はきわめて高い[41]」。于闐から来貢した使者の言にしたがうなら、「中国は崑崙山の

東南にあり、天竺の諸国はその真南にある」[42]が、

だいたい地の形は饅頭みたいなもの。その撚り先の尖ったところが崑崙なのだ。[43]西北部が高く盛りあがった饅頭型の大地を、想像してみよう。東南部の広漠とひらけたところに中国がある。天はこの大地のすぐ近くに迫っていて、大地からほど遠からぬ、南に傾斜した軌道を、太陽がまわっている。とすれば、極東の地では午前中が短く、午後が長く、極西の地では午前中が長く、午後が短く、[44]北方では昼が長く、夜が短いはずである。[45]中国の各地方における気候のちがいは、この地形とその日照との関係から理解できる。

『周礼』地官大司徒に、「日東則景夕、多風。日西則景朝、多陰」ということばがみえる。大司徒の職掌のひとつにノーモンによる測定があり、「景」とはノーモンの影をさす。この難解なことばの解釈をめぐって古来さまざまな説があり、極東の地では午前中が短く、云々というのも、実は「景夕」・「景朝」にたいする朱子の解釈なのであった。つづく「多風」・「多陰」について、『朱子語類』は、つぎの問答を記録する。

(沈僩が)たずねた、「多風・多陰の説は。」

(先生は)いわれた、「いま近東の地はちゃんと風が多い。たとえば海ぞいの諸郡は風がきわめて多く、いつもきまった時に吹いてくる。たとえば春はかならず東風、夏はかならず南風で、このあたりのようにきまりがないのではない。土地がひろびろとひらけ、高い山でさえぎられないから、風がそれぞれきまった方向から吹くのだろう。わたしはむかし漳州や泉州でそれを

たしかめた。朝にはもう風が生じ、正午になると盛んに吹き、午後には風力がしだいに衰え、晩になるともうちらともそよがず、かつて狂ったことがない。風が陽気にしたがって生じるからだ。太陽がはじめて上ると陽気が生じ、正午になると陽気が盛んになり、午後には陽気が衰えるから、風もそれにしたがって盛衰する。たとえば西北のあたりが「多陰」というのは、たんに山が高くてさえぎっているからでなく、ちゃんと陽気がそこに達して衰えるのだ。というのは、太陽がそこに達したときはじめて正午だとすれば、そこはもうずいぶんおそくて、まもなく太陽が落ちるから、西のほうはあまり太陽を見ない。古語に「蜀ノ日、越ノ雪」というのは、太陽を見るのが少いのをいったのだ。だから、蜀には漏天がある。古語に「巫峡、漏天多シ」といい、杜甫が「角ヲ鼓ス漏天ノ東」というのは、その地にいつも雨がふり、天が漏れるみたいなのをいう。これでみると、天地もあまり広くない。日月の照らすところと寒暑・風陰とで観察すれば、たしかめることができる。(46)」

漳州・泉州地方でのかれの経験的な観察はたしかであり、それにあたえた説明も適確である。ここでも陽気が上昇するとみなせば、風の成因としての上昇気流を、みごとにとらえていたことになる。朱子は蜀までおもむいたことはないけれども、経験をとおして推測しようとする態度は、つぎのことばにうかがえる。ある日、学生たちが訪ねてゆくと、話が寒さのことになった。朱子がいうに、西川(四川省西部)のひとは寒さがにがてである。

たとえばあの雪のふるところは、四、五月になっても雪がとけない。それがいわゆる「景朝多風」(陰のあやまり)のところだ。つまり、日がそこに達すると、午どきをすぎても陽気はあまり厚くないから、そうなのだ。いわゆる漏天のところはみなそこにある。それなら、天もあまり広くない。そこでさえそうだとすると、これは西南はなおそうだということだ。西北なら、寒さはあの秦鳳路(陝西省)あたりよりひどいと思われる。寒さは峨眉山みたいだと思われる。趙子直(趙汝愚)がかつて上のほうに登り、粥をたいたがちっとも煮えず、芯ができた。そのとき李某という者がいて、こごえてひどく苦しんだ(47)。

ともあれ、こうした日常経験を一つひとつ理論のなかにくみいれていくところに、朱子の自然学が体系として成立してくる。しかし、そこにはまた、その陥穽もひそんでいるのである。

(2) 気象現象

先人の説

陰陽概念によって気象現象を説明しようとする試みは、たとえば、すでに『荘子』などにも散見する。しかし、それがかたちをととのえたのは、前漢末から後漢にかけてである。『大戴礼記』曾子天円の説がかなりよくまとまっている。

陰陽ノ気ハ、各々其ノ所ニ従エバ則チ静ナリ。偏レバ則チ風、倶ニスレバ則チ雷、交レバ則チ電、乱ルレバ則チ霧、和スレバ則チ雨。陽気勝レバ則チ散リテ雨露ト為リ、陰気勝レバ則チ凝リテ霜雪ト為ル。陽ノ専気ハ雹ト為リ、陰ノ専気ハ霰ト為ル。霰ト雹ハ一気ノ化スルナリ。

またその注にいう。

陽気雨ニ在リ、温煖ナルコト湯ノ如シ。陰気之ニ薄《セマ》ルモ相入ラズ、転ジテ雹ト為ル。陰気雨ニ在リ、凝滞シテ雪ト為ル。陽気之ニ薄ルモ相入ラズ、散リテ霰ト為ル。

まずこれを、説明の典型とみなしていい。あとは大同小異である。たとえば、緯書の『春秋元命苞』なら、陰陽の「聚」ったのが雲[48]、「怒」ったのが風[49]、「乱」れたのが霧[50]、「和」したのが雨[51]、「凝」ったのが霜と雪[52]、「散」ったのが露[53]、「合」したのが雷[54]、「交」ったのが虹蜺[55]といったぐあいだ。特筆すべきは、『韓詩外伝』に、

凡ソ草木ノ花ハ多ク五出シ、雪花独リ六出ス[56]。

と、雪の結晶の観察が書きとどめられていることであろう。ヨーロッパでそれが知られるのは、近代になってからである。

陰陽による説明は、しかし、交・乱・和・凝といった概念がいかなる過程をさすか、また、その前提として、陰陽とはいかなる概念なのか、そこが明確にされなければ、具体的な現象の科学的説明として、あまり意味をもたない。その点で画期的な一歩をすすめたのは、やはり張横渠の『正蒙』参両篇の説であった。「陰ノ性ハ凝聚、陽ノ性ハ発散。陰ハ之ヲ聚メ、陽ハ必ズ之ヲ散ラス。其ノ勢ハ均シク散ラス」と、その作用の原理をあたえたのちに、いう。

陽、陰ニ累セラルレバ、則チ相持シテ雨ト為リテ降リ、陰、陽ニ得ラルレバ、則チ飄揚シテ雲ト為リテ升ル。故ニ雲物ノ太虚ニ班布スル者ハ、陰、風ニ駆《オ》ワレ、斂聚シテ未ダ散ラザル者ナ

リ。凡ソ陰気凝聚シ、陽、内ニ在ル者出ズルヲ得ザレバ、則チ奮撃シテ雷霆ト為リ、陽、外ニ在ル者入ルヲ得ザレバ、則チ周旋舎《ヤ》マズシテ風ト為ル。其ノ聚ルニ遠近・虚実有リ、故ニ雷風ニ小大・暴緩有リ。和シテ散ズレバ、則チ霜雪・雨露ト為リ、和セズシテ散ズレバ、則チ戻気・曀霾《エイバイ》ト為ル。陰、常ニ散緩トシテ、交ワリヲ陽ニ受クレバ、則チ風雨調イ、寒暑正シ。

朱子は、この説から大きな影響をうけ、「横渠の『正蒙』に風雷雲雨の説を論じているのが、いちばんわかりやすい」(57)、と評価する。とはいえ、横渠はまだ、霜雪・雨露などに「和」の概念を適用し、あるいは、陰陽が「交」わるといった表現を使用している。その点で、漢代以来の伝統にもたれかかっているところがある、といえよう。それをのり超える可能性は、経験的な観察とそれにもとづく思索をふかめることによってのみ、開かれる。すなわち、朱子の課題であった。

雨

横渠の説を、朱子はこう解釈する。

横渠はいう、「陽、陰ニ累セラルレバ、則チ相持シテ雨ト為リテ降ル」と。陽気がちょうど上昇して、いきなり陰気にぶつかると、それに対抗しておりてきて雨となる。陽気は軽く、陰気は重いから、陽気が陰気に圧されて墜ちてくるのだ(58)。

別に、つぎのようにもいう。

いったい雨というのは、みな陰気が盛んで、ぴっしり凝結して、そこで湿潤になり、下降して

雨となる。たとえば、せいろはぴったり蓋をすると、気がこもって外にでず、まわりにはじめて温かいしずくができる。(59)

朱子は雨を対流現象として捉える。温かく湿った上昇気流が、冷たく重い気流にぶつかって、雨となって下降してくる。それがかれのイメージであろう。ふたつのことばは一見、矛盾するようだが、そうではあるまい。後者は下降する陰気に、前者は上昇する陽気に、それぞれ重点をおいて表現したものであろう。せいろの比喩が、それを示唆する。

雲

おなじく横渠の説をひいて、いう。

「陰、陽ニ得ラルレバ、則チ飄揚シテ雲ト為リテ升ル」。陰気がちょうど上昇して、いきなり陽気にぶつかると、それにたすけられて飛騰し、上昇して雲となるのだ。(60)

雲について直接に語ったことばは、これだけしかない。しかし、『易』小畜卦の「彖伝《たんでん》」にみえる「密雲雨フラズトハ、尚オ往クナリ」ということばをとらえて、

陰がそれ(陽気)を包みこめず、陽気はますます発散して、雨になれない、だから「尚オ往クナリ」。(61)

と解説する。陰気が上にあって、そこへ昇ってくる陽気を包みこむかたちをとる雨のばあいとは逆の現象が、雲なのである。

雷

横渠の説にたいする説明は、こうである。

「陰気凝聚シ、陽、内ニ在ル者出ズルヲ得ザレバ、則チ奮撃シテ雷霆ト為ル」。陽気が陰気の内部にひそんで出られないから、爆発して雷となるのだ(62)。

朱子はよく雷を爆竹にたとえる。

雷はいまの爆竹みたいなもの。欝積の極点に達して飛び散るものだからだ(63)。

程子の説とも、それは矛盾しない(64)。

(黄罃が)たずねた、「雷電は、程子が「ほかならぬ気の摩擦である」といっているのでいいのですか。」

(先生は)いわれた、「そうだ(65)。」

「声ハ気形、相軋《キシ》リテ成ル。両気ハ風雷ノ類、両形ハ桴鼓ノ類。気、形ニ軋ルハ、笙篁ノ類ノ如ク、形、気ニ軋ルハ羽扇敲矢ノ類ノ如シ(66)」とは朱子の音声論だが、雷鳴のばあいには、陰陽両気が「相軋ル」のである。雷はしばしば雨をともなう。『易』解卦の「象伝」にいう、「天地解ケテ、雷雨作ル」と。朱子によれば、天地とは気、すなわち陰陽である。

陰陽の気がむすぼれて極点に達し、いきなり飛び散って、この雷雨となる(67)。

雨もまた、陰気が陽気を包んでできるものであった。その極点に達したのが雷にほかならぬ。雷と雨とがともなうのは、けだし当然だろう。ちなみに、雷はかみなりの落ちてくるもの、霆は雷鳴、電は稲妻をさす。

風

朱子によれば、横渠のことばはつぎのことを意味する。

「陽、外ニ在ル者入ルヲ得ザレバ、則チ周旋舎マズシテ風ト為ル」。陰気が内側に凝結し、陽気が入ろうとしても入れないから、たえずその外をまわって風となる。陰気を吹きちらしてしまえば、そこで止む(68)。

風とは気の回転運動であるとみなす点において、この説は旋風や台風を想起させる。また、漳州や泉州における経験の説明とも、かならずしも矛盾しない。そのイメージは、天の気の回転運動に結びついている。

風はまさしく天に似て、たえず回転している。いまここには風がない。あのあたりでぐるぐる回っているか、それとも上のほうでぐるぐる回っているかだろうが、そこまではわからん。たとえば、夏には南風が多く、冬には北風が多いのは、このことでもわかる(69)。

上空にはたえずつよい風が吹いているという道家の万里剛風説も、それにかかわる。朱子の説は、ここでも一貫してやまぬ。

張横渠の説にもとづきながら、朱子が自説を展開してゆくとき、その原理となっているのは、軽くて速い稀薄な陽気と重くて遅い濃密な陰気との相互作用である。両者の上下・内外といった位置関係、発散と凝集、上昇と下降、衝突と圧迫、回転と摩擦といった運動の様態におけるちがいが、さまざまに異なった気象現象を生みだす、とかれは考える。そのばあい、陽気はつねに気体として作用するのにたいし、陰気は液体ないし固体に近い性質をしめすものとして捉えられている。そこに、たとえば、せいろのイメージが、思考のモデルとして生きてくるのだ。朱子にこの生きいきとした流体動力学的な把握があればこそ、気象現象にかんする伝統的な観念をのりこえて、それに具体的な内容をあたえることができたのだった。

ところが、横渠が陰陽の「和」と「不和」を説くにいたって、朱子のことばには突然、異質の要素が入りこんでくる。

霜・露・霧

横渠の説にふれて、いう。

「和シテ散ズレバ、則チ霜雪・雨露ト為リ、和セズシテ散ズレバ、則チ戾気・曀霾ト為ル」。戾気とは飛雹の類、曀霾とは黄霧の類。みな陰陽の邪悪・不正の気で、だから雹の水はよごれていたり、青黒い色だったりする。(70)

もっと詳しい説明は、つぎの問答にあたえられている。

(沈僩が)たずねた、「程伊川は「露(霜の誤り)は金の気」といっていますが。」

（先生は）いわれた、「露にはおのずと清粛の感じがあるということだ。古語に「露結ビテ霜ト為ル」という。いま観察すると、まさにそのとおりだ。伊川はそうでないというが、どうしてかな。たぶん、露は霜の気とちがい、露は物を養えるが、霜は物を殺せるからだ。また雪と霜にもちがいがある。霜なら物を殺すが、雪は物を殺せない。雨は露ともちがう。雨気は昏く、露気は清んでいる。気が蒸れて雨となるのは、せいろに蓋をすれば、その気が蒸れて、たらたらとしずくが落ちるみたいなもの。気が蒸れて霧となるのは、せいろに蓋をしなければ、その気が発散して収斂しないみたいなもの。霧は露ともすこしちがいがある。露気は粛《すがすが》しくて、霧気は昏い。」(71)

たとえば露と霜は、成因に関連性があっても、その気の働きはことなる。そのばあい、働きはここではっきりと「物を生む」観点から捉えられている。いいかえれば、人間の生産活動その他の社会的活動との関連において捉えられている。そこには、陰陽の気の調和と人間の社会生活の調和とのあいだには密接なつながりがある、という思想が前提されている。邪悪・不正といった価値概念が、かくて導入されてくる。気象学と人間学のかかわりが、ここにひとつ示されているといえよう。「和」という価値をふくむ概念が、朱子の思考のなかからそれをひきだしてきたのである。なお、清・昏はいわゆる感覚的性質であって、その意味では、軽重・剛柔などとおなじだけれども、知覚がよびおこす感情をややふくんだ表現であろう。粛ないし清粛になれば、いっそうはっきりする。当然、それは価値的観点をふくむ。しかし、存在がそれ自体で価値をもつとみなす立場をとり、体用の論理を適用すれば、感覚的性質といわば「感情的」性質とのあいだは連続的であり、後者も対象そのもののもつ「気象」である、と把握されるはずである。

とはいえ、霜や露や霧にたいして、朱子が成因の気象学的説明をあたえなかったわけでは決してない。

霜は露が凝結したものにほかならぬし、雪は雨が凝結したものにほかならぬ。「露は星月の気である」と古人はいうが、そうではない。現に高山の頂上では、晴れていても露がない。露はただ下から上へ蒸れるのだ。ひとの話では、極西の高山のうえにも、雨や雪がないそうだ。(72)

高い山には、どうして霜や露がないのか。

「高山には霜や露はないが、雪がある。わたしはかつて雲谷に登り、朝早く叢のなかを通りぬけたが、露がちっとも衣服をぬらさない。ただ下のほうの煙霞が茫漠としてまるで大海原だし、山々はわずかに峰のいただきをのぞかせ、煙雲がそれをとりまいて行き来し、山が動いてゆくみたいで、天下の奇観だった。」

あるひとがたずねた、「高山には霜や露がない。その理はどうなんでしょう。」

(先生は)いわれた、「上のほうは気がしだいに清になるにつれ、風がしだいに引き緊る。すこしぐらい霧気があっても、みな吹き散らしてしまうから、凝結しない。もし雪なら、ただ雨が寒にあって凝結するのだから、高くて寒いところはまず雪ができる。高いところに万里の剛風がある、という説が道家にあるのは、そこでは気が清で引き緊っているのだ。低いところなら気が濁だから、ゆるんでいる。[73]」

霧については、なおつぎのようにもいう。

天の気が降っても、地の気がふれなければ霧となり、地の気が昇っても、天の気がふれなければ雺となる。[74]

陰陽の気が接触しないためにおこる現象だというのである。

雹・雪

その緻密な観察によって光っているのは、雹である。まず、引用しよう。

いま雹の両端はみな尖っていて、稜線がある。はじめは円かったのが、上のほうで陰陽が争い、そんなふうに打ち砕いてしまったのではあるまいか。雹の字が雨と包からできているのは、この気が包んでいるということで、だから雹というのだ。[75]

雹は球形というよりもむしろ底面が円味をおびた円錐形で、頂点から何本か稜線が放射状に走っている。そう指摘したのは、レイノルズ(O. Reynolds, 1876)であった。[76] すでに七百年まえ、朱子がそれに気づき、成因を考えていたわけだ。

雹の観察とならんで注目すべきは、雪の結晶にかんする独創的な見解であろう。

雪の花がかならず六弁であるわけは、霰がおちるそのときに強い風に打ち開かれるから、六弁になるのであろう。たとえばひとが、ひとかたまりの泥を地面に投げつけると、泥はかならずまわりへ散って稜や弁をつくる。また六は陰の数であり、太陰玄精石(塩類の結晶)も六稜だ。天地自然の数なのであろう。[77]

比喩はしばしば、未知の現象にきりこんでゆくための思考のモデルとして働く。観察できるし、実験もやれる泥団子の現象をモデルにしたこの説は、雪の結晶の成因を解明しようとする最初の試みであった。雹と雪の科学は、実に朱子からはじまったのである。思弁哲学者としてのみ知られているから、あえて強調しておくなら、かれは自然現象のすばらしい観察者だったのだ。

のみならず、かれは物質に本来的にそなわる数的構造、かれの表現によれば「天地自然之数」についても、考察をめぐらせる。

(林夔孫が)たずねた、「理と数とは。」

(先生は)いわれた、「この理があれば、この気があり、この気があれば、この数がある。数こそが境域を分かつところだからだ。」

また(先生は)いわれた、「「天一、地二、天三、地四、天五、地六、天七、地八、天九、地十」[78]というのは、おのずとそうなのであって、逃れるわけにゆかぬ。たとえば水の数は六で、雪の花が六弁なのは、数を適当に配置したものではないのだ。」[79]

理とはパターンである。パターンがあるというのは、気があるということを意味する。パターンをもたない気は存在しない。そのばあい、パターンはかならず境域をもつ。いくつかの境域に仕切られることによって、はじめてパターンが成り立つ。すぐつづけて朱子がひきあいにだしている亀の甲の例でいえば、六角形に仕切られた境域が、「中央に五箇あり、両側に八箇あり、その後に二十四箇あるのも、おのずとそうなのであ[80]」って、これらの六角形の組み合せが全体のパターンを形づくっている。その境域を分かつところが数なのだ、とかれはいう。いいかえれば、パターンがあるところには、かならず数があるのだ。しかも、そのパターンがおのずからなるものとしてあるかぎり、数もまたおのずからなるものとして万物にそなわっている。気が数だ、といってもいい。

（黄義剛が）たずねた、「理と数とは、その本源がただひとつだ、というのは。」

（先生は）いわれた、「気が数なのだ。この理があれば、この気があり、この気があれば、この数がある。あらゆる物がみなそうだ。たとえば、水の数は六で、雪の花も六弁だ。これも作ろうとしてできたのでなく、それはおのずとそうなのだ[81]。」

数はパターンの特性である。これが数的主知主義と認識論的切断とを成立させる存在論的根拠なのである。朱子は六を水の数と関連づけたが、今日では、六角形は物質のとるもっとも安定的な構造のひとつであるのがわかっている。

なお、雪の造化に参与する働きを、かれはこうみる。十月の雷鳴はおそらく陽の気を発動させる。大雪が豊年の兆となるわけは、雪が年を豊かにするのでなく、陽の気を地に凝結させ、あくる年に発達し、万物を生長させるからであろう[82]。

虹の光学的な説明も、忘れてはなるまい。かつて朱子は『詩集伝』において、国風の「蝃蝀《ていとう》」にみえる句「蝃蝀在東」に、こう注した。

「蝃蝀」とは虹である。太陽が雨と交わり、たちまちにして質を成し、まるで血気の類がいるみたいで、これこそ陰陽の気が交わるべきでないのに交わったものである。天地の淫気であろう。「東ニ在リ」とは暮れの虹である。虹は太陽の照らすところにしたがうから、朝は西で暮れは東である。[83]

虹には雨を降りやませる力がある、という俗信があったらしい。おなじく「崇朝其雨」に注していう。

「崇」とは終である。明けがたから食事のときまでを終朝という。ちょうど雨が降っているときに虹があらわれて、その雨は終朝でやんだ、というのである。淫慝《いんとく》の気が陰陽の調和をそこなうからであろう。いま俗間で「虹は雨を降りやませることができる」というのは、まことにそのとおりである。[84]

ここでは朱子はまだ、伝統的な観念ないし俗信を、ほとんどそのまま受け入れている。だが、晩年にはそれを否定し、虹と雨がやむ現象との関係を、つぎのように把握した。

虹は雨を降りやませるわけではなくて、雨気は虹の段階になると薄くなってしまい、太陽の光が雨気を射散らしもする。[85]

虹そのものについては、

たとえば、蝃蝀はもともと霧雨《きりさめ》が太陽に照らされて影像ができたものにすぎぬ。(86)

とみる。おそらく、反射現象を考えていたのであろう。『夢渓筆談』のなかには、沈括が契丹に使したとき、黒水のほとり永安山の麓でみた虹の記事がある。夕方、雨がはれて谷間に虹が立った。かれは供の者に谷を渡らせ、対岸に立たせてみた。その間数丈をへだてて、虹はまるでヴェールのように垂れている。谷の西から東を望むと虹は見えるが、谷の東に立って西を望むとまったく見えない。そう体験を語ったのち、かれは北宋の張彦先のことばを注記する。(87)

虹こそ雨のなかの太陽の影である。太陽が雨を照らすと、虹ができる。

朱子の晩年の説がこの記事に由来するのは、おそらく疑いをいれない。

(3) 潮汐論

独自の説はないけれども、当時の科学理論にたいする朱子の理解をしめすものとして、潮汐についての議論をとりあげておこう。

朱子はいう。

潮の遅速・大小にはちゃんと恒常性がある。むかし明州の人が、月が子午の方位にくると潮は満ちてくる、といっていたが、ちゃんとその理がある。沈存中の『筆談』の説もそうだ。(88)

朱子が強調するのは潮汐現象の恒常性あるいは規則性であり、また月との関係である。別にいう。

陸子静(陸象山、一一三九―一一九二)の考えでは、潮は子午にある月が満ちさせる。沈存中の

『続筆談』の説もそうだ。月が地の子午の方位にあり、月初めの一日なら卯の刻、十五日なら酉の刻ということだ(89)。

月が子午線上にくると潮が満ちはじめ、六時間ほどたって満潮になる。

いったい、月と潮汐との関係をはじめて明確に指摘したのは、後漢の王充である。『論衡』書虚篇にいう。

濤がおこるばあい、月にしたがって盛衰し、小大・満損はおなじでない(90)。

その「小大・満損」と月の相ないし位置との関係を明らかにするのが、それ以後の潮汐論のさしあたっての課題であった。唐の盧肇(八五三年ごろ)の「海潮賦序」によれば、「近代ノ潮ヲ言ウ者」はいずれも、潮が晦にはなくなり、朔をすぎるとおこり、弦のときにはやや満ちてきて、望になれば大きくなるのを証拠に、「月ニ牽カレテ、高下之ニ随ウ」と考え、「遂ニ「濤志」ヲ為《ツク》リ、其ノ朝夕ヲ定メ、以ッテ万古ノ式ト為《ナ》」していた(91)。このころまでには、潮汐の大小と月の相との関係は十分に認識され、それにもとづいて「濤志」、すなわち、各地の干満の時刻や水位の高低を誌した潮汐表がつくられていたのである。

盧肇は潮汐の成因を太陽に求める新しい説を提唱した。潮が生じるのは太陽のためであり、その満ち干きは月に繫っている(92)。「渾天ノ法」によれば、「地ハ水ニ浮ビ、天ハ水外ニ在」って、太陽が海に出入するとき、水を激して、潮を生ずるのだ(93)、と。潮汐現象と太陽との関係に着目した点は評価できるとしても、その具体的な説明は、渾天説の立場からみても潮汐論としてみても、やはり大きな後退であった。沈括の説は、盧肇にたいする反論である。

盧肇は海潮を論じて、「日ノ出没ノ激シテ成ル所」と考えたが、これはまるで理にあわない。もし太陽の出没によるのであれば、毎日一定しているはずであり、どうしてまた早い晩いがありえよう。わたしはかねてその進みかたの分節を考察していたが、いつも月が子午の方位にさしかかるとき、潮が生ずる。観測すると、決してくいちがわない。〔これは海で観測して、潮が生ずる時刻をもとめたのである。海から遠く距っているばあいは、地理にもとづいて時刻を増添しなければならない。〕月がちょうど午の方位にあって生ずるのが潮だとすれば、ちょうど子の方位にあって生ずるのが汐だし、ちょうど子の方位にあって生ずるのが潮だとすれば、ちょうど午の方位にあって生ずるのが汐である。(94)

朝のしおを潮、夕のしおを汐という。沈括のこの文章は、海岸での現象だけでなく、大陸における潮汐のおくれを指摘している点でも、きわめて重要である。それはともあれ、潮汐と月の位置との関係が当時の知識人にはほとんど常識となっていたであろうことは、朱子が陸象山のことばにふれているところからもうかがえる。

宋代において、潮汐現象の認識を大きく一歩すすめたのは、北宋の余靖(余襄公、一〇〇〇—一〇六四)であった。官は工部尚書にまで上ったひとである。朱子はいう。

潮汐の説は余襄公の述べているのがいちばん詳しい。だいたいこの世界は、東西を緯とし、南北を経とするから、子午卯酉を四方の基準の方位として、潮の進退は月がこの方位にくるときを分節とするのである。気の消長という観点からいえば、子は陰の極点であって陽の始点、午は陽の極点であって陰の始点、卯は陽の中点であり、酉は陰の中点である。(95)

朱子はここで、陰陽論をもふくめて、余靖の説をかれなりに要約している。余靖はいう。

潮の漲退は海水が増減するのではない。月のさしかかる場所は、水がそれにしたがって行くからである。太陽と月は右転して天は左転し、一日に一周して、西の極点にさしかかるから、月が卯酉にさしかかると、水は東西に漲り、月が子午にさしかかると、潮は南北に平らになる。あちらはなくなり、こちらは満ちて、たえまなく往来するのは、みな月に繫っている。なにによってそのそうであるのが分かるか。

いったい昼夜の運行は、太陽は東へ一度行き、月は十三度余り行くから、太陰が西に没する時刻は、つねに太陽より三刻あまりおそくなる。潮が毎日、その時刻がおそくなる割合いもそうであり、朔から望まではつねに一夜潮おそくなり、望から晦まではまた一昼潮おそくなる。朔と望の前後には、月の運行はくいちがいがすみやかだから、晦の三日前に潮の勢が増し、朔の三日後に潮の勢が大きくなる。望もそうである。月が弦のときは、その運行はくいちがいがおそいから、潮の行き来もどこまでも重なり合う。干満・消長が月と同じなのは、陰陽の分かれるゆえんである。

いったい、春夏は昼潮がつねに大きく、秋冬は夜潮がつねに大きい。春は陽の中点であり、秋は陰の中点であって、一年に春秋があるのは、一月に朔望があるようなものだからである。

だから、潮がもっとも漲るときは、つねに春秋の中点にあり、潮がもっとも大きくなるときは、つねに朔望の後にある。これも天地の恒常的な数なのである。[96]

この余靖の説の背後に、潮汐の正確な観測の積み重ねがあったのはいうまでもない。たとえば、北宋の燕粛の手になるのではないかといわれる「海潮論」は、太陽の影響をも考慮しつつ、月や太陽の位置との相関関係において潮汐現象を論じている。[97] そうした宋代の潮汐研究の成果は、余靖の文章をとおしてひろく知られたのである。その研究の高い水準に、朱子が異をとなえたり、あるいは、新しい解釈を加えたりする余地はおそらくなかった。かくて、

潮は、月が子午の方位にくるときに、海水が一日に二度やってくるものである。朝のを潮といい、夕のを汐という。[98]

最晩年の著作『楚辞集註』において、朱子は沈括の説明を踏襲しつつ、こう簡潔にしるすにとどめたのである。

3　合理論の陥穽

一組みの概念と思考の枠組みとによってあらゆる現象を説明しつくし、おのれの理論のなかにあらゆる対象を包括しつくそうとした朱子は、ことばのほんらいの意味で、透徹した合理論者であった。中国における合理論の精神の発現は、朱子の気の理論においてきわまる。日常的な経験も、観

察された事実も、観測された現象も旅行者の報告も、あるいは、先人の学説や記載も俗間の伝承や信仰も、どれひとつとして、かれの関心の対象でないものはなく、かれの理論のなかに位置をしめないものはない。いまや天地万物、森羅万象が、目にみえない気の世界からたち現われ、そのなかにすがたを消してゆく。それを限るもの、それを障るものは、なにもない。だが、まさにそれゆえに、あまりにも徹底した合理論者であったがゆえに、わたしたちにはかれがかえって「非合理的」にみえてくるのだ。

気象学の分野にかぎれば、といっても、そのなかには人間学の核心にかかわる問題がふくまれているのだが、その五つの例を提出することができる。

「候気」の説――『続漢書』律暦志に候気の法とよばれるものがみえる。密封した室内に十二の律管を埋め、管の上端を水平にならし、その中に灰を満たしておく。律管とは打楽器の一種であって、管の長さによって音程がきまる。気が地中から昇ってきてある管の下端に達すると、管のなかの灰が吹飛んでしまう。気がどの深さにまで達するかは季節ごとにきまっているから、それをつかって季節の到来を測候できる、というのである。(99) 朱子はいう。

いま暦の専門家は律呂をつかって気を候《うかが》うが、その法はもっとも精密である。気の到来が寸分もくるわないのは、この気がすべて地中にあって上へ通りぬけてくるからだ。たとえば十一月冬至なら、黄鐘管は地面から九寸あり(黄鐘の長さは九寸である)、葦の灰をその中に満たしておくと、冬至の日に気が到来するが、灰がなくなるのはノーモンの時間とくいちがわぬ。(100)

このことばは、直接には、沈括の説によったのであろう。(101)沈括のような第一級の科学者が信じていた、というだけではない。朱子の理論によってみごとに説明されるのみならず、もし事実であるならば、その理論の妥当性を検証する有力な事実となるはずの現象なのである。すくなくとも朱子は、そう考えていたにちがいない。

「竜行雨」の説——竜は雲物であり、雨をふらせる、という考えが古くからあった。たとえば、『易』乾卦の「文言」に「雲ハ竜ニ従イ、風ハ虎ニ従ウ」とみえる。こんな問答がある。

（銭木之が）たずねた、「竜が雨を降らせるという説は。」

（先生は）いわれた、「竜は水に属する物だ。竜が現われて陽の気とたがいに蒸れるから、雨を降らせることができる。ただ、ふつうの雨は、ちゃんと陰陽の気が蒸れてできる。かならずしも竜のせいではないのだ。(102)」

わたしたちの眼には、「尋常雨」の説が「竜行雨」の説にぶつかって腰くだけになっている、朱子が俗信に、特殊なばあいとの限定つきで、妥協しているようにうつる。しかし、水は陰の気なのだから、かれの理論の枠組みにちゃんとおさまってしまっている。いいかえれば、「合理的」に説明できるのである。もし竜が実在するならば、これもかれの説の傍証となるだろう。

つけくわえておくならば、竜の実在性への信念は、竜巻現象などにささえられていたようにみえる。

先生がたずねられた、「四明に竜が現われたというが。」

滕璘が答えていった、「近年、鄞県の趙公万が天井山の竜井で雨乞いをしましたが、竜が現われたことがあったそうです。(中略)」

(先生は)いわれた、「王嘉叟がいうのには、竜が水から現われはじめるときには、まず蓮の花みたいなものがあって、それから水が湧きだし、異様な物が現われ、二つの眼光は銅盤みたいだそうだ。趙県尉がみたのとかなり一致するな。(103)」

略した部分は、ちょうど絵にかかれているそのままの記述、まさに絵そらごとだが、朱子の言及しているほうは、眼の話をのぞけば、竜巻の記述とみなせよう。

「蜥蜴吐雹」の説——蜥蜴が雹を吐くという俗信についても、朱子はおなじ態度をしめす。世間の人によれば雹は蜥蜴がつくるものだ、と程伊川はいう。はじめはそんな理はあるまいと思ったが、考えてみると、やはりある。ただ、みながみな蜥蜴がつくるものだというならば、それはいけない。ちゃんと上のほうで凝結するものもあるし、蜥蜴がつくるものもある。(104)

程伊川のことばというのは、こうである。

正叔(程伊川)がいった、「蜥蜴は水を含み、雨が降れば雹ができる。」

子厚(張横渠)がいった、「かならずしもそうではない。雹にはずいぶん大きいのがある。みなが蜥蜴のせいではあるまい。いま蜥蜴をつかって雨乞いをしても、骨折りぞんだ。そいつがどうして雨を降らせられよう。」

正叔がいった、「伯淳(程明道)が南方で官にあったとき、長官が茅山へ竜に請いにゆかせようとしたが、かれは辞退してこういった、「鬼神に祈請するばあい、信仰している者なら応験があるはずですが、あらかじめ信仰していなければ、すじがとおりません」と。茅山の巌につくと、勅使のひとが水中で竜を二匹つかまえて、もちかえったが、べつに異状はなかった。とうとう子供がおもちゃにして、殺してしまった。これは魚蝦の類だ。ただ形がすこしちがっていて、竜のかっこうみたいなのにすぎぬ。この虫は広南にもいる。」その形はおなじだが、ひとに喰いついて害をもたらす。茅山のみたいに害をおよぼさないのとはちがう。(105)

この会話は、宋の知識人たちの思考や行動の特徴をとらえて、あますところがない。この特徴は、ほとんどそのまま、朱子のでもある。ただ、それをどこまでも気の立場で説明しようとしたのである。さきのことばにつづけて、朱子は蜥蜴が雹を吐くのをみたひとの話を、二、三語っている。ひとつだけ引いておこう。

ここの王三哥の祖父の参議をしているのがいうには、かつて五台山に登ったが、山はたいへん高くて寒く、真夏に綿入れのかけぶとんをもっていった。(中略)夜中ごろひどく冷えて、綿入れのかけぶとんを数枚重ねても、まだあったまらぬ。山頂でみな蜥蜴の水を含んで吐きだしたのが雹になるからだ。しばらくすると風雨がはげしくなって、吐きだした雹がみんななくなった。あくる日下山すると、ひとの話では、昨夜は大雹だったという。きいてみると、みな寺でみたのとそっくりだ。(106)

そして、こう説明する。

蜥蜴の形状も竜みたいで、陰の属であり、この気が感応して蜥蜴にそうさせるのだ。これこそ陰陽が争うときであって、だから雹が降るときはきっと寒い(107)。雹の形を観察したことばは、実はこのすぐあとにつづくのである。もっとも、そういってるからといって、どこまで信じていたか、疑わしい。別の条では、やはり蜥蜴が雹をふらせる話にふれて、いう。

この理もどういうことかな。もし造化がこいつ(蜥蜴)をつかって雹をつくらせるのなら、造化もけちなものということになる(108)。

かりに信じているとしても、こんなことばをはかせる程度のことなのだ。とはいえ、わたしが強調したいのは、どこまで信じていたかよりもむしろ、それを気の理論で説明できる点にある。「虹霓吸水」と「雷斧」の説――虹が水を飲む話は、たとえば『漢書』などにもみえる。その起源はふるい。

薛士竜(薛季宣)の家に鬼が現われたというのが問題になったおりに、(先生は)いわれた、「世間の鬼神を信ずる連中は、みなこの世界に実際にいると考えているし、信じない連中は断然鬼はいないと考えている。けれども、一方でほんとに見たものがいる。そこで、鄭景望(鄭伯熊)は薛家のものが見たのをほんとうだと考えている。ところが、これは虹霓の類にすぎない。」

わたし(呉必大)がそこでたずねた、「虹霓は気にすぎないのですか、それとも形質があるのですか。」

（先生は）いわれた、「水を飲むことができるからには、やはり腹があるにちがいない。ただ、消えたとたんになくなる。たとえば雷部の神物もこの類だ。(109)」

これを気の理論によって、朱子はつぎのように説明する。

雷は気にほかならないけれども、気があれば形がある。たとえば蝃蝀は、もともと霧雨《きりさめ》が太陽に照らされて影像ができたものにすぎないが、それでも形があり、水を飲み酒を飲むことができる。(110)

やはり気の理論として筋はとおっている。問題は、虹が水を飲む事実の有無にのみ、かかわる。「雷部神物」とは、いわば雷族のばけものどもである。それに関連して「雷斧」の説がある。蔡季通がいうには、ひとが雷に撃たれたところでは、雷斧の類が手にはいるが、一気が撃ってはじめてできるのであり、それで物を打つのではない。ひとが拾った石斧をみると、いまの斧のかっこうで、細黄石に似ている。(111)

雷斧とは、要するに、石斧のことであったらしい。虹とちがって、どうしてあとに残るか。

あるひとがいうには、神物がある、と。

（先生は）いわれた、「気が集まればあるはずだ。しかしながら、過ぎたとたんに散る。たとえば雷斧の類も気が集まってできたものだが、ただ滓があるから散るわけにゆかない。(112)」

朱子が「非合理的」にみえてくる、とわたしは書いたが、それはこうしたことばに接したときである。ちなみに、雷斧の説はヨーロッパでも十九世紀まで、ひろく俗間で信じられていた。

朱子はこう語ったことがある。

（陳淳が）たずねた、「世俗のいわゆる物怪神姦の説は、どう判断されますか。」

（先生は）いわれた、「世俗のは、だいたい八分どおりでたらめだが、二分はやはりその理があ る。[113]」

まず、本音であろう。要するに、否定しきれなかった、二分どおりは信じていた、ということだ。かれがなぜ二分どおり信じたか、を問題にするつもりはわたしにない。それは当時の宗教的観念や宗教制度から、朱子の気質や家庭環境や体験にまでわたる問題であろう。わたしの関心は、かれがなぜ理論的にすっかり否定しきれなかったか、にある。

問題をこう限定すれば、それをとく鍵は、さきに引用したいくつかの朱子のことばに、すでにある。そこには、はじめはそんな理があるかと思ったが、考えてみるとやはりあるとか、あるはずだとか、そんな表現が散見する。理論的にその存在の承認をせまられた、といってしまえば強すぎよう。あたまから否定するひとなら、やはりそれなりの論拠で否定しきるだろう。たとえば程子は、鬼を見る話にかぎっていえば、それを「目病」ないし「心病」と、一言でかたづけた。[114] 朱子からは、ついにそのことばを聞けない。あらかじめ朱子に、たとえ二分どおりであろうと、信じる気持があった、あるいはすくなくとも、あるかもしれないぞという疑念があった、とみなければならぬ。そして、その疑念にたって存在の可能性を理論的に検討してみると、あるはずだという結論になる。そういう仕組みに、朱子の気の理論は、なっていた。

眼にみえない連続的な流体である、物質＝エネルギーとしての気は、それ自体すでに無限定な概念であった。それは存在のいかなる様態をも、規定することをゆるす。のみならず、気の作用の原理、気象学でいえば主として感応だが、それもまたきわめて無限定的な論理であった。それは存在のいかなる様態にも働きうる原理なのである。かくてあらゆる現象が気の理論、その概念と思考の枠組みのなかにすっぽり包みこまれ、それによって説明可能となる。そこに、朱子の透徹した、透徹しすぎて開けっぴろげになった、無限定の合理論が成立する。そこでは経験にたいして理性が圧倒的な優位をしめる。ことがらはつねに経験の名において語られるとしても、その経験そのものがあらかじめ理性に包みこまれている。経験は理性が許容しうるかぎりにおいて経験であり、ことがらは理性が許容しうるかぎりにおいて「事実」である。経験したことがらが「事実」であるかどうかを決めるのは、経験ではなくて理性なのだ。わたしたちには、それが逆に「非合理的」にみえてくる。

近代科学の哲学的立場は、たんなる合理論でもなければ、たんなる経験論ないし実在論でもない。合理論というならば、不徹底な合理論である。それは事実のまえに立ち止まる合理論、事実によってみずからをきびしく限定する合理論である。近代科学は、一組みの概念と思考の枠組みによって森羅万象を説明することをあらかじめ断念する。おいそれとは理論に還元できない事実の存在をまず承認する。事実は、理性によっては簡単に把握しきれないなにものか、ただねばり強い格闘をとおしてのみ、すこしずつ理論のなかに組みいれてゆけるなにものか、となる。それはあくまで事実に第一次的な価値をおく。いまや理論は、たった一つの矛盾する事実によって、あっさり否定されるはずのものなのである。同時に、経験された事実は、理論の枠組みに捕捉されることによって、はじめて実在となる。いいかえれば、事実を捕捉することによって、理性が実在性を獲得するのである。近代科学は経験論と合理論のこの対立と相互滲透のなかにおいてのみ成り立つ。

天地万物、森羅万象を一組みの概念と思考の枠組みによって、理論的ないし理性的に説明できるとする確信にささえられている朱子の自然学は、いかに逆説的にきこえようとも、事実よりも理論ないし理性に価値をおく、ことばのほんらいの意味における合理論である。しかも、その理論は無限定に開かれた仕組みをもつ。かれの合理論そのもののもつ陥穽が、「竜行雨」といった「非合理的」な現象の存在可能性を、承認させるのである。

朱子がなぜ信じたかを問わぬ、とわたしはことわったが、一言だけつけくわえておく。ひとつには、祖先崇拝という儒教の中心的な礼がそれにかかわっているということだ。それは鬼神の存在と感応の原理を前提する。朱子によれば、鬼神も気にすぎぬ。かくて、かれの気の理論のうちに包括される。とはいえ、そこでかれの気の自然学と理の人間学の解きがたい撞着が、一挙に顕在化するのである。

（1） 太平御覧、巻十四引。
（2） 文集、巻七十六。傅伯拱字序。
（3） 無一物不有陰陽乾坤。至於至微至細、草木禽獣、亦有牡牝陰陽。（語類、巻六十五。劉砥録）

（4）陰陽只是一氣。陽之退、便是陰之生、不是陽退了、又別有箇陰生。（語類、卷六十五。陳淳録）
（5）太極図説。
（6）陰陽、做一箇看亦得、做兩箇看亦得。做兩箇看、是分陰分陽、兩儀立焉。做一箇看、只是一箇消長。（語類、卷六十五。陳文蔚録）
（7）大抵陰陽只是一氣。陰氣流行卽爲陽、陽氣凝聚卽爲陰。非直有二物相對也。（文集、卷五十。答楊元範書）
（8）都是陰陽、無物不是陰陽。（語類、卷六十五。陳淳録）
（9）一物上又自各有陰陽。如人之男女、陰陽也。逐人身上、又各有這血氣、血陰而氣陽也。如晝夜之間、晝陽而夜陰也、而晝陽自午後又屬陰、夜陰自子後又是陽、便是陰陽各生陰陽之象。（語類、卷六十五。林学履録）
（10）天地統是一箇大陰陽。一年又有一年之陰陽、一月又有一月之陰陽。一日一時皆然。（語類、卷一。程端蒙録）
なお、このことばは程伊川にもとづく。

一日言之、便自有一日陰陽、一時言之、便自有一時陰陽、一歳言之、便自有一歳陰陽、一紀言之、便自有一紀陰陽。（河南程氏遺書、卷十九、伊川先生語五）
（11）天地間道理、有局定底、有流行底。（語類、卷六十五。燾淵録）
（12）陰陽、有箇流行底、有箇定位底。一動一靜、互爲其根、便是流行底、寒暑往來是也。分陰分陽、兩儀立焉、便是定位底、天地上下四方是也。易有兩義。一是變易、便是流行底、一是交易、便是對待底。魂魄、以二氣言、陽是魂、陰是魄、以一氣言、則伸爲魂、屈爲魄。（語類、卷六十五。黄義剛録）
（13）陰陽、有相對而言者、如東陽西陰、南陽北陰是也。有錯綜而言者、如晝夜寒暑、一箇横一箇直是也。伊川言易變易也、只說得相對底陰陽流轉而已、不說錯綜底陰陽交互之理。言易須兼此二意。（語類、卷六十

五。程端蒙録)

(14) 陰陽、有相對言者、如夫婦男女、東西南北是也。有錯綜言者、如晝夜、春夏秋冬、弦望晦朔、一箇間一箇輥去是也。(語類、卷六十五。程端蒙録)

(15) 陰陽、論推行底、只是一箇、對峙底、則是兩箇。如日月水火之類是兩箇。(語類、卷六十五。李方子録)

(16) 體在天地後、用起天地先。對待底是體、流行底是用。體靜而用動。(語類、卷六十五。程端蒙録)

(17) 天地間無兩立之理。非陰勝陽、卽陽勝陰。無物不然、無時不然。(語類、卷六十五。楊道夫録)

(18) 横渠言陰聚之陽必散之一段、却見得陰陽之情。(語類、卷九十九。黄㽦録)

(19) 陰性凝聚、陽性發散。陰聚之、陽必散之、其勢均散。(正蒙、参両篇)

(20) 器之問、程子說感通之理。曰。如晝而夜、夜而復晝、循環不窮。所謂一動一靜、互爲其根、皆是感通之理。(語類、卷七十二。錢木之録)

(21) 凡在天地間、無非感應之理。造化與人事、皆是。(語類、卷七十二。徐寓録)

(22) 問、程子說感應、在學者日用言之、則如何。曰、只因這一件事、又生出一件事、便是感與應。因第二件事、又生出第三件事、第二件事、又是感、第三件事、又是應。(語類、卷七十二。陳淳録)

(23) 林一之問、凡有動皆爲感、感則必有應。曰、如風來是感、樹動便是應。樹拽又是感、下面物動又是應。如晝極、必感得夜來、夜極、又便感得晝來。(語類、卷七十二。陳淳録)

(24) 春秋冬夏、只是一箇感應、所應復爲感、所感復爲應也。春夏是一箇大感、秋冬則必應之、而秋冬又爲春夏之感。以細言之、則春爲夏之感、夏則應春而又爲秋之感。秋爲冬之感、冬則應秋而又爲春之感。所以不窮也。(語類、卷七十二。周謨録)

また別に、

春爲感、夏爲應、秋爲感、冬爲應。若統論、春夏爲感、秋冬爲應、明歳春夏又爲感。(語類、卷一。鄭可

学録）

（25） 易字義、只是陰陽。（語類、卷六十五。李閎祖録）

（26） 龜山過黄亭詹季魯家。季魯問易。龜山取一張紙、畫箇圈子、用墨塗其半、云這便是易。此說極好。易只是一陰一陽、做出許多般樣。（語類、卷六十五。㬊淵録）

（27） 大抵發生都則是一箇陽氣、只是有消長。陽長一分、下面陰生一分、又不是討箇陰來、卽是陽消處便是陰、故陽來謂之復。（語類、卷六十五。林夔孫録）

（28） 諸公且試看天地之間、別有甚事、只是陰與陽兩箇字。看是甚麼物事、都離不得。只就身上體看。纔開眼、不是陰、便是陽。密拶拶在這裏、都不着得別物事。不是仁、便是義、不是剛、便是柔。只自家要做向前便是陽、纔收退、便是陰意思。纔動、便是陽、纔靜、便是陰、未消別看。只是一動一靜、便是陰陽。伏羲只因此畫卦以示人。若只就一陰一陽、又不足以該衆理。於是錯綜爲六十四卦、三百八十四爻。初只是許多卦爻、後來聖人、又繫許多辭在下。如他書、則元有這事、方說出這箇道理。易則未曾有此事、先假託都說在這裏。如書、便有箇堯舜、有箇禹湯文武周公、出來做許多事、便說許多事。今易則元未曾有、聖人預先說出、待人占考。大事小事、無一能外於此。（語類、卷六十五。葉賀孫録）

（29） 陽氣只是六層、只管上去、上盡後下面空缺處便是陰。（語類、卷六十五。李方子録）

（30） 天地間只有六層陽氣、到地面上時、地下便冷了。只是這六位陽、長到那第六位時、極了無去處、上面只是漸次消了。上面消了些箇時、下面便生了些箇、那便是陰。（語類、卷六十五。蕭佐録、㬊淵録同）

（31） 天地間只是一箇氣。自今年冬至、到明年冬至、是他地氣周匝。把來折做兩截時、前面底便是陽、後面底便是陰。又折做四截也如此、便是四時。（語類、卷六十五。蕭佐録）

（32） 夫謂溫厚之氣、盛於東南、嚴凝之氣、盛於西北者、禮家之說也。謂陽生於子、於卦爲復、陰生於午、於卦爲姤者、曆家之說也。（文集、卷三十八。答遠機仲書）

（33） 論語、衛霊公。

（34） 論十二卦、則陽始於子、而終於巳、陰始於午、而終於亥。論四時之氣、則陽始於寅、而終於未、陰始於申、而終於丑。此二說者、雖若小差、而所爭不過二位。蓋子位、一陽雖生、而未出乎地。至寅位泰卦、則三陽之生、方出地上、而溫厚之氣、從此始焉。巳位乾卦、六陽雖極、而溫厚之氣未終。故午位、一陰雖生、而未害於陽。必至未位遯卦而後、溫厚之氣始盡也。其午位、陰已生、而嚴凝之氣、及申方始。亥位、六陰雖極、而嚴凝之氣、至丑方盡。義亦放此。蓋地中之氣難見、而地上之氣易識、故周人以建子爲正、雖得天統、而孔子之論爲邦、乃以夏時爲正。蓋取其陰陽始終之著明也。按圖以推其說可見。（文集、巻三十八。答袁機仲別幅書）

（35） 自觀至剝、三十日剝方盡、自剝至坤、三十日方成坤。三十日陽漸長至冬至、方是一陽、第二陽方從此生。陰剝每日剝三十分之一、一月方剝得盡。陽長每日長三十分之一、一月方長得成一陽。陰剝時一日十二刻、亦每刻中漸漸剝全、一日方剝得三十分之一。陽長之漸亦如此。（語類、巻七十一。徐寓録）

同巻の復卦の条に、おなじようなことばが数多くみえる。

（36） 用之云、地形如肺。形質雖硬、而中本虛、故陽氣升降乎其中、無所障礙、雖金石也透過去。地便承受得這氣、發育萬物。曰、然。要之、天形如一箇鼓鞴。天便是那鼓鞴外面皮殼子。中間包得許多氣、開闔消長、所以說乾一而實。地只是一箇物事、中間盡是這氣升降來往。緣中間虛、故容得這氣升降來往。以其包得地、所以說其質之大。以其容得天之氣、所以說其量之廣。非是說地之形有盡、故以量言也。只是說地盡容得天之氣、所以說其量之廣耳。（語類、巻七十四。沈僩録）

（37） 易、予卦、象伝。

（38） 又問、雷出地奮豫之後、六陽一半在地下、是天與地平分否。曰、若謂平分、則天却包着地在、此不必論。（語類、巻六十五。黄㽦録）

（39） 又云、看來天地中間、此氣升降、上下當分爲六層。十一月冬至、自下面第一層生起、直到第六層上、極至天、是爲四月。陽氣既生足、便消、下面陰氣便生。只是這一氣升降、循環不已、往來乎六層之中也。

問、月令中、天氣下降、地氣上騰、此又似天地各有氣相交合。曰、只是這一氣。只是陽極則消而陰生、陰極則消而陽生。天氣下降、便只是冬至、復卦之時、陽氣在下面生起、故云天氣下降。或曰。據此、則却是陰消於上、而陽生於下、却見不得天氣下降。曰、也須是天運一轉、則陽氣在下、故從下生也。今以天運言之、則一日自轉一匝。然又有那大轉底時候。須是大著心腸看、始得。不可拘一不通也。蓋天本是箇大底物事、以偏滯求他不得。（語類、巻七十四。沈僴録）

(40) 想得春夏間天轉稍慢、故氣候緩散昏昏然、而南方爲尤甚。至秋冬則天轉益急、故氣候清明、宇宙澄曠。所以説天高氣清、以其轉急而氣緊也。（語類、巻二。沈僴録）

(41) 西北地至高。（語類、巻一。黄義剛録）

(42) 文昌雑録記、于闐遣使來貢獻、使者自言其國之西千三百餘里、即崑崙山。今中國在崑崙之東南、而天竺諸國在其正南。（語類、巻八十六。沈僴録）

(43) 大抵地之形如饅頭。其撚尖處則崑崙也。（語類、巻八十六。沈僴録）

(44) 如極東處、日午以前須短、日午以後須長。極西處、日午以前須長、日午以後須短。（語類、巻八十六。黄榦録）

(45) 北方地形尖斜、日長而夜短。（語類、巻八十六。万人傑録）

(46) 問、多風多陰之説。曰、今近東之地自是多風。如海邊諸郡風極多、每如期而至。如春必東風、夏必南風、不如此間之無定。蓋土地曠闊、無高山之限、故風各以方至。某舊在漳泉驗之。早間則風已生、到午而盛、午後則風力漸微、至晚則更無一點風色、未嘗不差。蓋風隨陽氣生。日方升則陽氣生、至午則陽氣盛、午後則陽氣微、故風亦隨而盛衰。如西北邊多陰、非特山高障蔽之故、自是陽氣到彼處衰謝。蓋日到彼方午、則彼已甚晚、不久則落、故西邊不甚見日。古語云、蜀之日、越之雪、言見日少也。所以蜀有漏天。古語云、巫峽多漏天、老杜云、鼓角漏天東、言其地常雨、如天漏然。以此觀之、天地亦不甚闊。以日月所照及寒暑風陰觀之、可以驗矣。（語類、巻八十六。沈僴録）

(47) 如那有雪處、直是四五月後雪不融、這便是所謂景朝多風處。便是日到那裏時、過午時陽氣不甚厚、所以如此。所謂漏天處皆在那裏。恁地便是天也不甚闊。只那裏已如此了、這是西南尙如此。若西北、想見寒過那秦鳳之間。想見寒如峨眉山。趙子直嘗登上面煮粥、更不熟、有箇核子。時有李某者、凍得悶絶了。(語類、卷一百三十八。黄義剛録)
(48) 太平御覽、卷八引。
(49) 太平御覽、卷九引。
(50) 太平御覽、卷十五引。
(51) 太平御覽、卷十引。
(52) 太平御覽、卷十二、および、卷十四引。
(53) 太平御覽、卷十二引。
(54) 太平御覽、卷十三引。
(55) 太平御覽、卷十四引。
(56) 太平御覽、卷十二引。
(57) 横渠正蒙論風雷雲雨之說、最分曉。(語類、卷二。銭木之録)
(58) 横渠云陽爲陰累、則相持爲雨而降。陽氣正升、忽遇陰氣、則相持而下爲雨。蓋陽氣輕、陰氣重、故陽氣爲陰氣壓墜而下也。(語類、卷九十九。沈僩録)
(59) 凡雨者、皆是陰氣盛、凝結得密方濕潤下降爲雨。且如飯甑蓋得密了、氣欝不通、四畔方有溫汗。(語類、卷七十。林学履録)
(60) 陰爲陽得、則飄揚爲雲而升。陰氣正升、忽遇陽氣、則助之飛騰而上爲雲也。(語類、卷九十九。沈僩録)
(61) 密雲不雨、尙往也、是陰包他不住、陽氣更散、做雨不成、所以尙往也。(語類、卷七十。劉礪録)

(62) 陰氣凝聚、陽在內者不得出、則奮擊而爲雷霆。陽氣伏於陰氣之內不得出、故爆開而爲雷也。（語類、巻九十九。沈僩録）
(63) 雷如今之爆杖、蓋欝積之極而迸散者也。（語類、巻二。李方子録）
(64) 電者陰陽相軋、雷者陰陽相擊也。（河南程氏遺書、第二下、二先生語二下）
(65) 問、雷電。程子曰、只是氣相摩軋、是否。曰、然。（語類、巻二。黄㽦録）
(66) 語類、巻九十九。楊至録。
(67) 陰陽之氣、閉結之極、忽然迸散出做這雷雨。（語類、巻七十二。夒淵録）
また別に、雷擊所在、只一氣滚來。間有見而不爲害、只緣氣未掤裂。（語類、巻一百二十五。葉賀孫録）
ともいう。
(68) 陽在外者不得入、則周旋不舍而爲風。陰氣凝結於內、陽氣欲入不得、故旋繞其外不已而爲風。至吹散陰氣盡乃已也。（語類、巻九十九。沈僩録）
(69) 風只如天相似不住旋轉。今此處無風、蓋或旋在那邊、或旋在上面、都不可知。夏多南風、冬多北風、此亦可見。（語類、巻二。輔広録）
(70) 和而散、則爲霜雪雨露、不和而散、則爲戾氣曀霾。戾氣、飛雹之類、曀霾、黄霧之類。皆陰陽邪惡不正之氣、所以雹水穢濁、或青黑色。（語類、巻九十九。沈僩録）
(71) 問、伊川云、露是金之氣。曰、露自是有清肅底氣象。古語云、露結爲霜。今觀之誠然。伊川云不然、不知何故。蓋露與霜之氣不同、露能滋物、霜能殺物也。又雪霜亦有異、霜則殺物、雪不能殺物也。雨與露亦不同、雨氣昏、露氣清。氣蒸而爲雨、如飯甑蓋之、其氣蒸欝而汗下淋漓、氣蒸而爲霧、如飯甑不蓋、其氣散而不收。霧與露亦微有異、露氣肅而霧氣昏也。（語類、巻一百。沈僩録）
なお、程伊川のことばは、つぎのとおりである。

霜與露不同。霜金氣、星月之氣、露亦星月之氣。看感得甚氣、卽爲露、甚氣卽爲霜。如言露結爲霜、非

也。（河南程氏遺書、第十八、伊川先生語四）

(72) 霜只是露結成、雪只是雨結成。古人說露是星月之氣、不然。今高山頂上、雖晴亦無露。露只是自下蒸上。人言極西高山上亦無雨雪。（語類、巻二。輔広録）

(73) 高山無霜露、却有雪。某嘗登雲谷、晨起穿林薄中、並無露水沾衣。但見煙霞在下、茫然如大洋海、衆山僅露峯尖、煙雲環繞往來、山如移動、天下之奇觀也。或問、高山無霜露、其理如何。曰、上面氣漸淸、風漸緊、雖微有霧氣、都吹散了、所以不結。若雪、則只是雨遇寒而凝、故高寒處雪先結也。道家有高處有萬里剛風之說、便是那裏氣淸緊。低處則氣濁、故緩散。（語類、巻二。沈僩録）

(74) 天氣降而地氣不接則爲霧、地氣升而天氣不接則爲雺。（語類、巻九十九。楊至録）

なお、このことばは爾雅、釈天にみえる、天氣下、地不應日雺、地氣發、天不應日霧、による。説明が逆になっているのは多分記憶ちがいであろうが、不応という あいまいな表現が不接という明確な説明に変っている点に注目したい。

(75) 今雹之兩頭皆尖有稜道。疑得初間圓、上面陰陽交爭、打得如此碎了。雹字從雨從包、是這氣包住、所以爲雹也。（語類、巻二。録者不詳）

(76) 岡田武松『気象学の開拓者』（岩波書店、一九四九年）、参照。

(77) 雪花所以必六出者、蓋只是霰下被猛風拍開、故成六出。如人擲一團爛泥於地、泥必濺開成稜瓣也。又六者陰數、太陰玄精石亦六稜。蓋天地自然之數。（語類、巻二。沈僩録）

(78) 易、繫辞伝下。

(79) 問、理與數。曰、有是理、便有是氣、有是氣、便有是數。蓋數乃是分界限處。又曰、天一地二天三地四天五地六天七地八天九地十、是自然如此、走不得。如水數六、雪花便六出、不是安排數底。（語類、巻六十五。林夔孫録）

(80) 又曰、古者用龜爲卜。龜背上紋、中間有五箇、兩邊有八箇、後有二十四箇、亦是自然如此。（語類、

卷六十五。林夔孫録）

(81) 問、理與數、其本也只是一。曰、氣便是數。有是理、便有是氣、有是氣、便有是數。物物皆然。如水數六、雪片也六出。這又不是去做將出來、他是自恁地。（語類、卷六十五。黄義剛録）

(82) 所以大雪爲豐年之兆者、雪非豐年。蓋爲凝結得陽氣在地、來年發達、生長萬物。（語類、卷二。游敬仲録）

(83) 蝃蝀、虹也。日與雨交、倏然成質、似有血氣之類、乃陰陽之氣不當交而交者。蓋天地之淫氣也。在東者、莫虹也。虹隨日所映、故朝西而莫東也。（詩集伝、国風。鄘蝃蝀在東注）

(84) 崇、終也。從旦至食時爲終朝。言方雨而虹見、則其雨終朝而止矣。蓋淫慝之氣、有害於陰陽之和也。今俗謂虹能截雨、信然。（詩集伝、国風。崇朝其雨注）

(85) 虹非能止雨也、而雨氣至是已薄、亦是日色射散雨氣了。（語類、卷二。包揚録）

(86) 如蝃蝀本只是薄雨爲日所照成影。（語類、卷二。黄義剛録）

(87) 世傳虹能入溪澗飲水、信然。熙寧中、予使契丹、至其極北黒水境永安山下卓帳。是時新雨霽、見虹下帳前澗中。予與同職扣澗觀之、虹兩頭皆垂澗中。使人過澗、隔虹對立、相去數丈、中間如隔綃縠。自西望東則見（蓋夕虹也）。立澗之東西望、則爲日所鑠、都無所覩。久之稍稍正東、綃山而去。次日行一程、又復見之。〔張彦先云、虹乃雨中日影也、日照雨則有之。〕（夢渓筆談、卷二十一、異事）

(88) 潮之遲速大小自有常。舊見明州人說月加子午則潮長、自有此理。沈存中筆談說亦如此。（語類、卷二。廖徳明録）

(89) 陸子靜謂潮是子午月長。沈存中續筆談之說亦如此。謂月在地子午之方、初一卯、十五酉。（語類、卷二。李方子録）

(90) 濤之起也隨月盛衰、小大滿損不齊同。（論衡、卷四、書虚篇）

(91) 近代言潮者、皆驗其及晦而絶、過朔乃興、弦乃小盈、月望乃大、至以水爲陰類、牽於月而高下隨之也、

遂爲濤志、定其朝夕、以爲萬古之式、莫之逾也。(海潮賦序)
(92) 夫潮之生、因乎日也。其盈其虛、繫乎月也。(海潮賦序)
(93) 渾天法、地浮於水、天在水外、日入則晩潮激於左、日出則早潮激於右。(海潮賦序)
(94) 盧肇論海潮、以謂日出沒所激而成、此極無理。若因日出沒、當每日有常、安得復有早晩。予常考其行節、每至月正臨子午則潮生、候之萬萬無差。〔此以海上候之、得潮生之時。去海遠、卽須據地理增添時刻。〕月正午而生者爲潮、則正子而生者爲汐、正子而生者爲潮、則正午而生者爲汐。(補筆談、巻二、象数)
(95) 潮汐之說、余襄公言之尤詳。大抵天地之間、東西爲緯、南北爲經、故子午卯酉爲四方之正位、而潮之進退以月至此位爲節耳。以氣之消息言之、則子者陰之極而陽之始、午者陽之極而陰之始、卯爲陽中、酉爲陰中也。(文集、巻五十八。答張敬之書)
(96) 余襄公安道曰、潮之漲退、海非增減。蓋月之所臨、則水往從之。日月右轉、而天左轉、一日一周、臨於西極、故月臨卯酉、則水漲乎東西、月臨子午、則潮平乎南北。彼竭此盈、往來不絕、皆繫於月。何以知其然乎。夫晝夜之運、日東行一度、月行十三度有奇、故太陰西沒之期、常緩於日三刻有奇。潮之日緩其期率亦如是、自朔至望、常緩一夜潮、自望至晦、復緩一晝潮。朔望前後、月行差疾、故晦前三日潮勢長、朔後三日潮勢大、望亦如之。月弦之際、其行差遲、故潮之去來、亦合沓不盡。盈虛消息、一之於月、陰陽之所以分也。夫春夏晝潮常大、秋冬夜潮常大。蓋春爲陽中、秋爲陰中、歳之有春秋、猶月之有朔望也。故潮之極漲、常在春秋之中、潮之極大、常在朔望之後。此又天地之常數也。(朱子全書、巻五十引)
(97) 南宋の姚寛(?—一一六一)は、会稽で石碑に刻まれた、著者不明の海潮論をみつけ、西渓叢語、巻上に収めた。おなじく南宋の周淙は、それを国初の燕粛の手になるものかと疑っている(咸淳臨安志、巻三十一。山川十、浙江)。
(98) 潮海水、以月加子午之時、一日而再至者也。朝曰潮、夕曰汐。(楚辞集註、巻四、九章。悲回風、聴潮水之相擊注)

なお寺地遵「唐宋時代における潮汐論の特質」(『広島大学文学部紀要』第三三巻、一九七四年)を参照。

(99) 候氣之法、爲室三重、戸閉、塗釁必周、密布緹縵。室中以木爲案、毎律各一、内庳外高、從其方位、加律其上、以葭莩灰抑其内端、案曆而候。氣至者灰動。其爲氣所動者其灰散、人及風所動者其灰聚。(續漢書、律曆志上)

(100) 今治曆家用律呂候氣、其法最精。氣之至也、分寸不差、便是這氣都在地中透上來。如十一月冬至、黄鍾管距地九寸、以葭灰實其中、至之日氣至、灰去晷刻不差。(語類、巻七十四。沈僩録)

(101) 司馬彪續漢書候氣之法、於密室中以木爲案、置十二律琯、各如其方。實以葭灰、覆以緹縠、氣到則一律飛灰。世皆疑其所置諸律、方不踰數尺、氣至獨本律應、何也。或謂、古人自有術。或謂、短長至數、冥符造化。或謂、支干方位、自相感召。皆非也。蓋彪説得其略耳。唯隋書志論之甚詳。其法、先治一室、令地極平、乃埋律琯、皆使上齊、入地則有淺深。冬至陽氣距地面九寸而止、唯黄鍾一琯達之、故黄鍾爲之應。正月陽氣距地面八寸而止、自太蔟以上皆達、黄鍾大呂先已虚、故唯太蔟一律飛灰。如人用鍼徹其經渠、則氣隨鍼而出矣。地有疏密、則不能無差忒、故先以木案隔之、然後實土案上、令堅密均一。其上以水平其槩、然後埋律其下。雖有疏密、爲木案所節、其氣自平、但在調其案上之土耳。(夢渓筆談、巻七、象数一)

ついでながら、蔡季通の説は、律呂新書、一、律呂本源、候気、にみえる。なお、朱子は律呂新書にふれていう。

候氣之説、其中亦已論之。蓋埋管雖相近、而其管之長短、入地深淺有不同、故氣之應有先後耳。非以方位而爲先後也。(文集、巻四十五。答廖子晦書)

(102) 問、龍行雨之説。曰、龍、水物也。其出而與陽氣交蒸、故能成雨。但尋常雨、自是陰陽氣蒸鬱而成、非必龍之爲也。(語類、巻二。銭木之録)

(103) 先生問四明龍現事。璘答云、頃歳鄞縣趙公萬、禱雨于天井山之龍井、曾有龍現。(中略)曰、見王嘉叟云、見龍初出水、先有物如蓮花之狀、而後水湧、異物出。兩眼光如銅盤、與趙尉所見頗合。(語類、一百三

十八巻。滕璘録）

(104) 伊川說世間人說雹是蜥蜴做。初恐無是理、看來亦有之。只謂之全是蜥蜴做則不可耳。自有是上面結作成底、也有是蜥蜴做底。（語類、巻二。録者不詳）

(105) 正叔言蜥蜴含水、隨雨雹起。子厚言未必然。雹儘有大者、豈盡蜥蜴所致也。今以蜥蜴求雨、枉求他、他又何道致雨。正叔言伯淳守官南方、長吏使往茅山請龍、辭之、謂祈請鬼神、當使信嚮者則有應、今先懷不信、便非義理。既到茅山嵒、勅使人於水中捕得二龍、持之歸、並無他異。復爲小兒玩之致死。此只爲魚蝦之類、但形狀差異、如龍之狀爾。此蟲廣南亦有之。其形狀同、只囓人有害、不如茅山不害人也。（河南程氏遺書、第十、二先生語十）

(106) 又此間王三哥之祖參議者、云嘗登五臺山、山極高寒、盛夏携綿被去。（中略）中夜之間寒甚、擁數牀綿被猶不煖。蓋山頂皆蜥蜴含水、吐之爲雹。少間風雨大作、所吐之雹皆不見。明日下山、則見人言昨夜雹大作。問皆如寺中所見者。（語類、巻二。録者不詳）

(107) 蜥蜴形狀亦如龍、是陰屬、是這氣相感應、使作得他如此。正是陰陽交爭之時、所以下雹時必寒。（語類、巻二。録者不詳）

(108) 此理又不知如何。造化若用此物爲雹、則造化亦小矣。（語類、巻三。包揚録）

(109) 因論薛士龍家見鬼、曰、世之信鬼神者、皆謂實有在天地間。其不信者、斷然以爲無鬼。然却又有眞箇見者。鄭景望遂以薛氏所見爲實理、不知此特虹霓之類耳。必大因問、虹霓只是氣、還有形質。曰、既能啜水、亦必有腸肚、只纔散、便無了。如雷部神物、亦此類。（語類、巻三。呉必大録）

(110) 雷雖只是氣、但有氣便有形。如蝃蝀本只是薄雨爲日所照成影、然亦有形、能吸水吸酒。（語類、巻二。黄義剛録）

(111) 蔡季通云、人於雷所擊處、收得雷斧之屬。是一氣擊後方始結成、不是將這箇來打物。見人拾得石斧、如今斧之狀、似細黃石。（語類、巻一百二十五。葉賀孫録）

(112) 或以爲有神物。曰、氣聚則須有。然纔過便散。如雷斧之類、亦是氣聚而成者、但已有査滓、便散不得。(語類、巻三。黄䓣録)

(113) 問、世俗所謂物怪神姦之説則如何斷。曰、世俗大抵十分有八分是胡説、二分亦有此理。(語類、巻六十三。陳淳録)

(114) 河南程氏遺書、第二下、二先生語二下。

終章　自然学から人間学へ

1　『語類』の構成

わたしが自然学を再構成するための主要な素材としてきた『朱子語類』は、多くの弟子たちによって記録された朱子のことばを、主題別に分類して集成した書物である。その構成は朱子学の体系的な構造を、すくなくとも南宋末の朱子学派の眼に映じたそれを、あざやかに表現している。『朱子語類』百四十巻を朱子学体系の構成要素によって分類すれば、つぎのようになる。

巻	巻数	構成要素	巻名
1–6	6	基礎理論	理気・鬼神・性理
7–13	7	学問方法論	学
14–92	79	古典解釈学	大学・論語・孟子・中庸・易・書・詩・孝経・春秋・礼・楽
93–103	11	学統史論	孔孟周程張子・周子書・程子書・張子書・邵子書・楊氏尹氏門人・羅氏胡氏門人
104–121	18	体験的実践論	朱子

122—124	3	同時代思想家論	呂伯恭・陳君挙・陸氏
125—126	2	異端論	老荘・釈氏
127—137	11	歴史論	本朝・歴代・戦国漢唐諸子
138	1	雑纂	雑類
139—140	2	文学論	論文

冒頭の六巻において、存在論・自然学・人間学の基本的な立場がしめされ、人間学の諸概念が定義される。以下の諸巻は各分野におけるその具体的な展開である、とみなしていい。この基礎理論篇の分析をとおして、わたしは朱子学の理論構成を素描したいのだが、そのまえに、ほかの各篇についても簡単な解説を加えておきたい。それは朱子学体系の外面的な見取図を提供するはずである。

朱子にとって、学問とは知識と行為ないし行動とのいずれにもかかわる営みであった。その目的と方法があらかじめ明確になっていなければ、学問はあるいは空しく、あるいは歪みをもち、あるいは逸れてゆくであろう。かくて、基礎理論につづく学問方法論篇において、学問の目的と方法が論ぜられる。

朱子の学問の中心は、くりかえすまでもなく人間学ないし倫理学にある。そのばあい、さまざまな価値理念はすでに古典のなかに、顕在的にであれ潜在的にであれ、提示されているという前提が、自明のものとしてある。そのかぎり、古典解釈学は学問体系のなかで枢要の位置をしめるであろう。朱子は後漢の鄭玄とならび称せられる注釈学の大家であり、『四書集注』をはじめとして多くの注釈書をあらわした。『朱子語類』の半ばにおよぶ古典解釈学の諸巻では、朱子の重視する『大学』・『論語』・『孟子』・『中庸』の四書と『易』とを中心に、かれが古典に加えた新しい解釈について、あるいは、先人の説をめぐって、議論が展開される。

いったい、朱子をその完成者とする宋学の担い手たちは、みずからを孔子と孟子の道の直接的な継承者であり、孟子以後千数百年にわたる絶学の復興者である、と自覚した。その観点に立って、孔子にはじまり朱子にすぐ先立つ思想家たちにいたる学統史を論じたのが、つづく諸巻である。

学問とは、すでに述べたように、知識と行為ないし行動とのいずれにもかかわる営みであり、学問の領域は、行為ないし行動を介して、ただちに他の行為ないし行動の諸領域につながってゆく。のみならず、学問はそれ自体として完結する人間活動の一領域ではなかったのである。朱子自身、たんにひとりの学者ないし思想家であっただけでなく、いくどか官にあって、あるいは政治の理念を論じ、あるいは具体的な政策を立案し施行した政治家でもあった。体験的実践論とわたしが名づけた諸巻では、かれの体験をとおして、学問的・社会的・政治的な実践が、あるいは、弟子たちへの教訓が語られる。

つづいて、朱子の友人であると同時に論敵でもあった同時代の思想家たちがとりあげられる。かれらとの論争、あるいは、かれらへの批判は、朱子の主張をより鮮明に浮びあがらせるだろう。そのことと直接にかかわるが、当時の宋学の担い手たちは、論敵にむかってしばしば、老荘または釈氏であるという批難をなげつけた。異端思想としての道教と仏教にたいする強烈な正統意識が、それに対抗して理論を構築しようとする鮮明な志向が、かれらを貫いてあったのである。朱子の異端思想への批判は、つづく異端篇において展開される。

朱子は思想家や政治家であるだけでなく、『資治通鑑綱目』や『宋名臣言行録』などを書いた歴史家であり、また、多数の作品をとどめ、『詩経』や『楚辞』に注した詩人でもあった。歴史論と文学論の諸巻が『朱子語類』の最後をかざっている。そのほか、どの篇にも適切には属しないことばを集めた雑纂篇一巻がある。

朱子の哲学は二つの基本的な存在概念、理と気のうえに築かれている。気は形而下の存在であって、主として自然学にかかわり、理は形而上の存在であって、主として人間学にかかわる。この二つの存在概念とのかかわりにおいて、『朱子語類』の冒頭におかれた基礎理論篇六巻の構成をみてみよう[1]。自然学のばあいもそうだったけれども、存在論の観点に立つというのは、朱子学の体系的構造を展望するための、きわめてすぐれた視点なのである。最下段にしめしたのは、その分野に不可欠の基礎的な存在概念であって、その巻に実際に理や気といったことばが使われているかどうかではない。

巻	巻名	細目	分野	存在概念
1	理気上	太極	存在論(理気論)	理―気
		天地上	自然学(宇宙論)	気

2	理気下	天地下	自然学（天文学・気象学・地図学・地理学）	気
3	鬼神		自然学（生物学） 人間学（社会倫理の生物学的基礎）	気
4	性理一	人物之性気質之性	自然学（生物学） 人間学（人間本性論）	理―気
5	性理二	性情心意等名義	人間学（心理学）	理―気
6	性理三	仁義礼智等名義	人間学（倫理学）	理

ここからただちにわかるのは、ひとつの体系としてみたばあい、気の自然学が理の人間学の基礎としてあたえられている、ということだ。そして、理と気の一般的な関係が、あらかじめ存在論において論じられるのである。

　朱子の生涯にわたる思索の歩みを図式化していえば、かれはまず存在論と人間学における立場を確立したのち、自然学、あるいはもっと一般的にいえば、気の理論によってそれを基礎づけ、豊かにしてゆく。すなわち、周濂渓の存在論と程伊川の理の哲学から出発し、晩年にいたって張横渠の気の哲学を消化しつくし、さらに邵康節の宇宙論的図式をとりいれて、自然と人間のさまざまな領域をおおう壮大な思想体系を築きあげたのである。分野でいえば自然学、概念構成でいえば気の理論が、むしろあとからつくられたのだ。

　だがそのことは、朱子の手によって理の哲学と気の哲学がすきまなく統合されたこと、あるいは、理の人間学が気の自然学によって確実に基礎づけられたことを、決して意味しない。それどころか、晩年の朱子の自然にかんする思索と研究の深まりは、一方では人間学を豊かにしつつも、他方では人間学と自然学のあいだの亀裂をひろげていった。いわば自然学の人間学からの自立化ともいうべき過程が、そこにすすんでいったのである。やがて明代の思想家たちが、理の人間学と気の自然学との亀裂を決定的にしつつ、新たな思想の可能性を模索してゆくだろう。

わたしは以下、基礎理論篇の内容を、したがって、朱子学の理論的な骨格を、理と気の二つの存在概念を手掛りに分析してゆきたい。そして、理論構成における気概念の役割を、理概念とのかかわりにおいて確かめておきたい。間接的にであれそのことが、朱子学体系にしめる自然学の位置を明らかにすることになるだろう。そのばあい、存在論的視点はつねに分析を方向づけるものとして働くだろうが、わたしの関心の比重はむしろ認識論的分析におかれるだろう。朱子の哲学においては認識論の確立の過程がすすみつつあったし、中国思想史におけるかれの哲学の画期的な意義がひとつそこにある、とわたしが考えているからである。わたしの意図は、朱子の思想を一貫した統一的な理論体系として描きだすところにはない。それどころか、自然の「道」という究極的な根拠のうえに倫理学のゆるぎない基礎を打ち樹てようとするがゆえに、その接点に亀裂や矛盾をさらけだしてくる、自然主義的哲学者の思索の跡をたどることになるだろう。とはいえ、かれの倫理学にまで立ち入るのは、わたしの任ではない。要するに、朱子の存在論が実は双曲線を描く人間学と自然学の漸近線にほかならないこと、朱子の思想のなかにやがて理の人間学と気の自然学とに分化してゆくであろう思想史的展開の構図がすでに予告されていることを、示せばたりるのである。

2 理と気

『朱子語類』の開巻劈頭、「太極」の巻において、朱子の哲学の根本的な立場をしめす、有名な理気二元論が展開される。すなわち、朱子はいう。理は形而上の存在、気は形而下の存在である。時間的にいえば、理と気のあいだに存在の先後関係はない。事実としては、理のあるところにはかならず気があり、気のあるところにはかならず理がある。しかし、理論的にいえば、理が気よりも先に存在していなければならぬ。(2) 天地が生ずるまえにまず理があり、理があるから天地がある。もし理がなければ、天地もないし、人や物もない。(3) だからといって、気とは別に、理がひとつの物として存在するのではない。あくまで気とともに、気において存在するのだ。理はつねに気に「付着」し、くっついている。あるいは「掛搭」、ひっかかっている、のっかっている。(4) おそらく気は理に依拠して動き、気が凝集すると、理もそこに存在するのであろう。「若シ気、結聚セザル時ハ、理モマタ附着スル所無シ」。のみならず、気は凝結し、営為し、万物を生成・発育するけれども、理にはどんな企図もなく、いかなる営為をもなすことができない。(5) 要するに、理はいかなる能動的な働きをももたぬ、知覚を超えた存在として、ただ気に付着しているにすぎないのである。(6)

形而下の存在である気は、今日の概念をつかえば、物質であると同時にエネルギーであり、あるいは、エネルギーを内在した物質であって、自然的世界を構成する物質的基体である。それは一種の流体、いわゆる「ガス状空気状」の物質であり、原子や粒子のような非連続的物質ではない。内在力をそなえた連続的物質といってもいい。気が濃密化すれば有形の物となり、稀薄化すればふたたび無形の気にかえる。気はそのおのずからなる運動によって万物を生成・発育し、万物の秩序をつくりだす。「形而下」の世界、知覚によって把握できる世界は、気の世界にほかならぬ。あとで述べるように、朱子はさまざまな精神現象さえ、気の働きに帰着させる。にもかかわらず、世界には気のほかに「形而上」の存在、知覚を超えた理が存在し、気に付着している、とかれは主張するのだ。

理について、また、理と気の関係について、朱子の説くところはやや奇妙である。第一に、もし理にいかなる能動的な働きもなく、ただ木偶のぼうのように気にのっかっているにすぎないとすれば、それはなぜ必要とされるのか。あくまで理と気を峻別し、その二元論を力説する必要がどこにあるのか。事実、自然学の領域においては、ときに認識論の立場から理ということばがつかわれるにしろ、理論構成にとって理の概念は本質的なものでなく、それなしに理論体系を記述できるのである。第二に、気はそのおのずからなる働きによって天地万物を形成するとすれば、存在論の理論的要請として、気より先に理が存在しなければならぬ、理がなければ天地や人や物はない、とかれが強調してやまないのはなぜか。実際、すでにみたように、たとえば天地の形成と構造をとりあつかう宇宙論を再構成するのに、理の概念はまったく不必要だったのである。疑問はほかにもある。

朱子によれば、万物の生成消滅は気の凝集と発散、濃密化と稀薄化によっておこる。当然、そこにはまだ凝集していない、あるいは、すでに発散した、形を成していない気がつねに存在するはずであり、事実かれはそう考えている。しかるに、一方では、およそ気があれば理がそこにあるとしながら、他方では、気が結集しないときは理も付着するところがないというのは、なにを意味するのであろうか。

角度をかえてみてみよう。陰陽・五行が「錯綜シテ条緒ヲ失ワザル」、それこそが理だ[7]、と朱子はいう。つまり、気が秩序をもつことが理なのである。そのかぎり、理は秩序そのものを指す概念である、といっていいだろう。有機体論の観点から、それを組織の原理と表現することもできる。もっとも広義には、理は秩序ないし組織の原理を意味する。朱子のことばは、たんに万物には秩序ないし組織の原理があるという認識の存在論的表現にすぎないようにみえる。しかし、かれにとってそれはどこまでも存在なのである。自然の秩序ないし組織の原理、それは古来「天地ノ道」とよばれてきたものにほかならぬ。道と理の関係は、やがて『朱子語類』巻六で検討されることになるが、ここではとりあえず同じものとみなしておいていい。道の存在はすべての前提である。道はあまねく存在する。たしかに、自然の秩序ないし組織の原理は気が結集したとき、つまり、形を成したときにはじめて知覚できる。気が結集しないときは理も付着するところがない、と朱子がいうのは、そのことを意味しているのだろうか。それとも、気に結集する内在力がないとすれば、理は付着するところがない、という意味であろうか。前者は認識論的、後者は存在論的な解釈だが、そのいずれであれ、さきに指摘した二つの問題点が、それによって解決されるわけではない。

もちろん、理が気に内在する秩序形成の能動的原因であるならば、それらの問題点は消えうせる。そのばあい、理は気の世界に秩序をもたらす原動力であって、形を成さない気のなかにも、もちろん存在することになる。だが、理のこの内在性こそ、形而上の理と形而下の気を峻別する朱子の否定してやまないところであった。また、理を気にとって外在的ないし超越的な秩序形成の能動的原因とみなすことができるならば、さきの問題点はやはり解消する。しかし、理の能動性も、朱子は拒けたのである。要するに、物質＝エネルギーたる気に付着して存在しながら、気にたいしてなんの能動性をももたない、知覚を超えたなにものか、それが理なのだ。いったいなぜ、存在概念としてはまことに無性格きわまる理に、執拗に朱子はこだわるのであろうか。気には秩序ないし組織の原理があるといえばすむところを、いったいなぜ、気のほかに理が存在する、とあくまで主張するのであろうか。

その理由は、存在論の範囲内では決して明らかでない。そのことが、存在論そのものの要請である気とはちがって、理はなんらかの要請にもとづいて外から存在論のなかに導入された概念であるのを、つよく示唆する。理の無性格さが、もともとそれは気と性質を異にする存在概念であるのを、つよく示唆する。朱子の思想の漸近線をしめす存在論すなわち理気論の問題点は、自然学と人間学という二つの双曲線の軌跡をたどりながら近接してゆくとき、はじめて解明されるだろう。

3 気と質

『朱子語類』巻一および巻二の「天地」の巻では、自然学の四つの分野、宇宙論・天文学・気象学・地理学および地図学がとりあげられる。しかしここでは、これまでの分析とはやや異なった角度から、気の概念を検討するにとどめよう。

気には一気・陰陽・五行の三つのカテゴリーがふくまれる。それらは認識の枠組みであり、それぞれ認識者の観点をしめす。一気あるいは陰陽あるいは五行の観点から対象を捉えるとき、対象が一気あるいは陰陽あるいは五行の相のもとに把握されるのである。朱子の哲学にあっては、それらは第一義的に認識論的な概念であった。陰陽・五行については、古代においてその説が成立したときから認識のカテゴリーであった、とわたしは考えているのだが(8)、朱子がそれとならぶ概念として一気を提出したとき、それもまたカテゴリーとなったのである。

カテゴリーとしての一気は、あらゆる形而下の存在が同じ連続的な気からできているという、自然的世界の同質性と連続性をしめす概念である。その観点にたてば、万物は一気にほかならず、一気とは別に陰陽が、陰陽とは別に五行があるのではない。森羅万象ことごとく一気にほかならぬ。この同質性と連続性は、宋代や明代の思想家たちが好んで口にする「万物一体」の思想の根拠であり、張横渠の「西銘」にみえることば、「天地ノ塞ハ吾ガ其ノ体」のうちに簡潔に表明されている。

万物がただ一つの気からできているということは、しかし、その多様性を拒むものではない。それは同一性の面からと同時に多様性の面からも捉えることができる。動静・軽重あるいは清濁といった、対立の観点から捉えるとき、万物は陰陽の相のもとに認識され、熱とか湿とかいった感覚的性質、あるいは、物理的属性の観点から捉えるとき、それは五行の相のもとに認識される。だから、一つの物は同時に一気であり、陰陽であり、五行であることができるのである。これにたいして、万物は存在論的概念である。生物学の概念をかりていえば、それは人とか馬とかいった、種に相当する。分類学の単位となる物が万物にほかならない。

一気・陰陽・五行の三つのカテゴリーによって、万物を認識論の立場から統一的に把握したところに、中国思想史上における朱子の画期的な意義がある、とわたしは考える。それはやがて存在論と認識論の分裂、そして、その統一への努力という思想史的展開を、東アジア的な規模において導きだすことになるだろう。たとえば、三浦梅園はその最後の段階を画する思想家であった。それはともあれ、この三つの概念が認識のカテゴリーであるとすれば、それは存在論の基本概念である気と、どのようにかかわるのであろうか。そのかかわりをしめし、両者のあいだを架橋するのが、気・質の概念である。

気・質とはなにか。あるカテゴリーによって存在のある相を捉えるばあい、その相はある様態のもとで典型的に現象する、と考えることができよう。たとえば、五行のカテゴリーによって物質のもつ感覚的性質を捉えるばあい、気態(さらには液態)には、熱いとか湿っているとかいった性質はあらわれても、固いという性質はあらわれないだろう。天の気がきわめて急速に回転して、固態に近い性質をしめすといった特殊なばあいをのぞけば、一般に固態になってはじめて、固いという性質がそなわるだろう。五行の概念が表現する五つの感覚的性質をすべてそなえているのは、固態である。その意味で、五行の相にとっては固態が典型的な様態である、とみなすことができる。それにたいして、動静すなわち運動性は、気態(そして液態)においていっそうきわだつだろう。その意味で、気態は陰陽の典型的な様態とみなすことができる。この気態と固態とに相当する「気」、存在概念としての気の二つの様態が、気と質なのである。朱子ふうにいえば、気の凝結したものが質にほかならぬ。液態はその中間的な様態であり、ときには気とされ、ときには質としてとりあつかわれる。

陰陽は気であり、五行は質である、と朱子はいう。そのばあいの気は気体、それにたいし質は固体、一応そうみなしておいてさしつかえない。つづけて朱子はいう。この質があるから物を作りだすことができる。五行・陰陽の七者が「衮合」する、それが物を生みだす材料なのだ、と。すなわち、万物は気と質の合成として把握されているのである。そこでは、運動性にともむ気が万物にそなわる内在力としてのエネルギーの側面を、形を成す質が物質の側面を、それぞれより顕著に表現している。要するに、陰陽〜気、五行〜質、気＋質＝万物という定式によって、認識論的立場と存在論的立場との統合がはかられているのだ。ことわっておくなら、このことは決して、気体を五行の相のもとで、固体を陰陽の相のもとで把握できない、ということを意味するのではない。

陰陽・五行とちがって、一気は気・質の概念のなかに適切な位置をもたない。一気は万物の同質性と連続性をしめす概念なのだから、気も質も一気にすぎないということになる。図式化すれば、こうである。

認識論的概念　一気　陰陽　五行
　　　　　　　　　　～　　　～
存在論的概念　　　　気　＋　質　＝　万物

一気だけがこの対応関係からはずれているのだ。そのかぎり、認識論的立場と存在論的立場の統合は完全でない。それでは、一気を存在論のなかに適切に位置づけつつ、認識論の立場と存在論の立場を統合できる、いわば第三の立場ともいうべきものがあるだろうか。生成論の立場がそれだ、とわたしは考える。

　これまで述べてきた存在論および認識論の観点からは、時間軸が捨象されている。現在の時点で世界を横に切断して把握するのである。いまかりに、世界に縦の時間軸を導入し、万物を時間の流れにそって発生してくるもの、と考えてみよう。そこにはおそらく、単一なものから多様なものへ、単純なものから複雑なものへ、原初的な存在から現在の存在への発生の道すじが描きだされるだろう。そのとき、一気・陰陽・五行という認識のカテゴリーは、生成論的連関に立つ存在の概念として捉えなおされるだろう。いいかえれば、認識論と存在論が完全に統合されるだろう。一気は世界のはじめ、「混沌未分ノ時」、宇宙空間に充満する原初的な物質＝エネルギーであり、そこから陰陽～気、五行～質の合成としての万物が発生してくるのである。それが生成論の立場にほかならない。

そして、一気から説きおこし、陰陽・五行をへて万物、とりわけ人間におよぶのが、朱子の自然学の課題であった。かれの自然学体系は、いわば存在論と認識論のはざまに、方法的自覚をともないつつ成立したのである。

気の哲学は、生成論的立場をとることによって、統一的な理論となる。そのことは、しかし、自然学において認識論的立場と存在論的立場の統合が完全であったことを意味するのでは、決してない。たとえば、天文学のような精密科学が成立するには認識論的切断が必要であった。気の存在はもちろん前提されているのだけれども、かれの天文学説は気の概念なしに叙述することができる。気の諸概念が不可欠の役割を理論構成において果すのは、宇宙論や気象学のような精密科学たりえていない分野である。そのことはおそらく、精密科学にあっては、気がたんに物質ないしエネルギーをさす一般的な概念にすぎなくなるであろうのを、示唆していよう。気の哲学にかえるならば、それはたしかに高度に統一的な理論であったけれども、それを破綻に導く要因が外から暗い翳りをなげかけていた。人間学ないし倫理学、別のことばでいえば、価値論的立場からの要請がそれである。わたしたちもそこへ視野を移すことにしよう。

ひとことつけ加えておくなら、朱子は生物の発生について気化と形化を区別した(9)。種の最初の形成は気化による、つまり、気から直接に発生してくるが、種の維持は形化による、つまり生殖作用による、というのである。だから、かれには宇宙および地球の進化論はあったけれども、生物進化論はなかった、といわなければならぬ。

4　気質と人間

気の理論からみたばあい、人間とはいったいなんであろうか。人間も万物のひとつである以上、気と質の合成にほかならないが、それはなにを意味するだろうか。それが『朱子語類』巻三の「鬼神」の巻でとりあげられる問題である。あらかじめことわっておくなら、「鬼神」ということばは異様な響きをもつだろうけれども、朱子学の用語としては、神は伸、すなわち伸びる気、伸長してゆく気、鬼は帰、すなわち屈する気、縮退してゆく気を意味する、いいかえれば、陰陽の消長をさす抽象概念にすぎない。(10)すくなくとも理論的には、擬人的な意味をいささかもふくんでいない。いわゆる音通、つまり、音声的思考によって定義され、気の理論にくみこまれた、純然たる哲学用語なのである。

朱子は主張する。世界という観点に立っていえば、人間は一気にほかならぬ。(11)人間が生まれてくるとき、まず気があって、それから形ができる。そのあとではじめて「精神・知覚」が生じるのだ。(12)そのばあい、気には清濁があって、清んだ気は気となり、濁った気は質となる。(13)動静の観点からいえば、清んだ気は陽に属し、濁った気は陰に属する。(14)動的な「知覚・運動」は陽、すなわち気の働きであり、静的な「形体」は陰、すなわち質の働きである。別に気を魂、身体(体)を魄ともいう。(15)精神作用にも動的ないし能動的な面と静的ないし受動的な面とがあり、ひとが「思慮・計画」できるのは魂の働き、「記憶・弁別」できるのは魄の働きである。[16]「知覚・運動」をつかさどる魂がつきると、身体は死ぬ。[17]『礼記』のことばをかりていえば、「魂気、天ニ帰シ、形魄、地ニ帰ス」るのである。[18]

わたしたちはここで、気・質の概念が実は自然学と人間学を結びつけるための、人間学を自然学によって基礎づけるための鍵であるのを理解する。それは人間を「形体・皮毛」のような形態的ないし客体的な面と、「知覚・運動」のような機能的ないし主体的な面とから把握しようとする考えかたに、ふかくかかわっている。あとで述べるように、朱子にとって、人間存在は万物のもっとも高度な、完成されたありかたをしめすものであり、ほかの万物は、その範型にてらすとき、さまざまな程度においてより不完全に発現した存在であった。この観点からすれば、人間の気・質が遡及的に、気そのものの二つの存在の様態とみなされた、と考えることもできよう。いずれにしろ、気・質の概念をぬきにして、朱子の人間学はありえないのである。

ここで注意しておきたいことが、いくつかある。第一に、気＋質＝人間という定式には、デカルト的な身心二元論に共通するものはない。たしかに、気・質は魂魄ともよばれるように、それがもともとある種の身心二元論に由来するのは、疑いをいれない。しかし、魂も魄も気にほかならず、決して異なる二つの「実体」ではない。のみならず、精神現象といえども、動的なものは気に、静的なものは質に属するのである。したがって第二に、気と質は動静の観点から捉えられた存在の様態である、とみなすこともできる。ここにふたたび、認識論的観点への存在論的観点の移行を、わたしたちは確認できるであろう。しかし第三に、動静の観点から捉えられた陰陽は存在論的に清濁として把握しなおされ、それがそのまま気と質に置き換えられている。認識論的思考と存在論的思考の相互変換は、朱子の哲学にとってきわめて重要な思考の装置である。かれの哲学を存在論の観点からのみ解釈しようとすれば、錯綜した思考の網目のなかにからみとられてしまうだろう。

ともあれ、自然学の立場からいえば、人間は気にすぎない。人間の生死は、要するに、気の凝集と発散にほかならぬ。精神現象もまた、気によって一応の説明があたえられる。だが、そのことがはからずも、朱子の思想にひとつの解きがたいアポリアをつきつけることになる。人間が気であり、気が連続的な物質＝エネルギーであることが、かれの人間学にとってはア・プリオリな前提としてあたえられた、ある重要な社会倫理の成立根拠をおびやかすのである。

あらためてことわるまでもなく、伝統的な中国社会の核社会は家族（クラン）であり、それをささえるエートスとして、祖先崇拝があった。その儀礼的な表現が祖先の祭祀である。『書経』によれば、子孫が祭祀をおこなうと、「祖考、来タリ格《イタ》ル」。祭祀の意義は祖考の来格にある。そのばあい、人間の死が気の発散であるとすれば、祖考の来格とはなにを意味するのだろうか。ひいては、祖先の祭祀はいかなる意味をもつのだろうか。それは朱子の気の理論として、どうしても答えなければならない問題であった。のみならず、それを自然学的に基礎づけようとするばあい、すくなくともふたつの要請をみたすものでなければならなかった。ひとつは、祭祀によって来格するのが祖先の気のみであるという要請、もひとつは、『易』にいう「生生」、『大学』にいう「日日ニ新タ」であるという造化の働きの要請である。

朱子はいう。世界という観点からいえばすべて一つの気にほかならず、一身という観点からいえばわが気はそのまま祖先の気であって、やはり一つの気にほかならない。だから、働きかけ（感）があればすぐさま反応（応）がある[19]、と。この一般論は、ある限定を加えなければ、いまの二つの要請をみたすことができない。第一の要請について、朱子はいう。気の感応は陽なら陽、陰なら陰といったぐあいに、「各々、其ノ類ニ従ウ」。祖先の気と子孫の気とは同じ類に属する[20]。両者のあいだには、いわば血脈が貫通しているのだ[21]。子孫の気はつまるところ祖先の気であり、その気は散じているけれども、その根はかえって子孫にある。根がこちらにある以上、真心をつくして祭祀をおこなえば、祖先の気をこちらに集めることができる。たとえていえば水の波みたいなもの。後の水は前の水でなく、後の波は前の波でないけれども、両者をとおしてひとつの水の波にほかならぬ[22]。第二の要請について、朱子はいう。いったん散じた気はまた集まるというのなら、同一の気が往ったり来たりするだけであり、仏教の説く輪廻にほかならず、造化の生生に反する。では、どう考えるか。人間が死ぬと結局は散じてしまう。だから、祖先の世代の遠いものは気の有無を知ることができない。しかし、一挙に散じてしまうのでなく、しだいに散じてゆくのであり、世代の近いものはまだ散じつくしていないから、祭祀をおこなえば感格するのである[23]。

朱子の気の理論が、祖先の祭祀というもっとも肝要な社会倫理をどれほど殺風景な局面にまで追いつめていったか、これによってうかがうことができるだろう。祖考の来格とは、要するに気の感応にすぎない。だが、そこには二つの問題がある。第一に、ふたたび造化の作用にあずからぬ、いわゆる既散の気はどうなるか。仏教の空や道教の無、すなわち、非存在の立場を否定する以上、もはや存在しないとみなすことはできない。どこかに存在するとしよう。とすれば、開闢以来その気が積み重なって、いずれは宇宙空間を埋めつくすほどの量に達するだろう。すくなくともすでにかなりの空間がその気にしめられているはずである。だが、それを認めるわけにはゆかない。造化の作用にあずからぬ広大な宇宙空間の存在そのものが、「生生」の要請に反するからである。したがって、存在するということもできない。こうしてかれは、第二に、すでに散じつくした遠い祖先の気はその有無を知ることができない、という不可知論の立場に退いてゆく。遠い祖先と近い祖先の区別は、しかし、死者の気が散じつくしたかどうかを確実に知る手段がないうえに、かれによれば、その散ずる速さには大きな個人差があるのだから[24]、理論的にはほとんど無意味に近い。

要するに、朱子は祖先の祭祀を気の理論によって根拠づけることができなかったのだ。この破綻は、社会倫理を自然主義的に基礎づけることの困難さ、あるいは、不可能性を、まざまざとしめしている[25]。ともあれ、わたしの関心にとって問題なのは、それが気の理論になげかけた陰翳である。宇宙論の章で述べたように、物質保存則を立てながら、張横渠の氷の凝釈のたとえを朱子は否定しなければならなかった[26]。気象現象の説明における若干の保留もまた、それにふかくかかわっているのである[27]。

ただ、ひとこと注意しておくなら、さきにあげた水の波の比喩には重要な示唆がふくまれていよう。ちょうど水面を波の同一のパターンが伝播するように、親から子へと気の同一のパターンが伝わってゆく。ひとがちがい、それを作っている素材がちがっても、家系をとおして固有のパターンが伝わってゆくのだ、と。この考えかたは、遺伝の説明としてみたばあい、きわめてすぐれている。残念ながらかれは、これをたんなる比喩にとどめて、それ以上展開しなかった。だからといって、祖先の祭祀の基礎づけに役立ったとは考えられないのだが。

5 種差と人間

人間の死をめぐって社会倫理の問題にまで進んでしまったけれども、もういちど生物としての人間の領域にひきかえそう。これまでのところ、万物は気のみにかかわっていた。万物は気と質の合成であった。いま、万物を生物に限定しよう。そのばあい、種を種たらしめるもの、ヒトをヒトたらしめ、ウマをウマたらしめるものはなにか。いいかえれば、ひとつの種をほかの種から区別するもの、種の特異性の根拠はどこにあるか。種差の指標をどこに求むべきか。この問いとともに、わたしたちは理の人間学の領域に入ってゆく。『朱子語類』巻四の「人物之性・気質之性」の巻において、この問いが追求される。

いったい、気の理論によって、どこまで種差を明らかにできるだろうか。朱子によれば、生物にはきわめて微細なものにいたるまでみな心がある。ただ知覚をもたないものがあるにすぎぬ。たとえば、草木は陽のあたる場所では生え、日陰ではしぼむが、それは草木に好き嫌いがあるからだ。[28]好き嫌いは「生意」、生きる「意思」、生きるこころ、といってもいい。一般に、動物には知覚があるけれども、植物にはない。動物は血気があるから知覚することができる。植物については、知覚を語ることはできないけれども、それは生きる意思をもつ。ある種の花のもつ向日性は、生きる意思の端的なあらわれである。[29]動物の知覚はその形体と関係がある。鳥獣の頭はたいてい横についているから、有知と無知が相半ばする。植物は頭つまり根が下についているから、無知である。サルの類になると、形状がヒトに似ており、ヒトみたいに立つことができるから、ほかの動物にくらべてとりわけすぐれた能力をそなえているのだ。サルのヒトとのちがいは、ただ話せない、言語をもたない、というにすぎない。[30]

朱子のいう形体・知覚・言語の面からみた植物と動物と人間のちがいには、今日の生物学が到達した帰結にも耐えうる、きわめてすぐれた発見がいくつもある。こうした洞察を生みだしたのは、その根底によこたわる自然観、生物さらには無生物までをもふくむ万物の同質観と連続観である。それが気の同質観と連続観から導かれたものであるのは、いうまでもない。いわゆる「万物一体」の思想である。そこには単純な擬人観をはるかにつきぬけたところがある。つぎに述べるように、動物の世界にはある種の社会と文化が存在する、人間において完全に発現するであろうその先行形態が存在する、と朱子は主張する。気の理論に裏付けられたその主張を、わたしたちはたんなる擬人観とみなすわけにはゆかないだろう。気の理論のような、きわめてゆるやかな概念と思考の枠組み、いわば思考の柔軟構造が、ここではすぐれて発見的な機能を果している。わたしたちは思考の柔軟構造のもちうる、こうした創造的な機能を忘れてはなるまい。

植物・動物・人間が形体・知覚・言語によって区別されるとして、気の理論からいえばそれはどうなるか。朱子は主張する。一気の観点からいえば、人間もほかの生物もみなこの気を受けて生れてくる。(31)その気は似たり寄ったりであって、たとえば寒暖を知り、飢飽を識り、生を好んで死を悪み、利に趨いて害を避けるのは、人間も生物もかわりない。(32)しかし、陰陽の観点からいえば、草木鳥獣にはちがいがある。移動性をもたぬ草木は陰気、移動性をもつ鳥獣は陽気からできている。草と木、鳥と獣を分ければ、草は陰気、木は陽気、歩く獣は陰気、飛ぶ鳥は陽気である。とはいえ、獣のなかにも、サルのように陽気からできているもの、鳥のなかにもキジのように陰気からできているものがある。(33)一般に、陸棲のものは陽が多くて陰が少なく、水棲のものは陰が多くて陽が少ない。(34)五行についてはとくに言及されていないけれども、それをふくむ割合に種によるちがいが想定されていたのはおそらく疑いをいれない。(35)

陰陽・五行の概念は運動性や物理的属性にたいする説明、いわば形体についての説明になりえても、知覚や言語やその他の精神的能力にたいする説明とはなりえないだろう。そこに、もっと別の概念群を導入する必要が生じてくる。朱子はいう。人間やほかの生物が生れるとき、受ける気の偏正はもはじめから異なる。しかも、偏正のなかにもさらに清濁ないし昏明のちがいがある。(36)偏正の点からいえば、正しくて通じた気を受ければ人間となり、偏って塞がった気を受ければほかの生物となる。[37] 清濁の点からいえば、人間は清なる気から成り、禽獣は濁なる気から成る。[38] 人間は正しい気を受けているから、道理を識り知識をもつ。動物のなかにも知をそなえたものがいるけれども、ただひとつのことに通じているにすぎぬ。たとえば、犬は守ることができ、牛は耕すことができるだけである。虎や狼は仁に通じ、豺《やまいぬ》や獺《かわうそ》は祭に通じ、蜂や蟻は義に通じているが、ただひとつのことに通じているにすぎぬ。人間はなんでも知り、なんでもできる。[39] それだけに、動物ならひとつのことに専念するが、人間には惑いが生じやすい。[40] 気質のちがいは、むろん、個体差としてもあらわれてくる。[41]

「虎狼之仁・豺獺之祭・蜂蟻之義」[42] あるいは「虎狼之父子・蜂蟻之君臣・豺獺之報本・雎鳩之有別」[43] といった観念が、もともと擬人観に由来するのはいうまでもない。それはしばしば動物譚の主題であった。それを受け入れながらも、朱子はそこにとどまっていない。気の理論にもとづいて、それを人間の社会倫理の社会集団のもつ社会倫理の不完全な発現形態、あるいは先行形態とみなすのである。たしかに、社会倫理の内容そのものは時代の刻印を帯びており、特定の種への適用は擬人的である。だからといって、動物の社会がある掟にささえられており、その掟は人間社会のそれの先行形態であるという、連続観のもつ優位な視点にまで眼をふさいではなるまい。

生物の種差にもどれば、それは第一次的には偏正、および、それと結びつく通塞のような概念群によって、第二次的には清濁、および、それと結びつく昏明のような概念群によってあたえられる。正しい気であれば身心の活動は通じる、つまり、どこも渋滞なくおこなわれ、偏った気であれば塞がる、つまり、どこかに障害がおこる。知覚の有無のような基本的な差異は、この偏正・通塞によって説明される。それにたいして、清濁は種差の説明原理としては二次的である。たしかに、人間の気は清、動物のは濁といった一般的な規定は、陰陽概念からの当然の帰結であるとしても、それはむしろ種内の個体差の説明原理につかわれており、種間に適用されたばあいはたんにその拡張にすぎないとみなすことができる。他方、個体差は種差とは逆に、第一次的には清濁によって、第二次的には偏正によって説明されている。種差と個体差が、どれを一次的な要因とみなすにしろ、同一の原理によってしか説明できないとすれば、種間も個体間とおなじく連続的なものとならざるをえないだろう。それは気の同質観と連続観からの当然の帰結といえる。要するに、気の概念によって種差を規定するのは、ついに不可能なのである。連続性を捉えるのに大きな力を発揮した気の理論の柔軟構造が、差異や区別を捉えようとすると、致命的な欠陥を露呈してくるのだ。種差の根拠としての性という概念が、そこに登場してくることになる。

性とはなにか。朱子はいう。薬性にたとえれば、性は寒、性は熱といった類で、薬そのものにはそうした「形状」はみつからない。ただ服用してはじめて、冷にしたり熱にしたりすることができるのが、性である(44)。いいかえれば、附子が薬として大黄と異なるゆえんのものである(45)。世界には性のない物は存在しない。この性があればこの物があり、この物があればこの性があるからである(46)。

朱子によれば、性は形状をもたない。いいかえれば、形而上の存在である。そのような存在は、存在論では理とよばれていた。性と理の関係は、あとで考えよう。かれが好んで例としたこの薬性のばあい、性とよばれているのは、今日ふうにいえば、薬の作用である。かれのことばは、実は、特定の薬には特定のパターンの作用がそなわっている、ということを意味するにすぎない。ここではそれが性とよばれ、種差の根拠とされている。とすれば、性はそれぞれの種に固有なものであり、それぞれに特異なものでなければならないだろう。ところが朱子は予期に反して、もともと性は同じであり、異なるのは気質だ、その結果として性のあらわれかたにちがいがでてくるのだ、と説くのである。

朱子はいう。人と物の性はもともと同じである。[47] 性は気質がなければ宿る場所、落着く場所がない。[48] そのばあい、陰陽・五行が働きかけあい、さまざまに変化して生みだす万物は、気質においてそれぞれ異なる。だから、性にもちがいがでてくる。[49] 性はたとえていえば水であり、本来は清んでいるが、きれいな容器に入れれば清み、きたない容器に入れれば臭く、よごれた容器に入れれば濁る。[50] そのように、もともと同一である「人物ノ性」ないし「本然ノ性」ないし「天命ノ性」が、宿る気質のちがいによってそれぞれ異なる「気質ノ性」となる。[51] ヒトの性とウマの性のような種間の差異が、そこに生じる。同時に、気質には個体差があるために、人間であって動物に近いもの、動物であって人間に近いものがでてくるのだ。[52]

本然の性と気質の性のこの区別こそ、朱子の人間学の根本テーゼである。[53] さきの例の薬性は、ここにいう気質の性にあたる。[54] 種の特異性は気質の性にある。たしかに、一応はそうみなすことができよう。だが、厳密に論理学的にいえば、それは一種のトートロジーにすぎないのではないだろうか。性の同一性と気質の連続性とからは、気質の性の連続性しか帰結しないだろうからである。人間と動物とを画する境界線は、依然として明確になったとはいえないだろう。ウマをウマたらしめ、ヒトをヒトたらしめる性とは、いったいなにか。性を気質とならぶ、たんなる存在概念とみなすかぎり、その答えはない。視野をその問題に移すことにしよう。

そのまえに、あらかじめ注意しておきたいのは、気質が本然の性を拘束する要因とされている点である。朱子によれば、気質は性の全体が発現するのを阻害ないし抑制する要因として働く。[55]偏正・通塞あるいは清濁・昏明といった概念群は、その観点からいえば、拘束のしかたをしめすものとみることができる。逆にいえば、気質の拘束作用がなければ全体として発現せずにはおかないもの、それが性なのである。性は、気質による拘束の対象ではあっても、気質を制御の対象とするものではない。その意味で、能動性をもたない。にもかかわらず、「已ム容《べ》カラザル」もの、発現せずにはおかないものであることによって、たんに気質に宿るだけの木偶のぼうではなくなる。薬の例をつかえば、服用者になんらかの作用をおこさせずにはいないものが性であり、薬の気質のちがいによって、性の全体のなかの一部分が熱や寒として発現してくるのだ、と表現していいだろう。

6　理の意味

これまでの叙述から、性と理の関係はすでに十分に予測されるだろう。はたして朱子はいう、性はすなわち理である、と。[56] かれによれば、理のありかたには二つの段階がある。「一陰一陽、之ヲ道ト謂ウ。之ヲ継グ者ハ善ナリ。之ヲ成ス者ハ性ナリ」と『易』の「繫辞伝」にみえる、その二つの段階である。道は、「之ヲ継グ者」の段階においては理とよばれ、「之ヲ成ス者」の段階にいたれば性とよばれる。[57] いいかえれば、理が具体的に万物にそなわったとき、それは性となる(したがって、万物にそなわる性は理ともよばれるが、それ以前の段階の理が性とよばれることは決してない)。万物は理と気、あるいはおなじことだが、性と気質が合して生ずる。そのばあい、性即理は「当然ノ理」であり、「一箇ノ道理」であって、「之ヲ継グ者ハ善ナリ」といわれるように、「不善無キ者」である。[58] 不善ないし悪は、気質によって性の全体の発現がさまたげられるところにおこる。それでは、人間の性とはなにか。仁義礼智である。[59] ただ人間だけが、のっけからこの性の全体をそなえている。[60] 人間においてはじめて、性が全体として発現してくる、といってもいい。性の全体が仁義礼智、あるいは、それに信を加えた五常だとすれば、人間の性に近い動物や生きる意思をもつ植物はともかく、無生物にも性があるといえるだろうか。生きる意思をもたない無生物にも、生の理、生ずることの理はある。のっけからその理がそなわっている。[61] たとえば、舟は水上だけを行き、車は

陸上だけを行くことができるのが、舟・車の理である。(62)

朱子のこの主張は性の意味を一挙に明らかにする。それは要するに価値理念そのものをさす概念であり、ひとつの価値概念にほかならなかったのである。仁義礼智はいうまでもなく儒教の中心的な徳であり、儒教倫理がそこに依拠する基本的な価値理念である。人間はこれらの徳をそなえることによって、はじめて禽獣と区別される。人間の人間たるゆえんはこの道徳性のなかにこそある、というのが朱子の倫理学の根本テーゼであった。仁義礼智とはなにかという問題を論ずるのは、『朱子語類』巻六の課題である。ここではさしあたり、それを価値理念とよんでおくことにしよう。

朱子が価値概念としての性を存在概念としての理と等置し、程伊川にしたがって「性即理」を主張するのは、いうまでもなく価値理念の普遍妥当性を自然主義的に基礎づけるためであった。しかしながら、存在論的には、理は秩序ないし組織の原理そのものを意味する概念にすぎなかった。それと価値概念としての性を等号で結ぶためには、なんらかの思考上の操作が必要であろう。朱子はどんな操作をおこなったのか。

朱子によれば、性は「当然ノ理」であった。一般に、「当然」である、つまり、なになに「するはず」であるという判断には、事実判断と価値判断のふたつがありうる。「附子は服用者を熱にするはずだ」というのは、事実判断である。すくなくとも、「附子は服用者を熱にする」という命題が経験的に立証されているならば、その経験命題からさきの事実判断が導かれる。それにたいして、「ひとは礼にかなった振舞いをするはずだ」というのは、価値判断である。一般的に「ひとは礼にかなった振舞いをする」という命題を、経験的に立証することはできない。その価値判断は、「ひとは礼にかなった振舞いをすべきである」という価値理念を受け入れている社会集団のなかにおいてのみ、妥当性をもつ。朱子がおこなった思考上の操作とは、これらの判断の根拠となる経験命題と価値命題を、「当然ノ理」として等置することであった。

ここでわたしたちはただちに「当然」という語の意味のひろがり、あるいは両義性に想い到る。「当然」は、一方の極には、なになに「するはずである」という意味を、他方の極には、なになに「すべきである」という意味をもち、その両極を包むひろがりをもつ概念である。その両極は、なになに「せずにはおかない」という中間項によって媒介され、意味的になめらかに一方から他方へ移行する。わたしたちはすでに、性が「已ム容カラザル」ものと規定されているのをみた。いまやその規定の意味するところは明らかである。論理学的にいえば、これは両義性のファラシーであるが、そうした日常言語の曖昧さのうえにたって、朱子は事実命題と価値命題を統一したのだ。そのばあい実践的にも、「するはず」という「当然」が「すべし」という「合当底」[63]すなわち「当為」に、あるいはその逆に、きわめて容易に移行するであろうことは、あらためていうまでもない。

もっとも朱子は、事実と価値のあいだに、かれなりに一線を画そうとしたようにみえる。物にそなわる理が性であるといっても、性の概念をすべての物に適用したわけではないからである。かれは人間と動物の性を語る。しかし、無生物について性とは決していわない。その中間の植物については、薬性のような既成の概念があるばあいをのぞけば、無生物についてとおなじく、理を語る。[64]

いわばむきだしの価値概念である性の適用範囲をきわめて慎重に限定したうえで、「性即理」の立場が主張されているのだ。

性概念の適用のこの限定は、かりにことばの伝統的な用法にしたがったのだとしても、やはり示唆的である。薬性のばあい、性は作用のパターンであった。動物や人間なら、行動のパターンである。人間をふくめて動物はそれぞれの種に特異な行動のパターンの体系をもつ。倫理的要請ないし当為とは、その体系に、ある個人ないし社会にとって望ましい、もしくは、そうあるべきだと考えられる規準をあたえることにほかならぬ。動物については「ある」とかれが考えた行動のパターンの体系を、人間についてはさらに限定して、「あるべき」と考えた行動のパターンの体系を、朱子は性とよんでいるのだ。

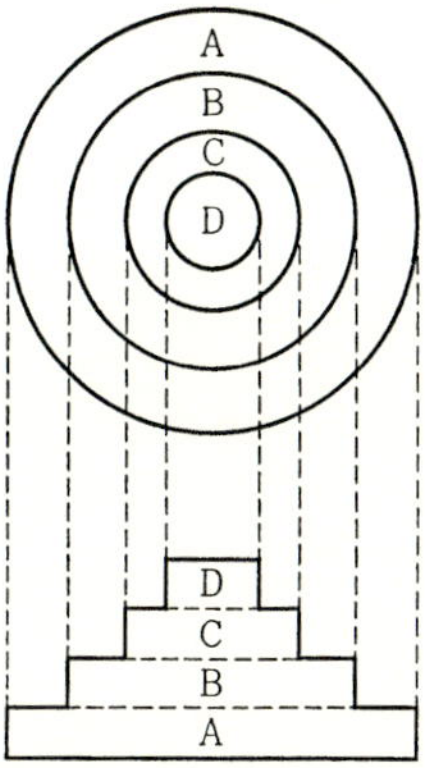

A：存在のパターン
B：作用のパターン }（無生物・植物）
C：行動のパターン（動物）
D：行動の規範的パターン（人間）

図 19　理概念の四つのクラス

理ないし性の概念は、こうして四つの異なった意味でつかわれていること、四つのクラスをもつことがわかる(図19)。もっとも広義には、それは秩序ないし組織の原理を意味する。つまり、存在のパターンと考えていい。それは理といわれ、性とは決してよばれない。ついで、それは作用のパターンを意味する。薬性のばあいや舟・車の理のばあいである。

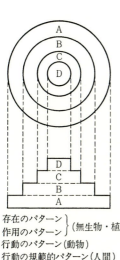

これも一般的には理とよばれる。ついでそれは行動のパターンを意味し、もっとも狭義には行動の規範的パターンを意味する。厳密にいえば、「性即理」というテーゼが主張されるのは、この二つのクラスにおいてである。

理はパターンを意味する、あるいは、パターンという概念によってほぼ完全に置き換えることができる、というのがわたしの解釈である。パターンとは、物質やエネルギーのなんらかの規則的な配列、秩序ある配列、組織だった配列である。ことばの音声も水の波も布地の図柄も、あるパターンをかたちづくる。パターンは再現性をそなえ、その規則性、あるいは、秩序性ないし組織性によって、それを認知する人間に「意味」としてたち現われる。[65] 事物はパターンをそなえることによって意味的存在となる。意味を情報といいかえることもできよう。伝達される意味が情報にほかならないからだ。存在があらわにするさまざまな意味、伝達するいろいろな情報を、人間が個人もしくは社会集団の生存の目的に応じて選択的に受容するとき、それは選択する主体にとっての「価値」となる。さまざまな価値をふくむ体系のなかで、ほかのすべての価値がそこから派生し、それによって根拠づけられると考えられている、いわば価値の公理系が「価値理念」である。性をふくむ理の概念の四つのクラスは、秩序─意味─価値─価値理念という意味論的階層構造をもつものとして把握できるだろう。天地万物、森羅万象のなかにいたるところに、いわゆる「已ム容カラザル」ものとして発現してくる、秩序であり、意味であり、あるいは価値であり、さらには価値理念である理＝パターンを、物質＝エネルギーである気に還元してしまうことは、決してできない。朱子の理気二元論のもつ今日的意味は、まさにこのパターンとしての理の発見にあった、とわたしは考える。もちろんそのことは、朱子の主張する「性即理」の立場と価値理念の内容が今日においても妥当性をもつ、ということをいささかも意味するものではない。

種差の根拠を求めて価値の問題に入ってしまったけれども、ついでにここで検討しておきたいのは、悪の存在の問題である。性はいうまでもなく価値であり、善そのものである。いったい、儒教の性善説の立場では、どうして反価値＝悪が存在するか、という問いに答えるのがきわめて困難であった。そこに性の全体の発現を拘束するものとしての気質が浮びあがってくる。悪の根拠は善の発現を拘束するものに求められるだろうからである。ちなみに、悪の定義は「過不及」、「過ギタルト及バザルト」であって、善は「中庸」においてのみ全体として発現するとされる。それでは、性の発現を拘束する気質すなわち気は、それ自体が悪であろうか。もし一般的に気を悪とみなすならば、それは自然的世界そのものを悪とみなすことになる。だが、それは気の「生生」の働きを無条件に肯定する儒教の思想的前提に反するであろう。事実、朱子は気それ自体が悪であるのを否定する。「二気五行、始メ何ゾ嘗ツテ不正アラン。タダ衮ジ来タリ衮ジ去レバ、便チ不正アリ」[66]。陰陽・五行が混合しているうちに、性の発現を阻害ないし抑制するような気質が生じる。気は理の発現を拘束するかぎりにおいてのみ悪なのである。そうした拘束性をもたぬ「清明純粋ニシテ一毫ノ昏濁無」き気もあり、ひとがその気を受けて生まれると、堯・舜のような生得の聖人となる[67]。ちなみに、宋学の学問的実践の根本テーゼは「聖人学ンデ至ルベシ」、学問によってたれでも聖人、人間の理想型に到達できるというのであって、性の全体を発現させるために気質を改めるという実践的課題が、そこに生じてくる。ともあれ、気質は性にたいするその拘束性によって種差をつくりだすとともに、悪をも生みだすのである。

7　知覚する心

理は気に付着する。あるいは、性は気質に宿る、といってもいい。人体は気である。理は全身に付着するのであろうか、それとも体内のなにかに付着するのであろうか。朱子によれば、理は心において気に付着する。『朱子語類』巻五の「性情心意等名義」の巻は、心の構造とその働きについての理論、心理学の問題にあてられる。

朱子はいう。性は「生ノ理」であり、心にあってはそれを性とよび、事柄にあっては理とよぶ。(68)一般に理は気がなければ付着するところがない。人間についていえば、理は心がなければ付着するところがない。(69)それでは、心は気であろうか。すくなくとも気としての心を語ることはできる。(70)気にはおのずと霊妙な働きをそなえたものがある。(71)その気が心のいわば本体を構成し、それに理が付着するのである。気としての心とはなにか。目で視たり耳で聴いたりするばあい、視たり聴いたりするゆえんのもの、知覚作用の根拠となるもの、知覚を知覚として成り立たせるものである。気といっても心は物ではなく、したがって「形象」をもたない。耳目で視聴するから、「形象」があるようにみえるにすぎぬ。(72)　そうした無形の霊妙な働きをもつ気が「能覚」、知覚するもの、知覚作用の主体としての心である。(73)

朱子はこのように知覚作用の主体を気とみなす。あらかじめことわっておくなら、かれのいう「知覚」は、今日わたしたちがつかういわゆる知覚とかなりの程度まで相覆う概念であるが、それよりも外延がややひろく、感覚から認識までをふくんでいる。わたしはここでは朱子のいう意味で知覚ということばを用いる。文脈のなかでなじまないときは、感覚または認識ということばに適宜おきかえて読んでいただきたい。わたしが朱子の知覚論を重視するのは、今日からみてきわめて注目すべき立場が表明されているからばかりでなく、かれの科学認識論にみごとに対応する理論となっているからでもある。これまでは原則として、『朱子語類』の当該の巻にみえることばだけを手掛りに考えてきたが、知覚論についてのみは、巻七十八の「尚書一」から若干の資料を補って検討をすすめることにする。

朱子はいう。心はただ一つであるが、それを二つに分けて説明することができる。ひとつは『書経』大禹謨にいう「人心」、もひとつは同じく「道心」である。(74)　人心と道心は知覚作用の二つの異なる型をあらわす。人心では「所覚」、知覚されるもの、知覚の対象が「声色臭味」、つまり物質的なものである。それにたいして、道心では「理」(あるいは「道理」ないし「義理」)、つまり非物質的なものである。(75)　この二つの型のちがいは、たんに所覚のちがいにとどまるものではない。第一の型では知覚が「人身」、つまり、「耳目ノ欲」や「飢食渇飲」、感覚的および生理的な欲求からおこる。

口が味を、目が色を、耳が音を知覚するのがそれだ。「能覚」、知覚するもの、知覚の主体は「気質ノ心」である。ところが、第二の型では、知覚されるものが理であるだけでなく、いわば知覚させるもの、知覚の動因も理である。もちろん、知覚するものはあくまで「気質ノ心」であるが、道心のばあいはその内部に理をあわせもつことによって、理と知覚とのあいだに「理ハ知覚ヲ離レズ、知覚ハ理ヲ離レズ」という密接な相関関係が生まれるのである。[76]そのばあい、知覚される対象の理と知覚させる心の理とは、どのようにかかわるのであろうか。個々の事物にはそれぞれひとつの理がそなわっている。[77]ところが、心はすべてを包み、すべてに働きかける。[78]あらゆる理をことごとく包みこむことができるもの、あらゆる理をことごとくそなえたものが心なのである。[79]その意味で、心と理は一つであり、理は眼のまえになにか物みたいにころがっているのでなく、心のなかにこそある。[80]だから、対象の理を知覚するというのは、実は心のなかにある知覚させるものとしての理を知覚することにほかならぬ。「所覚者ハ心ノ理ナリ、能覚者ハ気ノ霊ナリ」。

知覚作用は、知覚させるもの――知覚するもの(能覚)――知覚されるもの(所覚)の三つの要素から成り立つ。知覚の主体はつねに気としての心であるが、知覚作用がなにからおこるかによって、そこに二つの型を区別することができる。第一の型(人心)では、三つの要素が気―気―気、第二の型(道心)では、理―気―理からなる(表1)。朱子の知覚論を要約すれば、そうなる。『朱子語類』巻七十八では、「道心」がもともと生得的な道徳心を意味するがゆえに、理を「道理」ないし「義理」と表現しており、道徳的な判断力を意味するかにみえる。事実、知覚がそこまでふくみうる拡がり

表1　知覚作用の二つの型

型＼要素	知覚させるもの―知覚するもの（能覚）―知覚されるもの（所覚）
Ⅰ（人心）	気―――気―――気
Ⅱ（道心）	理―――気―――理

をもつ概念であったことは、義理を「君臣父子ノ処」といいかえている点からみて、また、理の最高の発現形態が「仁義礼智」にほかならない点からみて、十分に理解できる。わたしもそれを認めるのにやぶさかではない。しかし、巻二においては、あくまで理という一般的な表現がとられている。だから、道心の解釈としてでなく、知覚論としてみたばあい、右のように一般化してもあやまりではあるまい。

ここで注目すべきは、知覚作用の第二の型である。それはつぎのことを意味する。心にはあらかじめさまざまな知覚パターンがそなわっており、あるパターンにもとづいて対象を知覚するとき、対象がそのパターンによって把握され、それが対象そのもののもつパターンとして知覚される。逆にいえば、知覚対象のもつパターンは、生得的な知覚パターンをとおしてしか知覚されない、ということである。もちろん、事物のもつあらゆるパターンは、知覚パターンとしてあらかじめ心にそなわっている、という前提がそこにある。ここにいう知覚パターンとは、知覚がそこにおいて、そして、それによってなりたつ記号的構造、と考えることができる。この型の知覚は、今日ふうにいえば、知覚よりむしろ認識に比重のかかった概念である。知覚を認識ということばでおきかえて、認識の枠組みとよんでもいいだろう。とすれば、これは知覚構造ないし認識の枠組みの生得性の立場、知覚する心によって知覚される対象がパターン化される、あるいは、構造化される、という立場にほかならぬ。こうした立場が今日、認識論的にきわめて重要な意義を担っていることは、あらためて指摘するまでもない。

朱子は知覚の二つの型、人心と道心の関係を、船と柁《かじ》の関係にたとえたことがある。人心は船みたいなもの、道心は柁みたいなもの、船はそのままほっておけばどこへ行くかわからないが、ちゃんと柁をとれば、進むも停るも思いのままである、と[81]。人心が知覚する対象的世界は、方向性をもたず、制御できないという意味で、無秩序のままにとどまる。そこに道心が介入し、働きかけることによってはじめて、対象的世界を秩序あるものとして知覚できる。この知覚論がかれの科学認識論にみごとに対応しているのは、いまや明らかであろう。沈括が提唱し、朱子が継承した認識論的切断の立場は、認識の主体と対象とのあいだに人工言語をそなえた器械を介在させることによって、対象がはじめて可知的になる、と主張する。そのばあい、感官をとおして直接に自然を認識するのは、知覚の第一の型に対応する。それは対象の理＝パターンをそなえた器械を欠くがゆえに、対象的世界はいわば無秩序のままに、不可知的なものにとどまる。知覚の第二の型は、対象とのあいだに器械を介在させた認識に対応する。器械があらかじめ対象の理＝パターンをそなえ、そこに量記号が刻まれているからこそ、対象の厳密に科学的な、量的な把握が可能となり、対象的世界が可知的なものとして現われてくる。沈括の提唱した科学認識論は朱子の知覚論によってその心理学的基礎があたえられた、というべきであろう。

知覚の第二の型が理と不可分の関係にあるのにたいし、第一の型は一見、理となんのかかわりももたないようにみえる。しかし、朱子の存在論からみて、そうでありえないのは明らかであろう。はたして、朱子はいう。知覚するばあいには、あらかじめ「知覚ノ理」がある。理はまだ知覚しない。気が集って形を成し、理が気と統合されてはじめて知覚することができる[82]、と。ここにいう「知覚ノ理」は、第二の型の理とはことなる。それはあきらかに知覚作用一般についていわれている。存在論的にいえば、知覚作用のあるところにはかならず知覚作用の理がある、つまり、知覚作用が二つの型にしたがうことそのことが理なのである。理は二重の意味で知覚作用にかかわっているといわなければならぬ。

8 統合する心

朱子によれば、心は「気ノ精爽」であり、「虚霊」ないし「虚霊不昧」が「心ノ本体」である。形のない、知覚作用のような霊妙な働きをもつ、気の純粋なエッセンスが心の本体、ボディである。しかし、心はたんなる気ではない。心は「理ノ会スル所ノ地」、性は「心ノ有スル所ノ理」であって、心は気と理の統合体なのである[83]。それにしても、理は心という「地」にどのように「会スル」のであろうか。心において理はどのように気に付着しているのであろうか。朱子によれば、性は心の「体」すなわち本質であり、心は性を餡子みたいにつつんでいる[84]。饅頭の皮が餡子をつつむように、

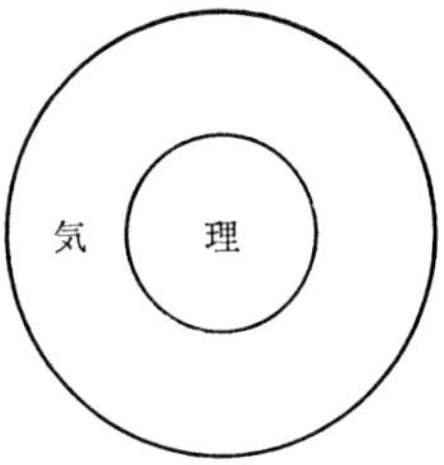

図20　心の存在論的モデル

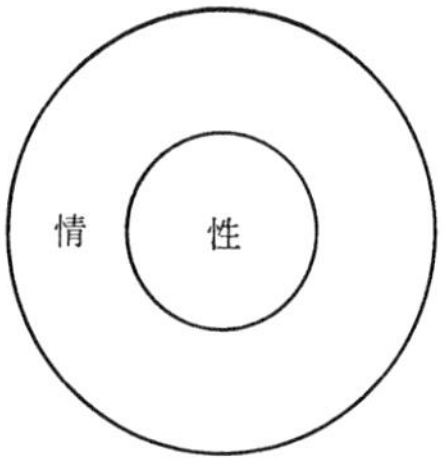

図21　心の認識論的モデル

気が理を包んでいる、というのだ。わたしはこの饅頭の比喩を心の存在論的モデルとして採用することにしよう(図20)。ここで理と気は、むろん性と気質に置き換えることができる。このモデルを知覚作用と関連づけるならば、知覚する主体、いわゆる能覚は心の表層であり、その表層を知覚の動因とするのが第一の型、深層を動因とするのが第二の型である、とみなしていいだろう。

たしかに饅頭は比喩にすぎない。それをあえてモデルに選ぶのは、朱子がつねに生きいきとした視覚的イメージをとおして思索するひとであったからばかりではない。かれが心の把握しがたさと同時に、その概念化の重要性を強調しているからでもある。心や性は説明しにくい。しかし、説明でき、概念化できてはじめて、はっきり理解することができる、[85]と。透徹した主知主義者としての朱子の面目は、このことばのうちに躍動している。饅頭モデルはわたしたちが説明し、概念化するのをたすけてくれるだろう。

朱子は心をその働きの面から、「包含・該載・敷施・発用スル底」と定義する。はじめのふたつは心が万理を包含し具備するという、内的ないし受動的な働き、あとのふたつは理と気の統合体としての心が発現し作用するという、外的ないし能動的な働きである。後者は「主宰・運用スル底」としての心ともいわれる[86]。個人を有機的全体として統合し、行動させるものとしての心である。「万理ヲ包ム」心には知覚に関連してすでにふれたから、ここでは主宰・運用する心について、朱子の主張を聞いてみよう。

身体の動きと心とは関係があるか、と弟子に問われて、朱子は答える。もちろん関係がある、おのずと心が身体を動かすのだ。視聴も行動も、心がそこに向うのである。もし身体の行動を心がまるで知らないなら、それは心が存在しないのであり、行動はまるでおかまいなしになる[87]。心とは主宰という意味である。動静いずれの状態にあっても主宰する。静の状態のときにはなんの作用もせず、動の状態にあってはじめて主宰する、といったものではない。主宰というからには、混然たる統合体がそのなかに存在しているのだ[88]。

朱子の主張によれば、感官の働きにも四肢の働きにも、心はつねにそれにかかわってゆく。心が全身をすみずみまで主宰することによって、人間ははじめて統合された有機的全体であることができる。別の角度からいえば、心が理と気の統合体であるからこそ、心には全身の主宰、有機的統合が可能なのである。動静を問わず心が主宰するとすれば、かれは無意識的な行為や行動を否定するのであろうか。そうではない。「寂然トシテ静ナル時」にも、耳目が自然に見聞きし、手足が自然に動くというばあいは、おのずと身体がそうなるのだ、と朱子はいう。そこではあきらかに、無意識的な行為や行動の存在を肯定している。しかし、かれの関心は意識と無意識の区別にはなかった。学問的実践に直接にかかわる自覚と無自覚こそが、かれにとっては重大だったのである。ともあれ、意識的と無意識的とにかかわりなく、「知覚・運動」はすべて「気質ノ心」、モデルでいえば心の表層が主宰する、とかれは考える。知覚作用のばあいなら、能覚がそれにあたる。したがって、身体の運動のばあいも、知覚作用の二つの型に相当するものがある、とわたしたちは想定できるだろう。ことばをかえていえば、理がその動因として働く行為や行動がある、ということだ。

　ところが、朱子によれば、たんに気としての心でなく、理と気の統合体としての心、表層と深層をふくむ心の全体が主宰する心として働くばあいがある。心のこの構造こそが、朱子の倫理学の根本テーゼをささえるのである。朱子はいう。一般に、心は「動ク」ものである[89]。「発スル」もの、発現するものである。当然、まだ動かない、まだ発現しない、「寂然不動」の状態にある心が存在する[90]。この心の「未動」あるいは「未発ノ前」が性、「已動」あるいは「已発ノ際」が情である[91]。といっても、あれが性、これが情と区別できるようなにものかではない。心はあくまでひとつの混然たる統合体であり、ただ「未発」・「已発」の状態を捉えてそうよぶにすぎぬ。心は「未発」から「已発」への過程において連続的であり、性が発現した瞬間に、それは情なのである[92]。

　已発・未発の概念による性・情の区別は、いうまでもなく、『中庸』の「喜怒哀楽ノ未ダ発セザル、之ヲ中ト謂ウ。発シテ皆ナ節ニ中《アタ》ル、之ヲ和ト謂ウ」にもとづく。『中庸章句』にいう、「喜怒哀楽ハ情ナリ、其ノ未ダ発セザルハ則チ性ナリ。偏倚スル所無シ、故ニ之ヲ中ト謂ウ。発シテ皆ナ節ニ中ルハ、情ノ正ナリ。乖戻《カイレイ》スル所無シ、故ニ之ヲ和ト謂ウ」。朱子が心理学の根本テーゼとした命題に、程伊川の「性即理」とならんで、張横渠の「心ハ性情ヲ統ブ」、心は性と情とを統合する、がある。[93] この二つのテーゼを敷衍して、朱子は心を、「性ハ心ノ理、情ハ性ノ動、心ハ性情ノ主」と定義した。この観点から心のモデルを書きなおせば、図21のようになる。存在論的にいえば、情はもちろん気の概念群に属する。

それにしても、性が動くとはどういうことか。性にはいかなる能動性もないはずではなかったか。心の「寂然不動」が性ではなかったか。朱子の立場を解説して、蔡季通はいう。気に動静がある以上、それに載っている理にも動静がないはずはない、[94]と。そのばあい、「動ク処」が心、「動ク底」が性である。[95] したがって、理論的にいえば、気としての心、心の本体が動くとき、それにともなって本体につつまれている性が動く。気としての心において性が動く。もともと気は理を拘束する要因であり、理すなわち性は気が拘束しなければ発現せずにはおかない存在であった。だから、気が動く瞬間に、おそらくその拘束がとけるのであろう、性が発現する。心における気の現象形態である情として、発現する。むろんこの過程は、時間的にいえば完全に同時であって、実際に区別できるような、あるいは、因果関係が成り立つようなものではない。くりかえすが、そうした混然たる統合体というところに、心の本質が存在するのである。

已発・未発の概念によって心を捉えるということは、いったいなにを意味するのだろうか。朱子はいう。心には体と用がある。未発の前は心の体、已発の際が心の用である。[96] この性があるからこそ、この情を発現してくる。いまこの情があるからこそ、もともとこの性があることがわかるのだ、[97]と。ここで已発・未発の観点から心を「性情ノ主」として捉える認識論的意味が、一挙に明らかになる。体とは根本的なもの、用とはそれが現象としてあらわれてくる派生的な作用、働きである。体と用の関係は水と波、耳目と視聴、身体と運動、秤と秤量のそれにあたる。要するに、作用する主体と作用そのものとをさす概念であって、それだけのことにすぎぬ。[98] だが、体用の論理は、現象としてあらわれる作用しか直接には認識できないことがらに適用されるとき、その真価を発揮する。作用があるからには作用するものがなければならぬとして、そこに作用の主体としての体を定立させることになるからである。いいかえれば、用をとおしてはじめて、体の存在を認識するのである。理と気の関係についていえば、「形象」をもたない形而上の理を直接に認識することはできない。われわれが直接に認識できるのは形而下の気だけである。体用でいえば、理が体、気が用であり、われわれは用としての気をとおして、体としての理が確かに存在することを知るのである。[99] 用をとおして体を知る、それをいまかりに認識論的遡及とよぶならば、性すなわち理は、認識論的遡及によって、気とならべて定立された存在概念であったのだ。

朱子の理論では、心はいわばブラック・ボックスである。心には「形象」がないから、それを直接に認識することはできない。しかし、心は動くとき、現象してくる。情の作用として現象してくる。その瞬間に、認識論的遡及によって、性の存在が認識されるのである。『孟子』にみえる、有名な惻隠の情の例をとりあげてみよう。井戸に落ちようとする幼児のすがたがふいに眼にとびこんでくる。そのとき、思わず走りよってその幼児を抱きとめようとしないひとはいないだろう。そんなとき、ひとはたれでも惻隠の情をおこす。それはなぜか。それをおこさせる仁の性が、人間に本来的にそなわっているからである。[100] 惻隠の情が、仁の存在を確かなものとして示しているのだ(図22)。朱子によれば、仁・義・礼・智の四つの性は、「惻隠・羞悪・辞遜・是非」の四つの情があるがゆえに、確かな存在なのである。[101]

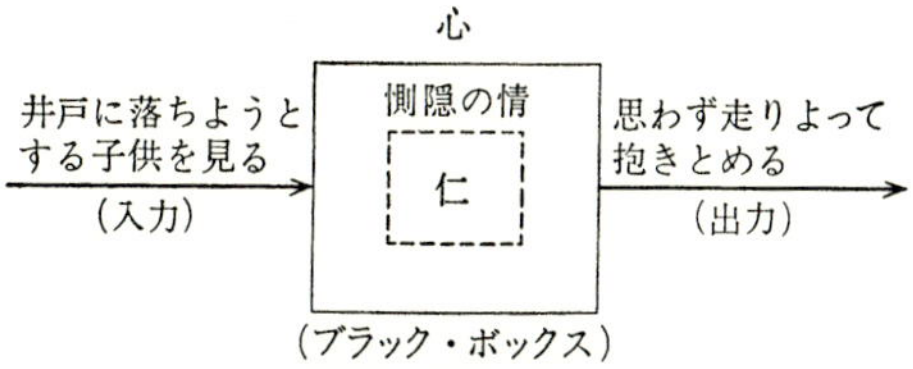

図22　心の構造の認識

価値論的にいえば、惻隠・羞悪・辞遜・是非の『孟子』のいわゆる四端は善である。しかし、すぐ予想されるように、悪なる情も存在する。朱子はいう。欲は情が発現してくるものである。心を水にたとえると、性は静かにたたえた水、情は水の流れ、欲は水の波である。ただ波にも、よい波もあればわるい波もある。仁を欲するといった類は、よい欲である。わるい欲はひたすらつっぱしってゆく。逆巻く波のたいへんわるい欲になれば、天理を滅ぼす、[102]と。ここにあまりにも有名な天理―人欲のシェーマが登場する。そして、わたしたちは倫理学の領域に入ってゆく。人欲をなくして天理にかえろうとする朱子学の禁欲主義が、のちに魯迅をして「食人」の名教とまでいわしめる道徳的リゴリズムにおちいっていったことは、周知に属しよう。なお、朱子の心理学としては、意・志も見過しえない概念であり、学問的実践の方法論に直接にかかわってくるが、ここではふれない。

9　理の網の目

理とはなにかという問いは、理の人間学の核心である倫理学をとりあつかう『朱子語類』巻六の「仁義礼智等名義」の巻で、はじめて提起される。そこでは道と理、体と用の概念にはじまって、誠や仁義礼智などの価値理念が論ぜられる。しかし、わたしとしては、道と理の概念だけをとりあげ、もういちどその一般的な意味を確認しておけばたりる。

天理—人欲のシェーマを最初にかかげたのは『礼記』楽記だが、天理は古来、天道とよばれてきたものにあたる。それでは、いわゆる道と朱子の説く理とはどうかかわるのか。朱子はいう。道は総称であり、理は細目である。[103] 道は路を意味する。万人が経由してゆく路であり、永遠にそこを歩む人間にどこへ行くかを教えるものなのだ。理は「条理」、すじ道を意味する。道を路とすれば、理はそれが織りなす「文理」、文様であり、「木理」みたいなもの、一つひとつの路はそれぞれ「条」、すじをもっているから、それを理とよぶのだ。道という概念が包括的であり、広大であるのにたいし、理という概念は精密であり、道という概念のなかにふくまれる多くの「理脈」、すじ道が理なのである。[104]

朱子によれば、道とは万人が経由する路、いいかえれば、人間ならかならず通るし、また通らなければならぬ路を意味する。路にはもちろん、広いのもあれば狭いのもあり、真直ぐなのもあれば曲りくねったのもある。そうしたすべての路を包括する概念が道である。路には「条」、すじがある。都大路の一条、二条というときの、あの条である。路が一つひとつ「条理」、すじ道をもつ点を捉えて、それを理とよぶ。理とは、一本一本の路のもつすじ、道すじであり、また、さまざまな道すじがあるいは平行しあるいは交錯しながら織りなす文様、図柄にほかならぬ。朱子は手元の竹籠を例に理を説明したことがある。理にはすじ道がある。一本のひごはこう走り、別の一本のひごはこう走っている。縦も一種の理、横も一種の理であり、心にはたくさんの理がそなわっている、と。[105]ここで理をパターンという概念に置き換えることができるのは、明らかであろう。縦に走るひごも一種のパターンをかたちづくり、横に走るひごも別の一種のパターンをかたちづくる。それらがさまざまに組み合わされ、編み上げられて、そこに竹籠という物、あるいは、組織の全体的なパターンができあがる。

人間といい竹籠といっても、それぞれ万物のひとつにすぎないのだから、わたしたちはそれをもっと一般化して考えることができる。世界はひとつの有機体、ひとつの組織である。それは、内在力ないし生命力をそなえた気が、そのおのずからなる働きによってたえず多様なパターンを織りだしてゆく、大いなる織物にほかならぬ。いや、もっと限定していわなければ、誤解をまねくだろう。気にあらかじめパターンがのっかっているからこそ、気はそのパターンを織りだすのだ、ちょうど文織の織機である花機が、上にパターンがのっかっているからこそ、色とりどりの糸の組み合わせによって美しい文様を織りだしてゆくように。いかなる物もそのパターンの外にあることはできない。この織物にはすみずみにまで、理の網の目がはりめぐらされているのである。人間社会もまたひとつの有機体、ひとつの組織であり、やはり理の網の目によって覆われている。人間社会の組織の原理である理は、宇宙にはりめぐらされた理のもっとも完全な発現形態であり、あらかじめ人間の心のなかに性としてそなわっている。人間は性にもとづいて社会を組織する。性とはなにか。それは価値理念、すなわち、仁義礼智である、と朱子はいう。仁義礼智とはなにか。それに答えるのが『朱子語類』巻六の本来の課題なのだが、それはわたしの関心の枠をはるかに超えている。

宇宙に遍在する理と人間の理と、それをつなぐために理の概念の四つのクラス、四段階の意味論的階層構造を必要としたことは、すでにみた。それは理を気とならぶ存在概念として定立するための不可欠の操作であった。そこでは理は、秩序―意味―価値―価値理念として、ひとことでいえば組織の網の目として、ひとつの存在であることを主張する。理と気、このたった二つの概念装置を用いて、思想にとっては動かしえない与件である古典やエートスまで解釈しつくし、説明しつくそうとした朱子は、ことばの厳密な意味における合理論者、それも徹底をきわめた合理論者であった。だからこそ、かれは中国思想史上、空前の体系的一貫性をそなえた思想体系をうちたてるとともに、自然学と人間学のあいだによこたわる亀裂と矛盾の断層を、鋭角的にさらけだすほかはなかったのだ。理の概念の重層性は、その象徴的な表現であった。

しかしながら、それは朱子の思想の貧困というよりも、むしろ勝利であったといえよう。その断層のかなたに、いまや自立化の気配をみせる自然学体系を成立させたからである。のみならず、科学における認識論的切断と哲学における認識論的遡及という、たがいにベクトルの向きを逆にする一対の相補的な方法によって、自立した認識の世界を、存在へ架橋しつつ、樹立する可能性を開いたからである。そこに、気と並存する理でなく気に内在する理、気そのものの理を発見するための認識論的基礎が築かれた、ということができよう(106)。

(1)『朱子語類』巻一―六の訳注は、京都大学人文科学研究所朱子研究班の共同研究の成果として、近く岩波書店から刊行される予定である。なお、『朱子語類』の抄訳としては、吉川幸次郎・三浦国雄『朱子集』(中国文明選、朝日新聞社、一九七六年)がある。

(2) 天下未有無理之氣、亦未有無氣之理。(巻一。董銖録)
問、理與氣。曰、有是理、便有是氣。(巻一。林夔孫録。黄義剛録同)
或問、先有理後有氣之說。曰、不消如此說。而今知得他合下是先有理後有氣邪、後有理先有氣邪、皆不可得而推究。(巻一。沈僴録)
或問、理在先、氣在後。曰、理與氣本無先後之可言。但推上去時、却如理在先、氣在後相似。(巻一。曾祖道録)
問、先有理、抑先有氣。曰、理未嘗離乎氣。然理形而上者、氣形而下者、自形而上下言、豈無先後。(巻一。陳淳録)
問、有是理、便有是氣、似不可分先後。曰、要之也先有理。只不可說是今日有是理、明日却有是理、也須有先後。(巻一。胡泳録)

(3) 未有天地之先、畢竟也只是理。有此理、便有此天地。若無此理、便亦無天地無人無物、都無該載了。有理。便有氣流行發育萬物。(巻一。陳淳録)

有是理、後生是氣。（巻一。廖徳明録）
先有箇天理了却有氣。（巻一。游敬仲録）

（4）或問、必有是理、然後有是氣、如何。曰、此本無先後之可言。然必欲推其所従來、則須說先有是理。然理又非別爲一物、卽存乎是氣之中。無是氣、則是理亦無掛搭處。（巻一。万人傑録）

（5）然以意度之、則疑此氣是依傍這理行、及此氣之聚、則理亦在焉。蓋氣則能凝結造作、理却無情意、無計度、無造作。只此氣凝聚處、理便在其中。（巻一。沈僩録）
若氣不結聚時、理亦無所附着。（巻一。曾祖道録）
有此理、便有此氣流行發育。理無形體。（巻一。陳淳録）

（6）若理、則只是个淨潔空闊底世界、無形迹、他却不會造作、氣則能醞釀凝聚生物也。但有此氣、則理便在其中。（巻一。沈僩録）

（7）巻一。曾祖道録。

（8）山田「空間・分類・カテゴリー」（『混沌の海へ』）において、カテゴリーの起源の問題をとりあつかった。

（9）問、生第一箇人時如何。曰、以氣化、二五之精、合而成形。釋家謂之化生。如今物之化生者甚多。如虱然。（巻一。包揚録）

（10）天地絪縕、言氣化也。男女構精、言形化也。（巻七十六。程端蒙録）
神、伸也。鬼、屈也。如風雨雷電初發時、神也、及至風止雨過雷住電息、則鬼也。（巻三。録者不詳）
鬼神不過陰陽消長而已。（巻三。黄升卿録）
鬼神只是氣、屈伸往來者氣也。（巻三。林恪録）
雨風露雷、日月晝夜、此鬼神之迹也。（巻三。楊道夫録）
とはいえ、鬼神ということばが日常語の鬼、すなわち、化物を連想させ、話題をそちらへひきずる傾向があることは、否定できない。そうした例がいくつも、『語類』巻三にみえる。

(11)　自天地言之、只是一箇氣。(巻三。録者不詳)

(12)　人生、初間是先有氣、既成形、是魄在先。形既生矣、神發知矣。既有形後、方有精神知覺。(巻三。陳淳録)

(13)　氣之淸者爲氣、濁者爲質。(巻三。李閎祖録)

(14)　淸者屬陽、濁者屬陰。(巻三。周明作録)

(15)　知覺運動、陽之爲也、形體〔明作錄作骨肉皮毛〕、陰之爲也。氣曰魂、體曰魄。(巻三。李閎祖録)

(16)　人之能思慮計畫者、魂之爲也。能記憶辨別者、魄之爲也。(巻三。沈僩録)人有盡記得一生以來履歷事者、此是智以藏往否。曰、此是魄强、所以記得多。(巻三。廖德明録)會思量計度底便是魂、會記當去底便是魄。(巻三。録者不詳)

(17)　凡能運用作爲、皆魂也、魄則不能也。今人之所以能運動、都是魂使之爾。魂若去、魄則不能(也今魄之所以能)運、體便死矣。(巻三。沈僩録)
(　)でかこんだところは、おそらく衍文であろう。

(18)　今人將死有云魄落、若氣只升而散、故云魂氣歸于天、形魄歸于地。(巻三。葉賀孫録)

(19)　自天地言之、只是一箇氣。自一身言之、我之氣、卽祖先之氣、亦只是一箇氣、所以以才感必應。(巻三。録者不詳)

(20)　祭祀之感格、或求之陰、或求之陽、各從其類、來則俱來。然非有一物積于空虛之中、以待子孫之求也。但主祭祀者、既是他一氣之流傳、則盡其誠敬感格之時、此氣固寓此也。(巻三。沈僩録)

(21)　子孫這身在此、祖宗之氣便在此、他是有箇血脈貫通、所以神不歆非類、民不祀非族、只爲這氣不相關。(巻三。黃義剛録、陳淳録同)

(22)　畢竟子孫是祖先之氣、他氣雖散、他根却在這裏、盡其誠敬、則亦能呼召得他氣聚在此。如水波樣、後水非前水、後波非前波、然却通只是一水波。子孫之氣與祖考之氣、亦是如此。他那箇當下自散了、然他根

却在這裏、根既在此、又却能引聚得他那氣在此。（巻三。沈僩録）
(23) 然人死雖終歸於散、然亦未便散盡、故祭祀有感格之理。先祖世次遠者、氣之有無不可知。然奉祭祀者、既是他子孫、必竟只是一氣、所以有感通之理。然已散者不復聚、釋氏却謂人死爲鬼、鬼復爲人。如此、則天地間、常只是許多人來來去去、更不由造化生生、必無是理。（巻三。李閎祖録）
(24) 其消散亦有久速之異。（巻三。沈僩録）
(25) 詳しくは、後藤俊瑞『朱子の実践哲学』（目黒書店、一九三七年）、二二六—二七〇ページ、および、島田虔次『朱子学と陽明学』、八四—八六ページを参照。
(26) 本書、八〇—八九ページをみよ。
(27) 本書、三九〇—三九九ページをみよ。
(28) 天下之物、至微至細者、亦皆有心、只是有無知覺處爾。且如一草一木、向陽處便生、向陰處便憔悴、他有箇好惡在裏。（巻四。楊道夫録）
　天地間非特人爲至靈、自家心、便是鳥獸草木之心。但人受天地之中而生耳。（巻四。游敬仲録）
(29) 問、動物有知、植物無知、何也。曰、動物有血氣、故能知。植物雖不可言知、然一般生意、亦可默見。若戕賊之、便枯悴、不復悅懌、亦似有知者。嘗觀一般花樹、朝日照曜之時、欣欣向榮、有這生意、皮包不住、自迸出來。若枯枝老葉、便覺憔悴、蓋氣行已過也。（巻四。廖徳明録）
(30) 因擧康節云、植物向下、本乎地者親下、故濁。動物向上、本乎天者親上、故淸。獼猴之類、能如人立、故特靈恠。如鳥獸頭多横生、故有知無知相半。（巻四。廖徳明録）
　至於獼猴、形狀類人、便最靈於他物、只不會說話而已。（巻四。黄𦳝録）
(31) 自一氣而言之、則人物皆受是氣而生。（巻四。沈僩録）
(32) 氣相近。如知寒煖、識飢飽、好生惡死、趨利避害、人與物都一般。（巻四。沈僩録）
(33) 草木都是得陰氣、走飛都是得陽氣。各分之、草是得陰氣、木是得陽氣、故草柔而木堅。走獸是得陰氣、飛鳥是得陽氣、故獸伏草而鳥棲木。然獸又有得陽氣者、如猿猴之類是也。鳥又有得陰氣者、如雉鵰之類是也。唯草木都是得陰氣、然却有陰中陽、陽中陰者。（巻四。程端蒙録）

(34) 季通云、在陸者、不可以入水、在水者、不可以居陸。在陸者、陽多而陰少、在水者、陰多而陽少。若出水入陸、則龜獺之類是也。（巻四。程端蒙録）

(35) 性有偏者。如得木氣多者、仁較多、金氣多者、義較多。（巻四。包揚録）

人の性に関連していわれたこのことばが、それを示唆している。

(36) 人物之生、其賦形偏正、固自合下不同。然隨其偏正之中、又自有清濁昏明之異。（巻四。沈僩録）

(37) 以其氣而言之、則得其正且通者爲人、得其偏且塞者爲物。（巻四。？枅録）自精粗而言、則人得其氣之正且通者、物得其氣之偏且塞者。（巻四。沈僩録）

(38) 氣有清濁、則人得其清者、禽獸則得其濁者。人大體本清、故異於禽獸、亦有濁者、則去禽獸不遠矣。（巻四。甘節録）

(39) 且如人頭圓象天、足方象地、平正端直以其受天地之正氣、所以識道理、有知識。物受天地之偏氣、所以禽獸横生、草木頭生向下、尾反在上。物之間有知者、不過只通得一路。如鳥之知孝、獺之知祭、犬但能守禦、牛但能耕而已。人則無不知、無不能。人所以與物異者、所爭者此耳。（巻四。沈僩録）

(40) 物只有這一處通、便却專。人却事事理會得些、便却泛泛、所以易昏。（巻四。董銖録）

(41) 氣稟所拘、只通得一路、極多樣、或厚於此而薄於彼、或通於彼而塞於此。有人能盡通天下利害、而不識義理、或工於百工技藝、而不解讀書。如虎豹只知父子、蜂蟻只知君臣。（巻四。沈僩録）問、人有强弱、由氣有剛柔。若人有技藝之類、如何。曰、亦是氣。如今人看五行、亦推測得些小。（巻四。鄭可学録）

(42) 巻四。黄𦳝録。

(43) 巻四。李儒用録。

(44) 譬如論藥性、性寒性熱之類、藥上亦無討這形狀處、只是服了後、却做得冷做得熱底、便是性。(巻四。黃罃録)

(45) 問、曾見答余方叔書、以爲枯槁有理。不知枯槁瓦礫、如何有理。曰、且如大黃附子、亦是枯槁、然大黃不可爲附子、附子不可爲大黃。(巻四。甘節録)

(46) 天下無無性之物。蓋有此物、則有此性、無此物、則無此性。(巻四。楊若海録)

(47) 人物性本同、只氣稟異。(巻四。林夔孫録)

(48) 性只是理。然無那天氣地質、則此理沒安頓處。(巻四。程端蒙録)

人物之生、天賦之以此理、未嘗不同。但人物之稟受、自有異耳。(巻四。沈僩録)

天命之性、若無氣質、却無安頓處。(巻四。葉賀孫録)

(49) 然而二氣五行、交感萬變、故人物之生、有精粗之不同。(巻四。沈僩録)

性非氣質、則無所寄、氣非天性、則無所成。(巻四。楊道夫録)

(50) 性譬之水、本皆清也。以淨器盛之、則清、以不淨之器盛之、則臭、以汙泥之器盛之、則濁。(巻四。劉砥録)

(51) 性只是理、氣質之性、亦只是這裏出。若不從這裏出、有甚歸着。(巻四。万人傑録)

論天地之性、則專指理言、論氣質之性、則以理與氣雜而言之。(巻四。録者不詳)

蜚卿問、氣質之性。曰、天命之性、非氣質則無所寓。然人之氣稟有清濁偏正之殊、故天命之正、亦有淺深厚薄之異、要亦不可不謂之性。(巻四。楊道夫録)

(52) 性如水。流於淸渠則淸、流入汙渠則濁。氣質之淸者正者、得之則全、人是也。氣質之濁者偏者、得之則昧、禽獸是也。(巻四。甘節録)

惟人則得其全。如動物則又近人之性矣。故呂氏云、物有近人之性、人有近物之性。蓋人亦有昏愚之甚者。(巻四。輔広録)

(53)　気質の性の概念を提出したのは、張横渠と程伊川である。その重要性を指摘した二条をあげておく。
孟子未嘗說氣質之性。程子論性、所以有功於名教者、以其發明氣質之性也。以氣質論、則凡言性不同者、皆冰釋矣。（巻四。万人傑録）
亞夫問、氣質之說起於何人。曰、此起於張程。某以爲極有功於聖門、有補於後學。讀之使人深有感於張程。前此未曾有人說到此。（巻四。潘時挙録）

(54)　問、人有常言某人性如何、某物性如何、某物性熱、某物性冷。此是兼氣質與所稟之理而言否。曰、然。（巻四。沈僩録）

(55)　亞夫曰、性如日月、氣濁者如雲霧。先生以爲然。（巻四。甘節録）
人性如一團火、煨在灰裏、撥開便明。（巻四。魏椿録）

(56)　性即理のテーゼを提出したのは、いうまでもなく程伊川である。

(57)　問、氣質之性。曰、纔說性時、便有些氣質在裏。若無氣質、則這性亦無安頓處。所以繼之者只說得善、到成之者便是性。（巻四。黄榦録）
問、性固是理、然性之得名、是就人生稟得言之否。曰、繼之者善、成之者性。這箇理在天地間時、只是善、無有不善者。生物得來、方始名曰性。只是這理。在天則曰命、在人則曰性。（巻五。陳淳録）

(58)　性卽理也。當然之理、無有不善者。（巻四。劉砥録）
天地間只是一箇道理、性便是理。人之所以有善有不善、只緣氣質之稟、各有清濁。（巻四。金去偽録）

(59)　蓋性中所有道理、只是仁義禮智、便是實理。（巻四。黄㽦録）

(60)　人合下具此天命之全體。（巻四。董銖録）

(61)　問、枯槁之物亦有性、是如何。曰、是他合下有此理、故云天下無性外之物。因行街、云、階磚便有磚之理。因坐、云、竹倚便有竹倚之理。枯槁之物、謂之無生意則可、謂之無生理則不可。（巻四。葉賀孫録）

(62)　問、理是人物同得於天者。如物之無情者、亦有理否。曰、固是有理。如舟只可行之於水、車只可行之

於陸。（巻四。曾祖道録）
（63）性是合當底。（巻五。甘節録）
（64）且如今言藥性熱、藥何嘗有性、只是他所主恁地。（巻四。楊道夫録）
既成の概念があるから用いているだけで、このばあいの性がたんなる作用のパターンであり、朱子自身それを自覚していたのは、明らかであろう。
（65）理が「意味」であることを鋭く指摘したのは、安田二郎「朱子の存在論における「理」の性質について」（『中国近世思想研究』所収）である。かれは朱子の哲学の道徳的性格との関連を示唆したが、残念ながら、「意味」の意味を十分に明らかにしたとはいえない。
（66）巻四。黄士毅録。
（67）然就人之所稟而言、又有昏明清濁之異。故上知生知之資、是氣清明純粹、而無一毫昏濁、所以生知安行、不待學而能。如堯舜是也。（巻四。沈僩録）
（68）生之理謂性。（巻五。甘節録）
性卽理也。在心喚做性、在事喚做理。（巻五。呂燾録）
（69）理無心、則無著處。（巻五。甘節録）
（70）心者、氣之精爽。（巻五。甘節録）
（71）氣中自有箇靈底物事。（巻五。甘節録）
（72）虛靈自是心之本體、非我所能虛也。耳目之視聽、所以視聽者卽其心也。豈有形象。然有耳目以視聽之、則猶有形象也。若心之虛靈、何嘗有物。（巻五。万人傑録）
問、靈處是心、抑是性。曰、靈處只是心、不是性。性只是理。（巻五。湯泳録）
（73）所覺者、心之理也、能覺者、氣之靈也。（巻五。甘節録）
（74）心只是一箇心、只是分別兩邊說、人心便成一邊、道心便成一邊。（巻七十八。葉賀孫録）

(75)　道心是知覺得道理底、人心是知覺得聲色臭味底。（中略）人只有一箇心。但知覺得道理底是道心、知覺得聲色臭味底是人心。（中略）非有兩箇心、道心人心、本只是一箇物事。但所知覺不同。（巻七十八。蕭佐録）

(76)　或問、人心道心之別。曰、只是一箇心。知覺從耳目之欲上去、便是人心、知覺從義理上去、便是道心。（巻七十八。林学蒙録）

人心亦只是一箇。知覺從飢食渴飲、便是人心、知覺從君臣父子處、便是道心。（中略）形骸上起底見識、便是人心、義理上起底見識、便是道心。（巻七十八。李方子録）

道心是義理上發出來底、人心是人身上發出來底。（巻七十八。龔蓋卿録）

人心是知覺口之於味目之於色耳之於聲底。（中略）道心是知覺義理底。（巻七十八。楊至録）

人心者、氣質之心也。（中略）道心者兼得理在裏面。（巻七十八。甘節録）

所知覺者是理。理不離知覺、知覺不離理。（巻五。甘節録）

(77)　性者、卽天理也。萬物稟而受之、無一理之不具。（巻五。魏椿録）

(78)　性是理、心是包含該載敷施發用底。（巻五。林夔孫録）

(79)　性雖虛、都是實理、心雖是一物、却虛、故能包含萬理。（巻五。林学蒙録）

(80)　心與理一、不是理在前面爲一物、理便在心之中、心包蓄不住、隨事而發。（巻五。輔広録）

(81)　蓋人心倚靠不得。人心如船、道心如柁。任船之所在無所向、若執定柁、則去住在我。（巻七十八。滕璘録）

また別に、将校と兵卒にもたとえる。

人心如卒徒、道心如將。（巻七十八。童伯羽録）

(82)　問、知覺是心之靈固如此、抑氣之爲邪。曰、不專是氣、是先有知覺之理。理未知覺、氣聚成形、理與氣合、便能知覺。（巻五。陳淳録）

(83) 性便是心之所有之理、心便是理之所會之地。(卷五。黄升卿録)

(84) 心以性爲體。心將性做餡子模樣。蓋心之所以具是理者、以有性故也。(卷五。龔蓋卿録)

(85) 説得出、又名得出、方是見得分明。如心性亦難説。嘗曰、性者心之理、情者性之動、心者性情之主。
(卷五。廖徳明録)

(86) 蓋主宰運用底便是心、性便是會恁地做底理。性則一定在這裏、到主宰運用、却在心、情只是幾箇路子、隨這路子恁地做去底、却又是心。(卷五。楊道夫録)

(87) 問、形體之動、與心相關否。曰、豈不相關。自是心使他動。曰、喜怒哀樂未發之前、形體亦有運動、耳目亦有視聽、此是心已發抑未發。曰、喜怒哀樂未發、又是一般。然視聽行動、亦是心向那裏。若形體之行動、心都不知、便是心不在、行動都沒理會了。説甚未發。未發不是漠然全不省、亦常醒在這裏、不恁地困。(卷五。陳淳録)

(88) 心、主宰之謂也。動靜皆主宰、非是靜時無所用、及至動時、方有主宰也。言主宰、則混然體統、自在其中。心統攝性情、非儱侗與性情爲一物而不分別也。(卷五。程端蒙録)

(89) 心是動底物事、自然有善惡。(卷五。梁謙録)

(90) 據性上説寂然不動處是心亦得、據情上説感而遂通處是心亦得。(卷五。余大雅録)

(91) 性是未動、情是已動、心包得已動未動。蓋心之未動則爲性、已動則爲情。所謂心統性情也。(卷五。董銖録)

(92) 心之全體、湛然虚明、萬里具足、無一毫私欲之間、其流行該偏貫乎動靜、而妙用又無不在焉。故以其未發而全體者言之、則性也、以其已發而妙用者言之、則情也。然心統性情。只就渾淪一物之中、指其已發未發而爲言爾。非是性是一箇地頭、心是一箇地頭、情又是一箇地頭、如此懸隔也。(卷五。程端蒙録)

心無間於已發未發、徹頭徹尾都是、那處截做已發未發。(卷五。陳淳録)

性纔發便是情。(卷五。余大雅録)

(93)　伊川性卽理也、横渠心統性情、二句攧撲不破。（巻五。劉砥録）

(94)　氣既有動靜、則所載之理、亦安得謂之無動靜。（巻五。葉賀孫録）

(95)　問、心之動、性之動。曰、動處是心、動底是性。（巻五。徐寓録）

(96)　履之問、未發之前、心性之別。曰、心有體用。未發之前、是心之體、已發之際、乃心之用、如何指定說得。（巻五。楊道夫録）

(97)　有這性、便發出這情。因這情、便見得這性。因今日有這情、便見得本來有這性。（巻五。李方子録）

(98)　如水之或流或止、或激成波浪、是用。卽這水骨、可流可止、可激成波浪處、便是體。如這身是體、目視耳聽手足運動處、便是用。如這手是體、指之運動提掇處、便是用。（巻六。陳淳録）

見在底便是體、後來生底便是用。此身是體、動作處便是用。（巻六。徐寓録）

體是這箇道理、用是他用處。如耳聽目視、自然如此、是理也。開眼看物、着耳聽聲、便是用。（巻六。甘節録）

人只是合當做底便是體、人做處便是用。譬如此扇子、有骨有柄用紙糊、此則體也、人搖之、則用也。如尺與秤相似。上有分寸星銖、則體也。將去秤量物事、則用也。（巻六。李方子録）

(99)　体用については、島田『朱子学と陽明学』、三—九ページ、および、山田『混沌の海へ』、一六—一七、一三五—一三六ページを参照。

(100)　或問、心情性。曰、孟子說惻隱之心仁之端也一段、極分曉。惻隱羞惡是非辭遜是情之發、仁義禮智是性之體。性中只有仁義禮智、發之爲惻隱辭遜是非、乃性之情也。（巻五。梁謙録）

性是心之道理、心是主宰於身者。四端便是情、是心之發見處、四者之萌、皆出於心、而其所以然者、則是此性之理所在也。（巻五。楊道夫録）

(101)　性不可言、所以言性善者、只看他惻隱辭遜四端之善、則可以見其性之善。如見水流之清、則知源頭必清矣。四端情也、性則理也、發者情也、其本則性也、如見影知形之意。（巻五。王力行録）

(102) 欲是情發出來底。心如水、性猶水之靜、情則水之流、欲則水之波瀾。但波瀾有好底、有不好底。欲之好底、如我欲仁之類、不好底、則一向奔馳出去。若波濤飜浪、大段不好底欲、則滅却天理。如水之壅決、無所不害。（巻五。董銖録）

(103) 道是統名、理是細目。（巻六。鄭可学録）

(104) 道訓路、大概説人所共由之路。理各有條理界瓣。（中略）如道路之道、坦然使千億萬年行之人知其歸者也。（巻六。李閎祖録）

理是有條瓣、逐一路子、以各有條謂之理。人所共由謂之道。（巻六。甘節録）

問、道與理如何分。曰、道便是路、理是那文理。問、如木理相似。曰、是。問、如此却似一般。曰、道字包得大、理是道字裏面許多理脈。又曰、道字宏大、理字精密。（巻六。胡泳録）

(105) 理如一把線相似、有條理。如這竹籃子相似。指其上行篾、曰、一條子恁地去。又別指一條、曰、一條恁地去。又如竹木之文理相似。直是一般理、横是一般理、有心便存得許多理。（巻六。甘節録）

(106) 元代の朱子学派は、「授時歴議」において、理を気の理とみなし、それを統計的法則性として把握した。山田「授時暦への道」を参照。

あとがき

ある時期、わたしにとって、『朱子語類』を読むことは、ほとんど中国のことばと思想の世界に近づくことだった。容易にはわたしの思考になじもうとしない対象を追って、わたしはひどく廻り道をしながら、朱子のことばをわたしのことばに置き換え、かれの思想を再構成していった。ここに収めた文章はその軌跡である。

この本にまとめるにあたり、序章と終章を書き下したほか、本論にあたる各章はつぎの順序で発表された。

宇宙論前史（原題「朱子の宇宙論序説」）『東方学報』京都第三六冊　一九六四年
宇宙論（原題「朱子の宇宙論」）『東方学報』京都第三七冊　一九六六年
天文学（原題「朱子の天文学」上・下）『東方学報』京都第三九、四〇冊　一九六八、六九年
気象学（原題「朱子の気象学」）『東方学報』京都第四二冊　一九七一年

これらの各章を、いまならわたしは決してこんなふうには書かないだろう。思索はあまりにもたど

たどしく、あまりにもまわりくどく、表現には気負いばかりが目立つ。しかし、わたしはあえて書き改めなかった。対象との格闘が生みだした緊張感は、いまのわたしには再現できないものであり、それなりにひとつの世界をかたちづくっている、と感じられるからである。あるいは、はじめて中国思想の世界に迫ろうとするひとにとって、その稚拙さがかえって手掛りになることがあれば、とひそかに願っている。

とはいえ、まったく手を加えないわけにはゆかなかった。あまりにも多くの誤りをおかしていたからである。加筆・訂正はつぎの方針によった。(1)概念や用語を統一する。この点では、上山春平教授との討論に負うところが大きい。(2)引用文を改訳する。そのさい、京都大学人文科学研究所の朱子研究班の成果を積極的に活用させていただいた。(3)理解が誤りであったり不充分であったりした部分を書き改める。この点では、島田虔次教授の御指摘に多くを負っている。(4)その後あらわれた研究によって訂正が必要となった部分を書き改める。とくに田中謙二教授の「朱門弟子師事年攷」は、画期的な業績であった。(5)その後気づいた資料を補う。これは天文学の章に多い。(6)体系としてみたばあい、とうぜん含まれるべきなのに落ちていた分野を補う。気象学の章の潮汐論がそれである。

原形はくずさないという方針であり、事実そうしたつもりだが、それでもかなりおおはばに筆を加える結果になった。部分的には数ページにわたってまったく書き改めてしまったところもある。それがときには文体や文章の流れを崩しているかも知れない。なお、人名は諱・字・号・通称・敬称などを混用しているが、人口にもっとも膾炙しているものか、『朱子語類』などを読んでいちばんなじんだものを選んだまでである。

朱子の自然学を再構成するという、長期にわたる試みにたいして、一貫して理解ある指導と支持をあたえてくださった多くのかたがたに、心から感謝のことばをささげたい。とりわけ、中国科学の世界を開いてくださった藪内清先生、中国語の師である田中謙二教授、朱子学の手引きをしてくださった島田虔次教授、広い思考の場にひきだしてくださった上山春平教授。また、朴文国と中岡哲郎の友情も忘れることができない。

岩波書店の編集部から「朱子の宇宙論」を出版するようおすすめをうけたのは、たしか一九六六年の秋であった。遅々たるわたしの仕事ぶりにたいして、担当編集者たちはすべて、かぎりなく寛容であったけれども、一一年ぶりに約束を果たすことができたのは、やはり嬉しい。この本の出版に関与されたみなさんに、あつくお礼を申し上げる。

一九七七年一二月

山田慶兒

■岩波オンデマンドブックス■

朱子の自然学

1978年 4月10日　第1刷発行
2000年11月8日　第3刷発行
2015年 2月10日　オンデマンド版発行

著　者　山田慶兒《やまだけいじ》

発行者　岡本　厚

発行所　株式会社　岩波書店
〒101-8002 東京都千代田区一ツ橋2-5-5
電話案内 03-5210-4000
http://www.iwanami.co.jp/

印刷／製本・法令印刷

ISBN 978-4-00-730178-0　Printed in Japan